Mantenimiento y reparación de un PC en red

7ª edición

Yann Bardot

ISBN: 978-2-409-04546-2
Edición original: 978-2-409-04259-1

Ediciones ENI es una marca comercial registrada de Ediciones Software.

Ediciones ENI

Pº Ferrocarriles Catalanes, 97-117, 2a pl. of. 18
08940 - Cornellà de Llobregat (Barcelona)

Tel: 934 246 401
Fax: 934 231 576

e-mail: info@ediciones-eni.com
http://www.ediciones-eni.com

Autor: Yann BARDOT
Edición española: Angel Mª SÁNCHEZ CONEJO
y Guillermo GONZÁLEZ RICO
Colección **Recursos Informáticos** dirigida por Émilie VILLETORTE

Para poder acceder durante un año
a la versión online de este libro,
envíenos su justificante de compra a

librodigital@ediciones-eni.com

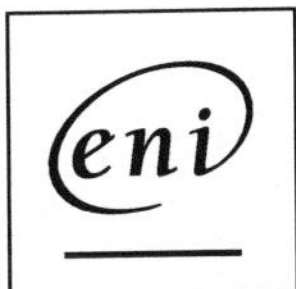

Prólogo

El ordenador se ha convertido en el compañero imprescindible para cualquier profesional, ya sea empleado o empresario: permite crear, gestionar, comunicar, etc. Microsoft Windows representa actualmente el 75% de la cuota de mercado de los sistemas operativos. Por lo tanto, dominar esta herramienta, ampliamente utilizada, se ha convertido en una necesidad en la mayoría de las empresas, independientemente de su tamaño. Este libro abarca la instalación, el mantenimiento, las redes y la solución de problemas que se presentan en los PC en un entorno empresarial. En este libro, hemos enumerado los problemas más comunes que puede encontrar en la administración diaria de sus puestos de trabajo. Proporcionamos una o más soluciones para cada problema identificado en todos los capítulos del libro. Se descifra la administración del sistema operativo, se detallan las herramientas, servicios y utilidades del sistema, ya que son necesarias para las operaciones de mantenimiento. En este libro, encontrará referencias al sistema operativo Windows 11, y también a los dispositivos y a los componentes de hardware de los PC.

Fruto de nuestra larga experiencia, este libro no solo se dirige a los profesionales de la informática, sino también a entusiastas que desean encontrar información técnica avanzada y relevante que responda a sus problemas diarios. Por lo tanto, se recomienda tener experiencia previa y un buen conocimiento de los sistemas operativos de Microsoft antes de abordar este libro.

Mantenimiento y reparación
de un PC en red

El libro no se limita a la conexión en red por cable del puesto de trabajo, sino que también presenta los problemas que se pueden presentar con una conexión inalámbrica. Hay muchas referencias a la base del registro que permiten entrar en la configuración avanzada del sistema para diseñar scripts para la administración local y remota del sistema operativo.

Contenido

Prólogo

Capítulo 1
Configuración del hardware

Capítulo 2
Instalación del sistema operativo

Capítulo 3
Presentación y operaciones básicas

Capítulo 4
Las herramientas del sistema

Capítulo 5
Seguridad y gestión de la autenticación

Capítulo 6
Mantenimiento del sistema

Capítulo 7
Reparación del sistema operativo

Capítulo 8
Administración de dispositivos

Capítulo 9
Administración de redes

Capítulo 10
Reparación de redes

Capítulo 1
Configuración del hardware

1. Introducción al hardware

Un ordenador es un conjunto de elementos cuya parte principal es la unidad central. Este último elemento se presenta como una caja o en un formato más o menos voluminoso: torre, minitorre o todo en uno. A esta unidad central, se conectan periféricos o dispositivos: monitor (pantalla), teclado, ratón, impresora, etc. Los ordenadores portátiles siguen el mismo esquema, excepto que la unidad central o CPU, el monitor, el ratón y el teclado los contiene un solo aparato. Utilizamos el término "componentes" para referirnos a los elementos que componen el *hardware* de la unidad central. Los sistemas operativos y aplicaciones que añada constituirán el *software*.

Este primer capítulo nos permitirá familiarizarnos con los componentes del hardware de la máquina, así como con el funcionamiento de la UEFI (*Unified Extensible Firmware Interface*).

2. Placa base

La placa base (*motherboard* en inglés), se refiere al componente electrónico más importante del ordenador. Es un circuito impreso que garantiza el intercambio de datos entre los diferentes componentes de hardware que están conectados a esta placa.

2.1 Factor de huella

Este término se utiliza para definir las dimensiones y características eléctricas de la placa base. Existen muchas normas, pero solo presentaremos las más recientes:

- ATX (*Advanced Technology eXtended*) (305 x 244 mm) y sus versiones E-ATX (*Extended* ATX, en formato 305 x 330 mm), Micro-ATX (244 x 244 mm), Flex-ATX (229 x 191 mm) y Mini-ATX (150 x 150 mm): son formatos optimizados diseñados por la empresa Intel, que permiten una mejor organización de los elementos. Dado que el formato E-ATX es el más grande, permite una mejor distribución de los diferentes componentes y ofrece así una mejor disipación del calor. También propone más ranuras para RAM o tarjetas gráficas. El formato ATX es el formato de placa base más utilizado.
- ITX (*Information Technology eXtended*) y sus variantes Mini-ITX (170 x 70 mm), Nano-ITX (120 x 120 mm) y Pico-ITX (100 x 72 mm): son formatos desarrollados por VIA para sus plataformas en miniatura de disipación de bajo calor. El formato Mini-ITX es muy popular para diseñar pequeñas cajas destinadas a elementos multimedia.
- DTX (244 x 203 mm) y su versión Mini-DTX (203 x 170 mm): son formatos desarrollados por AMD, inspirados en el formato ATX y reservados para ordenadores domésticos o de pequeño formato. Este formato, muy similar a los anteriores, ha sido poco adoptado y, probablemente, quedará obsoleto pronto.

– Mini-STX (*Mini Socket Technology eXtended*) (140 x 147 mm) y su versión Micro-STX (147 x 187 mm): es menos compacta, pero ofrece más espacio para los componentes. Estos formatos fueron creados por Intel en 2015 y requieren carcasas específicas, generalmente suministradas en un kit. Por lo general, se utilizan en entornos especiales: quioscos, pantallas médicas y PC industriales muy pequeños.

Tenga en cuenta que hay muchos otros estándares reservados para usos particulares o no popularizados. Los ordenadores portátiles utilizan otros formatos específicos de la placa base para reducir su tamaño y peso. Los ordenadores tipo Raspberry también tienen placas base específicas muy pequeñas.

2.2 Componentes

En todas las placas base, podemos encontrar los siguientes componentes:

2.2.1 Chipset

El *chipset* o "conjunto de chips", es un conjunto de componentes electrónicos que permiten gestionar los intercambios de datos y determina en parte el modelo de procesador y el tipo de memoria que se puede instalar. Antes, los sistemas contenían dos elementos: el *North-Bridge* y el *South-Bridge*.

El North-Bridge estaba compuesto por el controlador de memoria, las interfaces de bus PCI-Express (PCIe) y el controlador AGP. Estaba conectado directamente al procesador por el FSB (*Front Side Bus*).

El South-Bridge incluía controladores como S-ATA, USB, Ethernet, audio, FireWire/1394, etc. Estaba conectado al North-Bridge por medio de un bus específico.

Estos dos elementos estaban conectados por un bus PCI.

Desde hace unos años, el North-Bridge, por decirlo de alguna manera, está integrado en el procesador. Las placas base ahora tienen un chipset de un solo chip. Ahora, el procesador está conectado directamente a la memoria y a la tarjeta gráfica, así como a algunos puertos PCIe. Se comunica con el chip del chipset que, a su vez, gestiona los demás controladores: PCIe, S-ATA, USB, Ethernet, etc.

Por ejemplo, en Intel, este chip se llama PCH (Platform Controller Hub) y maneja los intercambios con los periféricos SATA, USB, Ethernet, reloj, etc. Se conecta al procesador a través de:

- un bus FDI (*Flexible Display Interface*) si el procesador incorpora un chip gráfico,
- un bus DMI (*Direct Media Interface*) si el procesador no tiene uno.

2.2.2 CMOS

CMOS (*Complementary Metal-Oxide Semiconductor*) es un circuito electrónico que permite almacenar cierta información, incluso cuando el ordenador está apagado (reloj, configuración UEFI, etc.). El CMOS se alimenta de una pila de tipo botón que se puede ver en la placa base. Si su ordenador tiene problemas para mostrar la hora correcta, es probable que necesite cambiar esta pila.

2.2.3 UEFI

La UEFI (*Unified Extensible Firmware Interface*) es el descendiente evolucionado de la BIOS (Basic Input/Output System). Proporciona el arranque del sistema operativo, la compatibilidad con funcionalidades avanzadas y el soporte de las particiones de disco GPT (*GUID Partition Table*). La UEFI es compatible con las plataformas Itanium (IA-64), x86 (64 bits) y ARM.

2.2.4 Otros componentes

Además de los componentes mencionados anteriormente, la placa base contiene diferentes tipos de conectores que son necesarios para la integración de componentes adicionales. Cabe destacar el conector dedicado a la compatibilidad con el procesador o los conectores utilizados por los dispositivos de almacenamiento. La placa base también tiene conectores para admitir dispositivos externos a través de interfaces de entrada/salida como, por ejemplo, los puertos USB o Thunderbolt.

3. Procesador

3.1 Tipos de soporte

El procesador (microprocesador) o la CPU (*Central Processing Unit*) es un circuito integrado que interpreta las instrucciones y procesa los datos contenidos en la memoria. Puede ser:

- soldada directamente a la placa base. En este caso, se llama soporte BGA (*Ball Grid Array*). Este tipo de socket se encuentra generalmente en ordenadores portátiles.
- conectado a través de un socket, un conector cuadrado o rectangular equipado con:
  - bien varios cientos de perforaciones en las que se insertarán los pines del procesador. Este tipo de conexión se llama PGA (*Pin Grid Array*). La principal desventaja es la fragilidad de los pines, que podrían torcerse o romperse.

Imagen de ElasticComputeFarm de Pixabay (https://pixabay.com/photos/amd-cpu-processor-microprocessor-1310766/)

– bien varios cientos de contactos montados en resortes contra los que se presionarán los contactos del procesador. Este conector se denomina conector LGA (*Land Grid Array*).

Imagen by Bruno /Germany de Pixabay (https://pixabay.com/photos/cpu-processor-chip-intel-core-pc-4393384/)

La velocidad de procesamiento de un procesador se expresa en MILS (*Millones de Instrucciones Por Segundo*). La velocidad de reloj de un procesador se expresa en GHz (gigahercios).

Los procesadores con arquitectura x86 se pueden clasificar en dos grupos, dependiendo del fabricante: AMD o Intel.

Para placas base destinadas a los procesadores AMD, encontramos los siguientes sockets:

– Socket FM2: Trinity (arquitectura Piledriver).
– Socket FM2+: Athlon X4, A8 (arquitectura Bulldozer).
– Socket AM4: Ryzen 3, 5, 7 y 9 (arquitecturas Zen, Zen+, Zen 2 y Zen 3).
– Socket TR4: Threadripper.
– Socket AM5: Ryzen 5, 7 y 9 (arquitectura Zen 4).

Para placas base destinadas a los procesadores Intel:

- Socket LGA 1150: arquitectura Broadwell y Haswell.
- Socket G3: arquitectura Broadwell para ordenadores portátiles.
- Socket LGA 1151 o H4: Core i3, i5, i7, Pentium (generaciones Skylake, Kaby Lake (7ª), Coffee Lake (8ª y 9ª)).
- Socket LGA 2066 o R4: Core i5, i7, i9 (generaciones Kaby Lake-X (7ª) y Skylake-X).
- Socket LGA 1200 o H4: Celeron, Core i3, i5, i7, i9 (generaciones Comet Lake (10ª) y Rocket Lake (11ª)).
- Socket LGA 1700 o H5: Core i3, i5, i7, i9 (generaciones Alder Lake (12ª) y Raptor Lake (13ª)).

Por supuesto, esta lista no es exhaustiva, ya que solo se han mostrado los procesadores y sockets más recientes.

Los procesadores basados en arquitectura ARM se utilizan cada vez más en la industria informática, porque permiten reducir el consumo de energía. Hay muchos fabricantes de procesadores ARM (con licencia):

- Broadcom;
- MediaTek;
- Nvidia;
- Qualcomm.

La lista no es exhaustiva.

3.2 Frecuencia y ancho del bus

Un bus es un conjunto de circuitos electrónicos que permite conectar los diferentes componentes de un ordenador (procesador, memoria y periféricos). Existen diferentes categorías de bus:

- El bus del sistema (o bus interno) conecta el procesador a la RAM.
- El bus de expansión (o bus de entrada/salida) conecta el procesador a los conectores de entrada/salida y a los conectores de expansión (ranuras que permiten conectar tarjetas secundarias o periféricos).

La frecuencia del procesador se mide en gigahercios (GHz) o megahercios (MHz), donde 1 GHz = 1000 MHz. Si un procesador tiene una frecuencia de 3 GHz, significa que es capaz de manejar 3 mil millones de pulsos (o bits) por segundo.

Un bit (*binary digit*) es una unidad de medida que se refiere a la cantidad elemental de información que un ordenador es capaz de procesar. Representa una cifra en formato binario (usando la base 2). 8 bits constituyen un byte (*Byte* en inglés).

La frecuencia del procesador es directamente proporcional a la evaluación del rendimiento de un ordenador. Hay dos parámetros que determinan la frecuencia de un procesador:

- La frecuencia base del reloj del procesador, es decir, la velocidad a la que se ejecuta dicho reloj.
- El multiplicador que permite sincronizar el procesador con la placa base. Por esta razón, la frecuencia del procesador es un múltiplo de la frecuencia de la placa base.

Para averiguar la frecuencia interna de un procesador, basta con multiplicar la frecuencia del bus del procesador por un coeficiente multiplicador.

Por ejemplo, un procesador de frecuencia de 3,4 GHz funcionará a 100 MHz (frecuencia base del **reloj**) multiplicada por 34 (coeficiente multiplicador).

Sin embargo, hay otros elementos que entran en juego:

- El tamaño de los datos que maneja: 16 bits, 32 bits, 64 bits, etc.
- El tamaño del bus externo, es decir, el ancho de la ruta que deben tomar los datos cuando se transmiten a los demás componentes. Si el ancho de un bus externo es de 64 bits, significa que puede buscar ("direccionar") 8 bytes de datos (64 bits / 8) en la memoria, al mismo tiempo.
- La existencia de un modo Turbo, que permite aumentar el coeficiente multiplicador en caso de cargas pesadas.

La sobrecarga (*overclocking*) consiste en modificar el coeficiente multiplicador o la frecuencia base del procesador para aumentar el rendimiento de un ordenador. Esta operación se puede realizar principalmente moviendo las clavijas de la placa base o cambiando la configuración a la que se puede acceder en el setup de la UEFI. También hay aplicaciones que permiten overclockear un procesador (*Intel Extreme Utility* por ejemplo).

4. Memoria RAM

La RAM (*Random Access Memory*) es un componente electrónico que permite almacenar todos los datos que el procesador está utilizando en un momento específico. La apariencia de la RAM es la de unas barras conectadas a la placa base a través de slots. La memoria RAM tiene un tiempo de acceso de unas pocas decenas de nanosegundos, mientras que el acceso al disco SSD es de unos pocos microsegundos (cien veces más). Por lo tanto, la velocidad de la RAM es mucho mayor que la de esta última.

El procesador prepara la memoria para recibir o enviar los datos contenidos en una zona de dirección específica. Las direcciones están disponibles en un sistema de filas y columnas insertadas en una matriz. Para escribir datos en la memoria, la dirección se transmite en forma de coordenadas X e Y. La señal RAS# (*Row Address Strobe*) designa una dirección de fila, mientras que la señal CAS# (*Column Address Strobe*) se utiliza para una dirección de columna.

4.1 Tipos de memoria

Los principales módulos de memoria que se utilizan actualmente son la memoria de tipo DDR (*Double Data Rate*). La DDR original ha desaparecido de la circulación y ha sido sustituida por los siguientes tipos:

Tipo	Frecuencia	Beneficios
DDR2-SDRAM (obsoleta)	533 - 800 MHz	La tasa de transferencia se duplicó en comparación con DDR, con la misma frecuencia
DDR3-SDRAM	1066 - 2400 MHz	Un 40 % menos de consumo de energía en comparación con DDR2, ancho de banda mejorado.
DDR4-SDRAM	2133 - 5333 MHz	Menor consumo de energía, rendimiento mejorado.
DDR5-SDRAM	4800 - 8000 MHz	Consumo de energía mejorado, ancho de banda duplicado, regulación de voltaje en el módulo.

DDR4 es actualmente el tipo de memoria más vendido. Esto se debe a su buena relación coste/rendimiento, en comparación con su sustituto, DDR5.

Existen dos factores de forma o formatos principales para los módulos de memoria tipo DDR:

- DIMM (*Dual Inline Memory Module*): se trata de memorias de 64 bits que tienen 240 conectores (DDR2 y DDR3) o 288 conectores (DDR4 y DDR5) y una pestaña. Se utilizan en ordenadores de escritorio, conocidas como desktop.
- SO-DIMM (*Small Outline Dual Inline Memory Module*): son memorias de 64 bits que tienen 200 conectores (DDR2), 204 conectores (DDR3), 260 conectores (DDR4) o 262 conectores (DDR5) y una pestaña. Están pensados para ordenadores portátiles.

Una máquina que ejecute Windows 11 requerirá un mínimo de 4 GB de memoria, pero este es el mínimo vital para que el sistema pueda funcionar. Necesitará 8 GB para un funcionamiento óptimo. Si trabaja con gráficos o animación 3D o si le apasionan los videojuegos, necesitará al menos en 16 GB de memoria. Por último, si su máquina está destinada al procesamiento de imágenes CAO/CAO, al tratamiento de imágenes RAW (formato bruto) o a la virtualización, opte por 32 GB de memoria. La fluidez será mucho mejor.

4.2 Agregar memoria

Para mejorar el rendimiento de un ordenador, es común agregarle memoria RAM. La principal dificultad consiste en identificar correctamente el tipo de memoria compatible con la placa base y el procesador. Esto se debe a que el número de módulos, su configuración, memoria y capacidad, son específicos a cada modelo de placa base.

Además del formato (DIMM o SO-DIMM) y el tipo de memoria (DDR4, DDR5), es importante prestar atención a la frecuencia de funcionamiento de la memoria. ¿Por qué? Al menos, por dos razones:

- Elegir una frecuencia de funcionamiento más baja que la placa base ralentizará el ordenador, ya que los sticks o barras de memoria se adaptan a la memoria de frecuencia más baja.
- Elegir una frecuencia de funcionamiento más alta que la placa base no mejorará el rendimiento y será más cara. Actualmente, la memoria DDR4 a 3600 MHz suele ser suficiente para todas las configuraciones.

A veces, los fabricantes indican la frecuencia de dos maneras diferentes:

- Frecuencia: DDR4-2400
- Estándar: PC4-19200

¿Cómo entendemos esta información? Es suficiente con multiplicar la frecuencia de reloj por 8 (1 byte = 8 bits) para obtener la velocidad de transferencia (estándar).

Por lo tanto, DDR4-2400 significa que el ciclo de reloj es de 2400 MHz o MT/s (Mega-Transferencias por segundo).

PC4-19200 indica que la velocidad de transferencia es de 19200 MB/s (megabytes por segundo).

2400 x 8 = 19200. Por lo tanto, las dos indicaciones son similares.

Tenga en cuenta también la siguiente información:

- Cada placa base soporta una capacidad máxima de memoria: 64 GB, 128 GB, etc. No tiene sentido comprar 128 GB de memoria si la placa base solo admite 64 GB. En el mejor de los casos, solo se detectarán 64 GB; en el peor, la máquina no arrancará.
- Cada slot acepta una capacidad máxima de memoria: 16 GB, 32 GB, etc.

- Muchas placas base utilizan la tecnología Dual Channel, que permite aumentar la velocidad aproximadamente un 10% cuando los módulos se instalan por parejas y tienen las mismas características técnicas (no necesariamente la misma marca). Por lo tanto, es más interesante comprar dos módulos de memoria de 16 GB cada uno, montados en Dual Channel, que uno solo de 32 GB.

Además, algunos módulos de memoria son incompatibles con ciertos chipsets, por lo que es importante comprobar la compatibilidad cuando se va a comprar. Para ayudarle, los fabricantes y vendedores de hardware suelen indicar las frecuencias de memoria que son compatibles con una placa base determinada. Para ello, ofrecen configuradores automáticos que permiten comprobar fácilmente la compatibilidad. Por ejemplo, Crucial ofrece su herramienta *Crucial System Advisor* para seleccionar automáticamente la memoria adecuada para su máquina (https://www.crucial.es/store/advisor). Corsair adopta un enfoque similar (https://www.corsair.com/ww/en/Categories/Products/Memory/c/Cor_Products_Memory).

Para los más curiosos, existen herramientas para obtener información técnica sobre su hardware. Mencionaremos dos de ellos:

- CPU-Z (https://www.cpuid.com/softwares/cpu-z.html)
- Speccy (https://www.ccleaner.com/es-es/speccy/download).

A continuación, descubrirá las especificaciones de la placa base, el procesador y la memoria ya presentes.

Solo se mencionarán los detalles técnicos más exigentes: el tipo de DIMM (*unbuffered*), la latencia CAS, los timings extendidos, el voltaje, etc.

4.3 Problema de memoria

A veces, el ordenador no arranca correctamente (bips sonoros) o no muestra la cantidad exacta de memoria instalada. Imaginemos el siguiente escenario: una barra original colocada en el slot número 1 (dimm1) y otra añadida colocada en el slot número 2 (dimm2).

Retire el módulo de memoria añadida y mueva la original del primer al segundo slot. Si el ordenador no arranca aún, el slot 2 de la placa base es defectuoso. Suponemos que el ordenador funcionaba perfectamente antes de que se agregara el segundo módulo de memoria.

Para confirmar este diagnóstico, realice la siguiente prueba: retire la barra original y coloque la segunda en el primer slot.

Si el problema persiste, se podría deber a un problema de compatibilidad con el módulo de memoria agregado o a un defecto en el módulo de memoria que acaba de comprar.

Finalmente, prosiga con la siguiente prueba: coloque su módulo original en el segundo slot. Si el ordenador arranca, el problema se debe a un mal contacto en uno de los dos módulos. De lo contrario, el problema proviene de una configuración incorrecta de su UEFI. En este caso, retire el módulo agregado, reinicie accediendo al setup de la UEFI y, a continuación, restaure la configuración predeterminada. Agregue el módulo, vuelva al setup, guarde los cambios pulsando en la tecla [F10] (u otra, según el tipo de la UEFI) y confirme pulsando a la vez en las teclas [Y] e [Intro].

Tenga en cuenta que a veces no se reconoce un módulo de memoria si el primer slot no se llena primero. La indicación se encuentra en la placa base, junto a los slots de memoria.

5. Almacenamiento

Cuando se enciende el ordenador, se cargan en la RAM algunos de los archivos almacenados en el disco, que componen el sistema operativo. Cuando esta RAM no es suficiente, el sistema operativo utiliza una parte del disco llamada memoria virtual o archivo de intercambio (*swap*).

Existen varios tipos de soportes que permiten almacenar los datos:

- Memoria volátil: los datos almacenados en la memoria volátil se perderán cuando se apague el equipo. Un buen ejemplo de memoria volátil es el módulo de memoria RAM.

- Memoria no volátil: a diferencia del tipo anterior, los datos que se almacenan en la memoria no volátil no se pierden cuando el equipo se queda sin batería. En esta categoría, encontramos:
  - Almacenamiento magnético: la mayoría de los dispositivos de almacenamiento funcionan según el principio del electromagnetismo (que combina las propiedades eléctricas y las propiedades magnéticas). El disco duro es el principal dispositivo de almacenamiento magnético del ordenador.
  - Almacenamiento óptico: este término se refiere a un soporte de datos digital que puede ser leído por un sistema óptico (láser): CD-ROM, DVD-ROM, BD-ROM, etc.
  - Almacenamiento electrónico: este tipo de almacenamiento se refiere a dispositivos y periféricos diseñados con memoria flash. Esta memoria, que no es volátil y se puede reescribir, utiliza componentes de tipo semiconductores para el almacenamiento de datos. Los discos SSD y las unidades USB utilizan memoria flash.

5.1 Disco duro mecánico

Un disco duro mecánico (HDD: *Hard-Disk Drive*) se compone de una pila de discos rígidos llamados bandejas. Giran rápidamente alrededor de un eje en sentido contrario a las agujas del reloj. Un motor hace girar las bandejas, y los cabezales de lectura y escritura recorren las caras.

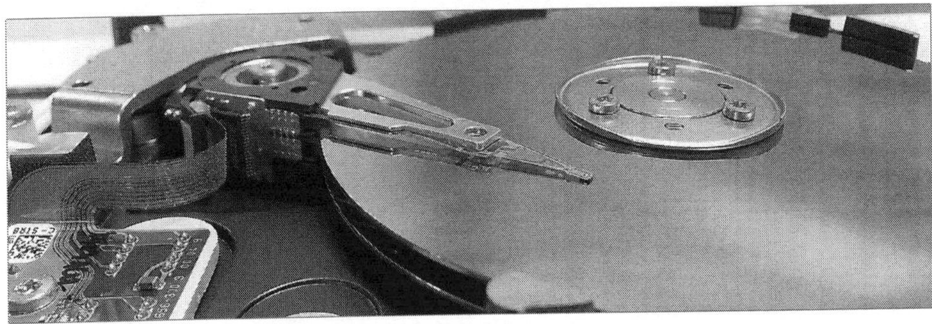

Los datos almacenados en el disco duro se organizan en círculos llamados pistas. Normalmente, constan de varios sectores de 512 bytes.

Hay cuatro elementos principales que intervienen en la evaluación de un disco duro mecánico:

- Su tamaño: 2.5 o 3.5 pulgadas. El formato de 2,5 pulgadas se suele reservar para los portátiles.
- Su interfaz, es decir, el tipo de conexión que lo conectará a la placa base: Serial ATA o SAS.
- Su capacidad.

Su velocidad de rotación: cuanto mayor sea, menos tiempo tardará en reposicionar las cabezas lectoras (5400, 7200, 10000 rpm, etc.).

Tenga en cuenta que, al elegir un ordenador portátil, se debe optar por la velocidad de rotación más alta posible, aún a expensas del consumo, aunque cada vez haya más modelos con un disco SSD.

5.1.1 Conexión Serial ATA

El estándar Serial ATA (o SATA) se introdujo para superar los límites de transmisión de datos inherentes a los antiguos discos IDE (conexión ATA). Para conectar una unidad SATA a la placa base, utilizamos un cable plano compuesto por siete hilos y terminado por un conector de 8 mm de ancho.

Cable de datos SATA (imagen de Michael Schwarzenberger en Pixabay)

Disco duro de 2,5 pulgadas con conectores SATA (imagen de Michael Schwarzenberger en Pixabay)

La alimentación eléctrica se consigue con un segundo cable plano desde la caja de la fuente de alimentación. Los conectores SATA tienen una pestaña que garantiza que estén conectados de la manera correcta.

La última generación de discos SATA (SATA 3) proporciona un rendimiento teórico de 6 Gbps (750 MB/s). Recuerde que, en realidad, un disco duro SATA rara vez alcanza un rendimiento real de 200 MB/s, que es mucho menor que el estándar SATA 3.

5.1.2 Conexión SAS

SAS (*Serial Attached SCSI*) es una evolución del antiguo estándar SCSI (*Small Computer System Interface*). Permite conectar varios discos (conexión en serie) y ofrece un mayor rendimiento que el protocolo SATA, del orden de 12 Gbps.

Este tipo de interfaz suele estar reservado para servidores de datos, y no se explicará en detalle en este libro.

5.1.3 Herramientas de disco

Los fabricantes de discos ponen a disposición del público una serie de herramientas que permiten realizar una prueba de disco duro, realizar un formateo de bajo nivel o solucionar problemas de reconocimiento de disco con el sistema operativo o la UEFI de su máquina.

Los sectores de un disco duro se pueden dañar, causando la pérdida de datos o, lo que es peor, si el sector dañado contiene los archivos de arranque o la tabla de asignación, impidiendo que el sistema operativo arranque. A continuación, es necesario intentar reparar estos sectores defectuosos o marcarlos para prohibir su uso, utilizando los elementos proporcionados por los fabricantes. Dichos elementos también permiten comprobar el estado del disco duro, como medida preventiva.

Para poder acceder a él desde el sistema operativo, por ejemplo, a partir del explorador de archivos, un disco debe estar formateado. Hay dos tipos de formateo (físico y lógico):

- El formateo físico inicializa el disco en pistas, sectores y cilindros. En este caso, lo que se define es la organización física de los datos. Este formato también se denomina formato de bajo nivel.
- Después de particionar el disco, el formateo lógico prepara el disco para alojar uno o más sistemas de archivos (creando el sector de arranque y la tabla de asignación de archivos).

5.2 Disco SSD

En los últimos años, ha aparecido un nuevo tipo de disco no mecánico basado en memoria flash, llamado SSD (*Solid-State Drive*).

Las principales ventajas de estas unidades en comparación con los discos duros tradicionales son:

- la resistencia del disco (sin partes mecánicas),
- la velocidad de acceso a los datos,
- menor calor, dependiendo de la velocidad,
- y la ausencia total de ruido.

Por ejemplo, los tiempos medios de acceso a los discos duros mecánicos para el público en general suelen oscilar entre los 10 y 15 ms. En el caso de los discos SSD, estos tiempos disminuyen drásticamente para alcanzar los 0,05 ms.

Sin embargo, estas unidades presentan los siguientes inconvenientes:

- Una relación precio/capacidad más alta que un disco duro convencional.
- Una vida útil limitada en el tiempo según el tipo de memoria flash utilizada.

La mayoría de las veces, los discos SSD pueden soportar ciclos de escritura durante cinco o diez años. Los fabricantes proporcionan herramientas para probar el estado y la vida útil de los SSD. Los primeros errores serán imperceptibles porque las celdas que quedan inutilizables se identificarán y se utilizarán otras que estén en mejor estado. Preste atención a los errores de archivos dañados (zip, por ejemplo), que podrían indicar los primeros fallos. Algunas unidades también disponen de un sistema de advertencia para fallos crónicos.

El precio de este tipo de disco sigue siendo relativamente alto en comparación con un disco duro convencional, pero su uso para el almacenamiento y la instalación del sistema operativo se ha extendido tanto que incluso los ordenadores de nivel básico los tienen.

Hay cuatro tipos principales de memoria flash para discos SSD:

- SLC (*Single Level Cell*),
- MLC (*Multi Level Cell*),
- TLC (*Triple Level Cell*),
- QLC (*Quad Level Cell*).

Las principales diferencias entre estos tipos de memoria son:

- la capacidad de almacenamiento de una célula: de 1 a 4 bits por celda,
- vida útil (número de ciclos de lectura/borrado): de 1000 ciclos (QLC) a 100.000 ciclos (SLC). Esta característica también se conoce como fiabilidad.

La capacidad de almacenamiento es inversamente proporcional a la vida útil: cuantos más bits pueda almacenar una celda, menos durará. TLC podrá almacenar más datos para el mismo número de celdas que SLC, pero aceptará menos ciclos de lectura/borrado de datos. Como resultado, la memoria TLC tendrá una vida útil más corta que la memoria SLC.

La aparición de la Nand 3D (apilamiento de varios cientos de capas de datos) ha permitido multiplicar aún más la capacidad de almacenamiento. A medida que surjan nuevas tecnologías, la esperanza de vida seguirá evolucionando.

Los SSD vienen en varios formatos y conexiones, que se van a presentar más adelante en este capítulo.

5.2.1 Formato de 2,5" - SATA

El formato clásico es el formato de 2,5", como para los discos duros de los portátiles, con conexión SATA. El rendimiento ofrecido por este estándar se aprovecha al máximo y alcanza sus límites.

SSD clásico

5.2.2 Formato de 1,8" - mSATA

Este formato más pequeño no tiene una carcasa protectora y ofrece un conector de tipo mSATA (mini SATA) para una conexión SATA. Está destinado principalmente para ultrabooks.

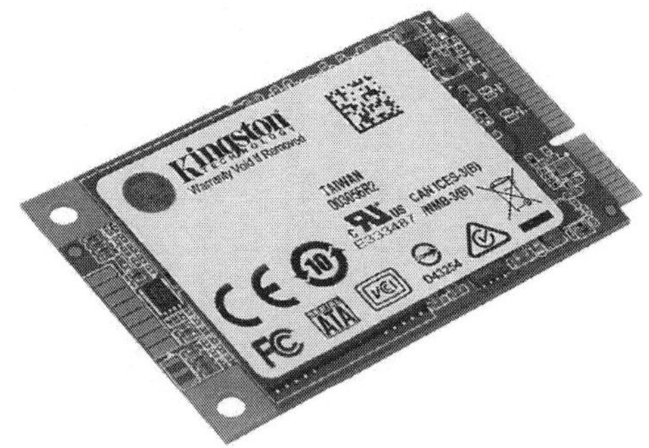

SSD mSATA

5.2.3 Formato M.2: SATA y PCIe NVMe

El formato M.2 es el sucesor de mSATA y puede ser compatible con el estándar SATA o el estándar PCI Express (PCIe). Esto último es lo que lo hace especialmente interesante, ya que permite superar los límites físicos de velocidad impuestos por SATA y alcanzar velocidades en el rango de GB/s de lectura y escritura (4 a 6 GB/s). Este formato SSD suele utilizar el protocolo NVMe (*Non-Volatile Memory Express*).

Estas unidades o tarjetas SSD tienen un ancho de 20 mm y están disponibles en tres longitudes: 42, 60 u 80 mm.

El conector será diferente dependiendo de la interfaz elegida.

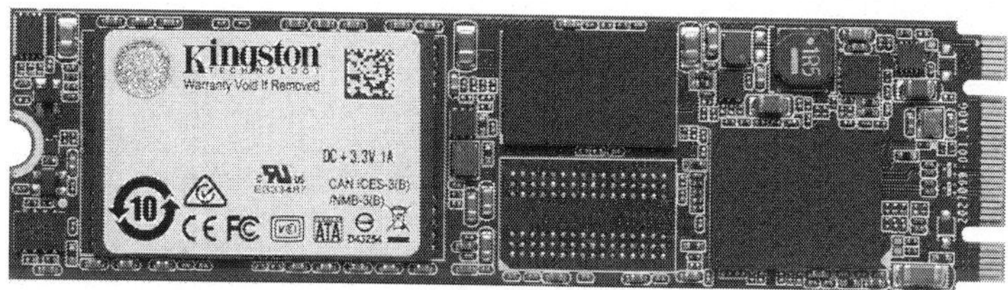

SSD M.2 SATA 80 mm

SSD M.2 PCIe 80 mm

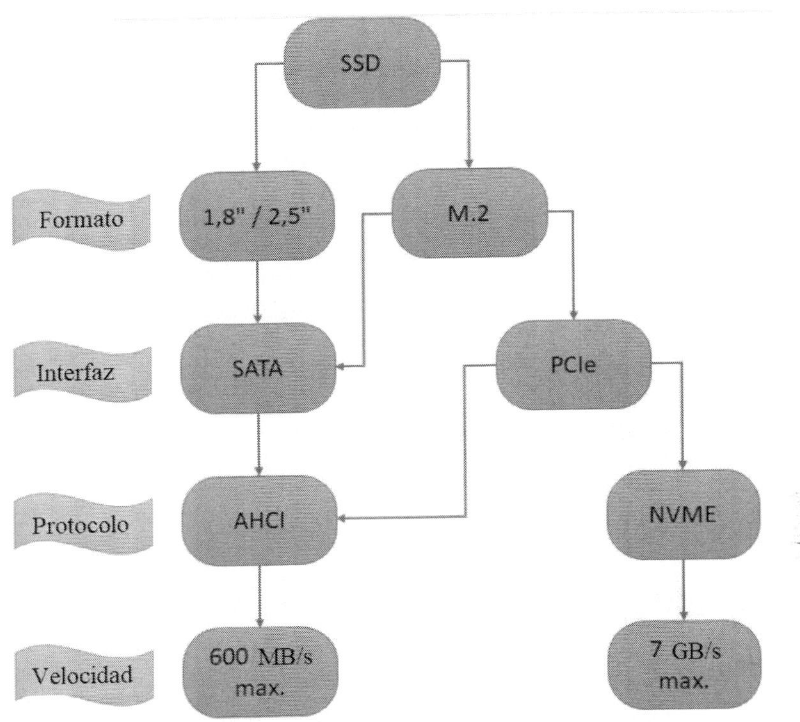

Resumen de las diferentes características de los SSD

5.2.4 Utilidades de disco

Al igual que con los discos duros convencionales, los fabricantes de SSD ponen a disposición del público una serie de utilidades que permiten realizar pruebas de disco, formateo de bajo nivel o solucionar problemas de reconocimiento de disco con el sistema operativo o la UEFI de su máquina.

Los sectores de un disco SSD pueden estar dañados o ser inutilizables (número de ciclos de lectura/borrado agotados). El firmware los "marca" y aísla para garantizar el uso adecuado del disco. Las herramientas mencionadas anteriormente permiten comprobar el estado de su disco SSD, como medida preventiva.

Para poder acceder a él a partir del explorador de archivos de Windows, el SSD también debe estar formateado, física y lógicamente:

- El formateo completo o de bajo nivel logra un ciclo de escritura completo en el SSD, lo que reduce su vida útil. Esto se debe evitar. Si existen datos confidenciales, será necesario utilizar un software que ofrezca la funcionalidad *Secure Erase*.
- Formateo rápido o lógico que prepara el SSD para alojar uno o más sistemas de archivos (creando el sector de arranque y la tabla de asignación de archivos).

5.3 Almacenamiento óptico

Existen muchos estándares de soportes para el almacenamiento óptico de los datos. Trataremos de enumerar rápidamente los principales estándares.

5.3.1 CD

Hay tres tipos principales de CD:

- Un CD-ROM (*Compact Disc Read Only Memory*) tiene una capacidad de almacenamiento de 650 o 700 MB. Está pregrabado.
- Un CD-R (*Compact Disk Recordable*) es un disco que solo se puede grabar una vez. Capacidad de 650, 700 o incluso 800 MB.
- Un CD-RW (*Compact Disc ReWritable*) tiene una capacidad de almacenamiento de 650 MB o 700 MB y tiene la ventaja de poder reescribirse.

5.3.2 DVD

Hay varios formatos de DVD:

- El DVD-ROM (*Digital Versatile Disc*) está pregrabado. Este formato se divide en cuatro capacidades de almacenamiento:
- El DVD-5: consta de una cara y de una capa de almacenamiento. Su capacidad es de 4,7 GB.
- El DVD-9: consta de una cara y de dos capas de almacenamiento. Su capacidad es de 8,5 GB. A veces se denomina DL (*Dual Layer* o doble capa).

- El DVD-10: tiene dos caras y una capa por cara. Su capacidad es de 9,4 GB.
- El DVD-18: compuesto por dos caras y dos capas por cara. Su capacidad es de 17 GB.

Los formatos grabables son los siguientes:

- DVD-R (R por *Recordable*: grabable): este estándar es el primero que se creó. Es compatible con lectores anteriores a 2004.
- DVD-RW y DVD+RW: son DVDs regrabables con las mismas características que sus homólogos -R y +R.
- DVD-R DL, DVD-RW DL, DVD+R DL y DVD+RW DL: son DVDs de doble capa que ofrecen el doble de capacidad. En la actualidad, solo el formato DVD+R DL ha sobrevivido a la competencia de otros formatos.

Existen otros formatos, pero se utilizan menos: DVD-RAM, DVD-Video, etc.

5.3.3 Blu-ray

Blu-ray o Blu-ray Disc (abreviatura oficial BD, también conocido como B-RD) es un formato de disco digital patentado y comercializado por Sony. Existen cuatro tipos principales en el mercado:

- BD-ROM: disco Blu-ray pregrabado con una capacidad de 27, 50, 100 GB o 128 GB, dependiendo del número de capas. Se está trabajando en un formato de 200 GB.
- Blu-ray 3D: un disco Blu-ray pregrabado reservado para la entrega de contenidos multimedia en tres dimensiones.
- BD-R: un disco grabable que solo permite grabar datos una vez en el disco.
- BD-RE: Disco Blu-ray regrabable.

Los formatos grabables se dividen de la siguiente manera:

- BD-R SL y BD-RE SL: disco Blu-ray de una sola capa (SL: *Single Layer*) grabable/regrabable, con una capacidad de 25 GB.
- BD-R DL y BD-RE DL: disco Blu-ray Disc de doble capa (DL: *Dual Layer*) grabable/regrabable con una capacidad de 50 GB.
- BD-RE QL o BD XL: disco Blu-ray grabable con una capacidad de 100 GB (tres o cuatro capas).

5.3.4 Reproductor de CD/DVD/BD

Recuerde que:

- Un reproductor/grabador de Blu-ray es capaz de reproducir BD, DVD y CD.
- Un reproductor/grabador de DVD puede reproducir tanto CD como DVD.
- Una grabadora de CD puede reproducir todo tipo de CD. Lo mismo ocurre con una grabadora de DVD o Blu-ray.
- Los reproductores o grabadores de CD no pueden reproducir DVD. Del mismo modo, los reproductores o grabadores de DVD no pueden reproducir Blu-rays.
- Un reproductor "combinado" es una unidad de DVD que puede grabar CD. También hay reproductores "combinados" de Blu-ray que pueden grabar DVD.

www.ldlc.com

Las velocidades de lectura/escritura de los reproductores/grabadores de CD-ROM o de DVD, se indican con un número seguido de la letra "x": 1x es igual a 150 KB/s. Por ejemplo, para una grabadora de CD, 40x/12x/48x significa 40x en modo de escritura, 12x en modo de reescritura y 48x en modo de reproducción.

En el caso de un reproductor/grabador de Blu-ray, las velocidades también se indican de la misma manera. Pero 1x es igual a 4,29 MB/s.

5.3.5 Limpieza de la superficie de un disco

Use un paño sin pelusa para limpiar el disco. Bajo ninguna circunstancia debe tocar el lado brillante del disco. Se trata de no seguir las pistas con un movimiento circular, sino, por el contrario, de hacer movimientos desde el centro hacia fuera del disco.

Si la superficie del disco parece tener manchas de grasa o está ligeramente pegajosa, mezcle champú para bebés con agua tibia y deje el disco en remojo. Luego use un algodón o un paño suave para limpiarlo. Por último, espere hasta que el disco esté completamente seco.

Si hay huellas dactilares en el disco, use un paño empapado en alcohol, etanol o metanol para borrar las marcas. Bajo ninguna circunstancia, debe utilizar un disolvente elaborado a partir de un producto derivado del petróleo, ya que la superficie del disco se dañará y no se podrá reparar. Como último recurso, también puede usar agua destilada.

Si el disco está profundamente rayado y la reproducción es imposible, existen dispositivos llamados reparadores de CD/DVD que pulen la superficie y, en algunos casos, permiten volver a reproducirlo.

5.4 Almacenamiento externo

El almacenamiento externo electrónico se puede realizar utilizando periféricos como una unidad USB, un disco duro o un SSD externo. El principio de funcionamiento es similar al de los discos duros y SSD internos. La conectividad puede variar: USB en sus diferentes versiones, Thunderbolt, eSATA, etc.

6. Tarjeta de vídeo

La tarjeta gráfica o de vídeo, a veces denominada GPU (Graphics Processing Unit), es una parte esencial de cualquier ordenador. Se encarga de gestionar los elementos que se mostrarán en la pantalla. Esta puede:

- estar integrada en el procesador,
- ser interna o dedicada, es decir, independiente y conectada a la placa base a través de un slot previsto para este fin (el slot PCIe),
- estar conectada al ordenador mediante un conector Thunderbolt.

6.1 ¿Dedicada o integrada?

Los ordenadores de escritorio suelen tener una tarjeta gráfica integrada, porque sus necesidades suelen estar relacionadas con tareas gráficas simples. La GPU se coloca en el procesador y utiliza la memoria RAM de la máquina para manejar los datos que se van a mostrar. Por esta razón, también se conoce como tarjeta compartida.

Por otro lado, las máquinas que tienen que realizar tareas gráficas avanzadas y que consumen muchos recursos, tienen una tarjeta gráfica dedicada: renderizado 3D, juegos, efectos visuales, etc. Las tarjetas gráficas dedicadas de hoy en día son verdaderas mini placas base, porque tienen su propio procesador (la GPU), una cierta cantidad de memoria RAM (algunas veces superior a la de la propia máquina) y un sistema de refrigeración dedicado. Es posible incluso vincular varias tarjetas gráficas (CrossFire de AMD o SLI de Nvidia) si estas o la placa base son compatibles con esta opción.

Tarjeta gráfica dedicada (https://www.needpix.com/photo/606669/)

La abundancia de contenido multimedia de muy alta definición (Full HD, 4K, incluso 8K) hace que la presencia de una tarjeta gráfica de alto rendimiento sea esencial incluso para el simple espectador. Por este motivo, los últimos procesadores con GPU integradas son capaces de reproducir sin problemas este contenido. Si se conforma con ver películas en Full HD o 4K, una tarjeta gráfica integrada probablemente sea suficiente.

6.2 Conexiones

Ya sea integrada o dedicada, la tarjeta gráfica permite conectar una o más pantallas al ordenador. Para ello, dispone de uno o varios de los siguientes puertos:

- VGA: puerto analógico heredado, presente para garantizar la compatibilidad con pantallas más antiguas.
- DVI (*Digital Visual Interface*): históricamente, el primer puerto digital disponible. Permite transferir solo la señal de vídeo. Está a punto de desaparecer.
- HDMI (*High Definition Multimedia Interface*): actualmente es el puerto de vídeo estándar más utilizado. Permite transportar señales de audio y vídeo de alta definición.
- *DisplayPort* (DP): un puerto digital bastante común en ordenadores portátiles y tarjetas gráficas dedicadas.

– USB-C: puerto multiuso que también permite transportar señales de vídeo digitales. Actualmente se utiliza poco.

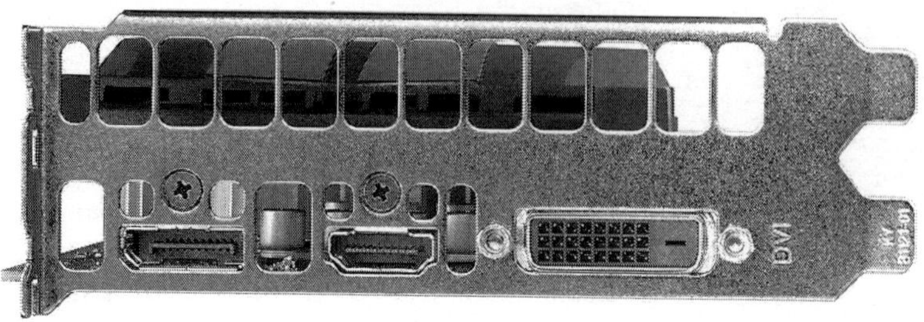

www.ldlc.fr

Conectores de tarjetas gráficas, en orden: DisplayPort, HDMI, DVI.

6.3 Problemas gráficos

El problema más común se suele manifestar en la visualización de elementos. Los errores en la visualización de elementos son anomalías que se aprecian en la pantalla: píxeles que faltan o de diferentes colores, líneas verticales u horizontales, patrones distorsionados, patrones de tablero de ajedrez, etc. Estos fallos pueden deberse a varios motivos: sobrecalentamiento de la tarjeta gráfica (*overclocking*), controladores de dispositivos obsoletos, fuente de alimentación insuficiente o tarjeta gráfica dañada.

Antes de dar por hecho que la tarjeta gráfica no funciona, realice una prueba cruzada: conecte otra pantalla a la tarjeta gráfica y pruebe la pantalla en otra máquina. Recuerde también intervenir con los cables de vídeo. Si el problema persiste, siga estos pasos:

– Actualice los controladores de gráficos.

– Compruebe la temperatura de su GPU, abra la carcasa para favorecer el suministro de aire fresco y restablezca la velocidad de reloj recomendada por el fabricante si la ha "overclockeado".

– Cambie el recubrimiento térmico de su GPU.

Finalmente, si ninguno de los pasos anteriores permite resolver el problema, es probable que la tarjeta gráfica esté dañada y no se pueda reparar. Tendrá que cambiarla.

Si su tarjeta gráfica parece funcionar menos rápido de lo que se indica en las especificaciones del fabricante, asegúrese de que esta esté conectada al puerto PCIe más rápido.

7. Conexiones

Llamamos "entrada-salida" (algunas veces denominada con el acrónimo I/O del inglés *Input/Output*) a los intercambios de datos entre el procesador y los dispositivos que tiene asociados. Estos dispositivos se clasifican en función del tipo de conector y tipo de bus.

7.1 Tipos de conector

7.1.1 Puerto serie o puerto COM

El puerto en serie fue uno de los primeros puertos que se incluyeron en los ordenadores. Se denomina puerto en serie porque los datos se transmiten en forma de series. Por lo general, se asocia con el protocolo de comunicación RS-232C. Este tipo de puerto ha sido reemplazado por el puerto USB y, por lo tanto, ya no está presente en las máquinas recientes. Sin embargo, todavía se usa para conexiones específicas de los equipos industriales y se puede encontrar en algunos ordenadores.

7.1.2 Puerto USB

El puerto USB (*Universal Serial Bus*) apareció en la década de 1990. Aunque inicialmente se utilizó para la conexión de periféricos en caliente (*Plug-and-Play*), ahora se utiliza para transportar información con numerosos protocolos: USB, por supuesto, y también HDMI, DisplayPort, Thunderbolt, etc.

Por lo general, un ordenador ofrece dos tipos de conectores USB:

- El conector de tipo A, que tiene forma rectangular, se utiliza para conectar periféricos que requieren pocos recursos (ratón, teclado, cámara web, memoria USB, disco externo, etc.).

- El conector de tipo C, que apareció en 2014, es de forma rectangular, pero más delgado y redondeado por los lados. Es reversible, a diferencia del anterior. Este formato está en camino de convertirse en el estándar USB. En 2021, se estandarizó con el nombre USB-C.

Además de ser un tipo de conector, el USB también es un protocolo de comunicación. A medida que la tecnología ha ido evolucionando, han surgido nuevos estándares:

- USB 1.1 ofrecía dos modos de comunicación:
  - mode Low Speed: 1,5 Mb/s, generalmente utilizado para teclados, ratones, etc.
  - mode Full Speed: 12 Mbps
- USB Hi-Speed o USB 2.0: permite velocidades de hasta 480 Mbps o 60 MB/s. Todavía se utiliza para unidades externas antiguas, grabadoras, memorias USB, etc.

- SuperSpeed USB o USB 3.2 Gen 1 (también conocido como USB 3.1 Gen 1): permite obtener velocidades teóricas de 5 Gbps. El interior del socket suele ser azul. Este es el protocolo estándar actual para dispositivos de almacenamiento externo.
- SuperSpeed USB 10 Gbps o USB 3.2 Gen 2 (también conocido como USB 3.1 Gen 2): ha permitido duplicar el rendimiento: 10 Gbps o 1,2 GB/s. También permite conectar dispositivos de almacenamiento externo.
- SuperSpeed USB 20 Gbps o USB 3.2 Gen 2x2: ofrece un rendimiento de 20 Gbps.
- USB4 (Gen 2x1, 2x2, 3x1 y 3x2): ofrece velocidades de 10 a 40 Gbps. Este estándar (y el siguiente) requiere obligatoriamente el uso de conectores USB-C.
- USB4 2.0: Un nuevo estándar anunciado en 2022 con velocidades de hasta 80 Gbps.

Los estándares más recientes suelen ser compatibles con los más antiguos. Puede conectar su unidad USB 2.0 a un puerto USB 3.2. Lógicamente, la velocidad se verá afectada. El uso de un dispositivo a una velocidad determinada (*SuperSpeed USB 20 Gbps*, por ejemplo) solo será posible si el puerto USB del ordenador es compatible con este estándar, así como el cable USB utilizado y el dispositivo conectado. Además, solo las unidades externas de tipo SSD pueden aprovechar al máximo dicha velocidad.

Antes, solo se usaba con el protocolo USB, pero ahora el puerto USB permite transmitir numerosos protocolos de comunicación:

- USB, por supuesto,
- de señales de audio y vídeo: HDMI, DisplayPort (DP),
- de energía: *Power Delivery* (PD)
- Thunderbolt
- PCI Express, etc.

La siguiente tabla resume los principales símbolos utilizados para identificar correctamente las capacidades de los puertos USB de la máquina, los periféricos que se pueden conectar y para seleccionar los cables adecuados:

Símbolo	Versión USB	Transferencia de datos	Transporte de señales de audio y vídeo	Carga (PD, Power Delivery)
HI-SPEED CERTIFIED USB™	*Hi-Speed* o 2.0	480 Mbps	-	-
SS 5	*SuperSpeed* o 3.2 Gen 1	5 Gbps	Sí	-
SS 10	*SuperSpeed 10 Gbps* o 3.2 Gen 2	10 Gbps	Sí	-
SS 20	*SuperSpeed 20 Gbps* o 3.2 Gen 2x2	20 Gbps	Sí	-
20 ™	USB4	20 Gbps	Sí	-
40 ™	USB4	40 Gbps	Sí	-
SS ™	*Hi-Speed* o 2.0	480 Mbps	-	Sí
SS 5 ™	*SuperSpeed* o 3.2 Gen 1	5 Gbps	Sí	Sí
SS 10 ™	*SuperSpeed 10 Gbps* o 3.2 Gen 2	10 Gbps	Sí	Sí

Símbolo	Versión USB	Transferencia de datos	Transporte de señales de audio y vídeo	Carga (PD, Power Delivery)
	SuperSpeed 20 Gbps o 3.2 Gen 2x2	20 Gbps	Sí	Sí
	USB4	20 Gbps	Sí	Sí
	USB4	40 Gbps	Sí	Sí
	SuperSpeed	5 Gbps	Sí *DisplayPort*	-
	SuperSpeed	5 Gbps	Sí *DisplayPort*	Sí
	Todos los protocolos USB 3.2 a 4 + *Thunderbolt*	40 Gbps	Sí	Sí

https://www.usb.org/logo-license

Esta lista no es exhaustiva. Otros logotipos indican la potencia de carga admitida.

Puerto USB-C SuperSpeed de 20 Gbps

7.1.3 Puerto eSATA

El puerto eSATA (*external SATA)* permite la conexión en caliente de periféricos externos (discos), gracias a la adaptación del protocolo SATA. Permite explotar discos SATA externos con un rendimiento máximo de 6 Gbps. Este tipo de puerto ha quedado obsoleto por los nuevos estándares USB y las altas velocidades asociadas.

7.1.4 Thunderbolt

La tecnología Thunderbolt, desarrollada por Intel y Apple, está ahora bien representada en el mundo del PC. El objetivo de esta tecnología es sustituir todos los conectores presentes en un ordenador por un solo cable, utilizando fibra óptica o cobre. Dependiendo de la versión, el puerto Thunderbolt es compatible con VGA, HDMI, DisplayPort, PCI express, Ethernet, USB, fuente de alimentación, etc. Actualmente existen cuatro versiones; las dos últimas son las más representadas:

- Thunderbolt 1.0: 10 Gbps en un canal, con conector Mini DisplayPort.
- Thunderbolt 2.0: 20 Gbps en dos canales, con conector Mini DisplayPort.
- Thunderbolt 3.0: 40 Gbps en dos canales, con conector USB-C.
- Thunderbolt 4.0: 40 Gbps en dos canales, compatible con USB4, con conector USB-C.

Los conectores actuales son el puerto USB-C. Encontrar más información al respecto en la sección anterior.

7.1.5 Red

La conexión de un ordenador a una red informática se puede realizar mediante varios conectores:

- A través de un puerto RJ45, conocido como Ethernet, por medio de un cable. Este tipo de puerto actualmente permite velocidades en el rango de 1 Gbps, 2.5 Gbps o incluso 10 Gbps en algunas placas base.

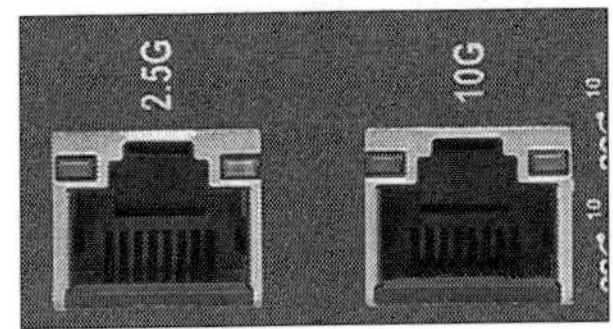

Imagen by Bruno /Germany from Pixabay

De forma inalámbrica, utilizando una tarjeta Wi-Fi con una antena. Los estándares actuales son Wi-Fi 5 (AC) y Wi-Fi 6/6E (AX). El estándar Wi-Fi 7 (BE) está en proceso para 2024. En el caso de un ordenador portátil, las antenas suelen estar integradas en la pantalla del portátil. En el caso de un ordenador de sobremesa, las antenas, de unos diez centímetros de longitud, se atornillan a soportes SMA.

www.ldlc.fr

Los dos LED de un puerto RJ45 permiten confirmar el establecimiento de un enlace de red, indicar la velocidad de conexión y la transferencia de datos cuando se conecta un cable de red. Si los LED están apagados, compruebe que el cable funciona correctamente y que hay señal de red.

7.1.6 Audio

Un ordenador suele tener una conexión de audio que permite conectar un micrófono, una entrada de línea o altavoces. Está presente en forma de varias tomas jack 3.5 que permiten el paso de una señal analógica. Las placas base de alta gama suelen ofrecer un conector S/PDIF (*Sony/Philips Digital Interface*), una interfaz digital para transferir señales de audio a un sistema home cinema o a una barra de sonido.

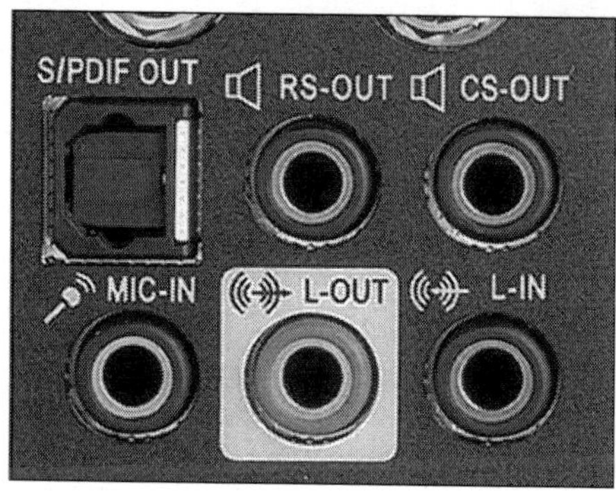

www.ldlc.fr

Un ordenador portátil tendrá una conectividad más limitada, generalmente un solo puerto jack que combina la entrada de micrófono y la salida estéreo, para conectar auriculares o altavoces.

Actualmente, muchos kits de altavoces se conectan a través de un puerto USB o mediante Bluetooth. Esto permite beneficiarse de una señal digital de calidad.

El principal problema que puede ocurrir es la inversión de las conexiones a las tomas jack. Un conector marcado como *IN* indica que está destinado a recibir una señal de audio entrante: permite conectar un micrófono o una entrada de línea (desde una tabla de mezclas, por ejemplo). Un conector *OUT*, por otro lado, se utiliza para conectar un dispositivo de reproducción de señal de audio, como altavoces. En los sistemas 5.1, CS representa el altavoz central y *RS*, los altavoces traseros. Por lo general, bastará con leer las indicaciones (*IN* o *OUT*) con atención para resolver el problema.

7.2 Tipos de bus

7.2.1 Bus PCIe

Los intercambios entre el procesador y los componentes tienen lugar a través de los buses. Desde la invención del ordenador, se han sucedido muchos tipos de bus (ISA, PCMCIA, PCI, AGP, FireWire, etc.). Actualmente, el estándar es el puerto PCIe (PCI Express). Sustituyó a todos los bus internos que existían anteriormente y los superó en cuanto a velocidad. Este permite conectar una tarjeta gráfica, un disco SSD, una tarjeta de red, una tarjeta de sonido, etc.

El bus PCIe se categoriza en función del número de canales que ofrece y su versión. Estas son las principales características:

- Número de canales: x1, x2, x4, x8 o x16 (1, 2, 4, 8 o 16 canales). Un bus PCIe x16 permite la transferencia de 16 informaciones a la vez.
- Versiones (o generaciones): 1.0, 2.0, 3.0, 4.0, 5.0 y 6.0. La versión 7.0 está en proceso. Cada nueva generación duplica el ancho de banda. La versión 1.0 permitía un tráfico de 250 Mbps en cada dirección (entrada/salida) para cada canal. La versión 6.0 permite un rendimiento de 8 GB/s en un carril y 128 GB/s en 16 carriles (8 x 16).

Una placa base puede ofrecer slots PCIe para permitir la conexión de tarjetas de expansión.

www.wikimedia.org (Snickerdo)

Slots PCIe de arriba a abajo: x4, x16, x1 y x16. El último slot es un slot PCI (antigua generación).

Para garantizar el mejor rendimiento posible, la tarjeta gráfica se conectará al puerto PCIe más rápido (x16). Este también puede ser el caso de un SSD. Los otros puertos PCIe se utilizarán para una tarjeta de red, una tarjeta de sonido, una tarjeta de expansión USB, etc.

7.2.2 Bus USB

Como su nombre indica, el bus USB se utiliza para conectar los puertos USB al chipset de la placa base. Las características del bus USB se han explicado previamente en la sección Tipos de conectores, de este capítulo.

8. UEFI

La UEFI (*Unified Extensible Firmware Interface*), desarrollada originalmente por Intel con el nombre de EFI (Extensible Firmware Interface), es un programa destinado a sustituir a la BIOS, el firmware instalado originalmente en cada placa base. La ventaja de este programa, que tiene lugar entre la capa de hardware y el sistema operativo, es añadir funciones avanzadas a la BIOS como, por ejemplo, un arranque más rápido, el soporte de los discos con una capacidad superior a 2,2 TB gracias al particionamiento de tipo GPT (*GUID Partition Table*) o incluso el arranque seguro del sistema operativo. Esta última funcionalidad se puede encontrar en Windows 11 (8 y 10 también) con el nombre arranque seguro o *Secure Boot* en inglés.

Se supone que la UEFI proporciona una interfaz gráfica fácil de usar, que permite principalmente el uso de un ratón, entre otras cosas. Sin embargo, hay UEFIs que ofrecen una interfaz muy similar a esta, por las que solo se puede navegar usando el teclado. Al igual que con la BIOS, no hay una UEFI que se parezca a ninguna otra. Sin embargo, el concepto y el uso de este tipo de programas sigue siendo relativamente similar.

La última versión de las especificaciones de la UEFI es la 2.10.

8.1 Acceso a la UEFI

Para acceder a la utilidad de configuración de UEFI, debe utilizar una tecla o combinación de teclas preestablecida, dependiendo del fabricante de la máquina o placa base. A menudo, esta información se indica en la parte inferior de la pantalla, con una mención en inglés normalmente.

Aquí hay algunas ideas:

Fabricante	Tecla UEFI	Tecla del menú Inicio
Acer	[F2]	[F12]
Asrock	[F2]	[F11]
Asus	[F2]	[Esc]
Dell	[F2]	[F12]
Fujitsu	[F2]	[F12]
Gigabyte	[Supr]	[F12]
HP / Compaq	[F10]	[Esc]
Lenovo / IBM	[F1]	[F12]
MSI	[Supr]	[F11]
NZXT	[F2] o [Supr]	[F11]
Packard Bell	[F2]	[F12]
Sony	[F2]	[F11]
Samsung	[F2]	[F10]
Toshiba	[F2]	[Esc]

Por supuesto, esta lista no es exhaustiva.

También es posible acceder a la UEFI desde Windows, provocando un reinicio específico:

- En el menú **Inicio**, pulse el botón de **Inicio/Apagado** y, a continuación, pulse la tecla [Mayús] y el menú **Reiniciar**.

La máquina se reinicia en modo Win RE. Haga clic en **Solucionar problemas - Opciones avanzadas - Configuración del firmware UEFI**.

La máquina se reinicia y entra en la configuración de la UEFI.

8.2 ¿BIOS o UEFI?

¿Le gustaría saber si su máquina está en modo BIOS o UEFI? Si su máquina es reciente (después de 2012), existe una alta probabilidad de que utilice la UEFI. Para comprobarlo, siga estos pasos:

- Cuando se inicie su equipo, introduzca los ajustes de configuración de la UEFI con la tecla adecuada.
- Vaya al menú **BIOS Boot Mode** o a un menú similar. Si la selección está en **Legacy** o **CSM** (*Compatibility Support Module*), está utilizando la BIOS original. De lo contrario, la selección muestra **UEFI**.

Otra forma de hacerlo es acceder desde Windows:

- Presione [Mayús]+[R].
- En la ventana que aparece en pantalla, escriba **msinfo32**.
- En la ventana que aparece en pantalla, busque la línea **BIOS Mode**. Le indicará **Legacy** o **UEFI**.

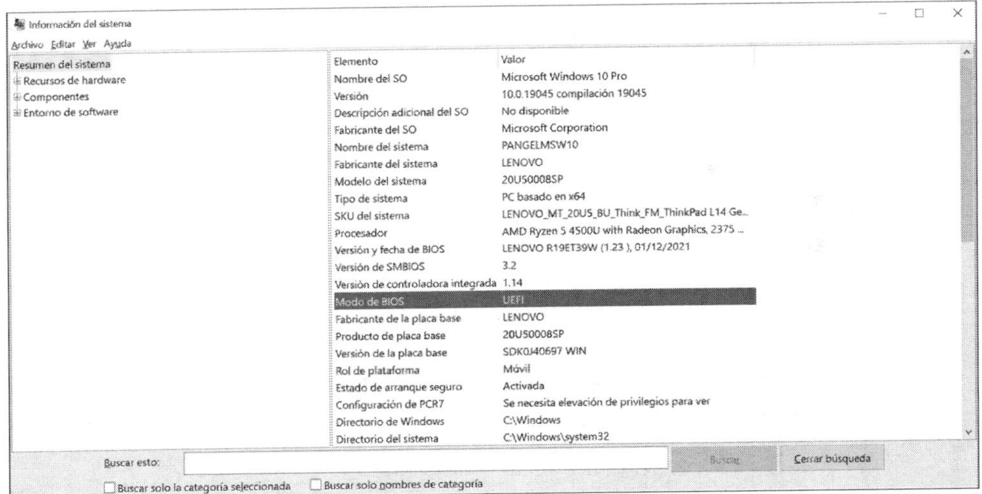

8.3 Habilitación de TPM 2.0

Como veremos en el capítulo Instalación del sistema operativo - Instalación de Windows 11 - Requisitos previos, Windows 11 requiere un chip TPM 2.0 habilitado en la máquina en la que se va a instalar. Sin embargo, esta función, aunque está presente en muchas placas base y máquinas recientes, no está habilitada de forma predeterminada, especialmente en los PC de escritorio. ¿Cómo puedo cambiar esta configuración?

Una primera solución puede ser actualizar la BIOS/UEFI de su máquina. De hecho, algunos fabricantes han decidido tomar la iniciativa y habilitar esta función de forma predeterminada. Con los riesgos que conlleva un flash UEFI...

Otra solución es cambiar esta opción usted mismo. Para ello:

- Acceda a la configuración de la UEFI pulsando en la tecla correspondiente cuando se inicie su máquina.

Por lo general, esta configuración se puede encontrar en la configuración avanzada y luego en las opciones de seguridad. Por ejemplo, **Trusted Computing** en MSI o **Peripherals** en Gigabyte.

- Busque la función Intel PTT o AMD fTPM.

Una vez detectada, active esta opción (seleccione **Enabled**).

- Guarde los cambios y reinicie su máquina.

8.4 Actualización de la UEFI

La actualización del firmware UEFI puede ser imprescindible cuando no se reconocen ciertos dispositivos (procesador, unidad SATA, USB 2.0, USB 3.0, etc.), cuando se supone que su hardware los soporta. A continuación, es esencial ir al sitio web del fabricante de la placa base y descargar la última versión de la BIOS/UEFI disponible para la placa base que tenga.

■ Observación

Asegúrese de descargar el firmware de la BIOS/UEFI que corresponda exactamente al modelo de su placa base y siga exactamente las instrucciones de actualización (flasheo). De lo contrario, el daño podría ser irreparable.

A veces, el firmware se puede descargar en formato binario (archivo ejecutable) y se puede ejecutar desde Windows. El programa hace que el ordenador se reinicie y actualice el firmware.

9. Problemas de hardware

El objetivo de esta sección no es abordar todos los problemas que se pueden presentar, sino proponerle algunas ideas que podrían ayudarle a solucionarlos.

9.1 Montaje de un ordenador

Es más fácil montar el procesador antes de instalar la placa base en la carcasa. Recuérdelo.

La carcasa está conectada a la placa base mediante conectores que proporcionan alimentación a los interruptores y LED de actividad (disco, suspensión, etc.). Se conectan de acuerdo con el diagrama del manual del fabricante o siguiendo las instrucciones indicadas directamente en la placa base. Por lo general, el hilo de color se coloca en el "+" (+5VDC), mientras que el otro (blanco o negro) se coloca en el "-" (Tierra o Ground). Si hay un mal funcionamiento (el LED no se enciende) y si está seguro de que el puente está colocado correctamente, simplemente cambie la orientación del cable. El "+" algunas veces se identifica por un pequeño triángulo en el conector.

Señalización para otros conectores:

- Power SW para el interruptor de alimentación.
- Reset SW para el interruptor de reinicio.
- Power LED para el diodo de alimentación.
- Power HDD para el diodo de actividad del disco.

Si escucha un fuerte ruido de roce cuando se inicia el ordenador, puede ser debido a un cable que se interpone con el ventilador del microprocesador. Lo único que tiene que hacer es conectar juntos los cables que parezcan estar "colgando". Además, mejorará el sistema de refrigeración de su máquina.

También puede encontrar problemas si los tornillos que sujetan la placa base a su soporte están demasiado apretados. Esto provoca problemas de inicialización.

Los cables SATA tienen sentido. Una codificación le obligará a colocar el cable correctamente en el conector y así evitar cualquier mala conexión. Es posible acortar estos cables envolviéndolos alrededor de un bolígrafo o destornillador. Esto les da una forma de resorte.

A veces, las tarjetas de memoria pueden ser incompatibles con algunas placas base. Antes de realizar cualquier compra, pida confirmación al vendedor y consulte el sitio web del fabricante de su equipo.

9.2 Interpretación de códigos POST

Cuando el sistema está encendido, la UEFI revisa el hardware detectado. Esta prueba, llamada POST (*Power-On Self Test*) permite detectar un posible problema con los componentes de hardware o una configuración incorrecta de la UEFI. Si no se encuentran anomalías, la máquina emitirá un solo bip (o ninguno). De lo contrario, observe la secuencia de bips y consulte la documentación de la placa base o de la máquina. De hecho, cada fabricante ha definido sus propias secuencias.

Estos códigos le pueden ayudar a determinar si se trata de un problema de memoria, si no hay suficiente batería, si el procesador está dañado o sobrecalentado, si no se detecta la tarjeta de vídeo, si la batería del CMOS está vacía, si la placa base es defectuosa, etc.

9.3 Solución de problemas de hardware

A menos que acabe de añadir un nuevo componente, en cuyo caso es fácil asumir que el problema se debe a este último, lo que debe hacer es eliminar todos los componentes de hardware de su ordenador uno por uno hasta encontrar, por deducción, el componente responsable. A priori, se debe respetar un orden lógico:

1 - Dispositivos externos (USB y eSATA)

2 - Teclado y ratón

3 - Tarjetas internas (PCIe)

4 - Tarjetas de memoria

5 - Discos

6 - Ventilador del procesador

7 - Procesador

Estos son los principios que rigen este método de resolución de problemas:

A veces, un ordenador se niega a arrancar simplemente porque una tarjeta PCIe no se ha insertado correctamente o una de las tarjetas de memoria no está conectada correctamente a su slot. Desenchufar y volver a enchufar todo de nuevo, garantiza que los componentes presentes se ensamblen perfectamente.

Un problema con un componente puede ser provocado por otro componente que, a priori, parece no tener nada que ver.

Obviamente, si quita todas las tarjetas de memoria o la tarjeta gráfica, su ordenador no funcionará. Lo que debe entender es que si los síntomas son idénticos, el problema no lo provoca la pieza que se retiró.

En conclusión, debe proceder de manera metódica sin tratar de interpretar el origen del fallo. Cíñase a los hechos, incluso aunque no le parezcan lógicos.

9.4 Problema con la placa base

Acabamos de ver que la placa base, al inicializarse, comprueba los componentes instalados en el ordenador.

Si aparece una pantalla negra sin ningún bip sonoro que indique un error, debería preguntarse si la placa base aún se puede inicializar o si simplemente se lo impide un problema de hardware. Para hacer esto, retire la tarjeta gráfica del slot PCIe o retire todas las tarjetas de memoria. Vuelva a encender el ordenador. Si la placa base emite un bip, significa que está funcionando, ya que es capaz de darse cuenta de que falta uno de los componentes. De lo contrario, el problema es que ya no detecta nada y, por lo tanto, ya no puede identificar ningún problema en el ordenador.

Recuerde que, si el procesador está defectuoso, impedirá que la placa base se inicialice, ya que la placa base lo necesita para poder configurar las rutinas de arranque.

Además, siempre es difícil discernir si el problema proviene de una fuente de alimentación que ya no funciona o de la propia placa base.

Una pista le puede ayudar a formarse una opinión: desenchufe y vuelva a conectar el cable de alimentación del ordenador. Si, en la parte posterior, el ventilador da al menos un cuarto de vuelta, es muy probable que la fuente de alimentación esté funcionando.

También se puede acumular una carga eléctrica en los condensadores de la placa base, lo que impide que el ordenador arranque. Desconecte la fuente de alimentación, apague el interruptor de encendido de la fuente de alimentación que se encuentra en la parte posterior de la carcasa y mantenga presionado el botón de encendido (en la parte frontal de la máquina) entre treinta y sesenta segundos. Suelte, vuelva a enchufar y encienda la máquina.

9.5 Problemas comunes

A continuación, se proporciona una lista de problemas comunes y cómo solucionarlos o, en su defecto, saber qué pieza está defectuosa.

9.5.1 Pantalla negra al inicio

Si el ordenador tiene la energía adecuada, se debe encender una luz en el panel frontal. Cambie el cable de alimentación del monitor por el cable de alimentación de la unidad central. Si la pantalla se enciende normalmente, simplemente cambie la fuente de alimentación (de lo contrario, esto significa que el cable está defectuoso). Compruebe que ningún interruptor esté encendido en la parte posterior de la carcasa.

El siguiente método funciona a menudo:

- Desconecte el cable de alimentación de la parte posterior y pulse el botón de encendido varias veces. Después, vuelva a enchufar el cable y vuelva a encender su ordenador.
- Mejor aún: desconecte todos los cables y conectores conectados a la máquina, seguidamente vuelva a conectar solo el cable de alimentación y, por último, encienda el ordenador. Esto obliga a la placa base a reiniciarse (en cuyo caso, se concluirá que hay un problema pasajero con el retraso de la EEPROM).

9.5.2 La alimentación de mi ordenador se corta justo después de iniciarla

El siguiente procedimiento puede resolver el problema:

- Abra la carcasa.
- Retire el ventilador del procesador.
- Retire el procesador.
- Pruebe de nuevo (sin que el procesador se coloque en el slot de la placa base).

Si se corta la energía de nuevo, cambie la placa base; de lo contrario, pruebe un procesador diferente. Puede que haya dos piezas defectuosas a la vez, pero es poco frecuente.

9.5.3 El ordenador hace ruido

Esto puede provenir de uno de los ventiladores internos (los ventiladores del procesador o de la tarjeta gráfica, por ejemplo), pero también del ventilador de la fuente de alimentación. En este caso:

- Apague el ordenador.
- Coloque un lápiz de modo que las aspas del ventilador de alimentación queden bloqueadas.
- Vuelva a encender el ordenador. Dado que el ventilador está bloqueado, ya no girará.
- Si el ruido persiste, desconecte el cable de alimentación del ventilador situado en la tarjeta gráfica y vuelva a encender el ordenador. Si el ruido continúa, la causa del problema es el ventilador de la CPU.

9.5.4 El ordenador se ralentiza tras unas horas de uso

Tiene que reiniciar el sistema para que todo vuelva a la normalidad. Esto se debe, sin ninguna duda, al sobrecalentamiento del procesador. No dude en hacer una prueba dejando la caja abierta y colocando un ventilador justo al lado para enfriarlo.

9.5.5 Retraso de fecha y hora de hoy

Los errores de inicio pueden ser los siguientes: "***CMOS battery state low/has failed***" o "***CMOS Time and Date not set***". Esto se debe al desgaste de la pila (tipo botón) de la placa base. En este caso, basta con cambiarla. Si los síntomas persisten, podría tratarse de un problema de hardware en la placa base.

9.5.6 Mensaje "Missing operating system" u "Operating System not found"

Cuando aparece uno de estos mensajes, las causas pueden ser diversas. En este capítulo, solo nos ocuparemos de las causas materiales.

Es posible que no se detecte el disco: conexión incorrecta, fallo del disco, etc. Compruebe las conexiones de los conectores, tanto del cable de datos como del cable de alimentación.

Inicie la máquina y vaya a la UEFI para comprobar que el disco se detecta correctamente. El modelo del mismo debería aparecer en la lista de discos. Si no aparece y todas las conexiones son correctas, conecte otra unidad para comprobar que el cable funciona correctamente y, a continuación, conecte el cable SATA a otro conector. Si el problema persiste, es probable que la unidad esté fallando.

El disco puede ser detectado por la UEFI, pero el arranque sigue sin ser posible. Utilice las herramientas de diagnóstico de la UEFI (si las hay) o descargue una herramienta desde el sitio web del fabricante del disco para comprobar su estado.

Además, compruebe el orden de inicio. Es posible que se conecte un dispositivo USB que no arranca y que impida que el arranque funcione correctamente.

Cargue la configuración predeterminada de la UEFI y reinicie su máquina. Si ha vuelto a configurar la UEFI predeterminada y la unidad está conectada a SATA, asegúrese de que el modo SATA es el mismo que el utilizado durante la instalación de Windows (AHCI). Cambiar esta configuración en la UEFI sin modificar el registro de Windows impide el arranque.

9.5.7 Mensaje "verifying dmi pool data"

Restablecer los valores predeterminados de fábrica de la UEFI suele ser suficiente y hace que los problemas desaparezcan como por arte de magia. Recuerde que después de este tipo de operación, debe comprobar que el procesador está configurado con la frecuencia correcta. Además, es posible que la tarjeta de sonido o el módem integrados se hayan desactivado. Asimismo, debe realizar los ajustes correctos manualmente. Si esto no funciona, podría tratarse de un problema de hardware en la placa base.

9.5.8 El equipo se apaga mientras está en uso

Un problema de instalación eléctrica puede causar este tipo de problemas, pero la mayoría de las veces, se debe a un problema de alimentación. Compruebe lo siguiente: falso contacto a nivel del interruptor, a nivel de la fuente de alimentación, alimentación no lo suficientemente potente para el procesador, etc.

9.5.9 El equipo se congela durante el uso

Por lo general, se trata de un problema de la placa base o de la tarjeta de memoria.

9.5.10 El ordenador se congela aleatoriamente

Esto suele ser un problema de disco. Compruebe el disco usando las herramientas integradas de Windows 11 o las proporcionadas por el fabricante.

9.5.11 El ordenador se congela después de un período de tiempo determinado

Compruebe que no exista un sobrecalentamiento debido a un ventilador de procesador sucio o defectuoso.

9.5.12 Tengo errores de visualización

Esto solo sucede cuando se usan aplicaciones multimedia que hacen uso de la tarjeta gráfica, lo que genera este tipo de problemas: "Los juegos se congelan o se difuminan después de un tiempo". Esto siempre está relacionado con un problema de sobrecalentamiento de la tarjeta de vídeo, especialmente cuando están conectadas a través de PCI Express.

Capítulo 2
Instalación del sistema operativo

1. Introducción a la instalación del sistema operativo

En este capítulo, veremos las múltiples formas de instalar Windows. Además, veremos formas de hacer funcionar un sistema Dual-boot o Multi-Boot (cuando se instalan diferentes sistemas operativos en el mismo disco).

2. Elegir la edición de Windows 11

2.1 Ediciones actuales

A menudo, las ediciones de Windows se confunden con las versiones del mismo, aunque no tengan nada en común. Una edición es un producto de Windows con funcionalidades integradas específicas, mientras que una versión es una actualización de las funcionalidades del sistema operativo comunes a todas las ediciones.

Actualmente, existen ocho ediciones de Windows 11:

- Windows 11 Home: edición para particulares.
- Windows 11 Pro: edición para profesionales.
- Windows 11 Pro Education: edición para profesionales de la educación.
- Windows 11 Pro para estaciones de trabajo: edición profesional optimizada para el rendimiento (ReFS).
- Windows 11 Enterprise: edición para grandes organizaciones.
- Windows 11 Education: basada en la edición Enterprise con funcionalidades específicas para la educación.
- Windows 11 SE: edición mínima de Windows diseñada para sistemas educativos y de bajo rendimiento.
- Windows 11 IoT Enterprise: derivado de la edición Enterprise, diseñado para sistemas embebidos (*Internet of Things*).

Las ediciones anteriores se pueden activar a través de licencias OEM individuales o por volumen, como se indica en la siguiente tabla:

Ediciones	**Licencia OEM**	**Licencias por volumen**
Home	X	
Pro	X	X
Pro para estaciones de trabajo	X	X
Pro Education	X	X
Enterprise	X	X
Education	X	X
SE		X
IoT		X

Todas las ediciones de Windows 11, excepto SE y IoT, también están disponibles en formato N, que se entrega sin Windows Media Player, Windows Media Center o Windows DVD Authoring. Estas ediciones N están generalmente disponibles en los países del espacio económico europeo. Tenga en cuenta que es posible añadir el software ausente descargando el paquete de funcionalidades multimedia (*Media Feature Pack*) para las versiones de Windows 11 N.

En la siguiente tabla se resumen las funcionalidades principales específicas de algunas ediciones de Windows 11 para ordenador:

Funcionalidad	Familia	Pro	Empresa	Educación
Windows Hello	Sí	Sí	Sí	Sí
Cifrado	Sí	Sí	Sí	Sí
Cortafuegos y protección de red	Sí	Sí	Sí	Sí
Protección de la información de Windows	No	Sí	Sí	Sí
Control parental	Sí	Sí	Sí	Sí
Arranque seguro	Sí	Sí	Sí	Sí
Cifrado de BitLocker	No	Sí	Sí	Sí
Antivirus Windows Defender	Sí	Sí	Sí	Sí
Windows Defender Application Guard/Control	No	No	Sí	Sí
Aislamiento físico para Edge	No	Sí	Sí	Sí
Control de periféricos (por ejemplo, USB)	No	Sí	Sí	Sí
Protección de red para procesos web	No	No	Sí	Sí
Reglas de intrusión	No	No	Sí	Sí
Autenticación sin contraseña para Active Directory y Azure	No	Sí	Sí	Sí
Opciones avanzadas de cifrado	No	Sí	Sí	Sí
Tunnel Direct Access	No	No	Sí	Sí

Funcionalidad	Familia	Pro	Empresa	Educación
Administración centralizada BitLocker	No	No	Sí	Sí
Controles de directiva de grupo	No	Sí	Sí	Sí
Prevención de pérdida de datos	No	Sí	Sí	Sí
Unirse a un dominio de Active Directory o Azure	No	Sí	Sí	Sí
Administrar el menú Inicio	No	Sí	Sí	Sí
Formato ReFS (Resilient FileSystem)	No	No	Sí	Sí
Compatibilidad con discos dinámicos	Sí	Sí	Sí	Sí
Windows To Go	No	No	Sí	Sí
Hyper-V	No	Sí	Sí	Sí
Windows Update	Sí	Sí	Sí	Sí
WSUS	No	Sí	Sí	Sí
Windows Update para empresas	No	Sí	Sí	Sí
Edge	Sí	Sí	Sí	Sí
Cortana	Sí	Sí	Sí	No
Administración de Cortana	No	No	Sí	No
Office 365	Sí	Sí	Sí	Sí
Windows Ink	Sí	Sí	Sí	Sí
Paquete de idioma	Sí	Sí	Sí	Sí
Modo tableta	Sí	Sí	Sí	Sí
Historial de versiones de archivos	Sí	Sí	Sí	Sí
Windows Store	Sí	Sí	Sí	Sí

Funcionalidad	Familia	Pro	Empresa	Educación
Windows Store para Empresas	No	Sí	Sí	Sí

Esta tabla proporciona solo una breve descripción general de algunas de las funcionalidades disponibles. Para obtener más información, visite el sitio web de Microsoft.

Una pequeña mención sobre la edición SE de Windows 11: esta edición, diseñada para el mundo de la educación, se distingue por la gestión remota centralizada de aplicaciones. El objetivo es proporcionar un entorno seguro y libre de distracciones. El usuario no puede instalar nada. Solo los administradores informáticos pueden añadir aplicaciones mediante Windows Intune. Las carpetas se almacenan en la nube. Esta edición permite utilizar hardware menos potente (procesador, memoria y pantalla).

2.2 Versiones

Como se mencionó en la sección anterior, con cada actualización del sistema operativo, aparece una nueva versión de Windows 11. Cuando se escribió este libro, la última versión era la 22H2, que se publicó en septiembre de 2022 y se revisó en abril de 2023. La compilación tenía el número 22621.1555.

3. Instalación de Windows 11

3.1 Requisitos previos

Antes de comenzar a instalar Windows 11, compruebe los requisitos mínimos del sistema. Tenga en cuenta que Windows 11 ahora está limitado a entornos de 64 bits.

- Procesador de 1 GHz con al menos 2 núcleos entre los procesadores aprobados. Esta lista está disponible en el sitio web de Microsoft:
  - Procesadores Intel:
    https://learn.microsoft.com/es-es/windows-hardware/design/minimum/supported/windows-11-22h2-supported-intel-processors
  - Procesadores AMD:
    https://learn.microsoft.com/es-es/windows-hardware/design/minimum/supported/windows-11-22h2-supported-amd-processors
  - Procesadores Qualcomm: https://learn.microsoft.com/es-es/ windows-hardware/design/minimum/supported/windows-11-22h2-supported-qualcomm-processors
  - 4 GB de RAM
  - 64 GB de espacio disponible en disco
  - Arranque seguro (*Secure Boot*) compatible con la UEFI
  - Módulo de plataforma de seguridad (TPM: *Trusted Platform Module*) versión 2.0 (chip de cifrado de datos).
  - Tarjeta gráfica compatible con DirectX 12 con controlador WDDM 2.0
  - Pantalla de alta definición (720p) con un tamaño mínimo de 9 pulgadas
  - Conexión a Internet (ediciones Home y Pro para uso personal).

Puede encontrar estos requisitos previos en el sitio web de Microsoft:
https://www.microsoft.com/es-es/windows/get-windows-11

Algunas veces, TPM está deshabilitado en algunas placas base. En tal caso, será necesario modificar la configuración de la UEFI (consulte el capítulo Configuración de hardware - UEFI).

Observación

Aunque el TPM es obligatorio, es posible invalidar este requisito, aunque no se recomienda.

Para aquellos que no son técnicos o no desean profundizar en la información técnica de su máquina, Microsoft ofrece una herramienta para comprobar la compatibilidad del hardware: PC Health Check.

Esta aplicación se puede descargar a partir del siguiente enlace:
https://www.microsoft.com/en-us/windows/windows-11#pchealthcheck

A continuación, se muestra un ejemplo del resultado:

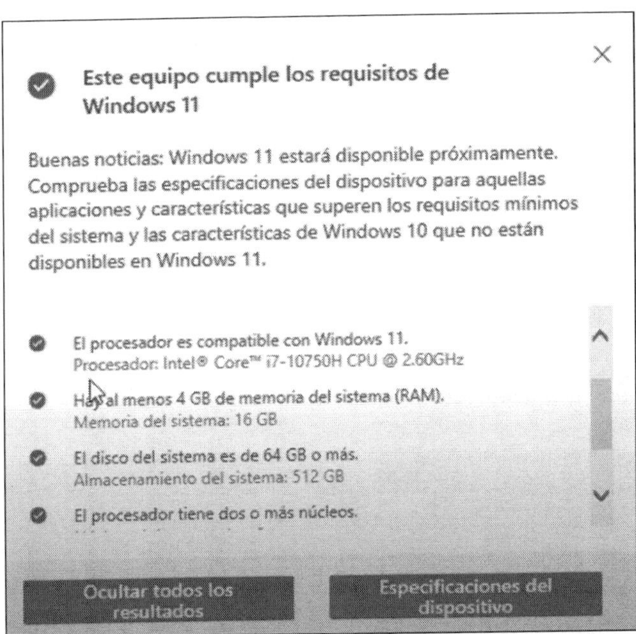

3.2 Instalación estándar

Es posible instalar Windows 11 a partir de un DVD o una unidad USB. Microsoft ofrece una herramienta para preparar soportes multimedia: MediaCreationTool. Cada nueva versión semestral de Windows requiere una nueva versión de la herramienta. Vamos a centrarnos en este método.

3.2.1 Creación de medios extraíbles

- Descargue la herramienta desde el sitio web de Microsoft (https://www.microsoft.com/es-es/software-download/windows11), sección **Crear soportes de instalación de Windows 11**.
- Ejecute el archivo y haga clic en **Aceptar el acuerdo de licencia**.
- Deje marcadas las opciones **Usa las opciones recomendadas para este equipo**, a menos que desee cambiar el idioma o la edición. En tal caso, desmarque la opción y seleccione el idioma y la edición deseados. Haga clic en **Siguiente**.

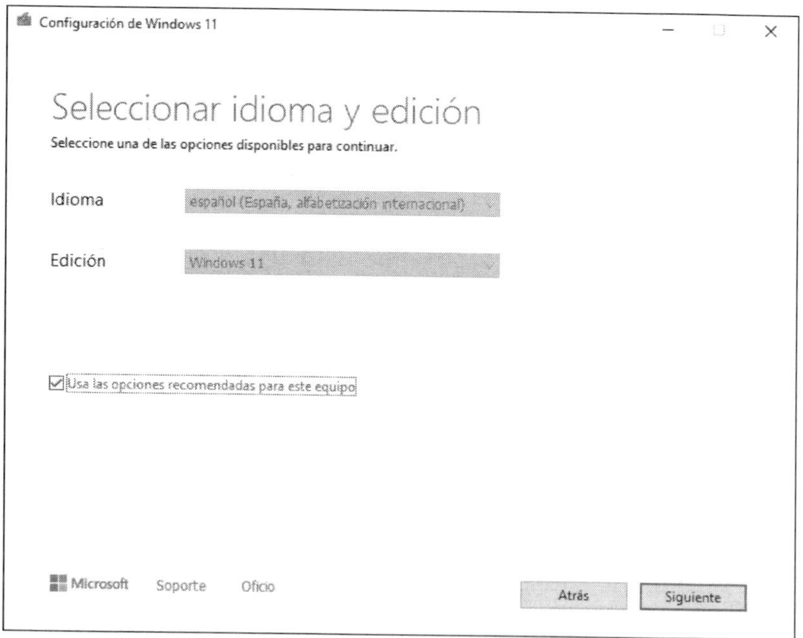

▶A continuación, elija el medio en el que desea guardar la instalación.

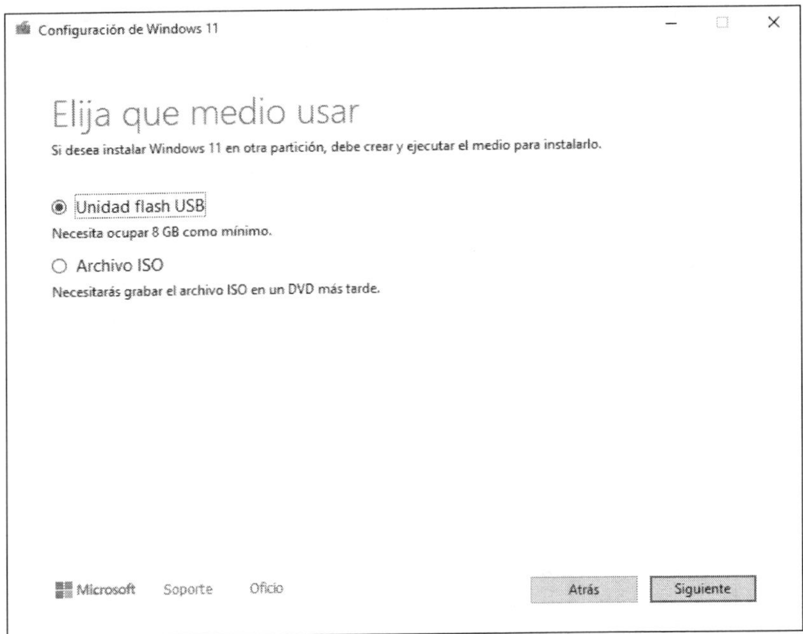

▶Si selecciona **Unidad flash USB**, este se borrará por completo. Conecte una unidad USB que tenga un tamaño mínimo de 8 GB.

▶Si selecciona **Archivo ISO**, el programa le propondrá grabar el archivo al final del proceso.

▶Seleccione el disco de memoria y haga clic en **Siguiente**. A continuación, se descargarán e instalarán los datos necesarios en el medio especificado. Esto le proporcionará un medio de arranque.

3.2.2 Descargar desde otro sistema operativo

Si desea crear los medios de instalación desde otro sistema operativo, no podrá utilizar la herramienta proporcionada por Microsoft. Sin embargo, podrá descargar el archivo ISO que contiene el idioma y la versión deseados, utilizando la misma página mencionada anteriormente.

- Vaya al sitio web de Microsoft (https://www.microsoft.com/es-es/software-download/windows11), sección **Descargar imagen de disco de Windows 11 (ISO)**.
- Seleccione la edición (normalmente **Windows 11 (multi-edition ISO)**) y haga clic en **Descargar**.

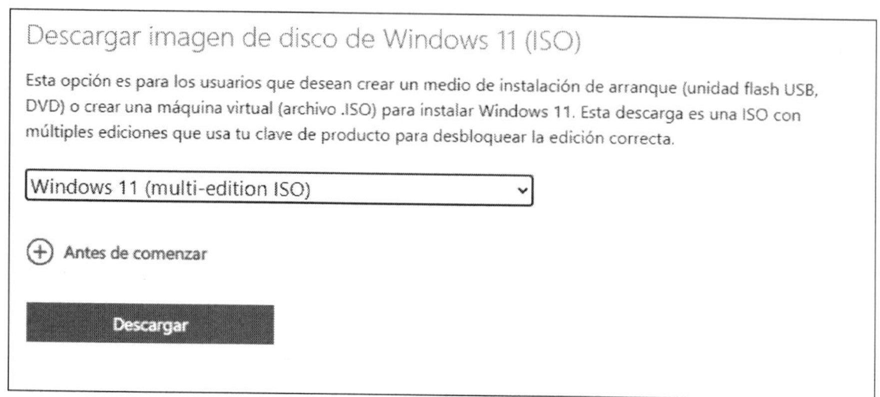

- Seleccione el idioma y, a continuación, confirme.
- Haga clic en el enlace de descarga **64-bits Download**. Comenzará la descarga de la imagen de disco de Windows en formato ISO.
- Una vez descargado el archivo ISO, guárdelo utilizando su software favorito (Rufus por ejemplo, disponible aquí: https://rufus.ie/es/), teniendo cuidado de grabarlo en formato de arranque o ISO.

Se dice que el archivo descargado es multi-edition. Esto significa que contiene varias ediciones de Windows 11. La edición correcta se seleccionará durante la instalación o activación con el número de licencia.

Para averiguar qué ediciones están presentes en la imagen de disco descargada, siga estos pasos:

- Vaya a la unidad que contiene la imagen ISO grabada y luego a la carpeta **sources**.
- Localice el archivo **install.esd** o **install.wim**.

- Abra el menú contextual (haga clic con el botón derecho del ratón) y haga clic en **Mostrar más opciones** y, a continuación, en **Copiar como ruta de acceso**.
- Abra un terminal o una ventana de comandos Windows (pulse a la vez en las teclas [Windows]+[X] y posteriormente en **Windows PowerShell (Administrador)**).
- Escriba el siguiente comando: `dism /get-wiminfo /wimfil:` pegue la ruta de acceso copiada anteriormente (pulse a la vez en las teclas [Ctrl]+[V]). Debería obtener un comando similar a este:
`dism /get-wiminfo /wimfile:"I:\sources\install.esd"`
- Confirme pulsando [Intro]. Las diferentes ediciones se mostrarán en el terminal.

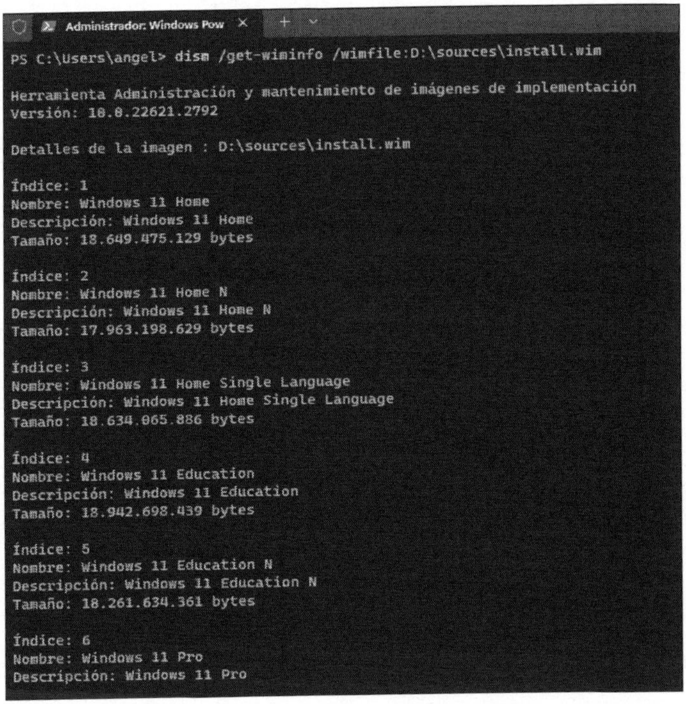

```
Administrador: Windows Pow
PS C:\Users\angel> dism /get-wiminfo /wimfile:D:\sources\install.wim

Herramienta Administración y mantenimiento de imágenes de implementación
Versión: 10.0.22621.2792

Detalles de la imagen : D:\sources\install.wim

Índice: 1
Nombre: Windows 11 Home
Descripción: Windows 11 Home
Tamaño: 18.649.475.129 bytes

Índice: 2
Nombre: Windows 11 Home N
Descripción: Windows 11 Home N
Tamaño: 17.963.198.629 bytes

Índice: 3
Nombre: Windows 11 Home Single Language
Descripción: Windows 11 Home Single Language
Tamaño: 18.634.065.886 bytes

Índice: 4
Nombre: Windows 11 Education
Descripción: Windows 11 Education
Tamaño: 18.942.698.439 bytes

Índice: 5
Nombre: Windows 11 Education N
Descripción: Windows 11 Education N
Tamaño: 18.261.634.361 bytes

Índice: 6
Nombre: Windows 11 Pro
Descripción: Windows 11 Pro
```

Observación

En nuestro caso, hay siete ediciones presentes en la imagen: Windows 11 Home, Windows 11 Home N, Windows 11 Home Single Language, Windows 11 Education, Windows 11 Education N, Windows 11 Pro, Windows 11 Pro N. Esta lista puede variar.

Las ediciones Enterprise o aquellas que dependen del volumen (Volume Licensing), están disponibles en el sitio web específico de Microsoft https://www.microsoft.com/licensing/servicecenter/default.aspx después de iniciar sesión.

3.3 Proceso de instalación

- Una vez comprobada la compatibilidad del hardware del equipo, inserte el medio extraíble de instalación de Windows 11 en el puerto USB (o unidad de DVD) del puesto que desea instalar y, a continuación, inicie la máquina.
- Compruebe el orden de arranque de los periféricos en la UEFI para iniciar el ordenador en la unidad USB (o lector de DVD).
- Tan pronto como aparezca el mensaje, pulse en cualquier tecla para arrancar desde su disco de instalación.
- Se inicializará el programa de instalación de Windows 11. La primera ventana muestra el idioma de instalación, el formato de hora y moneda y el tipo de teclado que se utilizará.

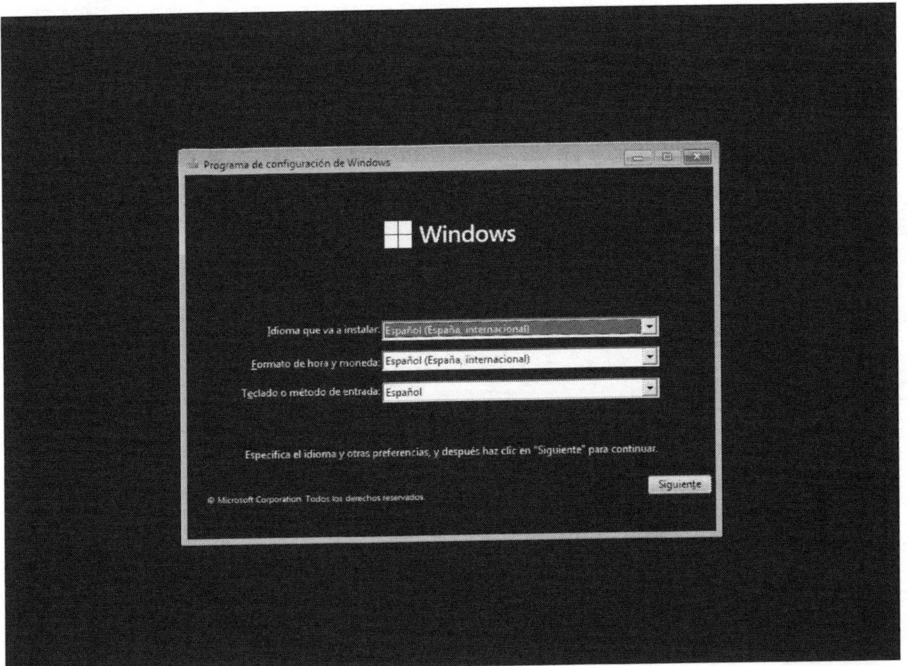

- Realice las modificaciones necesarias, haga clic en el botón **Siguiente** y, a continuación, en el botón **Instalar ahora** para continuar con el proceso de instalación.
- Se iniciará el instalador. En la siguiente ventana, introduzca la clave de producto y haga clic en el botón **Siguiente**.

Tenga en cuenta que el sistema añade guiones automáticamente, por lo que no es necesario introducirlos. Recuerde también que es posible continuar con la instalación sin una clave de producto haciendo clic en **No tengo clave de producto**. Si se trata de una reinstalación, Windows se activará automáticamente. De lo contrario, podrá introducir la clave más adelante.

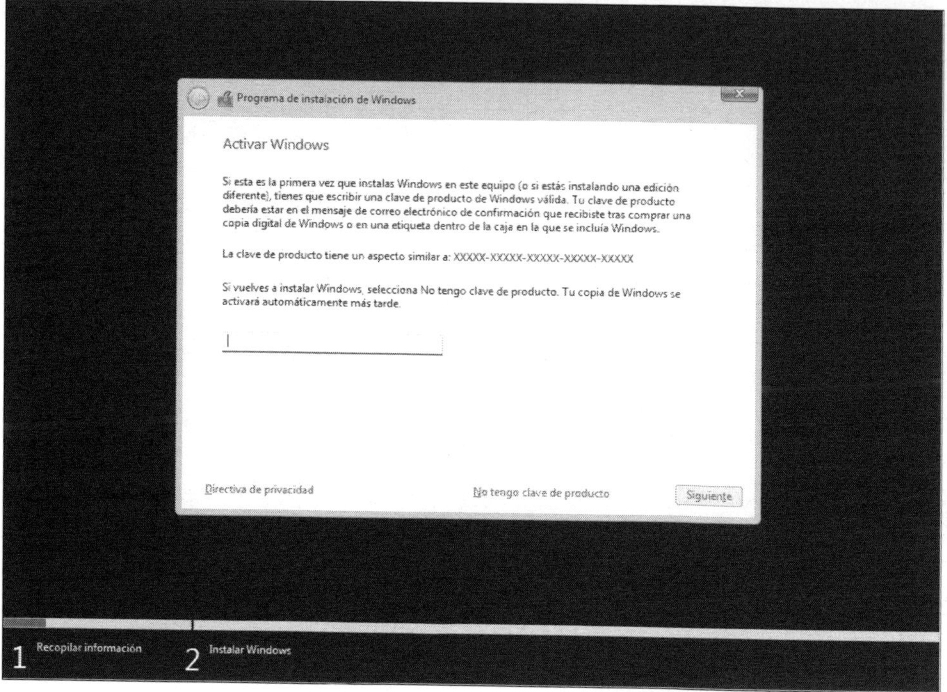

▶ Seleccione la edición de Windows que desea instalar y, a continuación, haga clic en **Siguiente**. El soporte multimedia suele contener varias: Home, Education, Pro, etc.

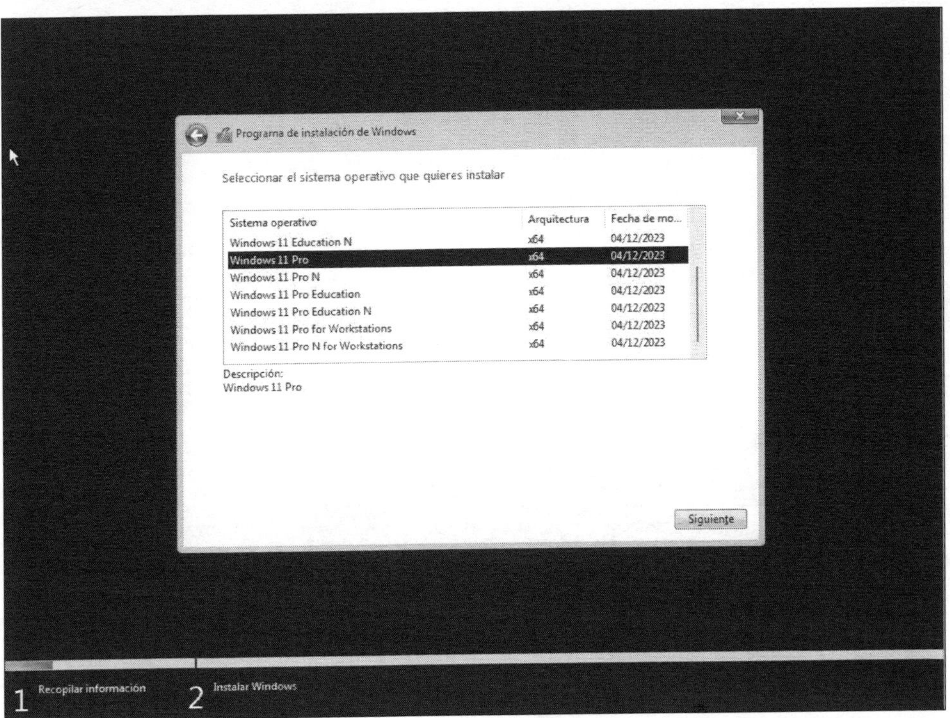

Continuaremos con la versión Pro.

Observación

Durante la instalación, el programa comprueba que la máquina cumple con los requisitos de hardware. De lo contrario, aparecerá la siguiente ventana (consulte la sección Problemas de instalación, al final de este capítulo).

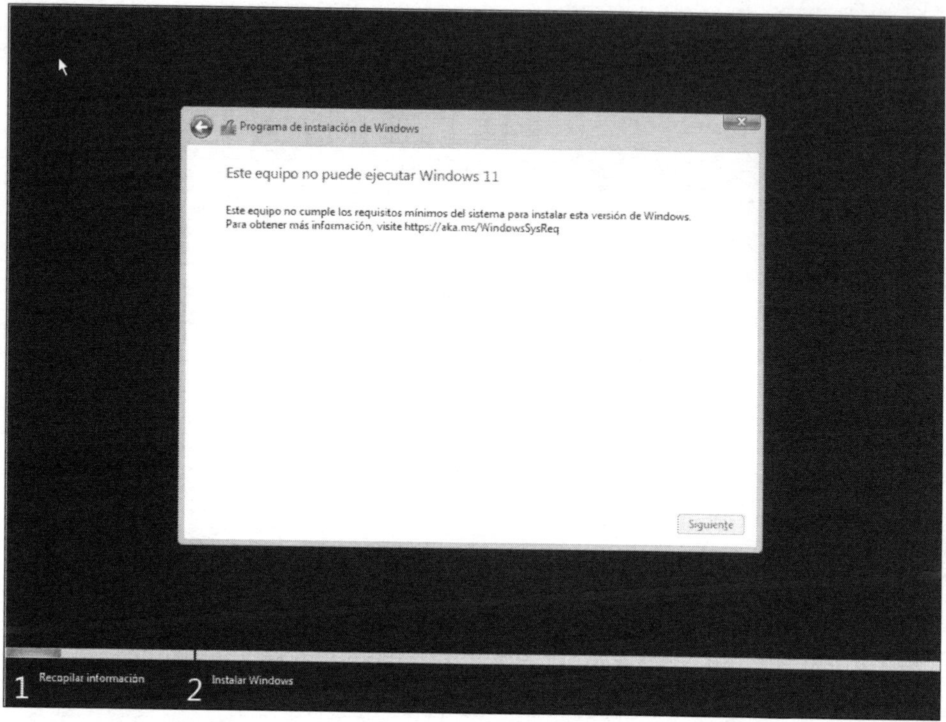

- Acepte el acuerdo de licencia seleccionando la opción **Acepto los términos del acuerdo de licencia** y, a continuación, haga clic en el botón **Siguiente**.
- Seleccione el tipo de instalación **Personalizada**. En esta pantalla, observará la presencia de la opción **Actualizar**, incluso en una máquina nueva. Si selecciona esta opción, aparecerá un mensaje de error en el que se le indicará que debe ejecutar el programa de actualización de Windows 11, iniciándolo desde una edición de Windows.

▶ En la siguiente pantalla, tiene varias opciones:

- **Cargar contr.**: esta opción carga un controlador para dar soporte a su disco duro.
- **Opciones de particionado**: el disco no está formateado, por lo que puede haber varias particiones.

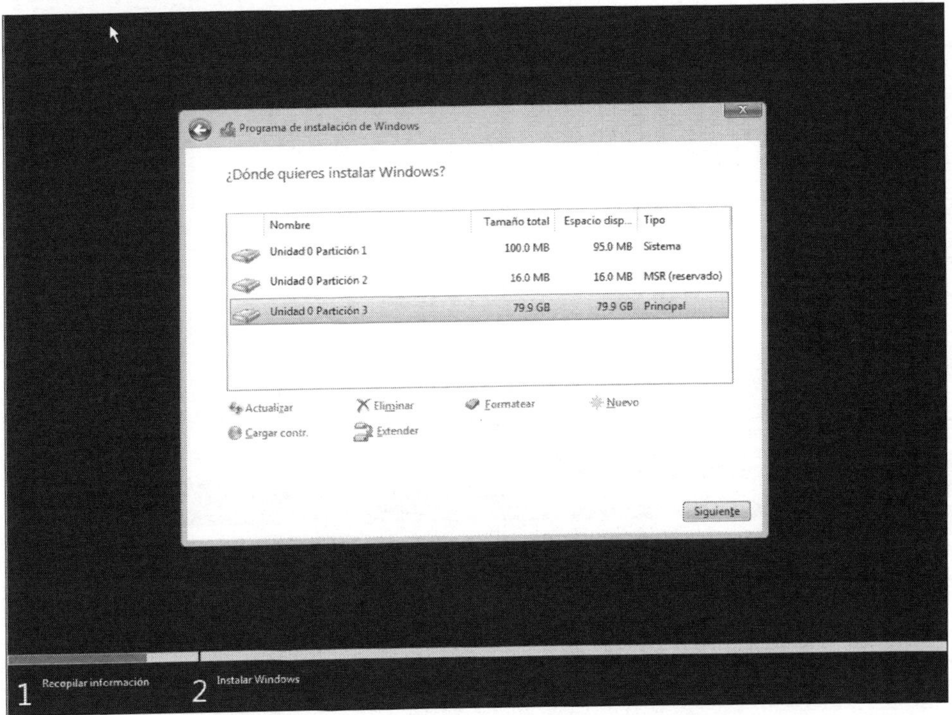

Si desea conservar el particionamiento, seleccione la partición en la que desea instalar Windows 11.

Si no desea conservar el particionamiento, seleccione cada partición y haga clic en **Eliminar**.

- El disco está sin formatear, no hay partición. El instalador se encargará de crear las particiones necesarias por sí mismo.

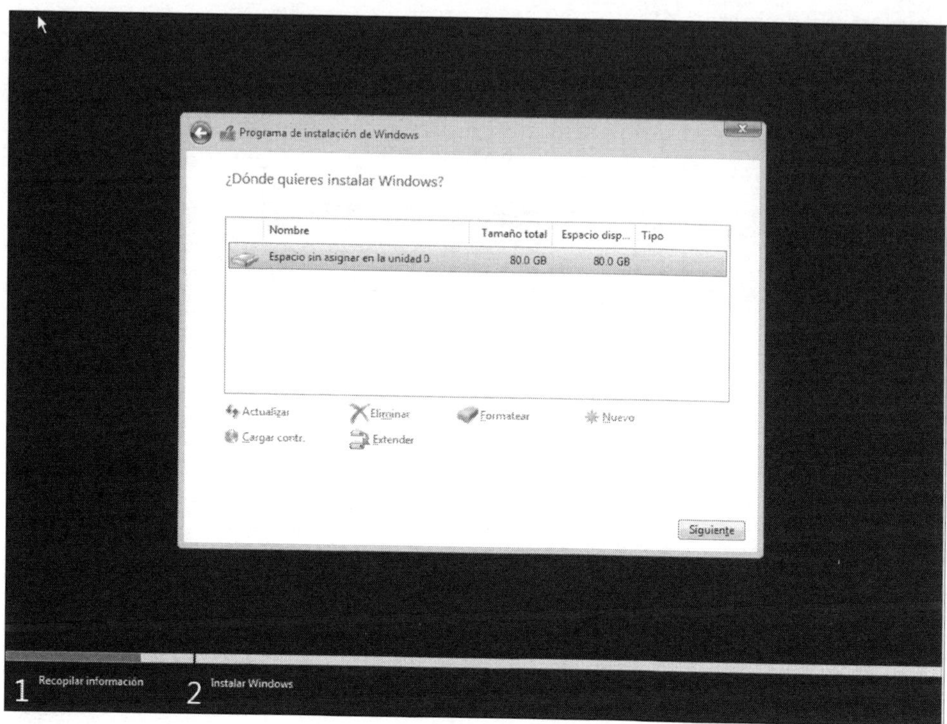

– Si desea personalizar la creación de particiones.

Haga clic en **Nuevo** para crear las particiones y establecer el tamaño de las mismas. Tenga cuidado porque se debe crear una partición de al menos 64 GB si desea instalar Windows 11 en ella. El sistema creará automáticamente el sistema de particiones necesario para que Windows 11 funcione. Es posible que observe la creación de una partición MSR, que está reservada para el uso de ciertas funcionalidades de Windows, como BitLocker. Windows 11 se instalará en la cuarta partición del disco. Si queda espacio sin asignar, puede crear otra partición.

▶ A continuación, seleccione el disco o partición en blanco, sin formatear, en el que desea instalar Windows y haga clic en el botón **Siguiente** para continuar con el proceso de instalación.

El programa de instalación copia, descomprime e instala las funcionalidades y actualizaciones de Windows 11.

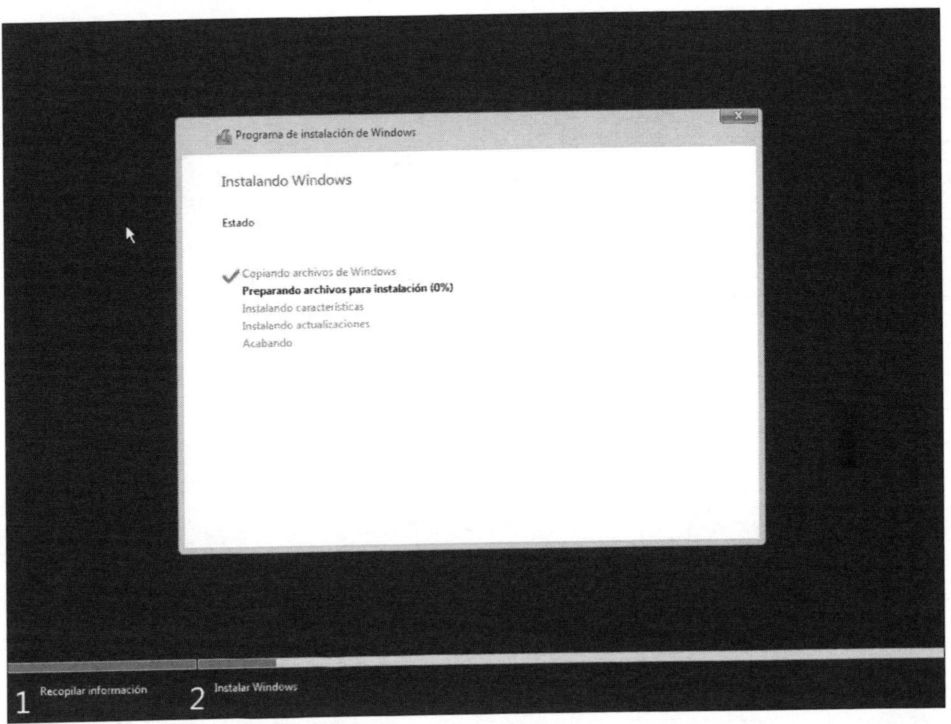

Una vez instalado el sistema base, después de uno o dos reinicios, comienza la fase de configuración del entorno de usuario. Esta fase, más conocida como OOBE (*Out-Of-Box Experience*), permite la creación de la primera cuenta de administrador del equipo y la configuración de los principales elementos del sistema operativo, incluidos los ajustes de apariencia del sistema operativo y los ajustes de privacidad.

▶ Esta sección comienza con la configuración de la región. Seleccione el país y haga clic en **Sí**:

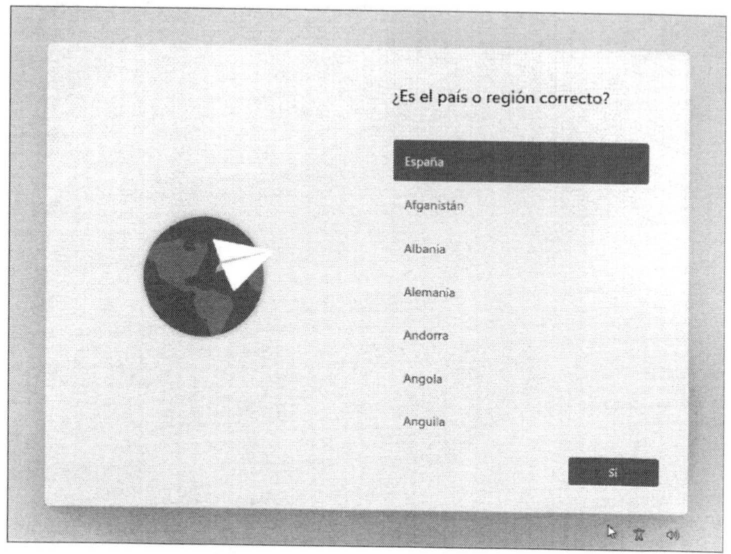

▶ A continuación, elija la distribución del teclado, que se propone automáticamente:

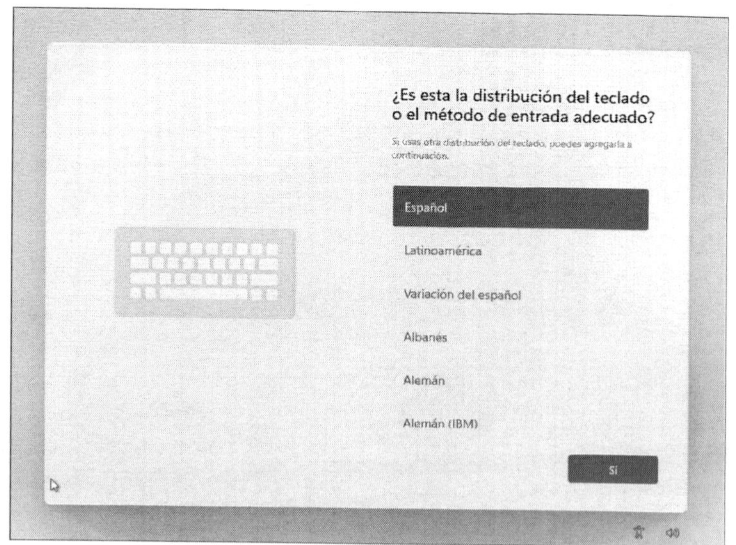

- Se le ofrecerá la posibilidad de agregar una segunda distribución. Si no es necesario, haga clic en **Omitir**.

- El instalador comprueba si están disponibles las últimas actualizaciones del producto. A continuación, le ofrece un nombre para su dispositivo. Escriba un nombre descriptivo, que conste de letras, números, guión [-] o guión bajo [_]. No se permiten otros caracteres. Por último, haga clic en **Siguiente**.

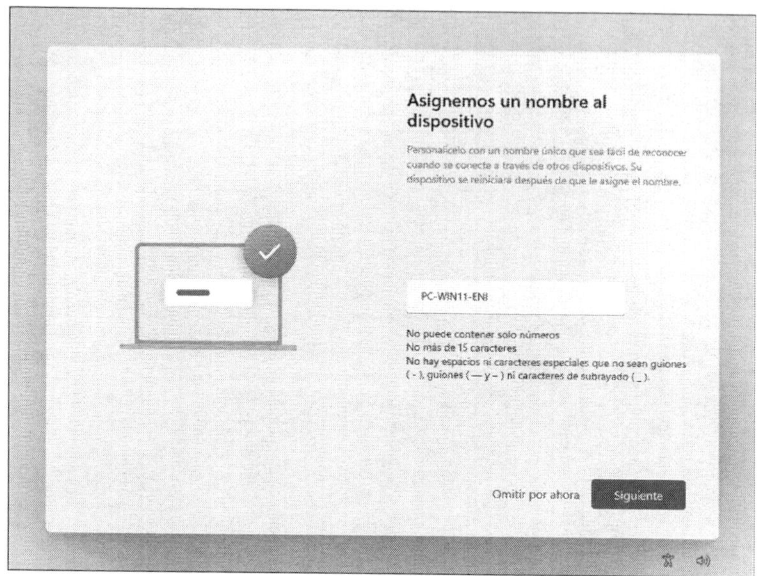

▶ El sistema se reiniciará. La instalación continuará y se le propondrán dos tipos de configuraciones:

- Para uso personal: tendrá control total sobre la máquina.
- Para su uso dentro de una organización (profesional o educativa), con acceso a recursos compartidos, como correo electrónico, archivos y aplicaciones.

▶ Seleccione la opción adecuada (en este ejemplo, elegiremos uso personal) y haga clic en **Siguiente**.

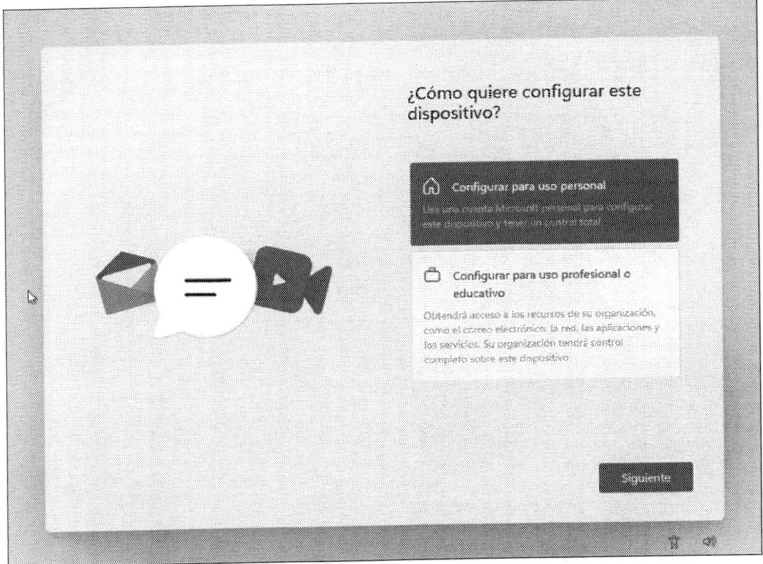

El asistente le pedirá que inicie sesión con una cuenta de Microsoft. Este tipo de cuenta permite aprovechar los servicios en línea, como descargar aplicaciones desde Windows Store o guardar la configuración de sus preferencias. Esta es la única opción disponible, por lo que la máquina debe estar conectada a Internet durante la configuración. Haga clic en el botón **Iniciar sesión**.

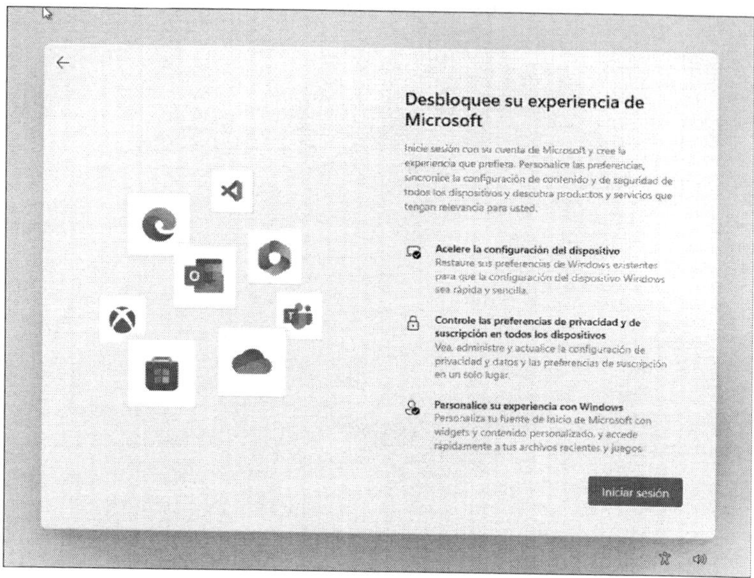

- Escriba su cuenta y haga clic en **Siguiente**. Si no tiene una, aparecerá una opción llamada **Crear una** y puede crearla haciendo clic en este enlace.

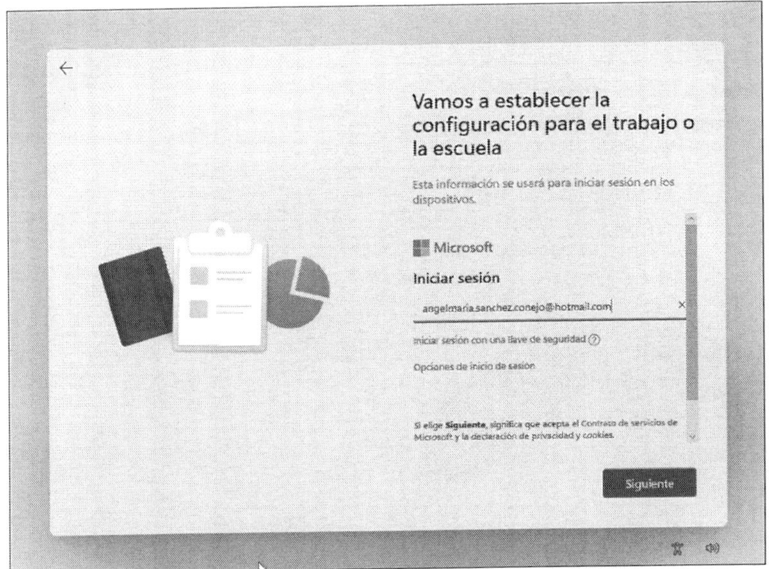

▶ A continuación, escriba la contraseña asociada o valide el inicio de sesión con Microsoft Authenticator (si está configurado en su cuenta).

▶ Si inicia sesión con una cuenta existente, el instalador le propondrá restaurar su configuración a partir de una copia de seguridad anterior. Haga clic en **Restaurar desde...** si desea sincronizar sus datos. De lo contrario, haga clic en el botón **Siguiente**.

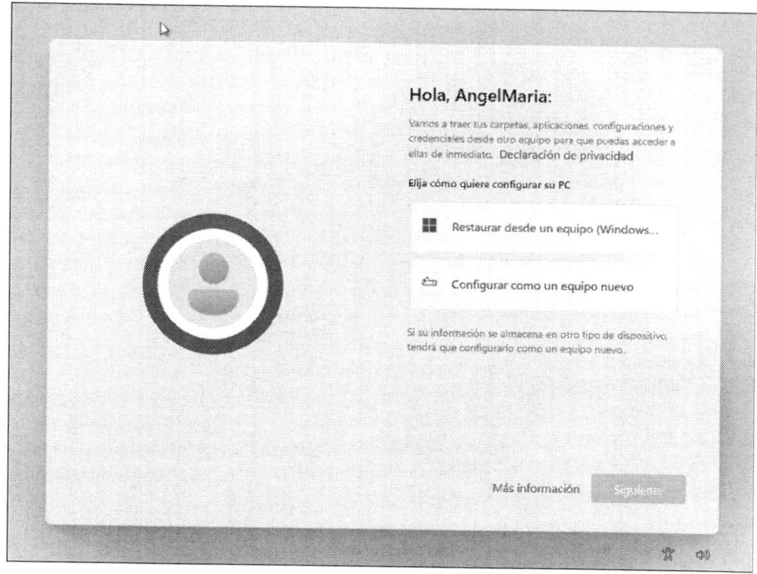

▶ El siguiente paso requiere crear un PIN para su cuenta de Microsoft. Haga clic en **Crear PIN**.

▶ En la siguiente pantalla, introduzca un código PIN que conste solo de números. Después, confírmelo y haga clic en **Aceptar**. Para aumentar la seguridad del código haciéndolo más complejo, puede marcar la opción **Incluye letras y símbolos**.

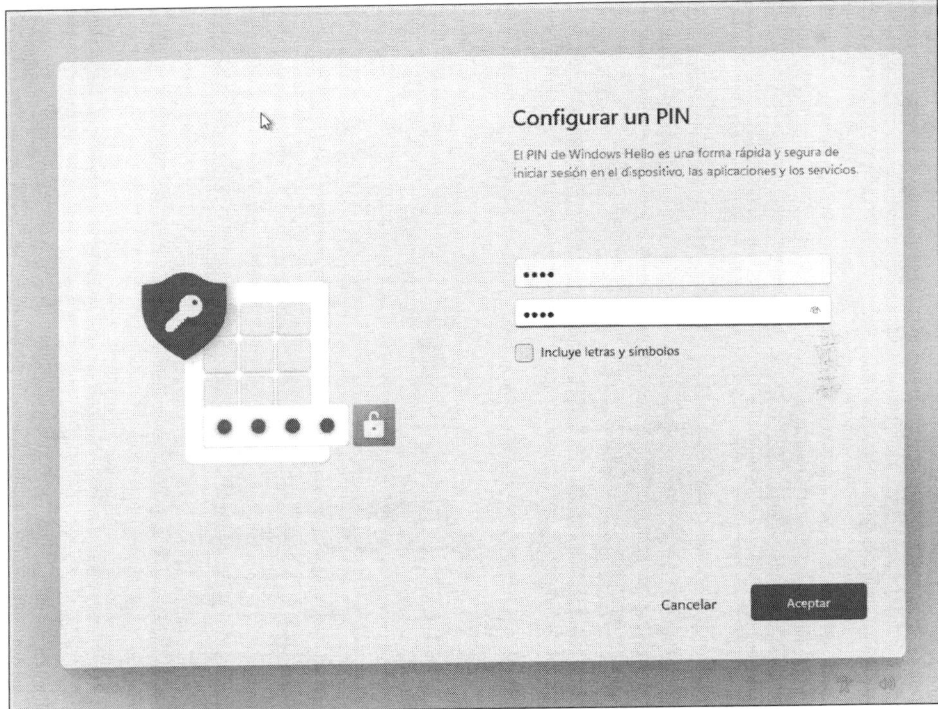

- Las siguientes pantallas de configuración permiten configurar la confidencialidad de su información (ubicación, localización, etc.). Si desea la privacidad máxima, haga clic en No en cada pantalla y confirme con el botón **Aceptar**.

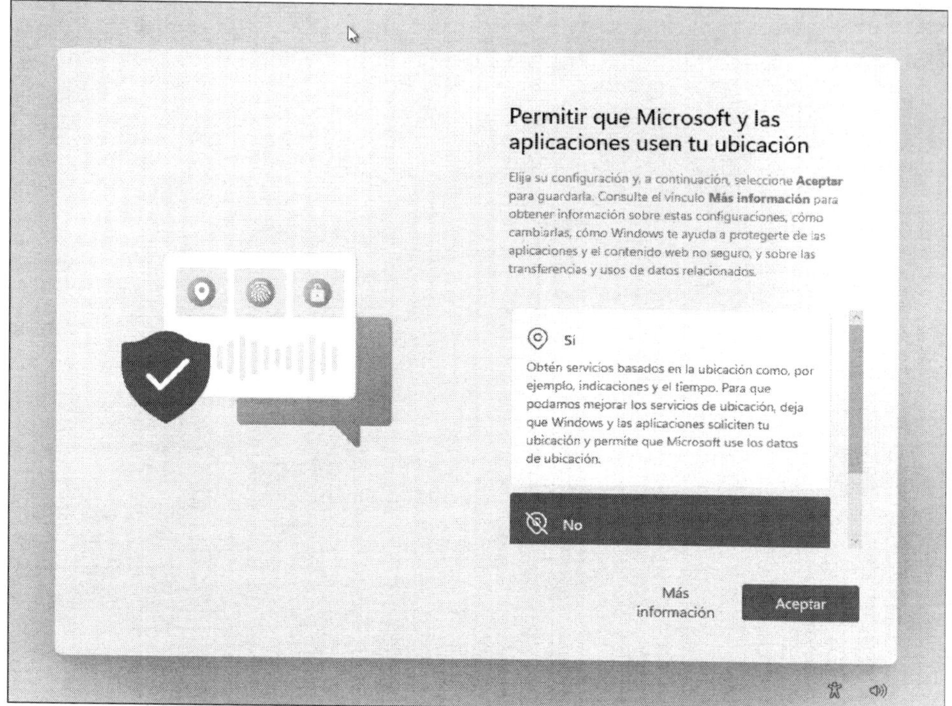

- Los datos de diagnóstico ayudan a solucionar problemas de software y a mejorar la seguridad. El nivel obligatorio (básico) no contendrá ninguna información personal, excepto la de su máquina. Por otro lado, el nivel opcional puede contener partes de los archivos recopilados durante un incidente en la máquina. Elija **Solo obligatorios** para enviar solo información general no personalizada.

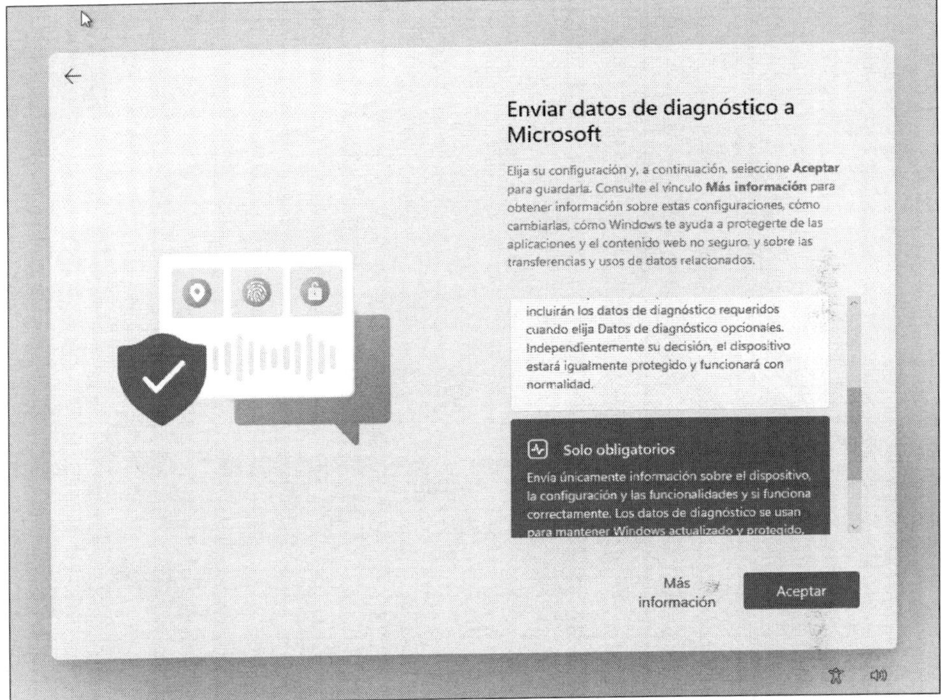

- La siguiente pantalla permite conceder o denegar los permisos necesarios para que Microsoft pueda usar sus datos escritos a través del teclado o a mano para mejorar el reconocimiento de escritura manuscrita, la función de autocompletar, la revisión ortográfica, etc. Si no desea que los datos especificados se envíen a Microsoft, seleccione **No** y, a continuación, **Aceptar**.

- Haga lo mismo con las experiencias personalizadas y el identificador de publicidad. El propósito de estas dos pantallas es personalizar las aplicaciones y los anuncios en función de los datos recopilados sobre sus hábitos de navegación y uso.

- A continuación, el instalador ofrece personalizar la experiencia del usuario. Si no le interesa, puede saltarse esta etapa.

- A continuación, Microsoft le invitará a vincular su teléfono Android a su PC mediante un código QR. Esta función permite hacer llamadas, responder mensajes de texto (SMS) o ver fotos capturadas con su smartphone desde su equipo. Esto se puede configurar más tarde. Haga clic en **Omitir**.

▶ La nube de Microsoft, OneDrive, realiza automáticamente una copia de seguridad de sus archivos y los pone a disposición en sus otras máquinas. Las carpetas Escritorio, Documentos e Imágenes se duplicarán automáticamente. Si no usa otro método de copia de seguridad, considere esta opción ofrecida por Microsoft. De lo contrario, haga clic en **Solo almacenar archivos en este dispositivo**. Será posible configurar OneDrive más adelante.

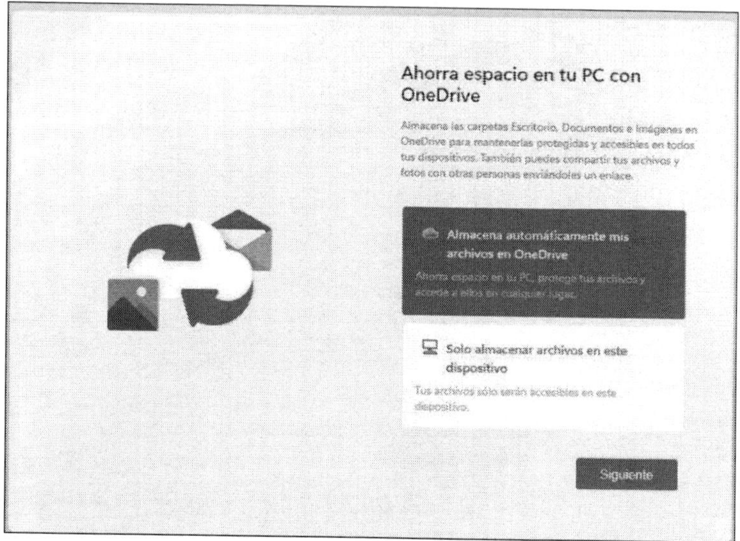

- La siguiente pantalla de configuración propone usar el navegador Microsoft Edge como navegador predeterminado. Si prefiere usar un navegador diferente para acceder a Internet, seleccione **Ahora no** y, a continuación, haga clic en **Aceptar**.

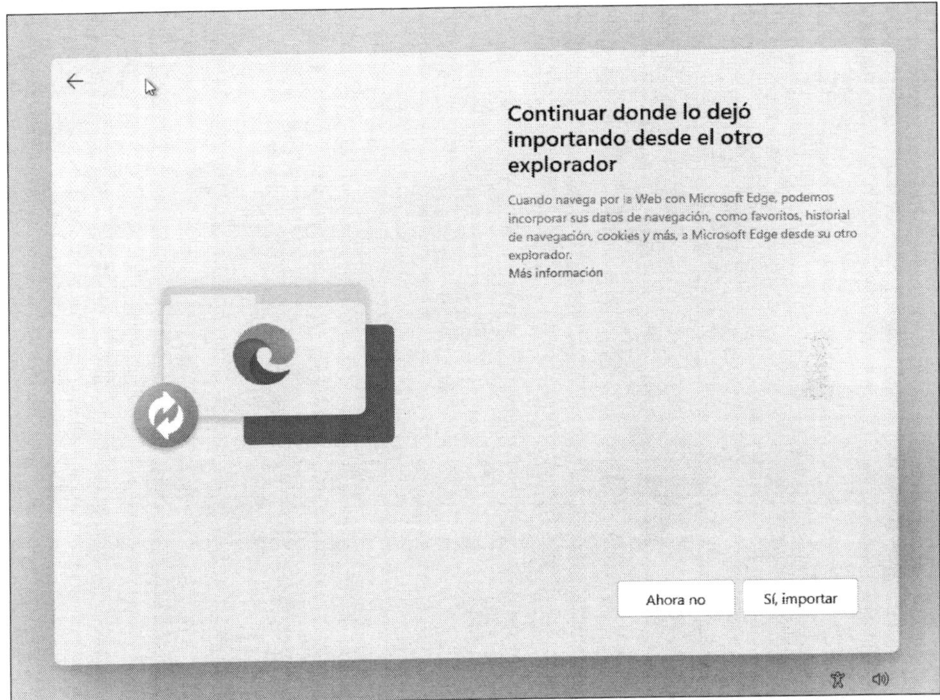

- A continuación, Microsoft ofrece una prueba gratuita de un mes de su suite Microsoft 365 (por ejemplo, Office 365). Sin embargo, deberá proporcionar sus datos bancarios. Haga clic en **Rechazar**, a menos que ya tenga una clave de producto. En este caso, haga clic en el enlace **Tengo una clave de producto**.

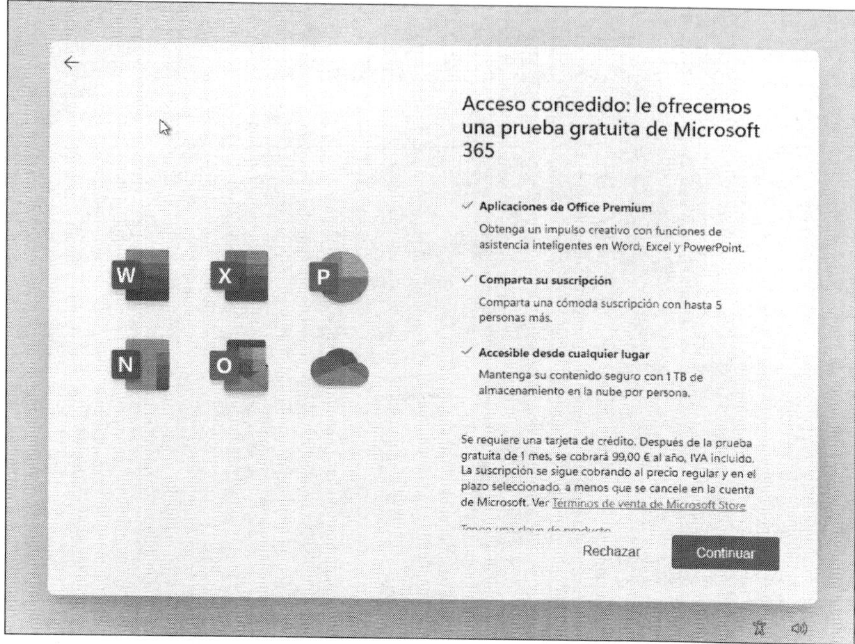

- Haga lo mismo con la oferta de almacenamiento en la nube de 100 GB (**Rechazar**).

La instalación durará unos minutos más.

Finalmente, aparece el escritorio de Windows. La instalación está completa. Es posible que se le pida que permita que su máquina sea detectada en su red doméstica personal.

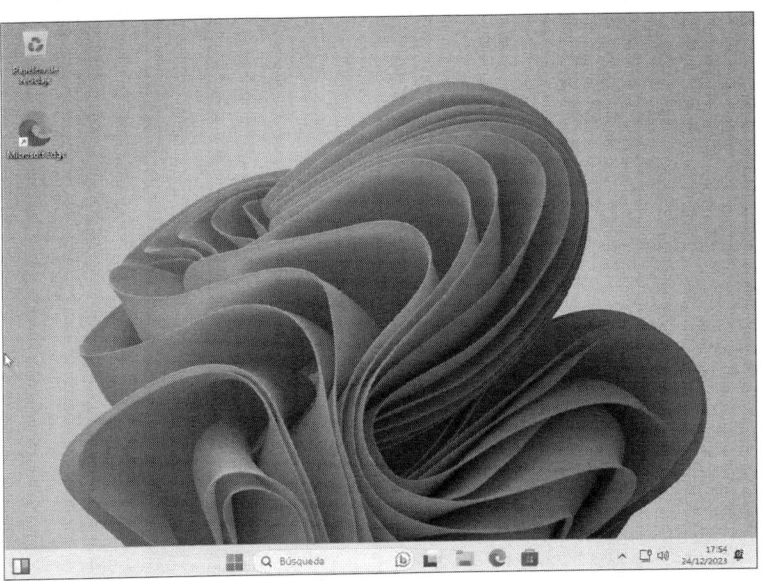

3.4 Actualizar a Windows 11

También es posible instalar Windows 11 desde una versión anterior de Windows sin tener que reinstalar las aplicaciones, el entorno del usuario o restaurar los datos. Esta instalación se denomina actualización. Es gratuita.

La última versión de Windows 11, 22H2, permite una actualización solo desde Windows 10 versión 2004 o posterior. Si tiene una versión anterior (Windows 10, 8.1, 8 o 7), primero deberá actualizar a Windows 10 versión 2004 o superior. Por supuesto, la máquina tendrá que cumplir con los requisitos de hardware requeridos por Windows 11 y se tendrá que convertir un disco en formato MBR a formato GPT.

Al igual que sucede con Windows 10, el programa que permite comprobar la compatibilidad para Windows 11, se incluye en las fuentes de distribución de la aplicación y se ejecuta automáticamente al actualizar un equipo con Windows 10. Para realizar esta actualización y poder descargar las últimas actualizaciones disponibles, es imprescindible tener acceso a Internet.

3.4.1 Actualización desde Windows 10

Si la actualización de Windows 11 está disponible y su ordenador es compatible, se le propondrá automáticamente. Puede encontrarla en **Configuración - Actualizar**.

También es posible forzar la actualización utilizando los medios de instalación. Para ello:

- Conecte la unidad USB (o DVD) a su máquina ya arrancada.
- Si el proceso de instalación no se inicia automáticamente, abra el **explorador de archivos**, haga clic en la unidad USB (o el lector de DVD), despliegue la vista de árbol y ejecute el archivo **setup.exe**.

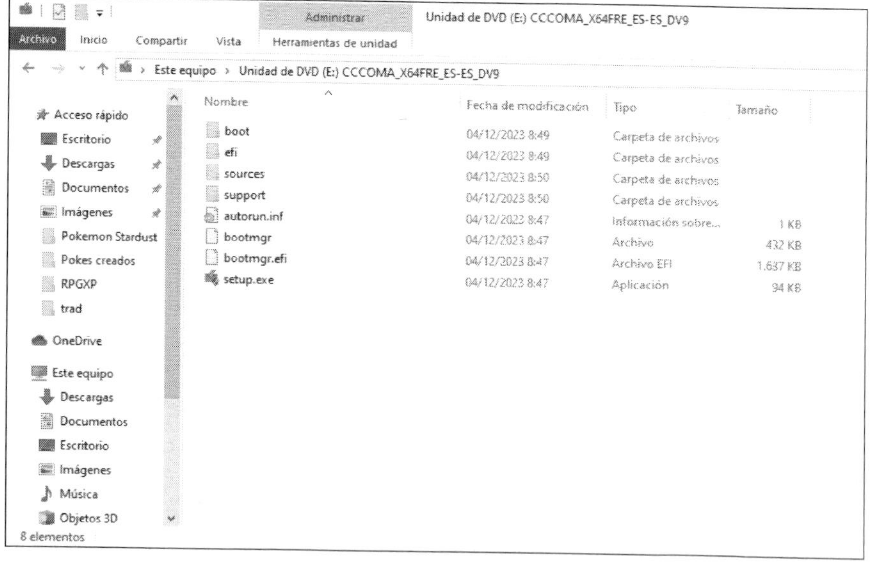

- Haga clic en el botón **Siguiente** y siga el procedimiento de instalación visto anteriormente.

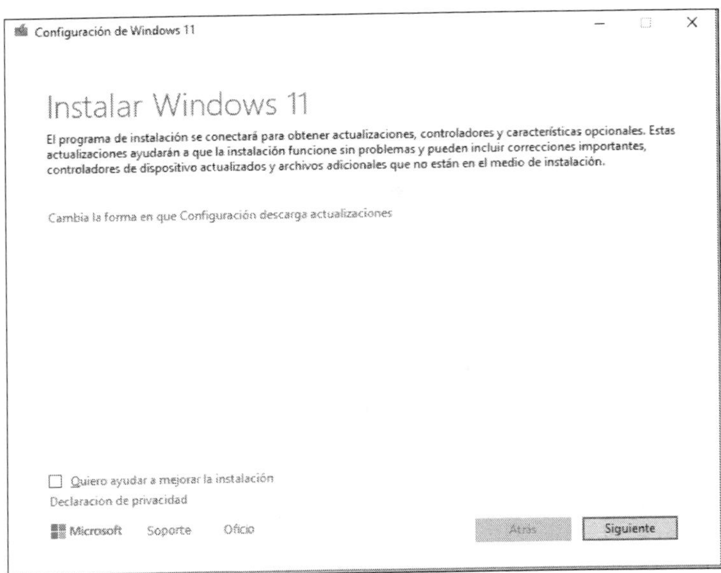

El programa busca las últimas actualizaciones, comprueba que el equipo sea compatible e inicia la instalación.

La máquina se reiniciará automáticamente una vez finalice la instalación.

3.4.2 Actualización de Windows 8 a Windows 10

Como se mencionó anteriormente, no es posible actualizar una estación de trabajo de Windows 8 a Windows 11 directamente. En primer lugar, deberá cambiar a Windows 10 versión 2004 o superior. Entonces será posible actualizar a Windows 11.

- Inicie sesión en su ordenador con Windows 8 con una cuenta de administrador.
- Si una advertencia de seguridad aparece en pantalla al iniciar el programa, haga clic en el botón **Ejecutar**.

▶ La pantalla de inicio le indica que se conectará para descargar las últimas actualizaciones.

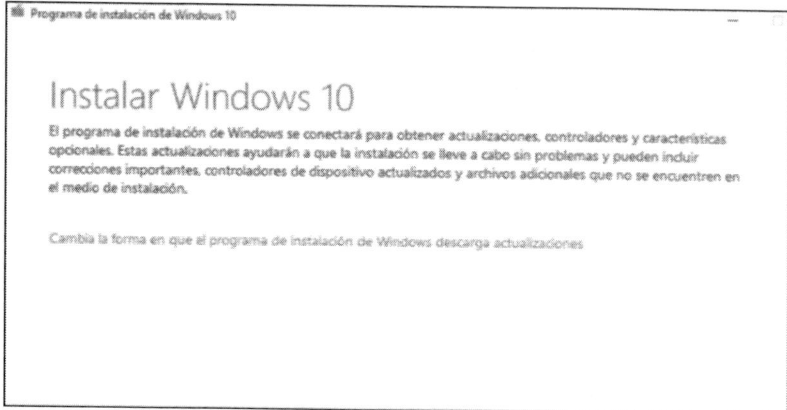

Si desea cambiar esta configuración, haga clic en el enlace C**ambia la forma en que el programa de instalación de Windows descarga actualizaciones**.

▶ Haga clic en el botón **Siguiente**.

▶ Precise la clave de producto de Windows 10. Haga clic en el botón **Siguiente**.

▶ Acepte el acuerdo de licencia y haga clic en el botón **Aceptar**.

- Seleccione una directiva para recuperar archivos personales, aplicaciones y configuraciones de Windows. Dependiendo de su elección, puede optar por conservar todos estos elementos o solo sus archivos personales. Haga clic en el botón **Siguiente**.

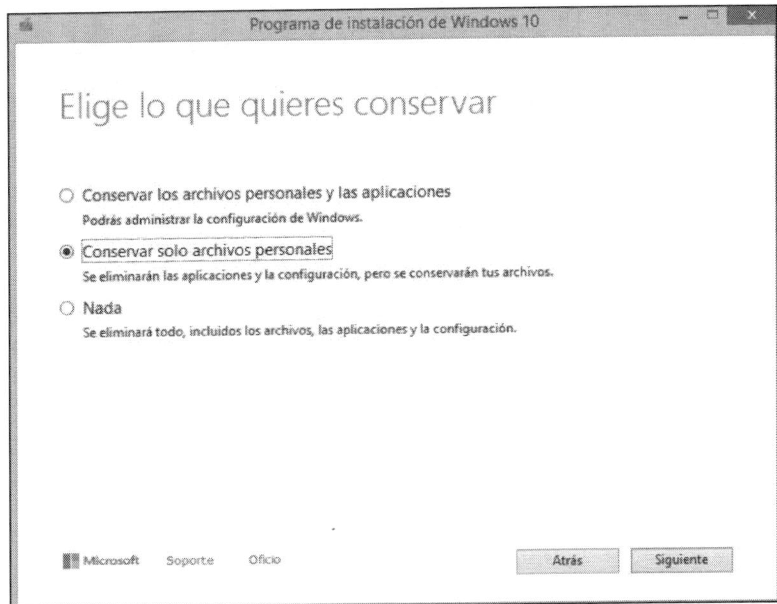

- Si todos los elementos son compatibles para una actualización a Windows 10, comience a actualizar su estación de trabajo haciendo clic en el botón **Instalar**. El siguiente ejemplo muestra que el equipo está listo para pasar a Windows 10:

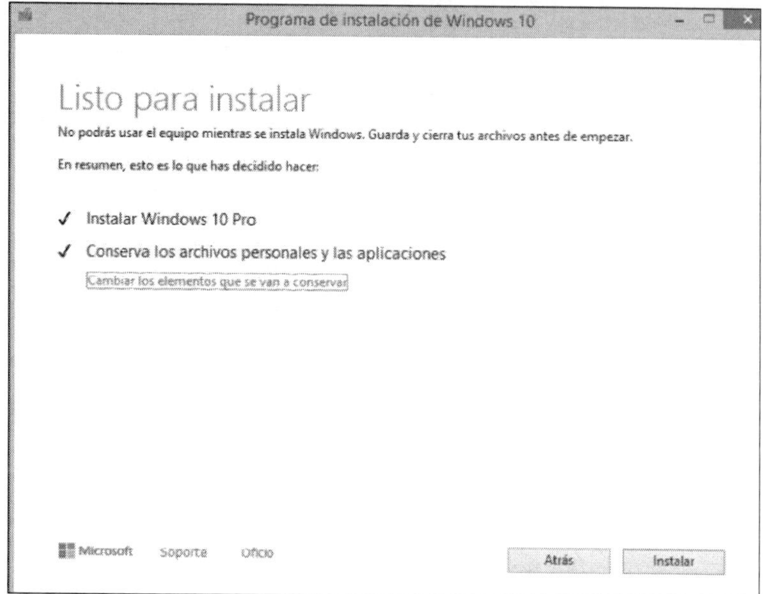

El programa de instalación copia, descomprime e instala las funcionalidades y actualizaciones de Windows 10.

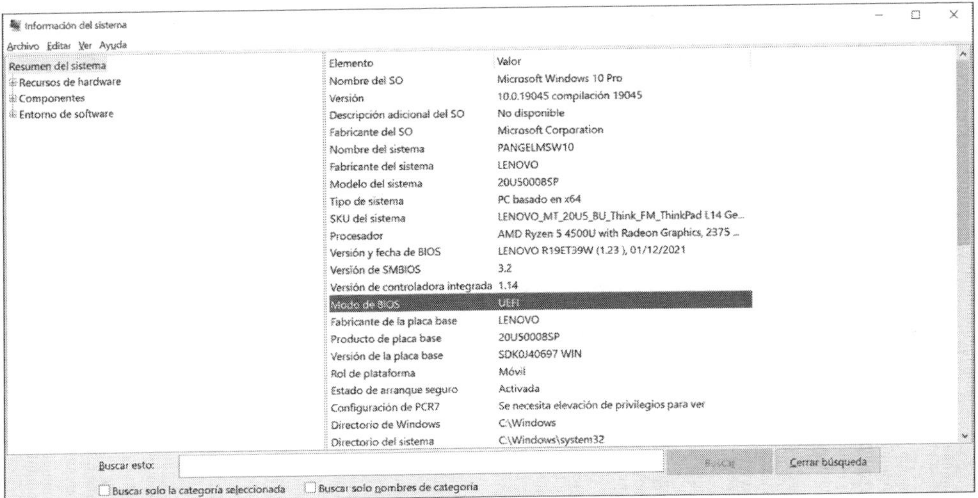

El ordenador se reiniciará varias veces.

Una vez instalado el sistema base, comienza la fase de configuración del entorno de usuario.

4. Activación del sistema

En esta sección, veremos algunos consejos útiles que también se pueden aplicar a Windows 10 y 8.

4.1 Gestión de licencias de Windows 11

Una utilidad disponible desde la línea de comandos hace que sea muy fácil para usted administrar su licencia de Windows 11.

▶ Ejecute el **terminal** o la **línea de comandos** como administrador.

▶ Introduzca este comando: `SLMGR`

Puede haber un tiempo de espera bastante largo antes de que aparezca la ventana de resultados mostrada por el script de Windows Scripting Host.

A continuación, se explican algunas opciones:

- `/ipk <clave de producto>`: instala la nueva clave de producto para sustituir la anterior. Este script se puede utilizar para activar una clave MAK o KMS. MAK (*Multiple Activation Keys*) y KMS (*Key Management Service*) son dos tecnologías que facilitan la administración de claves de producto para un parque importante de equipos.
- `/ato`: activa la versión de Windows a través de Internet.
- `/dli [ID de activación | All]`: muestra información de licencia y permite saber si su versión de Windows está activada. Al agregar el parámetro `[ID de activación]`, se muestran las opciones de la licencia vinculada a dicho ID.
- `/dlv [ID de activación | All]`: muestra información detallada (ID de aplicación, ID de activación, ID de producto, PID ampliado, estado y fecha de caducidad de la licencia).
- `/xpr`: muestra la fecha de caducidad de la licencia actual.

Este es el resultado del comando slmgr /xpr:

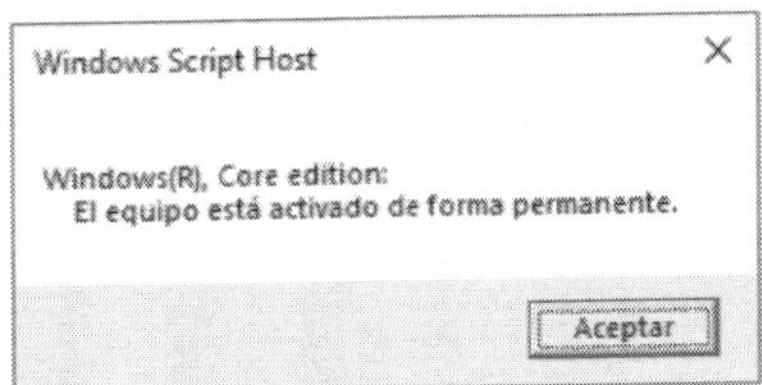

Y entre las opciones avanzadas:

- `/cpky`: borra la clave de producto del registro de Windows después de una instalación OOBEc (Out-Of-Box Experience).
- `/ilc <archivo de licencia>`: instala una licencia.
- `/rilc`: reinstala los archivos de licencia.
- `/rearm`: restablece el estado de la licencia extendiendo su fecha de vencimiento treinta días adicionales. Debe reiniciar el equipo para que los cambios surtan efecto. Es posible ejecutar este comando tres veces seguidas y de esta manera, poder probar la versión que ha instalado durante 120 días. Por supuesto, debe ejecutar este comando el día antes de que caduque su licencia. De lo contrario, perderá unos días, ya que la cuenta regresiva comienza a partir de la fecha de instalación de Windows 11.
- `/upk`: desinstala la clave de producto actual.
- `/dti`: muestra el ID de la instalación para llevar a cabo la activación sin conexión.
- `/atp <ID de confirmación>`: activa el producto indicando el ID de confirmación.

También hay otras opciones para licencias por volumen.

De hecho, es posible utilizar esta herramienta de forma remota para una activación masiva de todas las licencias de las estaciones de trabajo de una empresa. A continuación, deberá especificar el nombre del equipo remoto, el nombre de un usuario con los permisos necesarios y su contraseña y, posteriormente, las opciones entre las mencionadas anteriormente.

▶ También es posible activar su versión de Windows a partir del menú **Configuración - Sistema - Activación**.

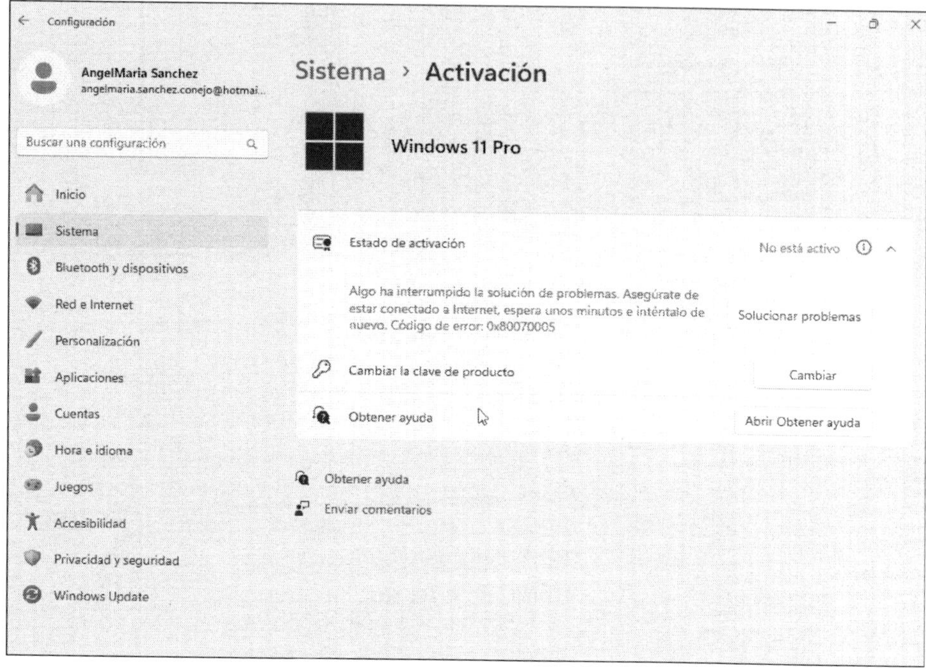

▶ Haga clic en el botón **Cambiar** e introduzca la clave del producto.

4.2 Trabajar con funcionalidad reducida

Como pudo observar, la clave en Windows 11no es necesaria durante la fase de instalación. Por defecto, el sistema no está habilitado. Algunas funciones no funcionarán, como, por ejemplo, la personalización de la pantalla.

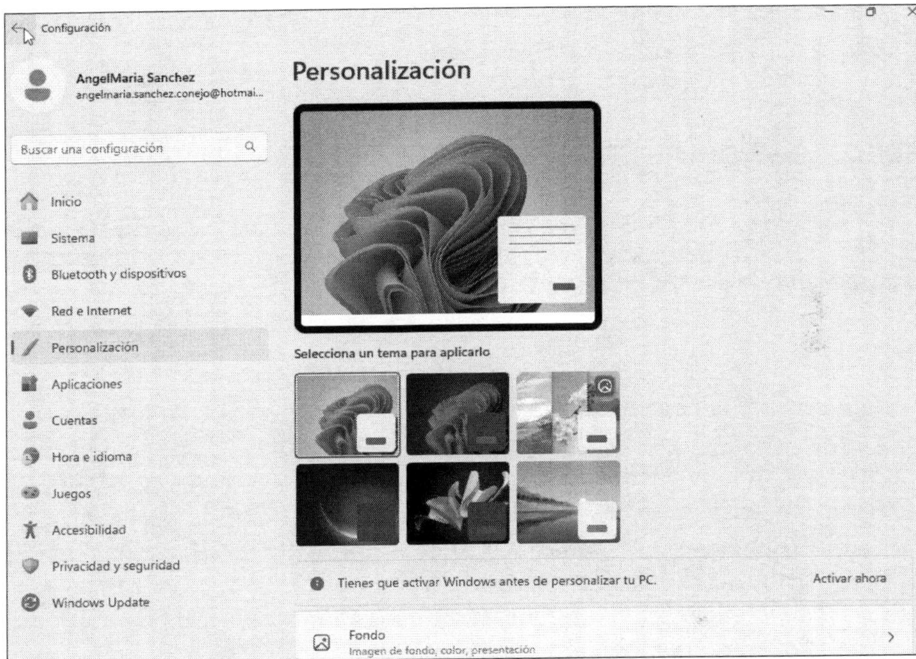

La aplicación **Configuración** le recordará regularmente la necesidad de activar Windows. Pasado un período de treinta días sin activación, también aparecerá un banner en la parte inferior derecha del escritorio.

Actualmente, las actualizaciones del producto están disponibles aunque no se haya efectuado la activación. Sin embargo, Microsoft se reserva el derecho de cambiar dicha disponibilidad en cualquier momento. De hecho, la licencia de uso menciona el derecho a utilizar el producto siempre que tenga una clave de activación válida.

Tenga en cuenta que puede usar su clave de Windows 10 o incluso su clave de Windows 7 u 8.1 para activar su producto.

5. Gestión del Multi-Boot

El multi-boot consiste en instalar varios sistemas operativos en un mismo PC: Windows 7 y Windows 11, Ubuntu y Windows 11, etc. Esta configuración permite utilizar las aplicaciones que están reservadas a ciertos sistemas o tener dos versiones del mismo sistema, una de las cuales está reservada para fines de prueba.

Las máquinas actuales funcionan con una UEFI en lugar de una BIOS. Esto significa que los sistemas operativos de 32 bits (Windows XP, por ejemplo) no funcionarán, a menos que establezca la UEFI en la BIOS o CSM (*Compatibility Support Mode*). Pero en tal caso, será imposible instalar Windows 11. Además, solo se admitirán discos en formato GPT. Por lo tanto, ya no es posible instalar un sistema demasiado antiguo junto con Windows 11. Sin embargo, algunos entusiastas de Windows han encontrado formas de sortear estas limitaciones, pero no entraremos en los detalles de estas operaciones.

La principal dificultad de un multi-boot reside en instalar o volver a instalar un sistema operativo que sea más antiguo o diferente de uno o más que ya están implantados. Pero esta manipulación es generalmente más fácil con Windows 8 y 10, al menos mientras permanezca en los sistemas de Microsoft.

5.1 Proceso de inicio de Windows

5.1.1 Caso de un PC en modo BIOS

En versiones anteriores del popular sistema operativo, el proceso de arranque comienza desde la BIOS del sistema. Este último determina el periférico de arranque y, a continuación, carga el primer sector físico, denominado registro de arranque primario (MBR o *Master Boot Record*). El MBR contiene la tabla de particiones y el código de ejecución necesario. Este código busca la partición activa en la tabla de particiones y, a continuación, pasa el control al sector de arranque de dicha partición.

A continuación, este sector de arranque carga (en Windows 7 y versiones posteriores) el administrador de arranque de Windows (archivo \%root%\bootmgr). Lee los datos presentes en la base de datos de configuración de arranque (BCD o *Boot Configuration Database*). Este repositorio contiene información sobre los sistemas operativos instalados en su máquina (Windows 10, 7, Ubuntu, etc.). Almacena la configuración de arranque y la ruta del cargador de arranque para cada uno de ellos (Windows Boot Loader). Para Windows 10, esa ruta es C:\Windows\system32\winload.exe. A continuación, el administrador de arranque puede mostrar la lista de los sistemas operativos presentes y cargar el sistema operativo predeterminado o seleccionado por el usuario.

A continuación, se carga el kernel y el sistema continúa con su arranque.

5.1.2 Caso de un PC en la UEFI

Cuando se inicia el equipo, la UEFI ejecuta el *EFI Boot Loader* (cargador de arranque), una especie de mini sistema operativo que se encuentra en la partición EFI del disco. Una misma máquina puede tener varios cargadores de arranque: uno para Windows, otro para Linux, etc. El disco debe estar configurado de una manera particular, en formato GPT. Por esta razón, la UEFI solo funciona con discos con formato GPT.

El administrador de arranque de Windows se llama *Windows Boot Manager* (administrador de arranque de Windows). Se almacena en un archivo llamado bootmgfw.efi, que está presente en la partición EFI.

Este administrador inicia el arranque leyendo la información almacenada en la BCD. Muestra la lista de los diferentes sistemas operativos encontrados y carga el seleccionado por el usuario o el indicado por defecto. Para Windows 11, esa ruta es C:\Windows\system32\winload.efi.

A continuación, el administrador de arranque ejecuta el kernel de Windows en la memoria y continúa arrancando el sistema.

5.2 Multi-boot Windows 7 y Windows 11

Como se ha dicho, el multi-boot solo será posible con sistemas operativos compatibles con la UEFI. Lo mejor es empezar instalando el sistema más antiguo, Windows 7.

- Una vez instalado el sistema, cree una partición nueva para instalar Windows 11. El disco debe estar en formato GPT.
- Asegúrese de haber habilitado el TPM en la UEFI, inserte el dispositivo multimedia Windows 11 y arranque el PC en él. Siga el procedimiento de instalación estándar que hemos visto anteriormente. Tenga cuidado: la estación de trabajo se reinicia varias veces durante esta etapa de la instalación. Una pantalla de selección permite elegir qué sistema operativo iniciar. Seleccione Windows 11 hasta que se complete el proceso de instalación.
- Si hace clic en el enlace **Cambiar valores predeterminados o seleccionar otras opciones**, puede cambiar el sistema operativo seleccionado como predeterminado. También puede acceder a las opciones de WinRE a través de este enlace.

La próxima vez que arranque normalmente, podrá elegir entre cada uno de los sistemas operativos instalados en su máquina.

5.3 Multi-boot Ubuntu y Windows 11

Ubuntu usa su propio administrador de arranque, Grub (EFI/ubuntu/grubx64.efi o EFI/ubuntu/shimx64.efi). Este capaz de detectar y arrancar una partición de Windows 11 sin ningún problema.

Si instala Ubuntu después de Windows 11, se utilizará su administrador para enumerar los sistemas operativos presentes; de lo contrario, es el de Windows.

Antes de instalar, asegúrese de que su disco esté particionado en formato GPT y que tenga espacio libre para almacenar el sistema Windows 11 en él. La instalación en sí no plantea ninguna dificultad particular.

5.4 Comando BCDEdit

El repositorio de datos de configuración de arranque (*Boot Configuration Data* o BCD) proporcionado por los sistemas Windows modernos, reúne todos los parámetros para controlar y configurar el arranque de los sistemas operativos instalados. La herramienta en línea de comandos del sistema BCDEdit (literalmente "el editor BCD") se puede utilizar para agregar, eliminar o modificar las configuraciones de arranque.

Observación

Tenga en cuenta que esta herramienta también está disponible en las funcionalidades WinRE.

Cada objeto se identifica mediante un GUID (*Globally Unique Identifier*) o uno de los siguientes identificadores de tipo:

- **{current}**: se refiere al administrador de arranque vinculado al sistema operativo actualmente en uso.
- **{legacy}** o **{ntldr}**: describe los discos o particiones en los que se instalan los sistemas anteriores a Windows Vista (cargador de sistemas operativos Windows de antigua generación).
- **{bootmgr}**: da información sobre el administrador de arranque de Windows: su ubicación, el archivo utilizado, etc.

Para iniciar BCDEdit, ejecute una ventana, la línea de comandos o un terminal como administrador. Para hacer esto, abra el menú **Inicio**, escriba cmd y, en la ventana de búsqueda que se abre, haga clic en **Símbolo de sistema - Ejecutar como administrador.**

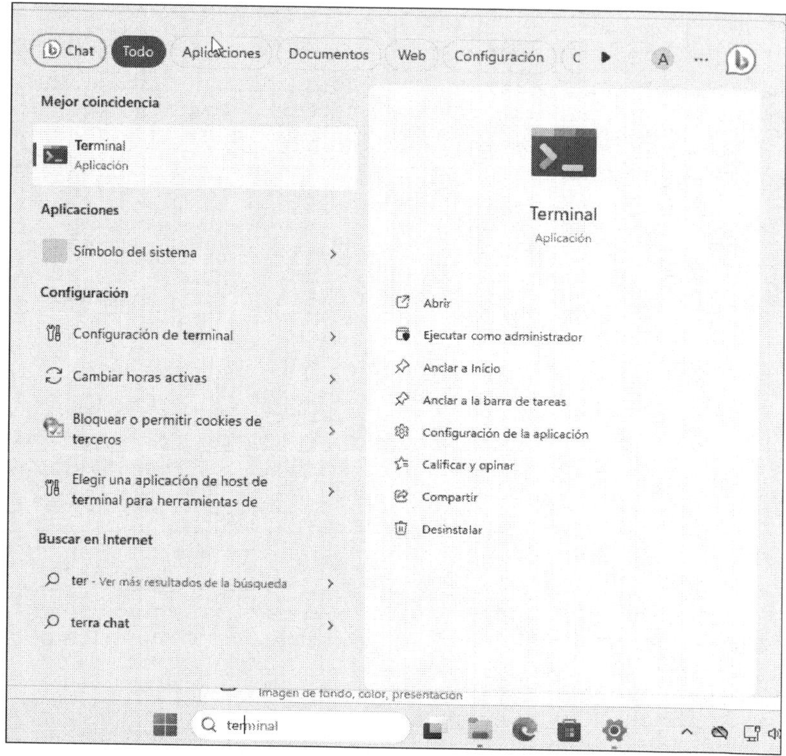

▶ Para enumerar los modificadores que se pueden utilizar, escriba este comando:

```
bcdedit /?
```

▶ A continuación, escriba el comando bcdedit para enumerar la estructura del repositorio de arranque de Windows.

5.4.1 Copia de seguridad

- Para crear una copia de seguridad de la configuración actual, escriba:

```
bcdedit /export "C:\BCDbackup.bcd"
```

- Por el contrario, puede restaurar el mismo archivo escribiendo:

```
bcdedit /import "C:\BCDbackup"
```

Cada vez, deben aparecer las palabras "Operación realizada con éxito".

5.4.2 Modificación de entradas del repositorio

Ahora imaginemos que el comando **bcdedit** muestra esto en su ordenador:

```
Identificador del cargador del sistema operativo Windows heredado
------------------------------------------------------------------
Identificador      {ntldr}
device             partition=D:
path               \ntldr
descripción        Version anterior de Windows
```

Solo queremos cambiar la descripción por el nombre exacto del sistema operativo. Para ello, ejecute el siguiente comando:

```
bcdedit /set {ntldr} description "Windows 7 Professional Edition"
```

Puede hacer lo mismo si tiene dos instalaciones de Windows 11 y desea cambiar el nombre de una para que sea más fácil distinguirla.

- Localice su identificador (la secuencia de números y letras entre corchetes).
- Escriba el mismo comando que hemos visto anteriormente, sustituyendo el identificador por el que encontró justo antes.

Puede ver la lista de tipos de datos que se pueden utilizar introduciendo este comando:

```
bcdedit /? types
```

Los formatos de datos que se pueden utilizar se muestran escribiendo este comando:

```
bcdedit /? formats
```

Veamos otras posibilidades:

▶ Para editar la descripción del sistema actual ("Windows 11"), escriba:

```
bcdedit /set {current} description "Windows 11"
```

El modificador /deletevalue permite eliminar ciertas opciones establecidas en las distintas entradas del repositorio.

5.4.3 Modificar el administrador

▶ Para establecer el sistema designado por un GUID determinado como sistema operativo predeterminado, escriba:

```
bcdedit /default {b3e70961-4a0f-11dc-8e88-c214c35ec4ab}
```

▶ Para establecer el orden de los sistemas operativos tal y como aparecen en el menú de arranque, escriba:

```
bcdedit /displayorder {b3e70961-4a0f-11dc-8e88-c214c35ec4ab}
{b3e70961-4a0f-11dc-8e88-c214c35ec4ab} {ntldr}
```

▶ Para acortar el tiempo de espera a 5 segundos antes de que la máquina se inicie en el sistema operativo predeterminado, escriba:

```
bcdedit / timeout 5s
```

Puede encontrar más información sobre el comando bcdedit en el sitio web de Microsoft https://learn.microsoft.com/en-us/windows-server/administration/windows-commands/bcdedit.

Tenga en cuenta que existe un software que permite la modificación gráfica del administrador de arranque. Se llama Visual BCD Editor y está disponible en la dirección https://www.boyans.net/VisualBcd5/VisualBcd_0.9.3.1.msi.

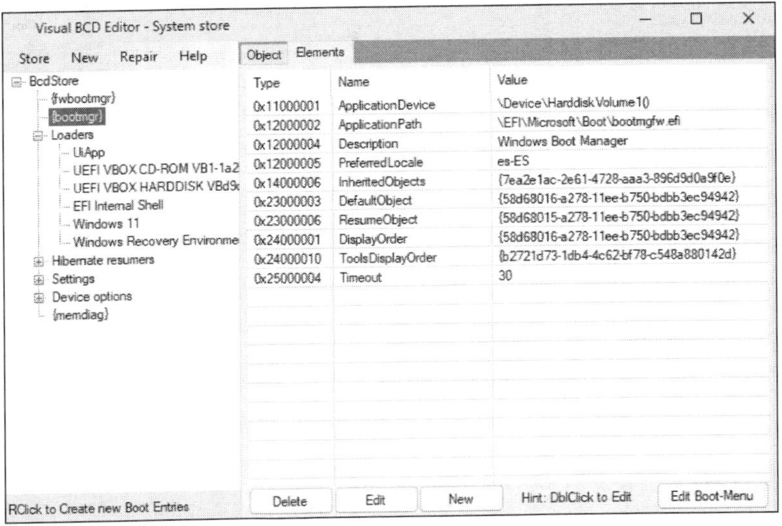

Las opciones de configuración son exactamente las mismas.

5.5 Comando bcdboot

El comando bcdboot se puede utilizar para volver a configurar los archivos de arranque de la máquina en los siguientes casos:

- Agregar archivos de inicio después de implementar una nueva imagen en un nuevo disco.
- Configurar el equipo para que arranque desde un disco virtual.
- Reparar la partición del sistema utilizando los archivos de origen.
- Configurar o reparar un menú de arranque dual-boot.

Este comando crea un repositorio BCD con los archivos fuente almacenados en el archivo C:\Windows\System32\config\bcd-template y genera un disco de arranque con C:\Windows\Boot\EFI (para un sistema la UEFI). Puede conservar las entradas existentes en el repositorio actual.

5.5.1 Sintaxis del comando

`bcdboot <fuente>`: especifique la ubicación que contiene el modelo BCD. Por lo general, c:\windows.

▶ A continuación, utilice los siguientes modificadores u opciones:

- `/l`: permite especificar el idioma del repositorio: es-es, en-us por defecto.
- `/s <partición>`: establece la letra de la partición en la que se copiarán los archivos de arranque. Por defecto, esta es la partición reservada por el sistema, no montada en el explorador de archivos, por lo que tiene que montarla e introducir la letra elegida.
- `/v`: modo detallado.
- `/m {<GUID>}`: permite especificar un identificador de cargador de OS para combinarlo con el nuevo repositorio.
- `/d`: se debe conservar la entrada de arranque predeterminada ya existente.
- `/f`: especifica el tipo de firmware de la partición de destino, entre BIOS, UEFI o ALL (para ambos). Funciona en combinación con el modificador /s. Creará respectivamente una carpeta \Boot, \Efi\Microsoft\Boot o ambas en la partición del sistema.
- `/addlast`: indica que la entrada se debe agregar en último lugar en el administrador de arranque.
- `/p`: se debe conservar la posición de la entrada.

5.5.2 Reparación del repositorio

Si el sistema no arranca y la reparación automática no funciona, puede seguir el siguiente proceso:

▶ Inicie el entorno de WinRE y, a continuación, el símbolo del sistema.

▶ Compruebe la presencia del volumen UEFI con los siguientes comandos:

- `diskpart`
- `list disk`
- `select disk 0` (o bien el número del disco que se va a reparar)
- `list vol`

Localice la partición EFI, suele ser de 100 MB con formato FAT32.

- `sel vol <n° partición EFI>`
- `assign letter U:`
- `exit`

- Compruebe que la carpeta EFI está presente en la partición U.
- Haga una copia de seguridad del repositorio antiguo BCD:
  - `cd /d U:\EFI\Microsoft\Boot\`
  - `ren BCD BCD.old`
- Inicie la reparación desde:
  `bcdboot c:\Windows /l es-es /s U:/f UEFI`
- Reinicie el sistema.

En primer lugar, se tendrá que asegurar de que esta partición está activa.

Si la copia de los archivos de inicio genera un error, es posible que el disco esté dañado físicamente. Puede intentar recuperar estos archivos de origen de otra estación de trabajo y volver a configurarlos desde ese nuevo origen. De lo contrario, cambie el disco.

5.5.3 Herramienta de conversión mbr2gpt

Windows 11 contiene una herramienta muy práctica que permite convertir un disco en formato MBR a formato GPT, sin pérdida de datos. Será muy útil en caso de actualizar de un Windows 10 en formato MBR a un Windows 11, por lo tanto, en formato UEFI. Esta herramienta ya estaba presente en Windows 10 desde la versión 1703.

Cuidado, esta conversión es irreversible. Asegúrese de que su nuevo sistema sea compatible con discos GPT, es decir, que tenga UEFI.

La sintaxis es la siguiente:

```
mbr2gpt /validate|convert [/disk:<n°_disco>]
[/logs:<directorio_logs>]
map:<n°_partición_mbr>=<GUID_partición_gpt>] [/allowFullOS]
```

Los modificadores son:

- `/validate`: especifica que se inicien los pasos de validación e informe de si el disco es apto para la conversión.
- `/convert`: realiza la validación del disco y convierte el sistema si los pasos de validación fueron correctos.
- `/disk`: el número del disco que se va a convertir (se obtiene con diskpart). Si no se especifica ningún número, se utilizará el disco del sistema.
- `/logs`: el directorio en el que se guardan los registros.
- `/map`: especifica el mapeo de tipo de partición MBR-GPT si Windows no reconoce los tipos de partición MBR. El número de partición MBR se expresa en decimales. El GUID se usa para la partición GPT.

Por ejemplo, una partición MBR de tipo 0x27 se convierte en una partición GPT de tipo PARTITION_MSFT_RECOVERY_GUID (de94bba4-06d1-4d40-a16a-bfd50179d6ac).

- `/allowFullOS`: permite la conversión desde el entorno completo de Windows. De lo contrario, limitado a WindowsPE.

6. Virtualización con Windows 11

El uso de soluciones de virtualización se ha vuelto muy común. El uso de máquinas potentes y con suficientes recursos de hardware permite utilizar este tipo de funcionalidades para, por ejemplo, disponer de plataformas de pruebas y desarrollo. También evita tener que instalar varios sistemas operativos, gestionar el boot o multi-boot, reiniciar su máquina para probar una aplicación en un nuevo entorno, etc.

Para poder utilizar este tipo de tecnología, en una plataforma Intel o AMD, debe comprobar y habilitar las siguientes opciones de hardware desde la UEFI:

- Virtualización de hardware Intel VT (procesadores Intel) o AMD-V (procesadores AMD).
- Traducción de direcciones de segundo nivel (SLAT- *Second-Level Address Translation*), opción Extended Page Tables (EPT) (procesadores INTEL) u opción Nested Page Tables (NPT) o Rapid Virtualization Indexing (RVI) (procesadores AMD).

Además, no es posible utilizar esta función con un ordenador con menos de 8 GB de RAM.

Desde Windows 8, la funcionalidad de Hyper-V se ha integrado de forma nativa en el sistema operativo de Microsoft. Esta sustituye a la herramienta Windows Virtual PC, una herramienta de virtualización para estaciones de trabajo con Windows 7. Hyper-V es una herramienta de virtualización *bare-metal*, es decir, gestiona la capa de hardware, siendo el OS independiente del tipo de dispositivo. Esta tecnología también se conoce como paravirtualización. Aprovecha las capacidades de virtualización de hardware del sistema host para máquinas virtuales.

La plataforma Hyper-V permite crear y arrancar una máquina virtual de 32 bits o 64 bits de manera transparente en su entorno Windows. Es compatible con redes inalámbricas y modos de suspensión e hibernación de Windows.

También es posible migrar una máquina virtual a este cliente desde un entorno similar a un servidor Hyper-V.

A partir de Windows 8 y Windows Server 2012, las máquinas virtuales usan un nuevo formato de disco virtual, el formato VHDX. Este formato garantiza una mayor fiabilidad de los discos duros virtuales, especialmente en caso de corte de corriente. También ofrece soportes de almacenamiento de hasta 64 TB.

Sin embargo, es común encontrarse con otras herramientas de virtualización de terceros. Las más conocidas son Oracle VirtualBox, VMware Workstation y Citrix XenDesktop.

6.1 Instalación y uso de Hyper-V

6.1.1 Instalación del hipervisor

El cliente de Hyper-V está disponible para las ediciones Professional y Enterprise de Windows 11. Para usar esta funcionalidad, su equipo debe cumplir con los requisitos mínimos de hardware vistos anteriormente, y disponer del espacio en disco necesario para crear máquinas virtuales.

- Para instalar la función Hyper-V, abra el panel **Configuración**, vaya a la sección **Aplicaciones**, luego a **Características opcionales** y, en la parte inferior de la lista, **Más características de Windows**. Otra forma más rápida de acceder a él consiste en abrir el menú Inicio, escribir `hyper-v` y hacer clic en **Activar o desactivar las características de Windows - Panel de control**.

- Marque la opción **Hyper-V**. Haga clic en el botón **Aceptar**.

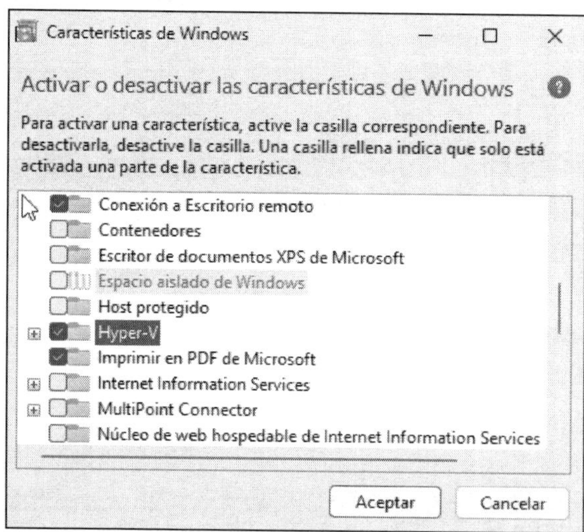

- Una vez completada la instalación, la estación de trabajo se debe reiniciar. Haga clic en el botón **Reiniciar ahora**.

6.1.2 Crear una máquina virtual

Una vez habilitada la función Hyper-V, podrá configurar la plataforma. Inicie el **Administrador Hyper-V**.

- En el panel de acciones, en el lado derecho de la consola de administración, haga clic en el enlace **Administrador de conmutadores virtuales**.
- Seleccione el vínculo **Nuevo conmutador de red virtual** y, a continuación, seleccione el tipo de conmutador **Externo**. Este tipo de conmutador se usa para enlazar el cliente de Hyper-V al adaptador de red físico del equipo host. El adaptador de red puede ser un dispositivo inalámbrico, ya que el cliente de Hyper-V lo admite.
- Haga clic en el botón **Crear conmutador virtual**.
- Asigne un nombre a este conmutador y, a continuación, en la sección **Tipo de conexión**, seleccione **Red externa**.

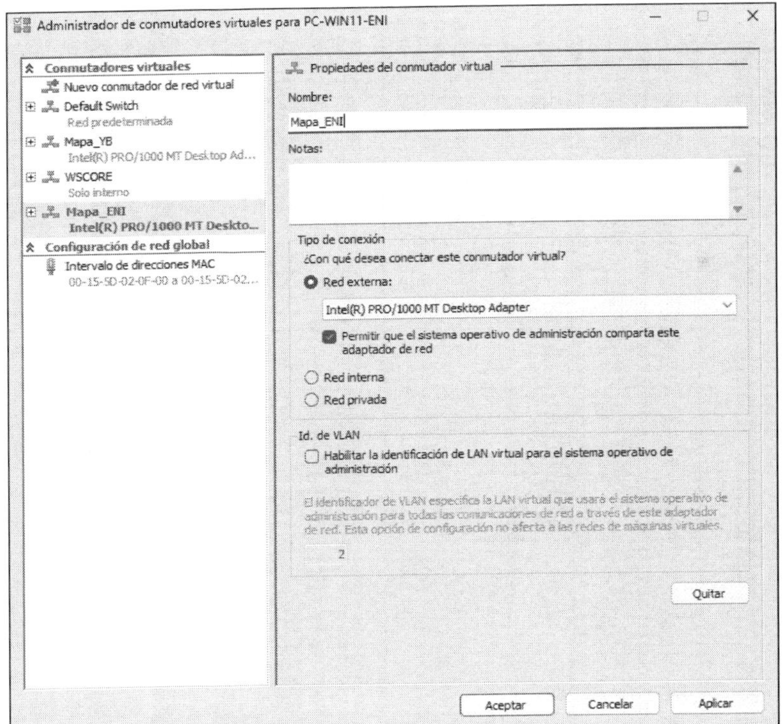

▶ Haga clic en el botón **Aceptar** y, a continuación, si Windows le indica que la conexión de red se podría interrumpir, haga clic en el botón **Sí**.

El siguiente paso es crear una primera máquina virtual en el disco local.

▶ En el panel de acciones, en la parte derecha de la consola de administración, haga clic en el enlace **Nuevo - Máquina virtual**.

▶ A continuación, siga los pasos del asistente de creación de una nueva máquina virtual. En la página de introducción, haga clic en el botón **Siguiente**.

▶ Escriba el nombre de la máquina virtual. La ubicación de almacenamiento predeterminada para los discos virtuales es la carpeta C:\ProgramData\Microsoft\Windows\Hyper-V\. Puede cambiarlo seleccionando **Almacenar la máquina virtual en otra ubicación**.

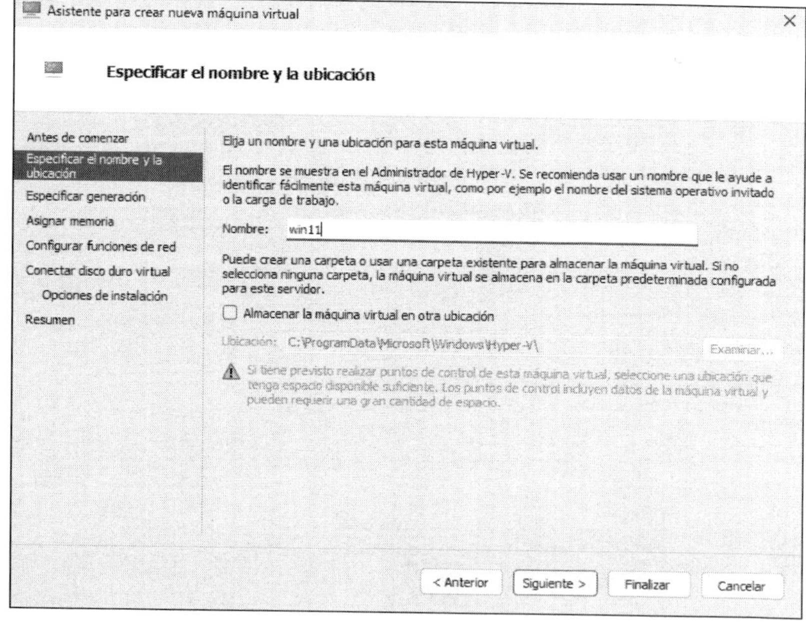

- A continuación, el asistente le pedirá que seleccione una "generación". Para Windows 11, elija **Generación 2**. Esta nueva generación es compatible con la UEFI, sistemas de 64 bits y otras funcionalidades de virtualización recientes. Tenga cuidado porque esta operación es irreversible. Si se equivoca, tendrá que volver a crear una máquina virtual. Haga clic en el botón **Siguiente**.
- Seleccione la cantidad recomendada de memoria para el sistema, que es de 4 GB, y, a continuación, haga clic en **Siguiente**. Si el equipo host tiene suficiente RAM, introduzca 8 GB.
- Configure la conexión seleccionando el conmutador creado anteriormente y, a continuación, confirme haciendo clic en **Siguiente**.
- Seleccione un disco virtual existente o cree uno nuevo. Introduzca su nombre. El formato de archivo predeterminado para almacenar un disco duro es el formato más reciente, vhdx. La ubicación predeterminada es C:\ProgramData\Microsoft\Windows\Virtual Hard Disks\. Introduzca un tamaño adecuado (se recomiendan 80 GB para Windows 11). Confirme haciendo clic en **Siguiente**.

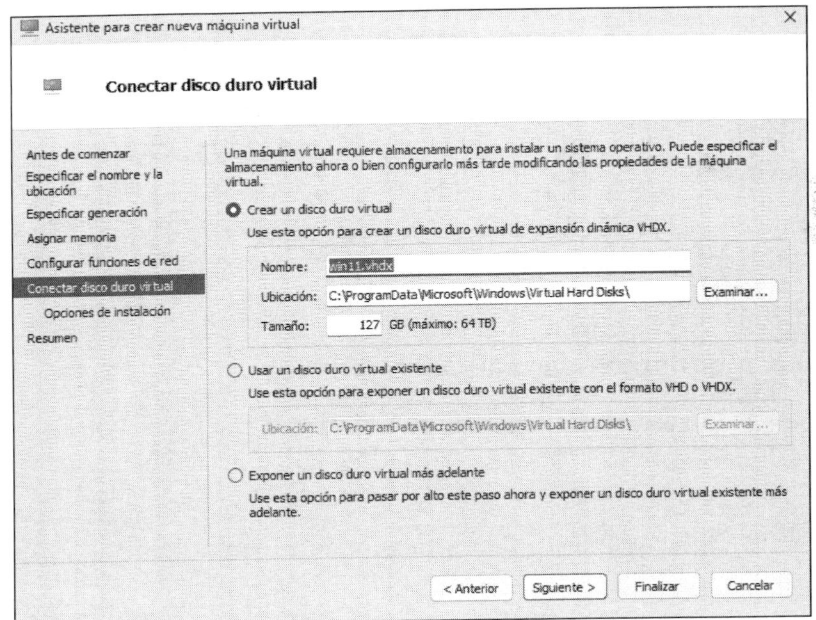

- Elija instalar el sistema operativo más tarde y, a continuación, haga clic en **Siguiente**.
- Revise el resumen de configuración y, a continuación, confirme con el botón **Finalizar**.

Su máquina virtual está lista. Ahora aparece en la lista de máquinas virtuales de la consola de Hyper-V.

6.1.3 Eliminar una máquina virtual

Para poder eliminar una máquina virtual, es necesario apagarla primero. Al eliminar la máquina virtual, no se elimina el disco duro virtual. Para eliminarlo desde el explorador de Windows, vaya a la carpeta C:\ProgramData\Microsoft\Windows\VirtualHard Disks\ y elimine el archivo <nombredeldiscovirtual>.vhdx.

6.1.4 Utilizar puntos de control

La funcionalidad de los puntos de control permite crear un punto de copia de seguridad para una máquina virtual, con el propósito principal de restaurar la máquina virtual a un estado anterior. En este caso, se perderán los cambios realizados mientras tanto. Tenga en cuenta que el proceso crea un archivo de tipo *.avhdx en el directorio de almacenamiento del disco de la máquina virtual. Este archivo se elimina después de la operación de restauración y reinicio de la máquina virtual.

Puede crear varios puntos de control seguidos o eliminar aquellos que ya no necesite. Se puede acceder a la función desde el menú contextual (clic derecho) en una máquina virtual.

6.1.5 Exportación e importación de máquinas virtuales

La última versión de Windows permite exportar una máquina virtual. La exportación se puede realizar con la máquina iniciada o detenida. Siga estos pasos:

- En la consola de Hyper-V, seleccione la máquina que desea exportar.
- Haga clic con el botón derecho, seleccione el menú **Exportar** y elija la carpeta en la que desea almacenar los archivos.

La importación de esta máquina virtual a otra máquina física será más fácil: solo tendrá que hacer doble clic en el archivo para importarlo. También es posible utilizar el menú **Acción** del **Administrador Hyper-V** eligiendo **Importar máquina virtual...** Un asistente le guiará a través de la operación.

Existen tres tipos de importaciones:

- **Registrar en el lugar**: los archivos de exportación se encuentran en la carpeta en la que se almacenará la máquina virtual. El ID de la nueva máquina será el mismo que el de la máquina exportada.
- **Restaurar máquina virtual**: La importación se puede realizar en una carpeta diferente. El ID sigue siendo el mismo.
- **Copiar máquina virtual**: Los archivos importados se almacenarán en otra carpeta y se generará un nuevo ID. Es práctico para crear varias máquinas virtuales idénticas.

6.2 Problemas con la virtualización

Es posible que encuentre algunos problemas si decide utilizar tecnologías de virtualización.

El que aparece regularmente sobre Hyper-V o soluciones tecnológicas equivalentes es el siguiente:

"Error Symptom : 'New Virtual Machine' could not initialize. Event ID 3040"

En este caso, la máquina virtual no se puede inicializar porque las opciones de virtualización no están habilitadas en la UEFI.

Si tiene errores con VirtualBox, la solución de virtualización de Oracle, asegúrese de tener la última versión de este software. Además, asegúrese de que su hardware sea compatible con esta solución.

Si ha instalado previamente Hyper-V y desea instalar, por ejemplo, VMware Workstation u Oracle VirtualBox, puede obtener el siguiente mensaje de error:

"Error: This product may not be installed on a computer that has Microsoft HyperV installed"

En tal caso, puede deshabilitar Hyper-V desde la ventana de características de Windows. Esta acción retira el administrador Hyper-V sin eliminar las máquinas virtuales.

Si desea conservar el entorno de Hyper-V, también puede añadir una entrada en el administrador de arranque escribiendo la siguiente línea, desde una línea de comandos en modo de administrador:

```
bcdedit /copy {default} /d "Arrancando sin Hyper-V"
```

Utilice este comando para duplicar la entrada predeterminada.

Anote el GUID generado por la nueva entrada del administrador de arranque y, a continuación, escriba el siguiente comando:

```
bcdedit /set {GUID} hypervisorlaunchtype off
```

Este comando deshabilita la funcionalidad de Hyper-V para la nueva entrada.

Reinicie la computadora eligiendo iniciar el sistema denominado **Arranque sin Hyper-V**, en la pantalla del menú de inicio. A continuación, instale el producto VMware Workstation u Oracle VirtualBox.

Desea instalar una máquina virtual que ejecute Windows 7, pero al iniciar la máquina aparece el siguiente mensaje de error: "*Not operating system was loaded*".

La compilación elegida cuando se creó el disco virtual no es correcta. Elija la opción **Generación 1**.

7. Problemas de instalación

Hay muchos escenarios posibles, pero hemos tratado de abordar los casos más comunes.

Con respecto a los problemas de compatibilidad, tenga en cuenta que la instalación de Windows 11 en un PC no compatible se realiza por su cuenta y riesgo. Microsoft desaconseja esta práctica y advierte del elevado riesgo de bloqueo del sistema.

7.1 "Este PC no cumple con los requisitos mínimos del sistema"

Este mensaje puede aparecer cuando intenta instalar Windows 11 desde el entorno de Windows 10 a través de las actualizaciones. Antes de continuar con la instalación, el asistente comprueba que la configuración necesaria esté presente y solo continuará funcionando si hay una respuesta positiva.

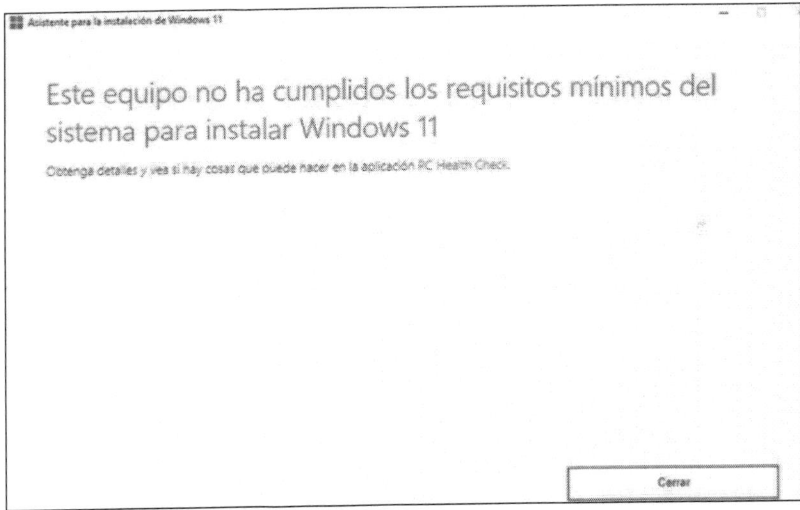

Es posible omitir esta comprobación modificando la base de registro de la siguiente manera:

- Desde el menú **Inicio**, escriba el comando `regedit`. Haga doble clic en **Editor del Registro**.
- Desplácese hacia abajo en el siguiente árbol:
  HKEY_LOCAL_MACHINE \ SYSTEM \ Setup \ MoSetup
- Cree un nuevo valor DWORD (32 bits) y asígnele el nombre `"AllowUpgradesWithUnsupportedTPMOrCPU"` (haga clic con el botón derecho del ratón en **Nuevo**, Valor DWORD 32 bits).
- Haga doble clic para editarlo y configúrelo con el valor "1".
- Cierre el editor del registro y reinicie el proceso de actualización de Windows 10 a Windows 11.

Este cambio solo permitirá paliar la falta de TPM 2.0 y la presencia de un procesador no compatible. Sin embargo, se requerirá un arranque seguro.

7.2 "Este PC no puede ejecutar Windows 11"

Durante la instalación clásica (no una instalación iniciada desde Windows 10), el programa comprueba que la máquina cumple con los requisitos de hardware. De no ser así, aparecerá la siguiente ventana que le prohibirá continuar con la instalación.

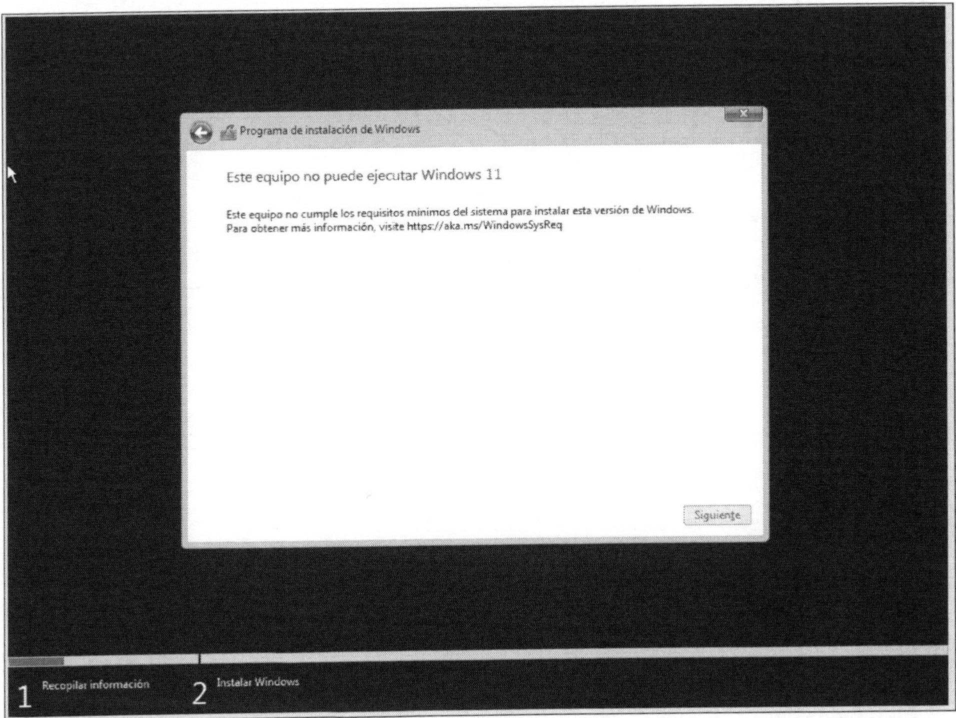

Este mensaje suele aparecer cuando la máquina no tiene los requisitos de hardware para Windows 11. Durante la instalación, se comprueban los siguientes puntos críticos:

- Presencia de un chip TPM en la versión 2.0
- Arranque seguro (UEFI)

El tipo de procesador y la cantidad de RAM no se encuentran entre los factores decisivos y no impiden la instalación de Windows.

Aunque Microsoft no lo recomienda, es posible invalidar estos límites modificando la base de registro como se sugiere en los siguientes pasos:

- Cuando aparezca el mensaje anterior, cierre la ventana y salga del instalador haciendo clic en [X].

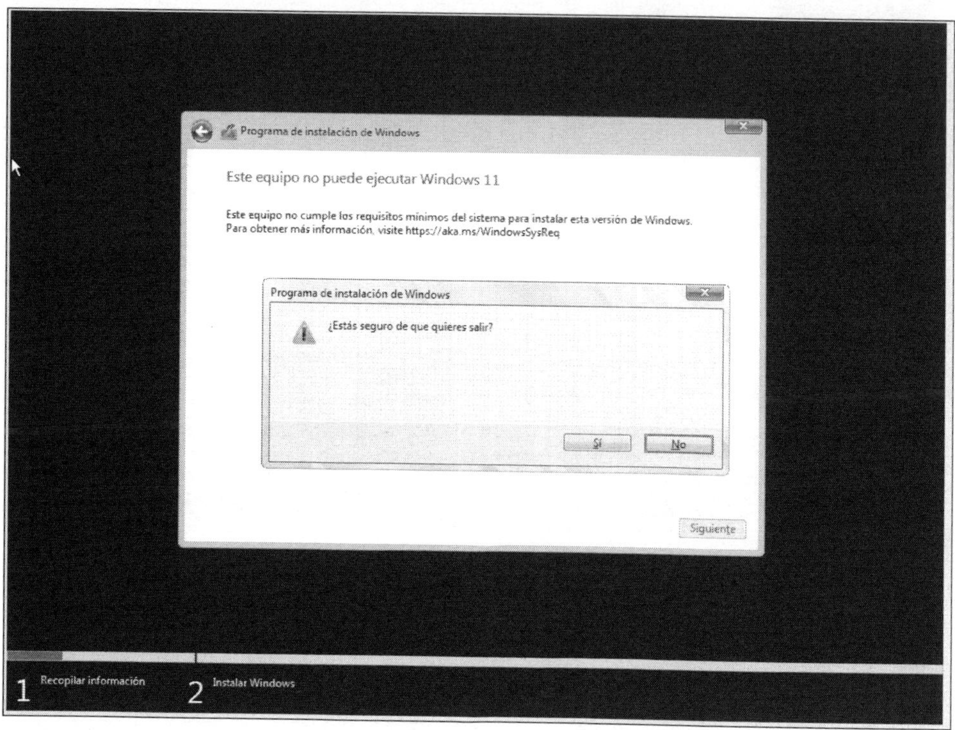

- Con esta operación, vuelve al principio de la instalación. Mantenga pulsada la tecla [Mayús] y pulse [F10]. Se abre una ventana de comandos.

◘Introduzca el comando `regedit`.

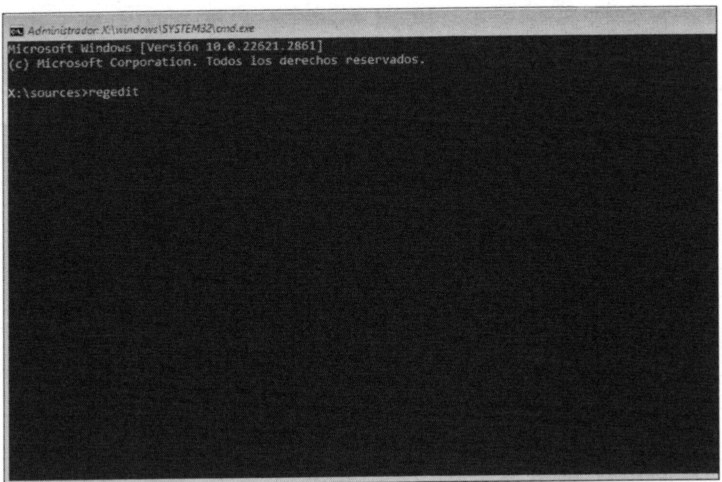

◘Se abreirá el editor del registro. Expanda el árbol, navegue hasta la clave **HKEY_LOCAL_MACHINE\SYSTEM\Setup** y cree una nueva clave (haga clic con el botón derecho del ratón en **Nuevo**, **Clave**) llamada `"LabConfig"`.

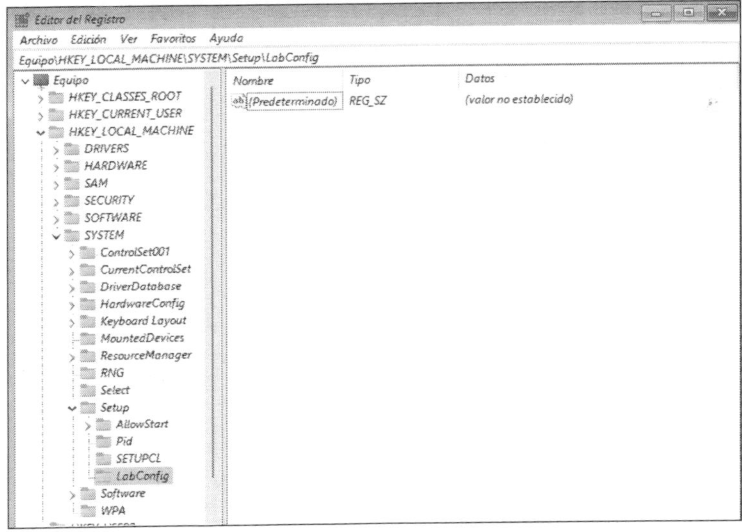

- En esta clave, cree un nuevo valor DWORD (32 bits) denominado "`BypassSecureBootCheck`" (haga clic con el botón derecho del ratón en **Nuevo**, **Valor DWORD de 32 bits**).
- Haga doble clic para editarlo y asígnele el valor "1".

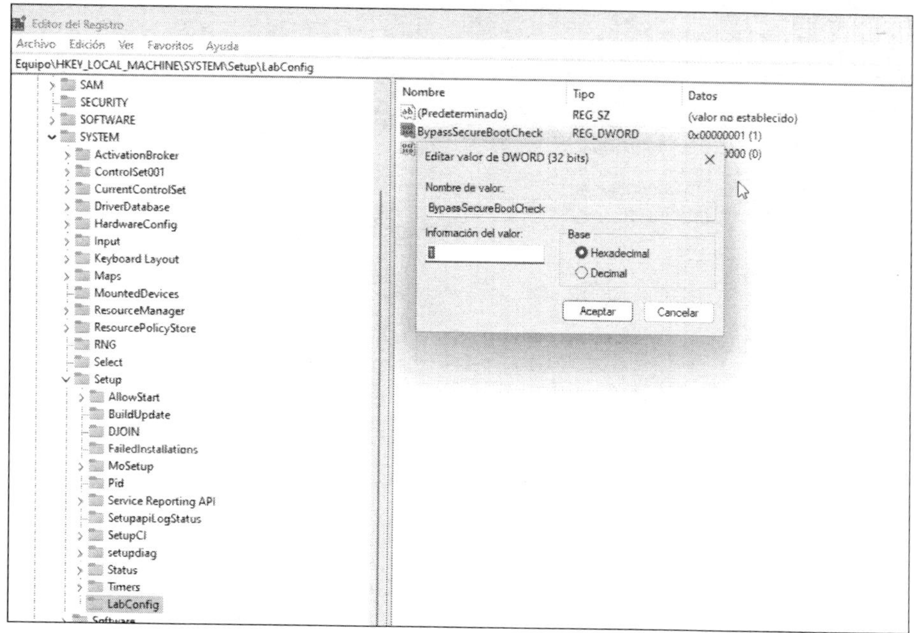

- Haga lo mismo para crear otro **Valor DWORD (32 bits)** denominado "BypassTPMCheck".
- Haga doble clic para editarlo y configúrelo también con el valor "1".

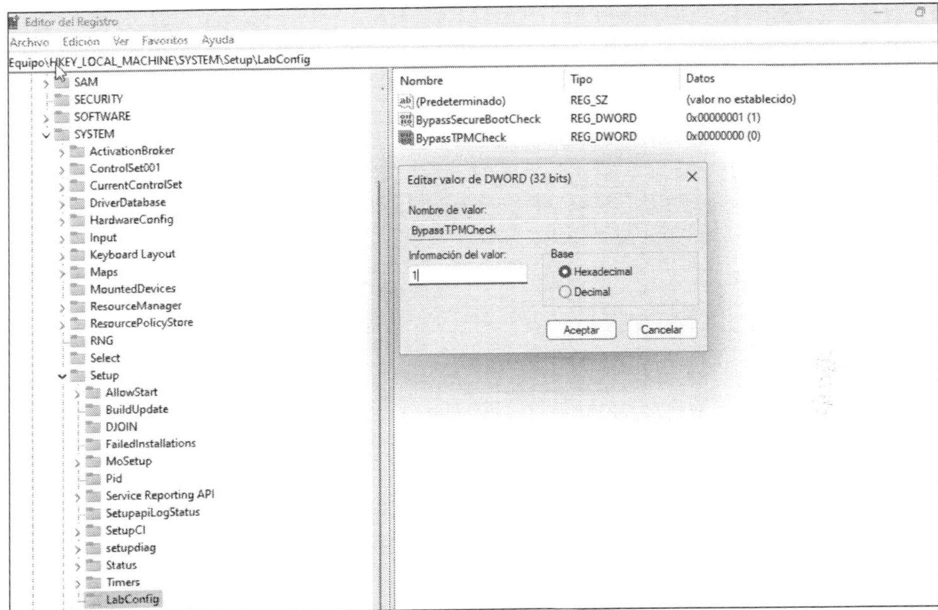

- Cierre el editor de registro y la ventana de comandos. Regresará a la ventana **Instalación de Windows**.
- Haga clic en **Instalar ahora** y repita los pasos de la instalación clásica. El instalador no comprobará estos dos factores decisivos. El sistema funcionará sin TPM ni arranque seguro.

7.3 Actualización de una estación de trabajo en Windows 10, con BIOS y MBR

Su máquina está configurada en modo BIOS, con un disco en formato MBR. Sin embargo, Windows 11 requiere la presencia de una UEFI (con arranque seguro y TPM 2.0) y, por lo tanto, el formato de disco asociado, GPT. Dado que desea conservar sus datos y aplicaciones, deberá convertir el disco a formato GPT y posteriormente configurar la BIOS en la UEFI.

El primer paso consiste en hacer una copia de seguridad de sus datos en la nube o en una unidad externa.

- Inicie el equipo con un lector de recuperación o la unidad USB de instalación.
- Al comienzo del proceso de instalación, en la pantalla de selección de idioma, formato de hora y teclado, pulse a la vez en las teclas [Mayús] y [F10] para que aparezca la ventana de comandos de Windows.
- Escriba el comando `diskpart` para acceder a las particiones del disco.
- Enumere los discos presentes con el comando `list disk` y anote el número de disco (probablemente 0 si solo tiene un disco).
- Convierta el disco a formato MBR usando el comando:
  `mbr2gpt /convert /disk:<x>` donde <X> es el número de su disco.
- Una vez que la conversión se haya realizado sin errores, retire la unidad USB, reinicie la máquina e introduzca la UEFI en la configuración (teclas [F1], [F2] u otras teclas según su modelo).
- Cambie el modo de arranque a UEFI.
- Reinicie la computadora. Windows 10 se debería iniciar sin problemas.
- Inserte la unidad USB de instalación de Windows 11 y vuelva a intentar la instalación. Si se cumplen los demás requisitos previos de hardware, la operación debería funcionar.

Observación

*El error "**Windows cannot be installed to this disk. The selected disk is of the GPT partition style**" se puede resolver de la misma manera.*

7.4 Mi lector de DVD no se reconoce

Se ha quedado atascado en "**Boot from DVD-Rom**" o en un pequeño guion parpadeante visible en la parte superior izquierda de la pantalla. Normalmente, el problema se produce en ordenadores que disponen de dos lectores. Por ejemplo, un lector de DVD-ROM y una grabadora.

En la mayoría de los casos, basta con insertar el disco de instalación en el otro lector y reiniciar.

Si esto no resuelve el problema, abra la carcasa y compruebe a continuación la conexión de los cables de alimentación y de conexión al controlador SATA en la placa base. Algunas veces el cable se mueve, lo que puede causar desconexiones.

7.5 Error STOP

Hay diferentes soluciones para probar:

- Compruebe los módulos de memoria.
- Durante la instalación, configure la UEFI con los argumentos ajustados a sus valores mínimos (valores predeterminados o detección automática, etc.).
- Desconecte todos los periféricos externos.
- Deshabilite todos los dispositivos integrados (tarjeta de red, sonido, USB, lector de tarjetas, etc.) en la UEFI.
- Retire todas las tarjetas que estén conectadas a los puertos PCIe de su máquina.
- Desconecte los lectores que no sean estrictamente esenciales (lector de tarjetas SD, grabadora, segundo disco, etc.).

Por regla general, los problemas durante la instalación se deben a un mal funcionamiento de los módulos de memoria. Configurar la UEFI con las opciones predeterminadas dará como resultado una latencia de RAM más prolongada. Esta operación permite aumentar la estabilidad del sistema y reduce el riesgo de error. Si esta solución no funciona, debe quitar una de las tarjetas de memoria, siempre durante la instalación. Este es un problema típico en Windows: durante el proceso de instalación, todos los datos necesarios para la instalación del sistema operativo se colocan en la memoria. De hecho, el más mínimo fallo en los módulos de memoria provoca problemas para copiar archivos. Esto es bastante paradójico, ya que todos los mensajes de error hacen pensar en un problema con el SSD o la unidad USB de instalación, aunque rara vez este sea el motivo.

También puede realizar un diagnóstico de memoria de Windows.

- Para ello, cuando inicie en un dispositivo multimedia de instalación de Windows, seleccione la opción **Reparar computadora** y será redirigido a las opciones de recuperación del sistema.
- A continuación, seleccione el enlace **Diagnóstico de memoria de Windows**.

7.6 Windows no puede encontrar ningún volumen del sistema que cumpla con los criterios de instalación

Lo que tienen en común las quejas de los internautas es que uno de los lectores está conectado a SATA. El problema es que Windows se debe instalar en una partición activa y parece que, a menudo, este sistema no puede detectar correctamente la partición correcta cuando hay más de un disco instalado en la máquina. Hay tres soluciones posibles: es suficiente con acceder a la UEFI de su ordenador y modificar la secuencia de arranque para que después del lector en el que se inserta el disco de instalación de Windows, sea su disco SSD el que se mencione. Opcionalmente, establezca la opción **Try Other Boot Device** o **Boot Other Device** con el valor **Enabled** o **YES**.

Aquí hay otra sugerencia: elimine cualquier unidad USB de la secuencia de arranque. Lo ideal es que tenga esto (o algo similar):

1st: SSD DRIVE, 2nd: SSD DRIVE

2nd: SSD DRIVE

Try Other Boot Device: YES

Finalmente, aquí hay una tercera pista: en la UEFI, deshabilite el resto de discos y defina su disco RAID como el primer periférico de arranque. Una vez completada la instalación, vuelva a habilitar normalmente los otros discos en la UEFI. Como puede ver, no existe una receta mágica, pero estas pocas indicaciones deberían ser suficientes para resolver el 100% de los problemas encontrados.

7.7 Error 0x80070057 Windows no pudo formatear la partición en el disco 0

Este error puede aparecer durante la instalación de Windows 11. Es imposible escribir en el disco porque no se detecta la partición. Este problema se puede deber a una unidad defectuosa. En tal caso:

- Compruebe las particiones en la línea de comandos con: `chkdsk /f` C: (si C: es la partición de destino).
- Pruebe una nueva instalación.

El problema también puede estar en la creación de particiones. Elimine todas las particiones del disco:

```
– diskpart
– sel disk 0
– clean
– exit
```

- Pruebe una nueva instalación.

El error de escritura en disco también se puede deber a una falta de compatibilidad de hardware entre el controlador SATA de la máquina y el controlador de disco, especialmente si se trata de un SSD. Para confirmar esta hipótesis mediante pruebas cruzadas:

- Instale la unidad en otra máquina, en lugar del disco de esa máquina.
- Inicie la instalación con el mismo medio (unidad USB, DVD).
- Si la instalación se realiza correctamente, continúe con las pruebas.
- Si tiene otra unidad de disco, instálela en la máquina que está causando el problema e inicie la instalación.

Si la instalación se realiza correctamente, habrá confirmado que la unidad y la máquina son incompatibles.

A continuación, puede actualizar el firmware del disco y la BIOS/UEFI de la máquina. Si no hay ninguna actualización, solo habrá una solución: instalar un nuevo disco.

7.8 Errores 0x80070017, 0x8007025D o 0x8007045D

Durante la instalación, aparece el siguiente mensaje: "Windows no puede instalar los archivos necesarios. Compruebe que todos los archivos necesarios para la instalación estén disponibles y reinicie la instalación. Código de error: 0x8007025D".

El problema suele provenir del soporte de instalación.

- Vuelva a crear la unidad USB y reinicie la instalación.
- Si el problema persiste, cambie la unidad USB.
- Si tiene el mismo problema, vuelva a descargar el archivo ISO de Windows 11.
- Finalmente, como último recurso, compruebe el estado del disco SSD.

7.9 Transferencia de un disco del sistema a otro equipo

La dificultad es que el SSD se configura en función de un parámetro particular (llamado "capa de abstracción de hardware" o HAL), que es distinto al del ordenador de destino. Por lo tanto, el principio es evitar errores bloqueantes mientras se mantiene la integridad de los datos que están presentes en el disco. Hay software de clonación disponible para este escenario. Sin embargo, si no desea adquirir uno, aquí tiene un procedimiento que funciona, pero que tendrá que adaptar a cada caso.

- Utilice una herramienta de copia de seguridad para hacer una copia completa de su configuración esencial.
- También puede realizar una copia de seguridad de la información de configuración de red.
- En el **administrador de dispositivos**, desinstale todos los controladores y componentes, excepto el teclado, el ratón, el controlador SATA, la tarjeta gráfica y los periféricos del sistema.

Hasta entonces, no debe reiniciar el sistema.

- Acceda a la UEFI del nuevo ordenador y luego desactive los dispositivos integrados (audio, Ethernet, SATA, FireWire, RAID), los dispositivos PCIe (Wi-Fi), los puertos USB (lector de tarjetas de memoria/Bluetooth), etc.

El objetivo es partir de un ordenador "virgen" y con una configuración de hardware lo más neutra posible.

- Saque el SSD de la máquina original y colóquelo en el nuevo ordenador.
- Arranque en modo seguro sin fallos.
- No continúe con la instalación de dispositivos que serán detectados.
- Si todo va bien, reinicie en modo normal.
- Vuelva a la UEFI para reactivar uno por uno los componentes que ha desactivado, empezando por los integrados en la placa base.

▶ Reinicie el sistema. A continuación, debe comenzar reinstalando el controlador del chipset de la placa base y luego la tarjeta de vídeo, y así sucesivamente. Proceda componente por componente para conocer de inmediato la causa de un posible problema de inicio.

Estas operaciones pueden parecer demasiado cautelosas, pero de esta manera puede estar seguro de que podrá transferir el disco del sistema con éxito.

Capítulo 3
Presentación y operaciones básicas

1. Novedades de Windows 11 22H2

Como todas las nuevas versiones del sistema operativo cliente insignia de Microsoft, Windows 11 viene con muchas novedades. Los ingenieros de Microsoft trabajaron conjuntamente en las siguientes tres áreas:

- Modernización de la interfaz de usuario para hacerla más ergonómica y coherente.
- Aumento de la productividad.
- Apertura de la comunicación.

Para averiguar qué versión y compilación (build) están instaladas en su ordenador, siga estos pasos:

▶ Pulse en las teclas [Windows]+[R].

▶ Introduzca el comando: `winver`.

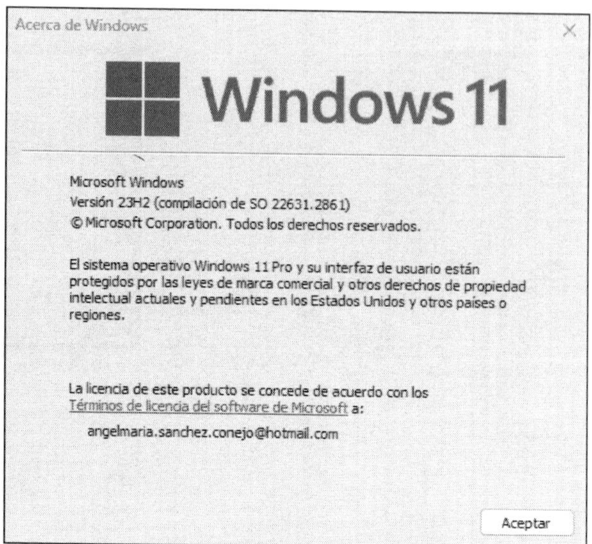

Estas son las principales novedades:

La apariencia del sistema se ha rediseñado por completo para continuar con la modernización emprendida con Windows 10. En términos generales, los efectos de transparencia se han vuelto omnipresentes, con efectos de sombra proyectados. Las ventanas se han suavizado adoptando esquinas redondeadas. Han aparecido nuevas animaciones; solo por nombrar algunas: iconos que se encogen al hacer clic en ellos.

El logotipo de Windows ha evolucionado de un cuadrado en perspectiva a un cuadrado frontal. Se han modernizado los iconos, algunos de los cuales se remontaban a los días de Windows XP.

La barra de tareas ha evolucionado: los iconos ahora se colocan en el centro, aunque es posible colocarlos a la izquierda. Su menú contextual se ha simplificado, ofreciendo solo acceso a la configuración de la barra de tareas y al administrador de tareas. También ha perdido su modularidad: ya no es posible colocarlo verticalmente o en la parte superior de la pantalla. El campo de búsqueda se ha reducido a un icono y Cortana ya no se muestra automáticamente. Los iconos de sistema (en el extremo derecho) también han evolucionado y se pueden visualizar en función de los deseos del usuario.

El menú **Inicio** ahora está centrado y flota sobre la barra de tareas. Este se divide en dos secciones:

- **Anclado**: aplicaciones ancladas (accesos directos)
- **Recomendaciones**: nuevas aplicaciones instaladas o archivos vistos recientemente.

El menú contextual permite acceder a su configuración y cambiar su diseño. Este nuevo menú ya no tiene los mosaicos de Windows 10, sino que permite anclar las aplicaciones más utilizadas para acceder a ellas muy rápidamente, crear carpetas para agrupar varias aplicaciones ancladas, etc.

El menú **Configuración rápida** se ha ampliado y se puede personalizar. El panel **Notificaciones** permite elegir qué notificaciones mostrar y establecer un período de concentración durante el que no se mostrarán, sino que se guardarán para más adelante.

El **Explorador de archivos** ha sufrido un cambio de imagen. La funcionalidad sigue siendo la misma, pero con un aspecto moderno y simplificado: a la cinta se le han añadido iconos en lugar de nombres de menú. Quizás la mayor novedad es la posibilidad de abrir nuevas pestañas para navegar a otras carpetas en una sola ventana. Todo esto consumiendo menos recursos de memoria. El menú contextual ha sufrido el mismo cambio de diseño: se ha simplificado dando acceso directo a las funcionalidades principales. Siempre se puede acceder a los de menor importancia abriendo un submenú. Además, OneDrive, el servicio en la nube de Microsoft, ahora está mejor integrado.

Una de las novedades más esperadas es, sin duda, la disposición automática de las ventanas según diseños predefinidos (*Snap Layout* y *Snap groups*). Esta funcionalidad ha existido durante algunos años en los *PowerToys*, pero ahora está oficialmente integrado en Windows 11. Esta disposición automática hace que sea muy fácil organizar las ventanas una junto a otra, siguiendo seis diseños propuestos por el sistema operativo, pasando el ratón por encima del icono de cambio de tamaño de la ventana o moviendo una ventana al borde superior de la pantalla. La guinda del pastel es que cuando se utilizan varias pantallas, esta disposición recuerda la pantalla en la que se mostraron las ventanas y las vuelve a colocar allí una vez que la pantalla se vuelve a visualizar.

Las **Noticias de intereses** han migrado a **Widgets** y ahora aparecen en un nuevo panel lateral, accesible directamente desde el lado izquierdo de la barra de tareas. Este panel es personalizable y permite añadir funcionalidades prácticas: calendario Outlook, etc. o acceder a la tienda de aplicaciones de Microsoft.

La aplicación **Configuración** se ha renovado y modernizado por completo. Los menús han sido reestructurados. Se han migrado nuevas funcionalidades del **Panel de control** a esta aplicación.

Microsoft Store ha experimentado un importante lavado de cara: la interfaz es más moderna y las categorías más visibles. Se han introducido dos nuevas secciones: **Juegos** y **Películas y TV**. Además, algunas aplicaciones están disponibles en otros formatos (PWA, Win32, UWP), lo que facilita disponer del trabajo de los desarrolladores. Pero la gran novedad llegó en febrero de 2022 con la posibilidad de instalar aplicaciones de Android desde Microsoft Store, pasando por la Appstore de Amazon. Esto significa que es posible ejecutar aplicaciones de Android de forma nativa, sin tener que recurrir a un emulador de terceros. Para ello, Microsoft utiliza la tecnología WSA (*Windows Subsystem for Android*) que, a su vez, utiliza la tecnología Intel Bridge. La instalación de distribuciones para el subsistema Linux ahora se puede realizar desde la tienda.

El **Terminal** sustituye al antiguo **Símbolo del sistema**. Es personalizable y permite utilizar varios entornos (shells): PowerShell, Azure, Ubuntu, Command Prompt, etc.

El modo **Tableta** ha desaparecido, pero se ha mejorado la compatibilidad con la escritura táctil. Al quitar o plegar el teclado, cambia automáticamente la vista de Windows: los iconos de la barra de tareas se separan ligeramente entre sí y las casillas de verificación aparecen en el explorador de archivos, lo que facilita la selección de aplicaciones o archivos con el dedo.

En cuanto al *gaming*, Windows 11 refuerza la convergencia de PC y consola. La aplicación **Xbox** se instala de forma predeterminada y proporciona acceso a xcloud (es necesaria una suscripción). Además, están presentes nuevas funcionalidades:

- autoHDR: siempre que tenga una pantalla y un juego compatibles, ayuda a que los colores sean más reales e intensos.
- DirectStorage: comunicación directa entre el SSD y la GPU, mejora el tiempo de carga.
- WDDM 3.0: permite elegir la tarjeta gráfica (si la máquina tiene más de una) en función del programa que se esté ejecutando.

En cuanto al rendimiento, Windows 11 está optimizado para arquitecturas de procesador que combinan núcleos de alto rendimiento y núcleos de bajo consumo. Las plataformas ARM también son compatibles.

La seguridad del dispositivo se ha mejorado con **SmartApp Control**, al igual que la seguridad del navegador **Edge**.

Funcionalidades o aplicaciones que han quedado obsoletas o se han eliminado:

- La popular aplicación **Skype** ha desaparecido, dando paso a **Teams Chat**, una versión reducida y personal de **Teams**.
- Internet Explorer, el navegador superviviente, se ha eliminado permanentemente de esta última versión de Windows. Sin embargo, todavía es posible usarlo a través del navegador Edge.
- La **cronología** (*Timeline*) ya no existe. Se ha agregado una función similar a Edge.
- Se ha eliminado el porfolio (*Wallet*).
- El modo quiosco ahora solo admite una aplicación.
- El modo S solo está disponible con la edición Windows 11 Home.
- Las aplicaciones **OneNote**, **Paint 3D** y **3D Viewer** ya no se instalan de forma predeterminada, pero aún se pueden descargar desde la tienda.

2. Primeros pasos

2.1 Menús

La interfaz de usuario ha sido completamente rediseñada en Windows 11: efectos dinámicos y modernos, uso simplificado, etc. Al iniciar una sesión, accederá al nuevo escritorio de Windows 11.

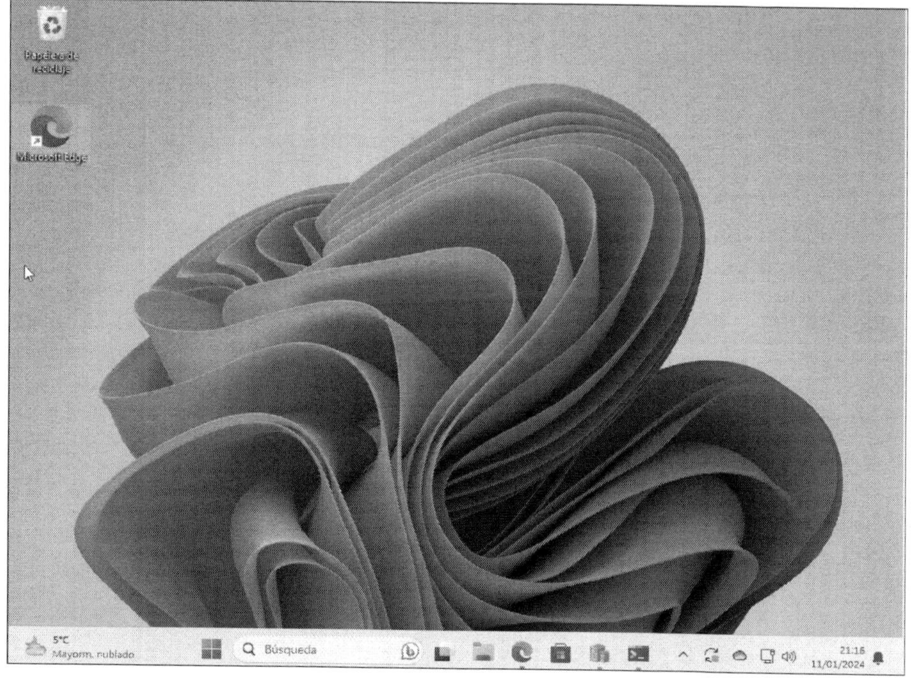

Consiste en un fondo, generalmente una imagen, sobre el que puede encontrar o agregar los íconos de las aplicaciones que utiliza (la Papelera de reciclaje, por ejemplo). La parte inferior del escritorio se llama **Barra de tareas**. Esta contiene, de izquierda a derecha:

- el acceso a widgets,
- el menú **Inicio** y accesos directos a ciertas aplicaciones,
- los iconos de estado, fecha y hora.

El menú **Inicio** proporciona acceso a las aplicaciones instaladas en el sistema, así como a la configuración del sistema. Es una especie de puerta de entrada. Está dividida en cuatro secciones:

- La parte superior contiene un motor de búsqueda. Permite acceder rápidamente a una aplicación o funcionalidad escribiendo las primeras letras de su nombre. Además, permite buscar en Internet.
- La parte que se encuentra justo debajo, llamada **Anclado**, enumera las aplicaciones a las que desea tener acceso rápido. Es personalizable. Al hacer clic en el botón **Todas las aplicaciones,** se muestran todas las aplicaciones instaladas, listadas en orden alfabético. Al hacer clic en una de las letras del alfabeto, la lista de aplicaciones se contrae automáticamente para presentar un alfabeto y permitir el acceso directo a las aplicaciones que comienzan con la letra o el símbolo que elija. Esta funcionalidad es útil cuando la lista de aplicaciones es muy larga.
- La sección que se encuentra justo debajo, llamada **Recomendaciones**, contiene una lista de los últimos archivos consultados o las aplicaciones instaladas recientemente. Al hacer clic en el botón **Más**, se muestra una lista más completa.
- Finalmente, la parte inferior menciona su nombre de usuario y permite cambiar la configuración de su cuenta o cerrar sesión. A la derecha, se encuentra el botón **Inicio/Apagado** y, eventualmente, el acceso a ciertas carpetas.

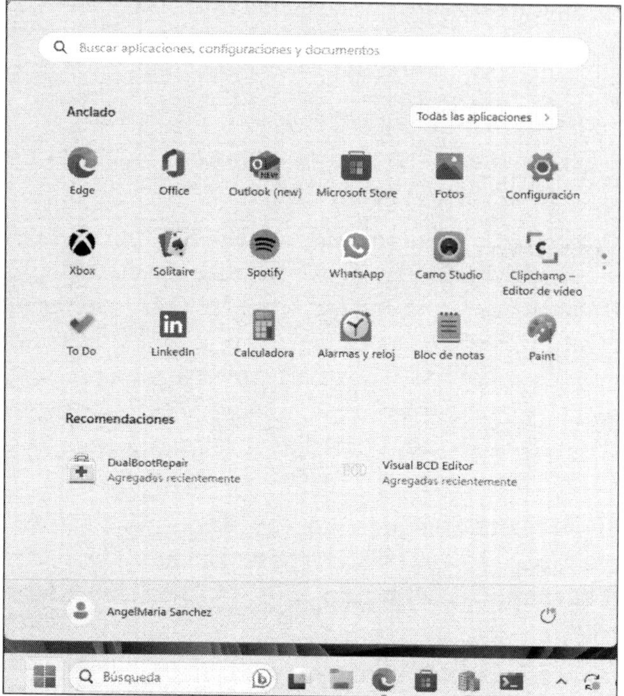

Al presionar la tecla [Windows] aparece el menú **Inicio** y la tecla [Esc] lo cierra. Los movimientos se realizan con [Tab] y las techas de flecha. Para abrir una aplicación, pulse [Intro]. Para cerrarla, pulse a la vez en las teclas [Alt]+[F4].

El menú **Configuración rápida** (iconos que aparecen en el lado derecho de la barra de tareas) permite ver rápidamente el estado de la red, el nivel del volumen y la carga de la batería. Al hacer clic en uno de estos iconos, aparecen otros ajustes: brillo, elección de red, activación de Wi-Fi, etc. También se puede acceder con el atajo de teclado [Windows]+[A].

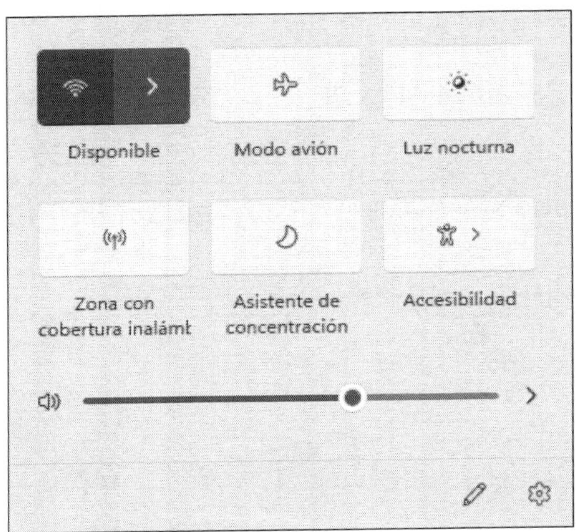

Por último, en el extremo derecho de la barra de tareas, al hacer clic en la hora, aparecerá el panel de notificaciones (correos electrónicos, mensajes, recordatorios, etc.). El atajo de teclado que permite acceder a él es [Windows]+[N].

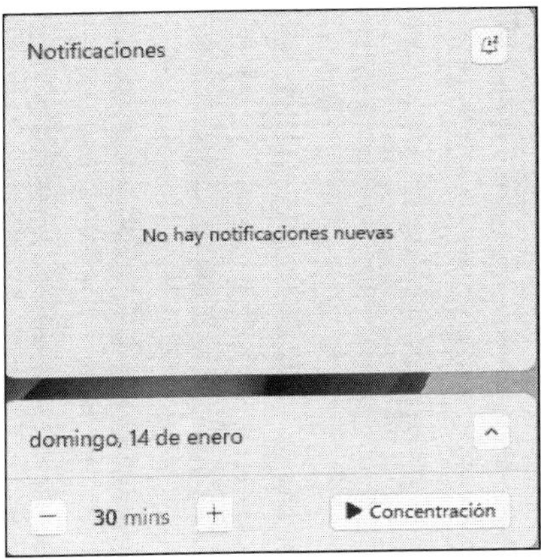

2.2 Escritorios virtuales y ventanas

Los escritorios virtuales permiten crear varios espacios de trabajo en un solo dispositivo. Esto hace que sea más fácil organizar las aplicaciones en función de su propósito, separar sus actividades profesionales de las personales, etc. Se puede acceder a los escritorios virtuales pulsando en el icono **Vista de tareas** de la barra de tareas, que aparece a la derecha de la zona de búsqueda. Esta función permite visualizar todas las aplicaciones activas, así como los diferentes escritorios virtuales a los que se puede acceder, al mismo tiempo que le permite crear otros nuevos. Por defecto, solo se crea un escritorio virtual. Puede encontrar configuraciones de escritorio adicionales en **Configuración - Sistema - Multitarea**.

- El atajo de teclado [Windows]+[Tab] permite mostrar escritorios y aplicaciones actuales en miniatura.
- Para navegar entre aplicaciones y escritorios, utilice [Tab].
- Para navegar entre aplicaciones o entre escritorios, utilice [Flecha izquierda] o [Flecha derecha]. Confirme la selección con [Intro].
- Si desea crear un nuevo escritorio virtual, pulse a la vez en las teclas [Windows]+[Ctrl]+[D].
- [Windows] [Ctrl]+[F4] cierra el escritorio virtual activo.
- Para minimizar todas las ventanas activas, utilice [Windows]+[D].
- Si solo desea navegar entre aplicaciones, use [Alt]+[Tab], mantenga pulsada [Alt] y use [Tab] para navegar.

Las ventanas de las aplicaciones cambian automáticamente de tamaño para ocupar la mitad de la pantalla cuando se acercan a los bordes laterales o para ocupar toda la pantalla cuando se acercan al borde superior de la pantalla. Además, la funcionalidad de diseño automático permite que varias aplicaciones se alineen automáticamente una al lado de la otra o una encima de la otra. Los diseños automáticos aparecen de dos maneras diferentes:

- Al pasar el cursor del ratón sobre el icono de cambio de tamaño o redimensionamiento de una ventana:

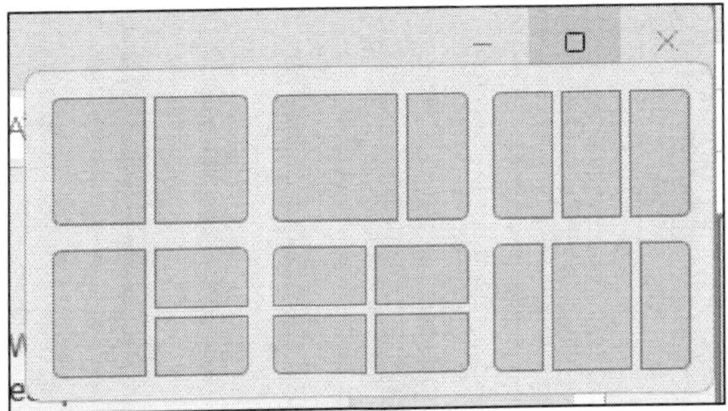

- Al mover una ventana al borde superior de la pantalla:

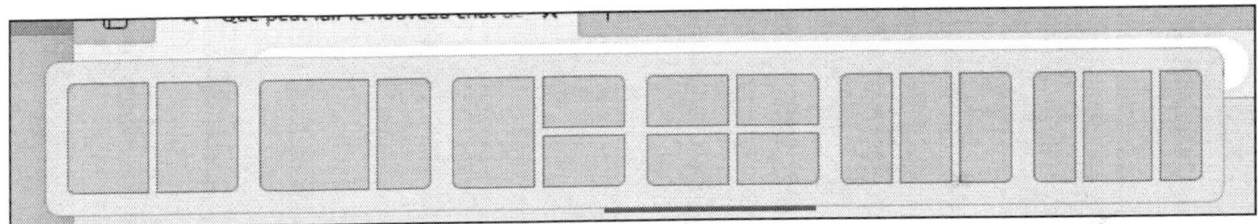

En ambos casos, se le ofrecerán seis diseños de forma predeterminada (cuatro diseños si la resolución de su pantalla es inferior a 1920 píxeles de ancho).

Seleccione el diseño y el área en la que desea colocar su ventana. Windows lo colocará en la ubicación deseada y ofrecerá automáticamente rellenar el resto de áreas con las demás aplicaciones que se estén ejecutando.

Los siguientes atajos de teclado permiten organizar las ventanas:

- [Windows]+[Z]: muestra el asistente Snap (diseños de ventana) y le permite seleccionar uno con un número y luego elegir la posición en la pantalla. Se pueden usar otros accesos directos de teclado para colocar ventanas, pero no se puede acceder a todas las disposiciones de esta manera.
- [Windows]+[Flecha arriba]: muestra la ventana en el área superior o en pantalla completa.
- [Windows]+[Flecha abajo]: cambia el tamaño o minimiza la ventana de la barra de tareas.
- [Windows]+[Flecha izquierda] o [Windows]+[Flecha derecha]: cambia el tamaño de la ventana actual a la mitad o a un cuarto de la pantalla (dependiendo de si ocupaba toda la pantalla o una mitad horizontal). Estos atajos de teclado permiten también mover la ventana a una segunda pantalla.
- [Windows] [Mayús]+[Flecha izquierda] o [Windows]+[Mayús]+[Flecha derecha]: mueve la ventana activa a la pantalla izquierda o derecha.

3. Explorador de archivos

3.1 Primeros pasos

Como su nombre indica, el explorador de archivos permite navegar por el árbol de archivos de su máquina, gestionarlos, modificar sus propiedades, etc. Se puede acceder a él desde el menú **Inicio**, haciendo clic en el botón **Explorador de archivos** o mediante el atajo de teclado [Windows]+[E].

Generalmente, se divide en tres áreas:

- Una cinta de opciones que contiene las pestañas y los distintos comandos.
- Un panel de navegación, situado a la izquierda, que le permite navegar por el árbol de archivos y los accesos directos.
- Una zona, situada en el centro a la derecha, que enumera los archivos y subcarpetas de la carpeta actual o información sobre el elemento seleccionado en la columna izquierda, como sus carpetas o dispositivos.

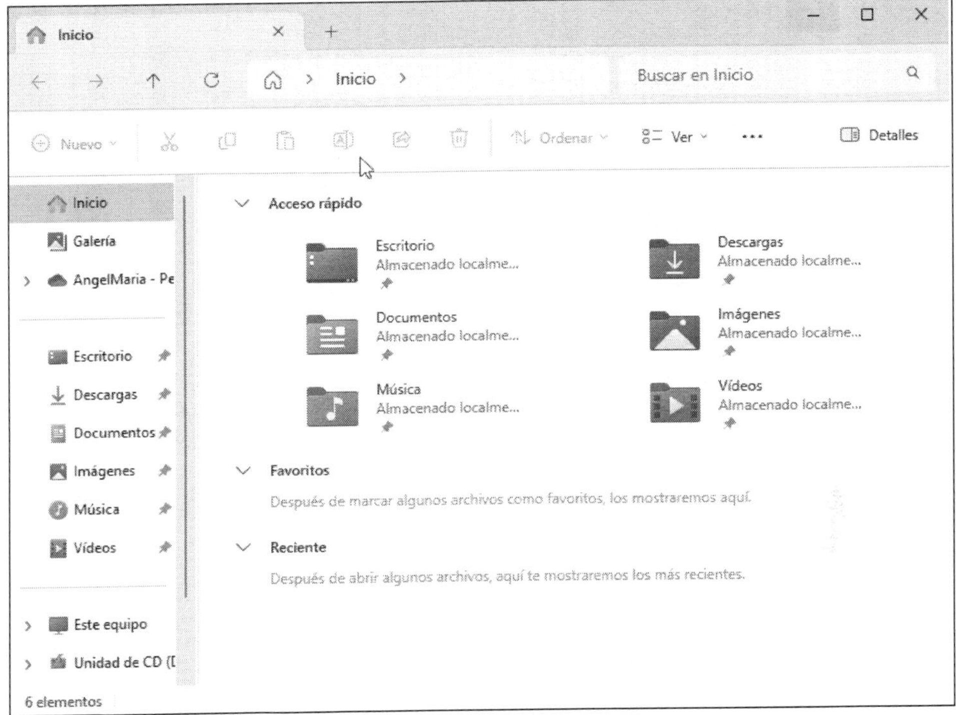

A través del menú **Ver - Mostrar**, es posible agregar una cuarta área, a la derecha, para ver el contenido de un archivo (**Panel de vista previa**) o sus detalles (**Panel de detalles**).

Generalmente, los archivos del sistema se encuentran en el **Disco local (C:)**. Dependiendo de la partición que elija, es posible que tenga una partición D:. Sus documentos son accesibles por defecto en la parte superior izquierda: **Escritorio**, **Documentos**, **Imágenes**, etc.

3.2 Configuración

Para facilitar el mantenimiento del equipo y el acceso a los archivos del sistema operativo, es recomendable habilitar:

– la visualización de extensiones de archivo,

– la visualización de carpetas y archivos ocultos.

Estos son los pasos que se deben seguir:

▶ Abra el **Explorador de archivos**.

▶ Haga clic en el comando **Vista - Ver**.

▶ Seleccione **Extensiones de nombre de archivo** y **Elementos ocultos**.

Esta operación no mostrará los archivos del sistema. Permanecerán ocultos. Para verlos, utilice el otro método.

También es posible habilitar estas opciones de la siguiente manera, que es compatible con todas las versiones de Windows:

▶ Abra el **Explorador de archivos**.

▶Haga clic en el comando **Ver más** (...) y, a continuación, haga clic en el botón **Opciones**.

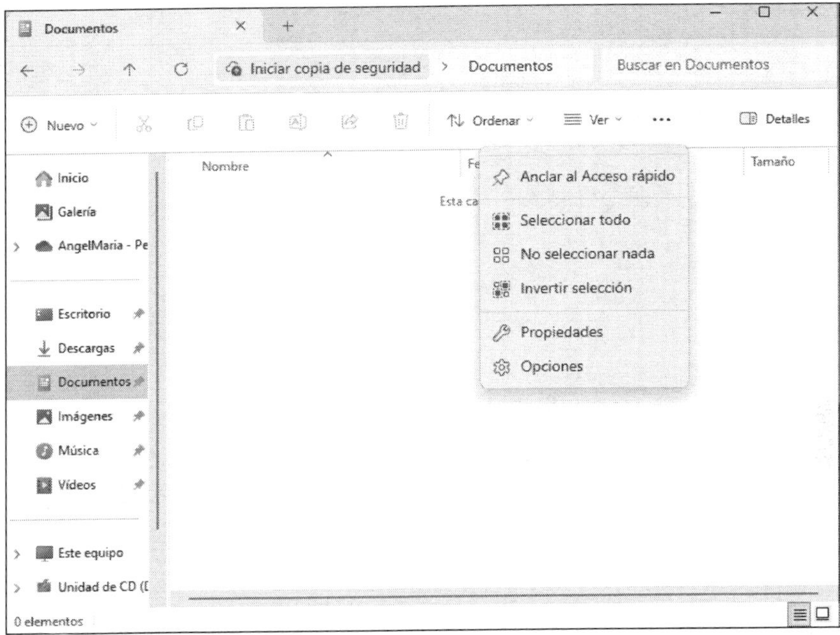

▶En la ventana que aparece, haga clic en la pestaña **Ver**.

▶Si lo desea, haga doble clic en la rama **Archivos y carpetas ocultos**.

▶ Marque el botón de opción **Mostrar archivos, carpetas y unidades ocultos**.

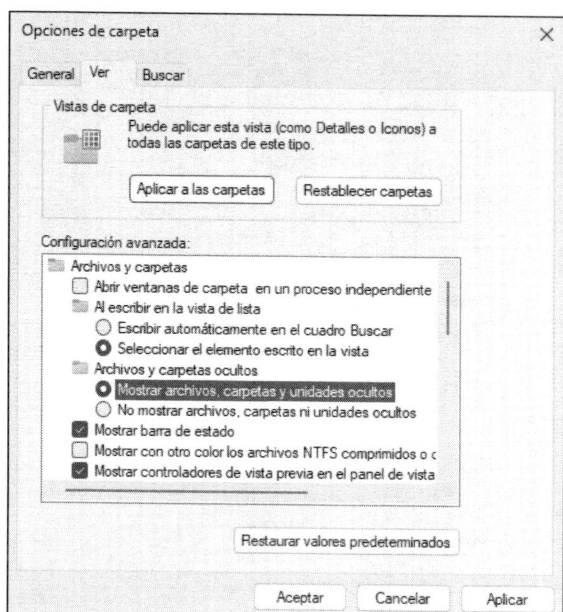

Un poco más abajo, desmarque la casilla junto a **Ocultar las extensiones de archivos para tipos de archivo de tipo desconocido.**

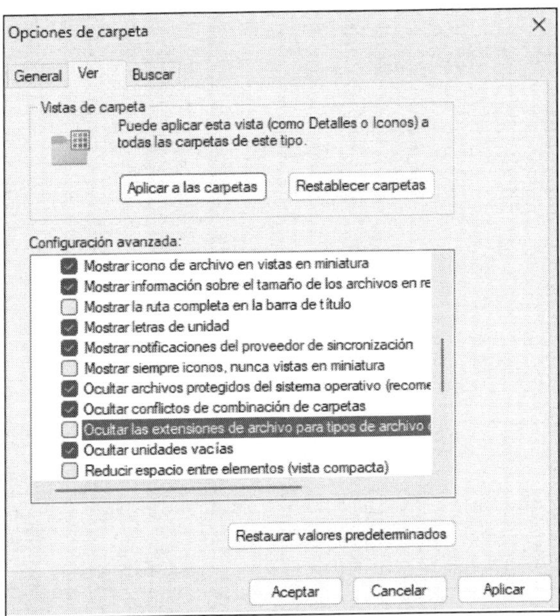

- A continuación, desmarque la casilla situada junto a **Ocultar archivos protegidos del sistema operativo (recomendado)**.
- Acepte el mensaje de advertencia.
- Haga clic en **Aplicar** y, a continuación, en **Aceptar**.

3.2.1 Cambiar la extensión de un archivo

A veces, es necesario poder cambiar la extensión de un archivo. Esta operación permite guardar un archivo (añadir la extensión .bak, .sav etc), forzar su apertura con otra aplicación predeterminada o prohibir su apertura o ejecución (sustituir .exe por .bak).

Hay dos formas de modificar o añadir una extensión a un archivo:

Al registrarse:

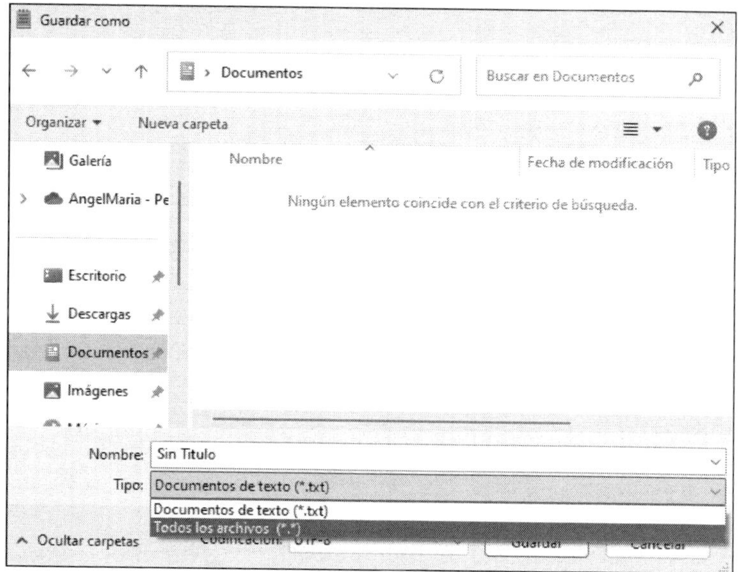

- Seleccione la opción **Todos los archivos** en la lista desplegable **Tipo**.
- Agregue una extensión al nombre del archivo.

Desde el Explorador de archivos:

- Seleccione el archivo.
- Haga clic con el botón derecho del ratón y, a continuación, haga clic en **Cambiar nombre** (icono con un cursor y la letra A) o pulse en la tecla [F2].
- Edite o añada una extensión y, a continuación, pulse en [Intro].

3.3 Buscar archivos

Windows 11 incluye funciones de indexación y búsqueda de archivos como sus predecesores. La indexación hace que la búsqueda sea más rápida y precisa. Almacena los nombres de los archivos y, a veces, su contenido (archivos de texto, archivos multimedia, etc.) en una base de datos.

El servicio **Windows Search** controla esta función. Este servicio funciona con los siguientes procesos: **SearchIndexer.exe**, **SearchFilterHost.exe** y **SearchProtocolHost.exe**. Cuando se produce un aumento en la actividad de estos procesos, esto puede deberse a una reconstrucción de la indexación.

Es posible modificar las carpetas indexadas yendo a **Configuración - Privacidad y seguridad – Búsqueda en Windows**, luego a la sección **Buscar mis archivos**, en **Clásico**, haciendo clic en **Personalizar las ubicaciones de búsqueda** o en la opción **Mejorado**. Las carpetas del sistema se excluyen de forma predeterminada para simplificar la indexación.

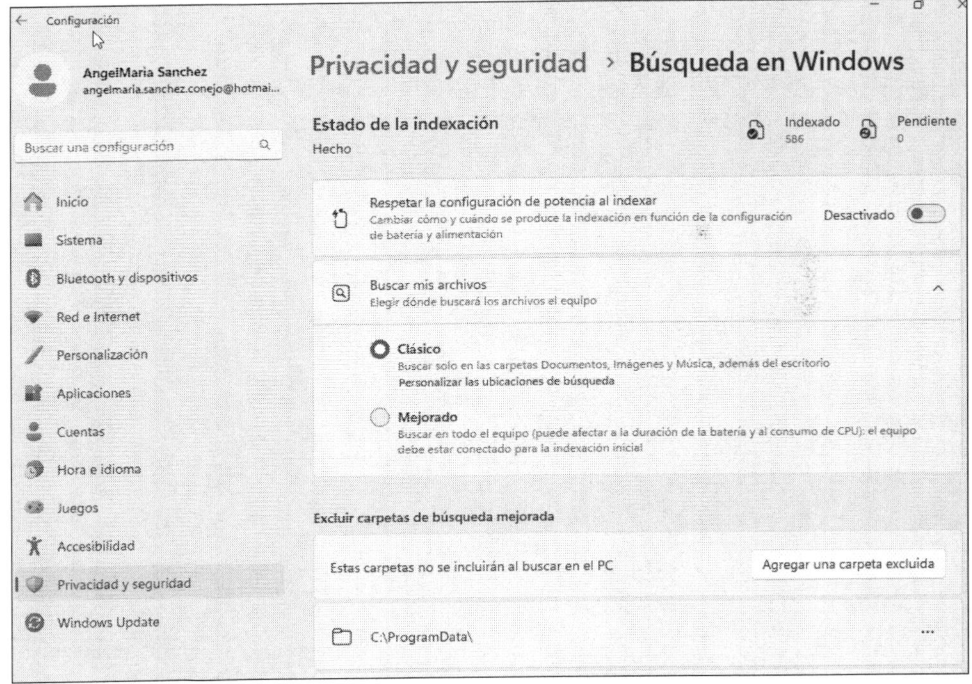

Se pueden establecer configuraciones adicionales utilizando las **Opciones avanzadas de indexación**, disponibles un poco más abajo en la misma ventana, en la sección **Configuración relacionada** o escribiendo esta expresión en la barra de búsqueda y seleccionando **Opciones de indexación**.

Podrá ver la lista de ubicaciones indexadas por defecto, utilizando el botón **Editar** o comprobar los tipos de archivos indexados haciendo clic en el botón **Avanzado**.

En caso de lentitud, es posible deshabilitar esta función deteniendo el servicio **WindowsSearch**.

El Explorador de archivos proporciona una interfaz de búsqueda. Simplemente haga clic en la cinta en la barra de búsqueda a la derecha.

- Introduzca el nombre o parte del nombre que está buscando y pulse en [Intro].

El resultado aparecerá en el área central. Tenga en cuenta que, una vez iniciada la búsqueda, aparece un botón de **Opciones de búsqueda** que permite especificar ciertos parámetros como la fecha de modificación, el tipo de archivos buscados, el contenido, etc. Y también permite editar archivos indexados.

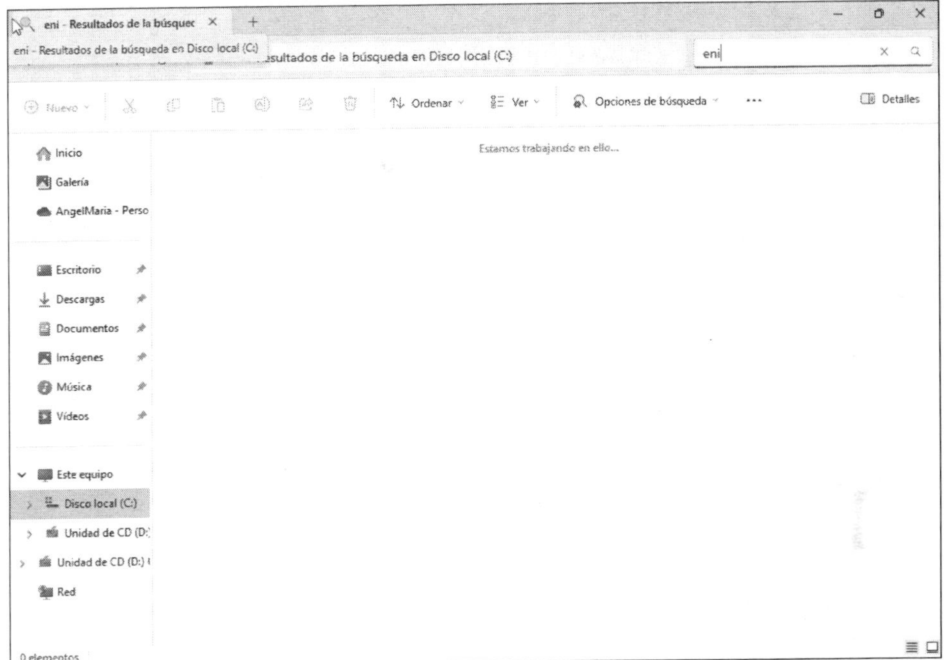

Como se mencionó anteriormente, el menú **Inicio** y la **Barra de tareas** también ofrecen un sistema de búsqueda. Basta con introducir los primeros caracteres del elemento que se esté buscando y este aparecerá en los resultados encontrados.

La nueva interfaz ofrece varios botones en la parte superior de este menú, lo que permite filtrar los resultados según ciertos criterios: **Chat**, **Todos**, **Aplicaciones**, **Documentos**, **Web**, etc.

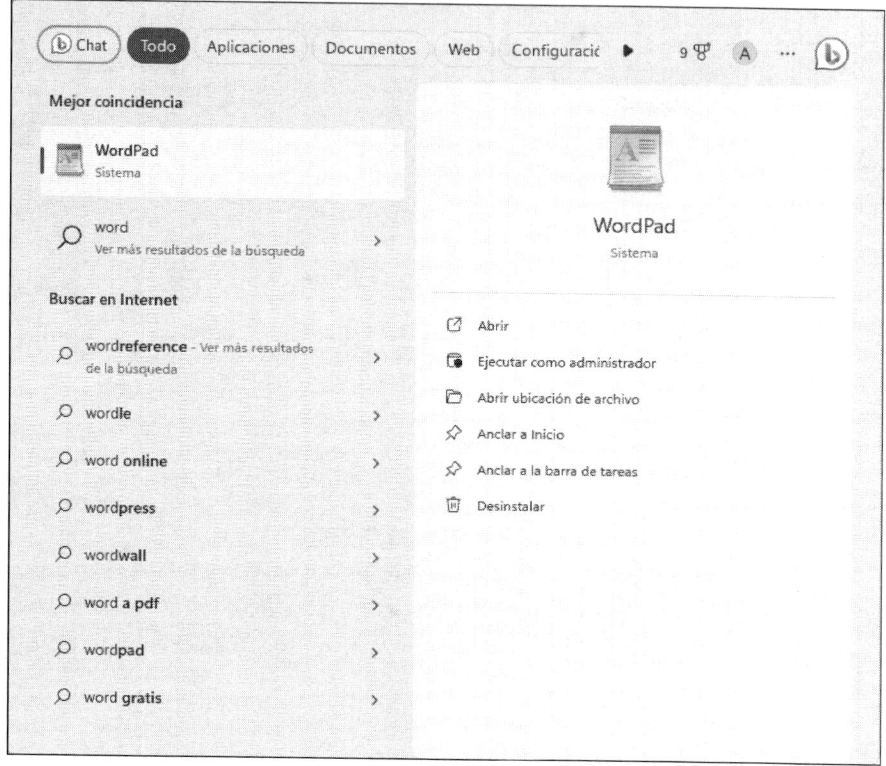

El botón **Chat** inicia el módulo de inteligencia artificial del motor de búsqueda Bing (Microsoft) y permite "chatear" con él para especificar su solicitud, aprobar o pedir más precisión, por ejemplo.

4. Navegador Edge

Edge es el navegador insignia de Microsoft. Lleva presente en Windows desde la versión 10, como sustituto de Internet Explorer. Está disponible en todas las plataformas, PC o móvil y, por lo tanto, garantiza la misma experiencia de usuario, independientemente del dispositivo utilizado.

Edge ha sido desarrollado para ser totalmente compatible con las funcionalidades de los lenguajes web HTML 5 y CSS 3 (verificado el 100% de HTML5 Accessibility). Este navegador utiliza el mismo motor de renderizado que Chrome, Chromium. Es capaz incluso de manejar de forma nativa algunos contenidos 3D. El objetivo de este nuevo navegador es claramente el rendimiento y la facilidad de uso, para competir con Chrome y Firefox.

Una de las principales ventajas de Edge es que funciona en modo aislado, es decir, como una aplicación completa de Windows. Como resultado, ha mejorado la seguridad contra el phishing y las páginas web sospechosas. Esto limita los componentes del kernel expuestos al navegador, lo que dificulta los ataques. Incluso el proceso de flash ha sido aislado y prohibido para aumentar la estabilidad del navegador. Por supuesto, es posible activarlo si es necesario.

4.1 Funcionalidades principales

La interfaz gráfica es ordenada y bastante fácil de usar. Como en la mayoría de los navegadores, tiene una administración de múltiples pestañas para la visualización de páginas web, lo que permite desactivar el sonido de manera independiente para cada una de ellas. También está disponible un modo oscuro. La barra lateral ofrece opciones prácticas: búsqueda, herramientas (calculadora, convertidor, traductor, etc.), acceso a Microsoft 365, edición de imágenes, etc.

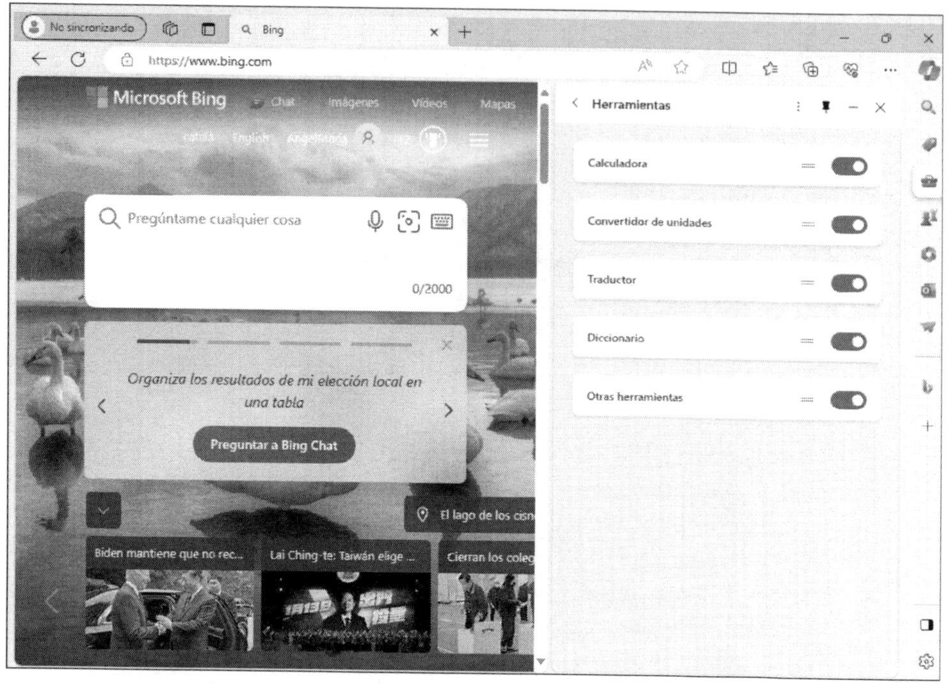

Edge ofrece asimismo una vista previa de pestañas cuando pasa el cursor sobre uno de ellos, lectura de archivos PDF y captura y anotación de páginas web.

También, ofrece un modo **Lectura inmersiva**, que favorece la comodidad visual, al eliminar toda la información que no es relevante para la lectura (anuncios, vídeos, etc.). Es accesible en algunas páginas, simbolizado por un pequeño libro a la derecha de la barra de direcciones. También permite leer en voz alta y acepta diferentes configuraciones de fuente y voz.

Visualización en modo normal:

Visualización en modo Lector inmersivo:

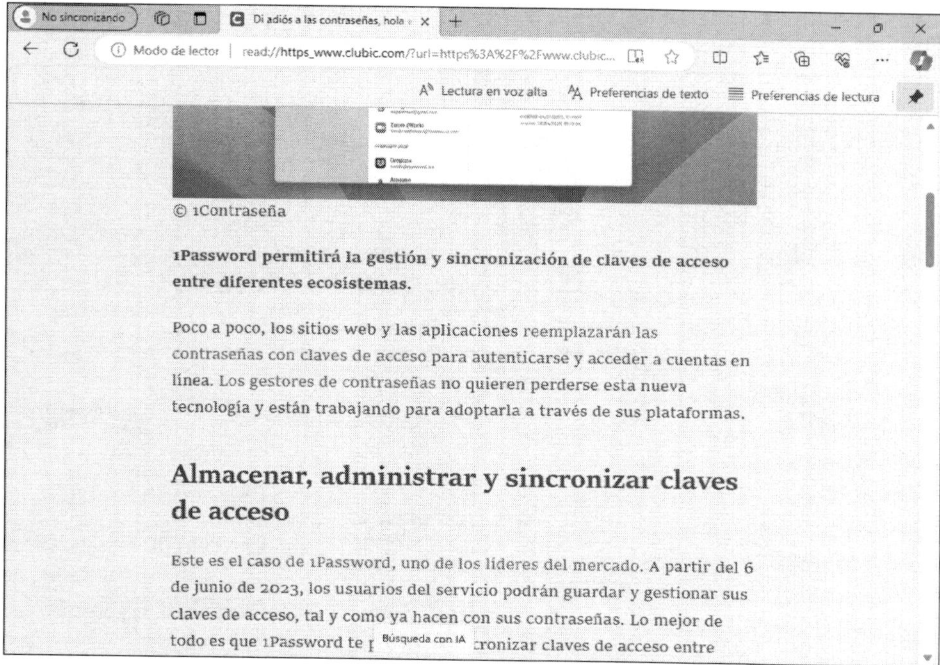

Una de las últimas funcionalidades destacadas de este navegador es la capacidad de editar imágenes directamente desde el navegador:

- Abra una página web con imágenes.
- Haga clic con el botón derecho del ratón en una imagen y seleccione el menú **Editar imagen**.

Se abrirá una ventana en la que podrá anotar, distorsionar, editar y guardar la nueva imagen.

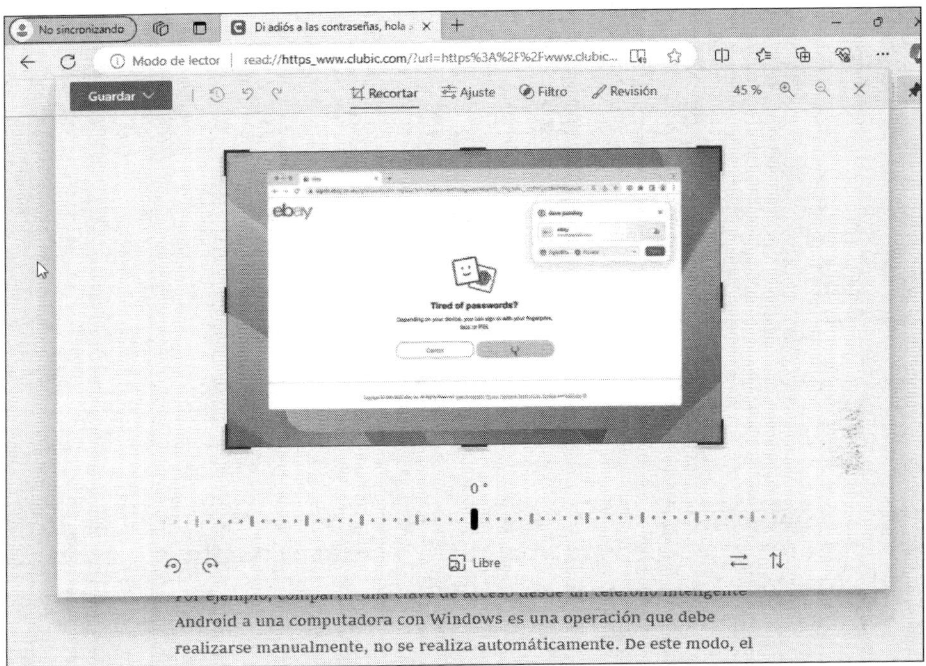

Ha desaparecido la funcionalidad que permitía tomar notas directamente en una página web y guardarlas o compartirlas con otros usuarios, desde que se cambió al motor de renderizado Chromium.

Edge también ofrece una serie de funcionalidades, a las que se puede acceder haciendo clic con el botón derecho en la página:

- **Crear código QR**: el código generado facilita compartir una página con un teléfono móvil.
- **Lectura en voz alta**: un sintetizador de voz para leer información de una página web y renderizarla en forma de audio. Facilita la navegación de las personas con discapacidad visual.
- **Traducir a español**: como su nombre indica, permite traducir una página web.

- **Compartir**: transfiere la página o el enlace a sus contactos de Outlook o WhatsApp, etc.
- **Selección Web**: permite seleccionar elementos de una página.
- **Captura web**: captura una imagen de la página y la edita.

Se puede acceder a otras funcionalidades desde el menú **Configuración** (icono de 3 puntos) – **Más Herramientas**.

Edge ofrece algunas opciones ocultas para ajustar de manera experimental su navegador. Para verlo, escriba `about:flags` en la barra de navegación.

Para la compatibilidad con páginas web muy antiguas, puede ser necesario habilitar el modo Internet Explorer. Siga estos pasos si es necesario:

▶ Vaya a **Configuración**.

▶ En el campo de búsqueda, escriba `internet explorer` e inicie la búsqueda.

▶ Entre los resultados, primero vaya a la sección **Compatibilidad de Internet Explorer** y habilite **Permitir que los sitios se vuelvan a cargar en modo Internet Explorer (compatibilidad IE)** seleccionando el valor Permitido en la lista desplegable.

▶ Reinicie el navegador.

▶ Vuelva a **Configuración**, busque de nuevo la expresión en Internet Explorer y, en la sección **Personalizar la barra de herramientas**, habilite el **Botón Modo Internet Explorer (compatibilidad IE)**. Aparecerá a la derecha de la barra de direcciones.

5. Configuración y personalización

5.1 Menú Inicio

Puede personalizar el menú **Inicio** siguiendo estos pasos:

- Desde el menú **Inicio**, haga clic con el botón derecho del ratón en un área vacía del menú y, a continuación, haga clic en **Configuración del menú Inicio**.
- La aplicación **Configuración** se abrirá y lo posicionará en **Personalización - Inicio**.

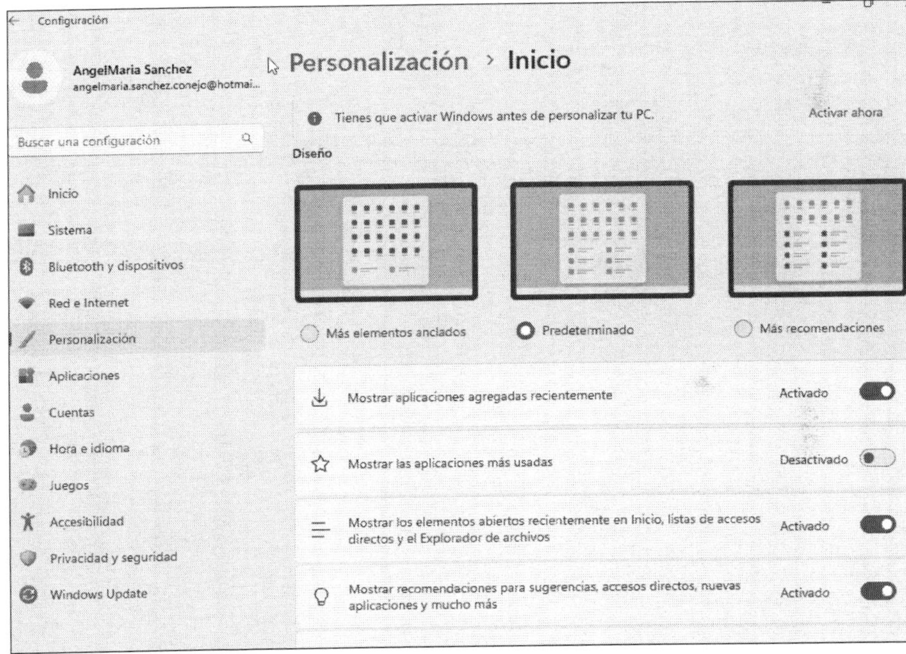

Tendrá acceso a los distintos diseños predefinidos y podrá elegir la información que desee ver.

Tenga en cuenta la posibilidad de abrir carpetas adicionales junto al botón de **Inicio**: **Configuración**, **Documentos**, **Vídeos**, etc.

El atajo de teclado [Windows]+[X] abre el menú contextual del menú **Inicio** y rápidamente abre algunas consolas muy útiles: **Administrador de tareas**, **Administrador de dispositivos**, **Administración de equipos**, **Administración de discos**, **Visor de eventos**, **Sistema**, **Windows PowerShell**, etc.

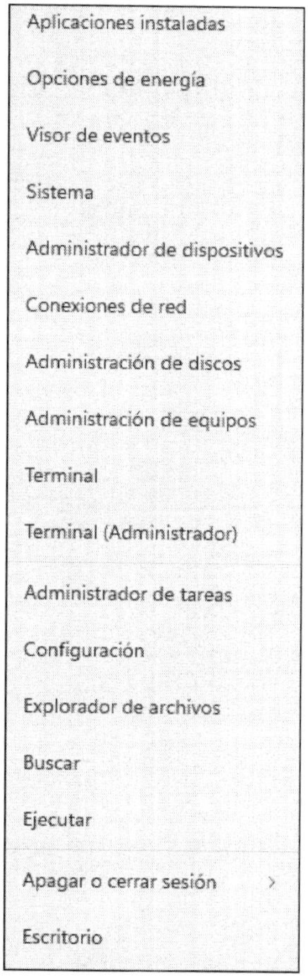

Aplicaciones instaladas
Opciones de energía
Visor de eventos
Sistema
Administrador de dispositivos
Conexiones de red
Administración de discos
Administración de equipos
Terminal
Terminal (Administrador)
Administrador de tareas
Configuración
Explorador de archivos
Buscar
Ejecutar
Apagar o cerrar sesión >
Escritorio

5.2 Barra de tareas

La barra de tareas también se puede personalizar. Puede mostrar u ocultar ciertos iconos y funcionalidades (widgets, barra de búsqueda, etc.), modificar el comportamiento de la barra, administrar su visualización en varias pantallas, etc.

▶ Haga clic con el botón derecho en la barra de tareas y después en el menú **Configuración de la barra de tareas**.

Se abrirá la aplicación **Configuración** y se mostrará el contenido del menú **Personalización - Barra de tareas**.

La **Configuración rápida** (los iconos que aparecen en el lado derecho de la barra de tareas) se puede personalizar. Al hacer clic en el icono **Editar configuración rápida** (icono de lápiz), puede agregar (anclar) o eliminar acciones rápidas.

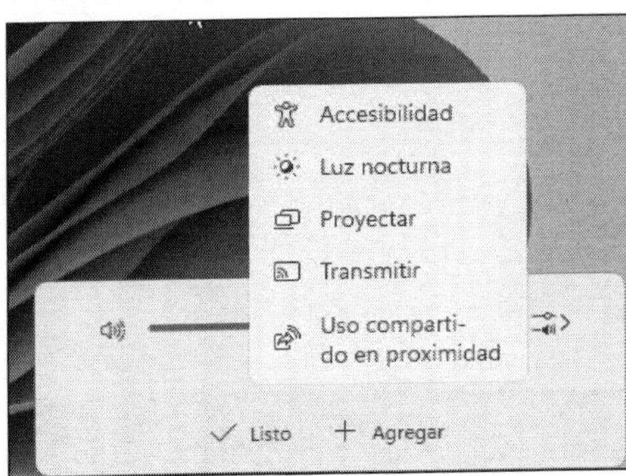

5.3 Configuración

En el menú **Inicio**, al hacer clic en el icono **Configuración** (icono representado por un engranaje), se abre la aplicación **Configuración** y permite personalizar aún más la configuración. El atajo de teclado [Windows]+[I] también se puede utilizar para acceder a esta opción. Esta aplicación continúa ampliándose en comparación con versiones anteriores. El contenido del **Panel de control** se va incorporando poco a poco en él.

La interfaz en sí es totalmente personalizable: modo claro/oscuro, colores, fondo de pantalla, etc. Si desea modificarla, siga estos pasos:

- Haga clic con el botón derecho del ratón en un área vacía del fondo de pantalla. El menú contextual que aparece permite ordenar, mostrar y alinear iconos.
- Haga clic en el menú **Personalizar**. La aplicación **Configuración** se abrirá y lo posicionará en la sección **Personalización**.

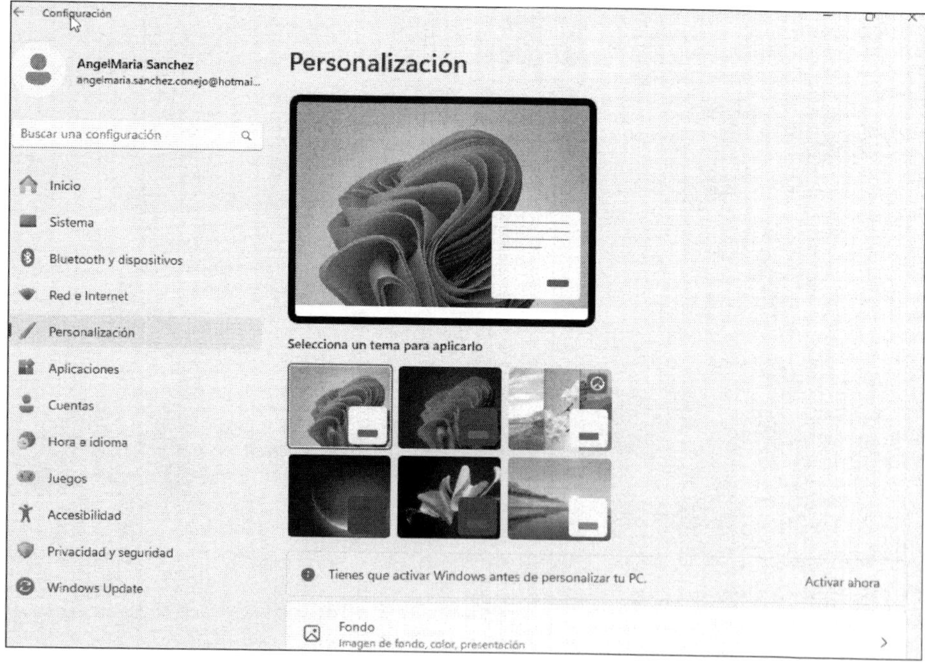

En primer lugar, es posible seleccionar uno de los seis temas que ofrece Windows (imágenes en la parte superior derecha). Al seleccionar un tema, se cambiará el fondo, los colores, los sonidos del sistema, etc.

- **Fondo**: a continuación, puede personalizar el fondo con la imagen que desee, un color o dejar que Windows elija por usted (**Ventanas destacadas**).
- **Colores**: elija el modo (claro u oscuro), los efectos de transparencia y los colores de acentuación.
- **Temas**: acceda a más temas a través de Microsoft Store.
- Hay muchas más configuraciones personalizables: **Pantalla de bloqueo**, **Entrada de texto**, **Fuentes**, etc.

Además de personalizar la interfaz, la aplicación Configuración permite configurar el comportamiento del sistema.

- El menú **Sistema** permite cambiar la configuración del sistema, como **Pantalla** (visualización múltiple, brillo, resolución, etc.), **Sonido** (dispositivos de salida de audio, volumen, etc.), **Notificaciones**, **Energía y batería** (en espera, administración de energía), **Almacenamiento** (espacio en disco, archivos temporales), **Multitarea** (anclado de ventanas), **Activación**, **Recuperación del sistema** (reinicio, arranque avanzado), **Información del sistema** (especificaciones del dispositivo).
- El menú **Bluetooth y dispositivos** permite administrar la conexión de su teléfono, impresoras, dispositivos Bluetooth, cámaras, ratón, gestos del panel táctil y otros periféricos.
- El menú **Red e Internet** permite conectarse y supervisar el estado de la red, configurar adaptadores de red, un proxy, supervisar su uso de datos, agregar una VPN, etc.
- El menú **Personalización**, que hemos visto anteriormente, permite modificar los **Temas**, **Colores de la pantalla de bloqueo**, del menú **Inicio** y la **Barra de tareas**.
- El menú **Aplicaciones** permite administrar **Aplicaciones** y **Aplicaciones predeterminadas**, instalar **Características opcionales**, establecer qué aplicaciones se lanzan al inicio, etc.

- El menú **Cuentas** permite gestionar las diferentes cuentas locales y de Microsoft, así como las **Opciones de inicio de sesión**, la sincronización entre diferentes máquinas, los datos guardados, la **Privacidad de la Cuenta**, las **Opciones de Pago**, etc.
- El menú **Hora e idioma**, como su nombre indica, permite establecer la fecha y la hora, así como la zona horaria y las opciones regionales y las **Voces**. Se utiliza un botón para sincronizar el reloj con un servidor de hora NTP.
- El menú **Juegos** permite configurar la **Xbox Game bar**, las **Capturas**, el **Modo de juego**, etc.
- El menú **Accesibilidad** permite configurar ajustes visuales o auditivos específicos para el tamaño del texto, el cursor, el contraste de los temas, los subtítulos, los efectos visuales, etc.
- El menú **Privacidad y Seguridad** permite ajustar los permisos de dispositivos como la cámara, el micrófono, revocar permisos, administrar la **Seguridad de Windows**, etc.
- Por último, el menú de **Windows Update** permite administrar cómo actualizar su ordenador, registrarse en el **Programa Windows Insider**, etc.

A pesar de que la configuración se ha ampliado desde que apareció por primera vez en Windows 10, el panel de control clásico aún es necesario para acceder a ciertas configuraciones de su ordenador. Se puede acceder desde el menú **Inicio** o **Configuración**, escribiendo `panel de control` en el campo de búsqueda.

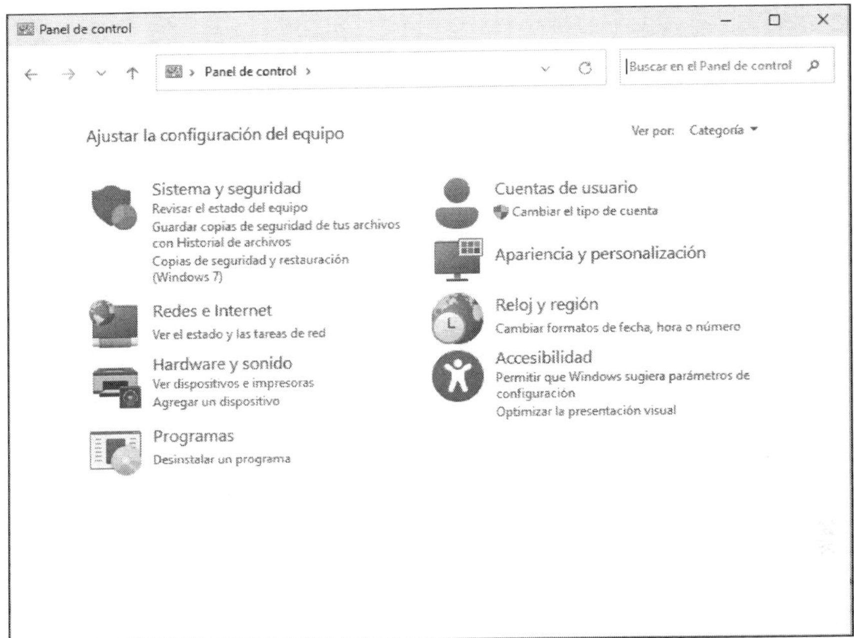

6. Aplicaciones

Windows 11 viene con aplicaciones instaladas de forma predeterminada que permiten usar su ordenador en tareas más comunes:

- Un **Explorador de archivos** para organizar los datos.
- Un navegador web, **Edge**, para usar Internet.
- Un servicio de mensajería reducido, **Mail**, para conectarse a sus cuentas de correo electrónico.
- Un servicio de mensajería instantánea, **Chat (Teams Chat)**, para chatear en directo con amigos y compañeros.
- Un lector de PDF, **Edge**.
- Un **reproductor multimedia** para reproducir sus películas y música.
- Un visor de fotos, **Fotos**, etc.

6.1 Instalación

Lo más probable es que quiera instalar otras aplicaciones para maximizar su productividad o para necesidades específicas: una suite ofimática, un software de edición de vídeo profesional, una aplicación profesional, etc.

La instalación se puede realizar de varias maneras, dependiendo de la fuente del archivo:

- Por medio de un archivo ejecutable o un archivo recuperado del sitio web del editor del software. El sistema utilizará un archivo en formato Win32, un ejecutable para aplicaciones de escritorio (.exe o .msi). El software se podrá instalar y estar disponible para todos los usuarios de la máquina.
- Utilizando **Microsoft Store**. El archivo estará en formato UWP (*Universal Windows Platform*), que es compatible con todos los dispositivos que ejecutan Windows 10 y 11. El software solo estará disponible y visible para el usuario que lo instaló.

Las aplicaciones UWP están diseñadas para ser seguras y fáciles de actualizar. Microsoft las verifica para garantizar su seguridad y calidad.

Por ejemplo, si desea instalar un software que mide la velocidad de la conexión a Internet, le recomendamos Speedtest del editor Ookla.

▶ Abra **Microsoft Store** y, en el campo de búsqueda, introduzca el nombre de la aplicación, speedtest.

▶ En la lista de resultados, seleccione **Speedtest by Ookla** y haga clic en el botón **Obtener**. La aplicación se descargará e instalará.

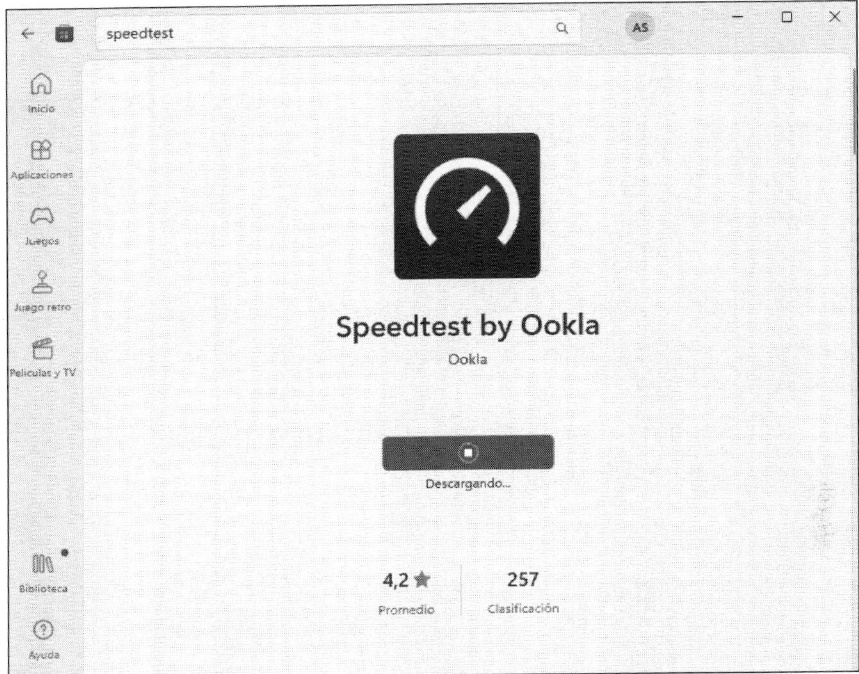

El otro método es descargar el archivo ejecutable desde el sitio web del editor:

- Abra la siguiente página web: https://www.speedtest.net/apps/windows
- Descargue el archivo **speedtestbyookla_x64.msi**.
- Vaya a la carpeta que contiene las descargas y haga doble clic en el archivo para ejecutarlo.
- Complete los pasos predefinidos hasta que se complete la instalación. La aplicación está instalada.

6.2 Administrar y desinstalar

Para administrar las aplicaciones instaladas, abra **Configuración - Aplicaciones - Aplicaciones instaladas**. La lista está completa, pero no menciona las aplicaciones instaladas desde Microsoft Store por otro usuario.

Al hacer clic en el icono de tres puntos que aparece al final de la línea de aplicación, es posible:

- reparar o restablecer la aplicación (menú **Opciones avanzadas**),
- mover la aplicación a otra partición si hay un problema de espacio en disco (menú **Mover**),
- eliminar la aplicación del ordenador (menú **Desinstalar**).

Mover una aplicación solo es posible si se instaló desde Microsoft Store.

7. Interacción con el ordenador

7.1 Gestos táctiles

Windows 11, al igual que su predecesor, es un sistema operativo híbrido, adecuado tanto para ordenadores basados en teclado como para tabletas táctiles. Por lo tanto, además del ratón y el teclado, es posible interactuar con el ordenador mediante gestos táctiles. Solo hay un requisito previo: la máquina debe tener una gestión multipunto. Este parámetro se puede comprobar de la siguiente manera:

▶ Abra **Configuración - Sistema – Información**.

▶ En la sección **Especificaciones del dispositivo**, fíjese en la línea **Lápiz y entrada táctil**.

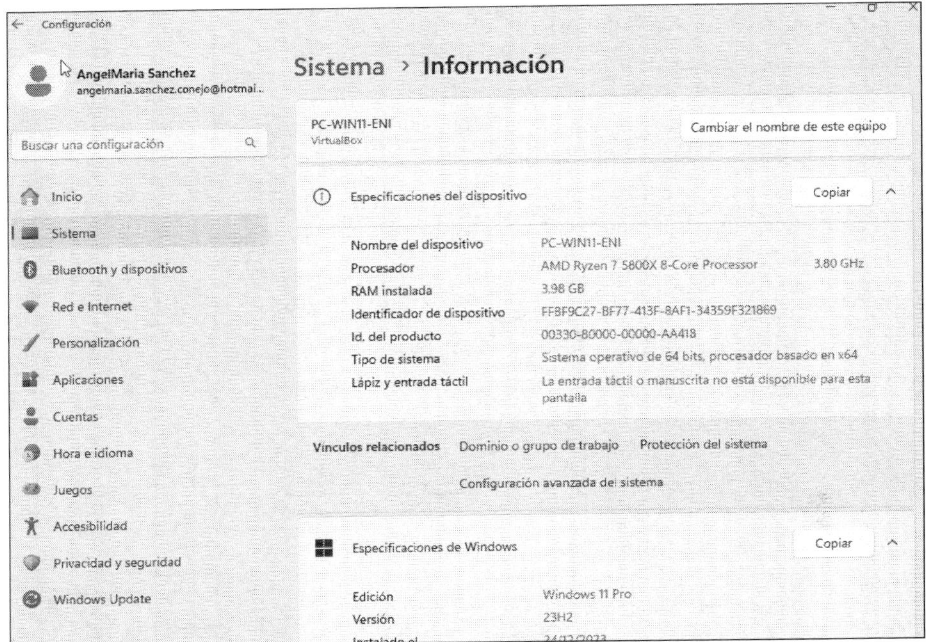

Se puede acceder a los gestos táctiles desde el panel táctil (touchpad) y, si está disponible, desde la pantalla táctil de la máquina. A continuación, le explicamos cómo descubrirlos y editarlos:

- Abra **Configuración - Bluetooth y dispositivos - Panel táctil**.
- En la sección **Desplazamiento y zoom**, puede ver y redefinir los gestos reconocidos por Windows 11.

Aquí hay una lista no exhaustiva:

	Pantalla	**Panel táctil**
Seleccionar un elemento	Tocar la pantalla	Tocar dos veces y arrastrar
Desplazarse	Colocar dos dedos en la pantalla o en el panel táctil y deslizar el dedo horizontal o verticalmente	
Acercar o alejar	Colocar dos dedos y pellizcar o extender	
Menú contextual (equivalente a hacer clic con el botón derecho del ratón)	Mantener presionado el elemento	Tocar con dos dedos el elemento
Visualizar todas las ventanas abiertas	Deslizar con tres dedos hacia arriba	
Pantalla de escritorio	Deslizar con tres dedos hacia abajo	
Cambiar entre dos aplicaciones abiertas	Deslizar con tres dedos hacia la izquierda o hacia la derecha	
Cambiar de escritorio	Deslizar con cuatro dedos hacia la izquierda o hacia la derecha	
Abrir el centro de notificaciones	Deslizar con un dedo desde el borde derecho	-
Abrir widgets	Deslizar con un dedo desde el borde izquierdo	-

Es posible cambiar estos comportamientos seleccionando una de las opciones proporcionadas.

7.2 Atajos de teclado

Los atajos de teclado, también conocidos como combinaciones de teclas, permiten realizar ciertas acciones mucho más rápido que con el ratón. Permiten aumentar la productividad, especialmente para tareas repetitivas.

Esta es una lista no exhaustiva de mis favoritos:

Con la tecla [Ctrl]:

Combinación de teclas	Acción
[Ctrl]+[A]	Selecciona todos los elementos.
[Ctrl]+[X]	Corta la selección.
[Ctrl]+[C]	Copia la selección.
[Ctrl]+[V]	Pega la selección.
[Ctrl]+[Z]	Anula el último cambio.
[Ctrl]+[Y]	Restaura el último cambio.
[Ctrl]+[D]	Elimina el elemento.
[Ctrl]+[Mayús]+[Esc]	Abre el administrador de tareas.
[Ctrl]+[Mayús]	Cambia la distribución del teclado cuando hay más de uno disponible.

Con las teclas de función:

Combinación de teclas	Acción
[F1]	Ayuda en pantalla
[F2]	Cambia el nombre del elemento
[F3]	Busca en el explorador de archivos
[F4]	Muestra la lista de la barra de direcciones en el explorador de archivos
[Alt]+[F4]	Cierra la ventana activa

Combinación de teclas	Acción
[F5]	Actualiza la aplicación activa
[F6]	Desplazamiento por los elementos de la ventana
[F10] o [Alt]	Activa la barra de menús
[Mayús]+[F10]	Muestra el menú contextual del elemento seleccionado

Con la tecla [Windows]:

Combinación de teclas	Acción
[Windows]	Abre el menú **Inicio**.
[Windows]+[A]	Abre **Configuración rápida**.
[Windows]+[B]	Pone el foco en el primer icono del lado derecho de la barra de tareas.
[Windows]+[C]	Abre **Conversación**.
[Windows]+[D]	Muestra y oculta el escritorio enviando las aplicaciones a la barra de tareas.
[Windows]+[E]	Abre el Explorador de archivos.
[Windows]+[F]	Realiza una captura de pantalla y abre el Hub de opiniones.
[Windows]+[G]	Abre la Xbox Game Bar cuando hay un juego abierto.
[Windows]+[H]	Inicia la escritura por voz.
[Windows]+[I]	Abre la Configuración.
[Windows]+[J]	Pone el foco en una sugerencia de Windows si se muestra.
[Windows]+[K]	Abre Cast.
[Windows]+[L]	Bloquea la sesión.

Combinación de teclas	Acción
[Windows]+[M]	Minimiza todas las ventanas.
[Windows]+[Mayús]+[M]	Restaura las ventanas minimizadas.
[Windows]+[N]	Abre el Centro de notificaciones y el calendario.
[Windows]+[O]	Bloquea la orientación de la pantalla.
[Windows]+[P]	Abre el modo de vista de presentación (duplicar o extender).
[Windows]+[Ctrl]+[Q]	Abre la asistencia rápida.
[Windows]+[R]	Abre el cuadro de diálogo **Ejecutar**.
[Windows]+[Alt]+[R]	Graba un vídeo del juego que se está jugando.
[Windows]+[S]	Abre la búsqueda.
[Windows] [Mayús]+[S]	Abre el software de captura de pantalla.
[Windows]+[T]	Recorre las aplicaciones de la barra de tareas.
[Windows]+[U]	Abre la configuración de accesibilidad.
[Windows]+[V]	Abre el historial del portapapeles.
[Windows]+[W]	Abre los Widgets.
[Windows]+[X]	Abre el menú **Vínculo rápido** (menú contextual del menú **Inicio**).
[Windows]+[Z]	Abre los diseños del anclado.
[Windows]+[;]	Abre el panel de emojis.
[Windows]+[,]	Muestra temporalmente el escritorio.

Combinación de teclas	Acción
[Windows]+[Tab]	Abre aplicaciones activas.
[Windows]+[Flecha arriba]	Maximiza la ventana activa.
[Windows]+[Alt]+[Flecha arriba]	Acopla la ventana activa a la mitad superior de la pantalla.
[Windows]+[Flecha hacia abajo]	Minimiza la ventana.
[Windows]+[Alt]+[Flecha abajo]	Acopla la ventana activa a la mitad inferior de la pantalla.
[Windows]+[Flecha izquierda]	Maximiza y posiciona la ventana en el lado izquierdo de la pantalla.
[Windows]+[Flecha derecha]	Maximiza y posiciona la ventana en el lado derecho de la pantalla.
[Windows]+[Inicio]	Minimiza todas las ventanas excepto la ventana activa.
[Windows]+[Mayús]+[Flecha izquierda]	Cambia la ventana activa a la pantalla de la izquierda.
[Windows]+[Mayús]+[Flecha derecha]	Cambia la ventana activa a la pantalla de la derecha.
[Windows]+[+]	Abre la lupa y hace zoom ampliando.
[Windows]+[-]	Hace zoom alejando.
[Windows]+[Esc]	Cierra la herramienta Lupa.

A continuación, se muestra una lista de atajos de teclado para administrar aplicaciones y escritorios activos:

Combinación de teclas	Acción
[Alt]+[Tabulador]	Muestra una miniatura de todas las aplicaciones activas en segundo plano, selecciona una y la pone en primer plano.
[Alt]+[F4]	Cierra la ventana actual.
[Windows]+[Tab]	Muestra escritorios virtuales, tareas e historial.
[Windows]+[Flecha arriba] o [Flecha izquierda] o [Flecha derecha]	Cambia el tamaño de la ventana actual.
[Windows]+[D]	Minimiza todas las ventanas y muestra el fondo de pantalla.
[Windows]+[Ctrl]+[D]	Crea un nuevo escritorio virtual.
[Windows]+[Ctrl]+[Flecha izquierda] o [Flecha derecha]	Permite pasar de un escritorio a otro.
[Windows]+[Ctrl]+[F4]	Cierra el escritorio actual.
[Windows]+[Mayús]+[Flecha izquierda] o [Flecha derecha]	Si hay varias pantallas, mueve la ventana activa a la pantalla izquierda o derecha.

La lista completa de atajos de teclado de Windows 11 se puede encontrar en la dirección https://support.microsoft.com/es-es/windows/m%C3%A9todos-abreviados-de-teclado-de-windows-dcc61a57-8ff0-cffe-9796-cb9706c75eec

Capítulo 4
Las herramientas del sistema

1. Introducción a las herramientas del sistema

En este capítulo, vamos a descubrir el sistema operativo para conocer su funcionamiento principal. Una buena forma de abordar este aspecto de su ordenador es explicar cómo funcionan las herramientas imprescindibles que es necesario dominar: Administrador de tareas, Monitor de recursos, el Terminal con sus shells, el símbolo del sistema o la línea de comandos, Windows PowerShell, WSL (*Windows Subsystem for Linux*) y WSA, el Editor del Registro, los Servicios de Windows, el Visor de eventos, el Visor de datos de diagnóstico, los discos y las particiones y, por último, una descripción general rápida de las herramientas de Sysinternals.

2. Administrador de tareas

2.1 Presentación

El Administrador de tareas está presente en todas las versiones de Windows. Permite monitorizar el estado de ejecución en tiempo real de su ordenador. Por ejemplo, puede ver los procesos en ejecución, el rendimiento del sistema, los usuarios que han iniciado sesión, el estado y situación del servicio de Windows y los detalles de los procesos en ejecución. También puede acceder a funcionalidades avanzadas del proceso, como ver la vista de árbol o cambiar la prioridad de ejecución de ciertos procesos.

Su apariencia ha evolucionado con la última actualización de Windows 11 para adoptar el Fluent Design. También se ha introducido una nueva funcionalidad para procesos individuales: el modo de eficiencia, que limita el uso de los recursos del sistema al reducir la prioridad de ciertas tareas y, por lo tanto, conserva la batería de los ordenadores portátiles. Por último, se ha añadido un campo de búsqueda, lo que facilita la búsqueda de un proceso por su nombre, su editor u otra información.

El Administrador de tareas se ejecuta en modo de usuario y tiene acceso a los procesos en modo kernel a través de la función NTQuerySystemInformation de la librería NTDLL.DLL. Por lo tanto, se beneficia de derechos ampliados en un contexto de aplicación limitada.

- Para acceder al administrador de tareas, pulse a la vez en las teclas [Ctrl]+[Shift]+[Esc]. Desde el menú **Inicio**, también puede escribir el comando taskmgr.exe en el cuadro de búsqueda y, a continuación, pulsar en la tecla [Intro]. O desde la **Barra de tareas**, haga clic con el botón derecho del ratón y seleccione **Administrador de tareas**.
- Para acceder a la vista completa de las pestañas y los detalles del administrador de tareas, haga clic en el enlace **Detalles**.
- Es posible especificar una pestaña predeterminada al abrir el administrador de tareas, yendo al menú **Configuración - Página de inicio predeterminada** y seleccionando el nombre de la pestaña que le interesa.

Si el administrador de tareas está deshabilitado, por ejemplo, por un virus, puede volver a habilitarlo modificando la clave de registro **DisableTaskMgr** (valor predeterminado 0) disponible en el árbol: **HKEY_CURRENT_USER - Software - Microsoft - Windows – Current Version - Policies - System**

2.2 Gestión avanzada de procesos

2.2.1 Definición de un proceso

En la mayoría de los casos, el usuario ejecuta varios programas simultáneamente, pero debe tener en cuenta que un procesador solo puede ejecutar una instrucción a la vez. Por lo tanto, los programas se gestionan de forma secuencial y discontinua, en forma de proceso.

Es posible definir la prioridad de un proceso como el aviso que el procesador dará al programa correspondiente. Esta es una forma de decir que el procesador solo ve de la aplicación sus procesos. Los *threads* (en masculino) son una especie de procesos ligeros que se utilizan para realizar tareas en paralelo.

2.2.2 Visualización de los procesos

En la vista detallada del administrador de tareas, la pestaña **Procesos** permite ver los procesos ordenados por categorías:

– las aplicaciones,

– los procesos en segundo plano,

– y los procesos de Windows.

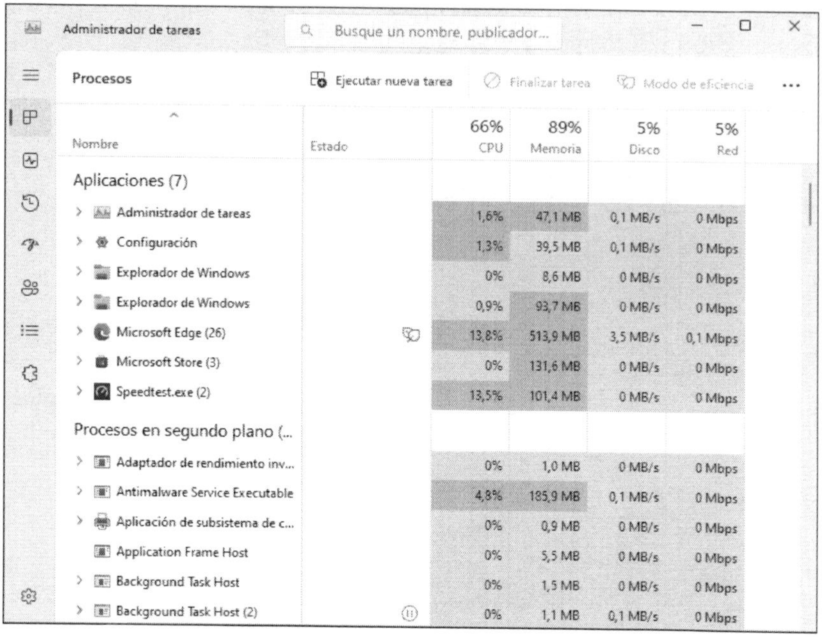

Los procesos relacionados con una misma aplicación se agrupan y se puede acceder a ellos mostrando los detalles de la aplicación (expandiendo la flecha o el botón de contenido adicional que aparece al principio de la línea). De este modo, es posible seleccionar e intervenir en un proceso de forma individual. Esta funcionalidad es muy útil, por ejemplo, cuando una ventana del explorador de archivos deja de responder. A continuación, es posible intervenir en el proceso relacionado con esta ventana, sin interferir en el resto de ventanas del explorador.

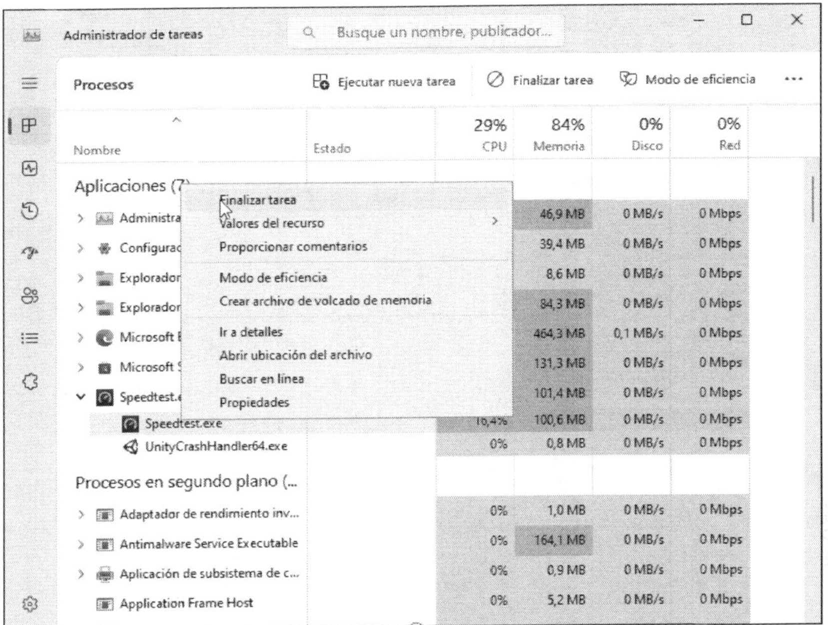

El **Modo de eficiencia** se puede identificar por un icono que representa dos hojas verdes en la columna **Estado** (en una de las capturas de pantalla anteriores, en la fila **Microsoft Edge**).

Es posible mostrar más información sobre los procesos: **Editor**, **Nombre del proceso**, **Consumo de Energía**, **Tendencia de Consumo de Energía**, etc. Estas dos últimas columnas muestran el nivel de consumo de aplicaciones y procesos. Su estimación se basa en la actividad del procesador general y del procesador gráfico, así como en el uso del disco. Se utiliza para evaluar el impacto en la batería.

Si selecciona un proceso y hace clic con el botón derecho del ratón en él, se muestra el menú relacionado con las acciones disponibles en el proceso. Por ejemplo, puede hacer clic en el enlace **Abrir ubicación del archivo** para acceder a la carpeta de archivos relacionada con el proceso. También puede utilizar el enlace **Ir a detalles**, que permite acceder a la pestaña **Detalles**.

Por defecto, esta pestaña muestra una gran cantidad de información y detalles sobre las ocurrencias de los procesos en ejecución. Por ejemplo, puede ver el nombre, el PID o el estado.

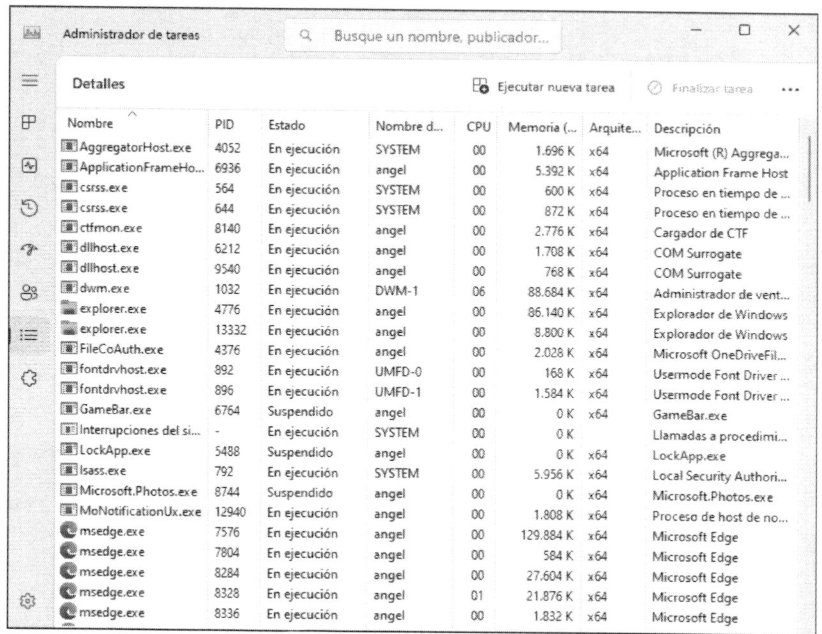

Si hace clic con el botón derecho del ratón en un proceso que no se ejecuta correctamente, puede analizar la cadena de espera para determinar el problema.

Tenga en cuenta que puede añadir columnas a la vista predeterminada para acceder a información más detallada sobre los procesos. Para ello:

- Haga clic con el botón derecho del ratón en el encabezado de una columna y haga clic en **Seleccionar columnas**.
- En la nueva ventana que aparece, marque las columnas que desee mostrar (la lista es larga).

La pestaña **Detalles** muestra directamente los procesos de forma no clasificada. A continuación, es posible ordenarlos alfabéticamente o por número PID. Esta vista será útil cuando se conozca el nombre del proceso. En otros casos, es preferible utilizar la pestaña **Aplicaciones**, con un acceso sencillo a través del nombre de la aplicación.

Hay muchos procesos en esta lista, incluidas las funcionalidades del sistema (explorador de archivos, acceso remoto a la red, etc.). Algunos programas, como los servicios de Windows, se cargan mediante un proceso de host. Por este motivo, puede ver muchas instancias del proceso svchost.exe, por ejemplo.

2.2.3 Cierre forzado de un proceso

A veces, es útil poder forzar la detención de una aplicación que está bloqueada o que no responde sin tener que reiniciar el equipo.

En este caso, el administrador de tareas se puede utilizar para detener un proceso. Para ello:

- En la pestaña **Procesos**, seleccione el proceso de la lista que desea detener.
- Haga clic con el botón derecho del ratón en dicho proceso y haga clic en **Finalizar tarea**.

Observación

La posibilidad que hemos mencionado antes que consiste en seleccionar un proceso individualmente, adquiere todo su significado en esta circunstancia.

2.2.4 Proceso svchost.exe

Los procesos denominados svchost.exe (*Service Host Process* o Host de servicios) son procesos genéricos que permiten cargar aplicaciones cuyo funcionamiento dependen de librerías de vínculos dinámicos (DLL). Todos ellos aparecen listados en esta rama del registro: **HKEY_LOCAL_MACHINE - Software - Microsoft - WindowsNT - CurrentVersion - Svchost**.

Cada valor de cadenas múltiples contiene una lista de servicios recuperados a partir de la clave **HKEY_LOCAL_MACHINE - System - CurrentControlSet - Services - <Nombre del acceso directo para este servicio>**.

Se puede hacer una idea más clara siguiendo estos pasos:

- Inicie el **Administrador de tareas** y haga clic en la pestaña **Detalles**.
- Haga clic en el encabezado de la columna **Nombre de usuario** para clasificar los procesos en función de la entidad que los inició.

Puede ir un paso más allá:

- Acceda a la pestaña **Procesos**, haga clic con el botón derecho del ratón en la barra de visualización del encabezado de la columna. Haga clic en el enlace **Seleccionar columnas**.
- Seleccione la casilla de verificación **PID** (identificador de proceso) y haga clic en **Aceptar**. Aparecerá el PID de cada uno de los procesos enumerados.
- Abra una ventana del **símbolo del sistema** (línea de comandos).
- Suponiendo que el PID de uno de los procesos svchost.exe es 3252, escriba este tipo de comando: `tasklist /svc /fi "pid eq 3252"`. Junto al nombre de la imagen, se indicarán los servicios que dependen de ella.

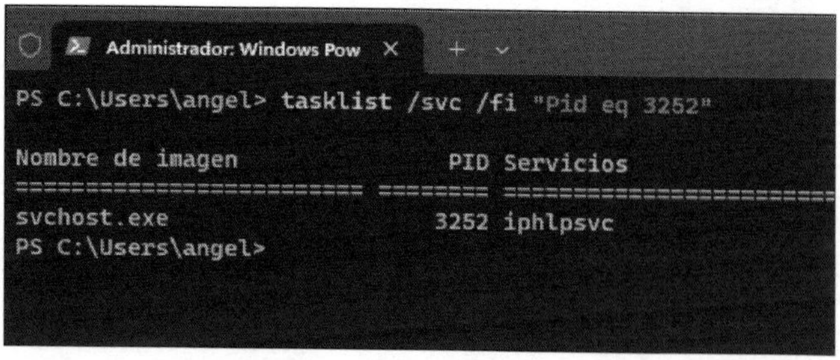

```
Administrador: Windows Pow
PS C:\Users\angel> tasklist /svc /fi "Pid eq 3252"

Nombre de imagen               PID Servicios
========================= ======== ============================
svchost.exe                   3252 iphlpsvc
PS C:\Users\angel>
```

- Obtendrá la misma información desplegando el host de servicio con PID igual a 3252.

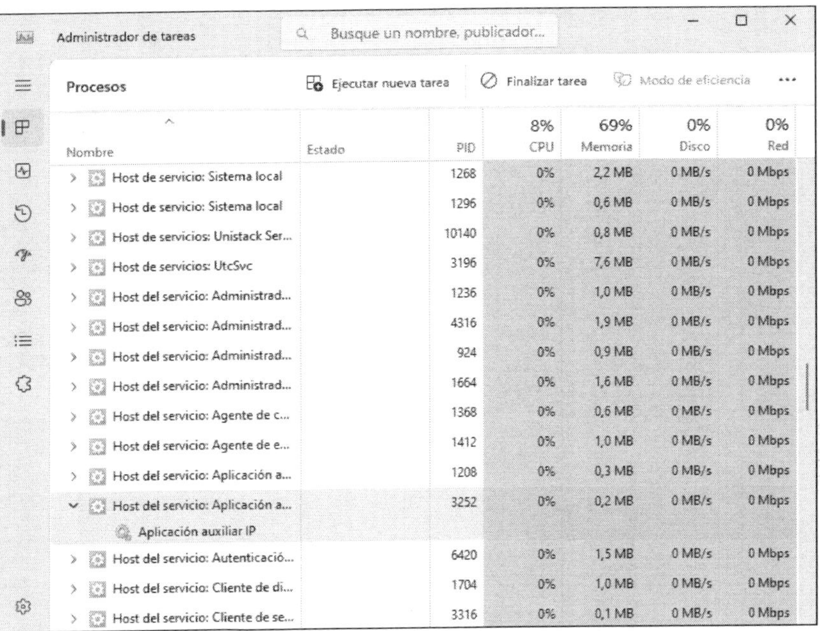

2.3 Supervisión del rendimiento del sistema

La pestaña **Rendimiento** permite ver de un solo golpe de vista el estado de funcionamiento del sistema, detectar picos de actividad e identificar los recursos disponibles. Seleccione simplemente el tipo de actividad que desee supervisar.

- Por ejemplo, si selecciona la actividad **Memoria**, puede ver la memoria utilizada y disponible, así como toda la información sobre el tipo y el número de slots de memoria utilizadas.
- Si selecciona la actividad **Ethernet**, aparecerá un gráfico de los datos recibidos. Podrá detectar cualquier anomalía en la red.

▶ Haga clic con el botón derecho del ratón en el gráfico de actividad y haga clic en la opción **Ver detalles de la red**. Puede ver todos los contadores de actividad de las distintas interfaces de red del equipo.

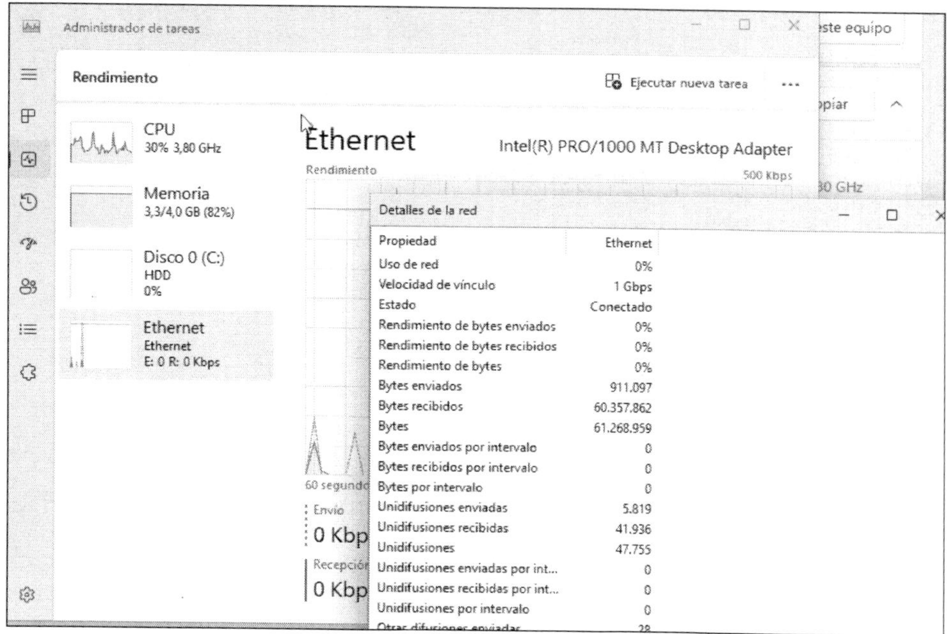

2.4 Problemas en el inicio

Use la pestaña **Inicio** para ver las aplicaciones y los procesos que se ejecutan durante la fase de inicio de Windows. La columna **Impacto de inicio** muestra, de manera subjetiva, cual es el impacto que tiene este proceso en el tiempo de arranque de la máquina, en función del uso del disco y del procesador. Al agregar la columna CPU al inicio a la vista predeterminada, puede determinar el llamado tiempo de **CPU**, es decir, el tiempo de procesador utilizado por un proceso. Esto le permitirá trabajar de manera más eficaz para resolver y reducir la latencia al iniciar Windows.

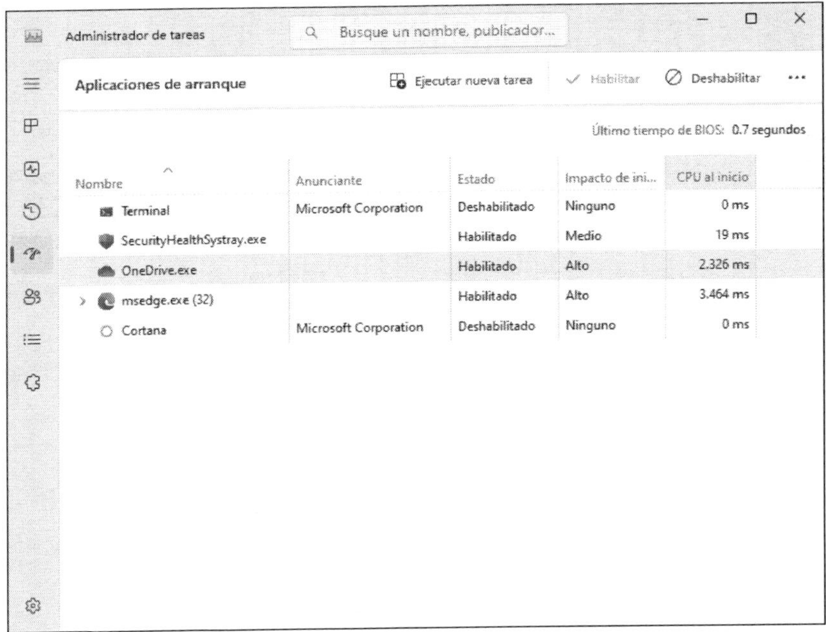

2.5 Servicios en ejecución

El administrador de tareas también permite identificar los servicios que se están ejecutando y detenerlos o reiniciarlos fácilmente. Un servicio es un proceso que se ejecuta en segundo plano, cuando se inicia la máquina, y no tiene una interfaz gráfica.

- Haga clic en la pestaña **Servicios**.
- Seleccione el servicio que está causando el problema y haga clic en **Detener** o **Reiniciar**.

3. Monitor de recursos

El monitor de recursos permite ver los recursos utilizados a nivel del procesador, memoria, disco duro o red. Se puede acceder a él desde el **Administrador de tareas**, pestaña **Rendimiento**, haciendo clic en el botón **Más información** (icono de tres puntos) o escribiendo `perfmon.exe` o `Monitor de recursos` en la barra de búsqueda del menú **Inicio**.

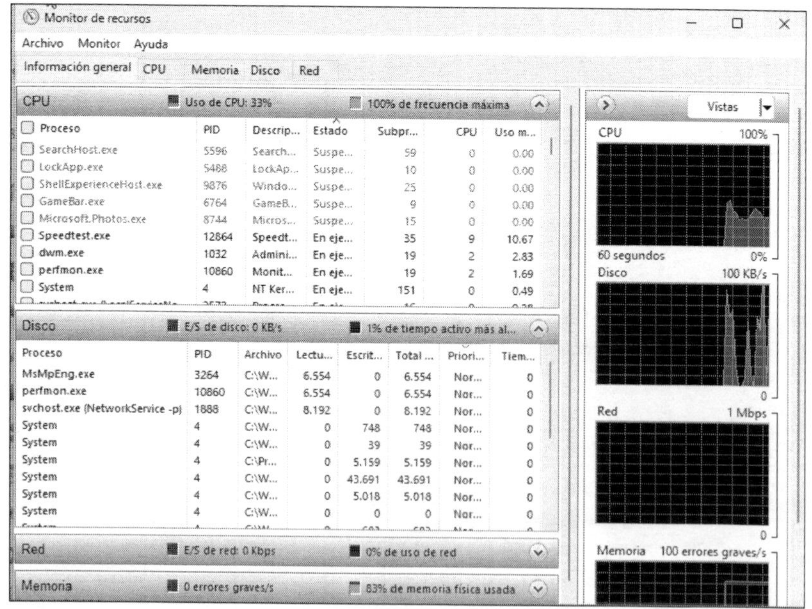

La pestaña **Información general** proporciona una vista general del uso del procesador, el disco, la red y la memoria, similar al administrador de tareas. Cada pestaña permite centrarse en un aspecto de los recursos y filtrar el consumo, seleccionando uno o más procesos (casillas de verificación).

Por ejemplo, esta herramienta permitirá determinar el proceso que está causando el uso del ancho de banda o la lentitud de la red, indicándole qué ejecutable y dirección de Internet están implicados. Hablaremos en profundidad de este tema en el capítulo Solución de problemas del sistema operativo.

4. Terminal Windows

En la versión 10 de Windows, Microsoft introdujo una herramienta muy útil para los administradores de sistemas: el **Terminal**. Esta herramienta se ha consolidado en la versión 11 de Windows e incluso se ha convertido en el entorno de ejecución de comandos predeterminado. En realidad, esta aplicación es un emulador de terminal moderno que permite la administración de múltiples pestañas y el soporte para múltiples shells: PowerShell, Command Prompt, WSL Bash y SSH, Azure, etc. Es compatible con los conjuntos de caracteres Unicode y UTF-8, la aceleración gráfica y la personalización de la interfaz.

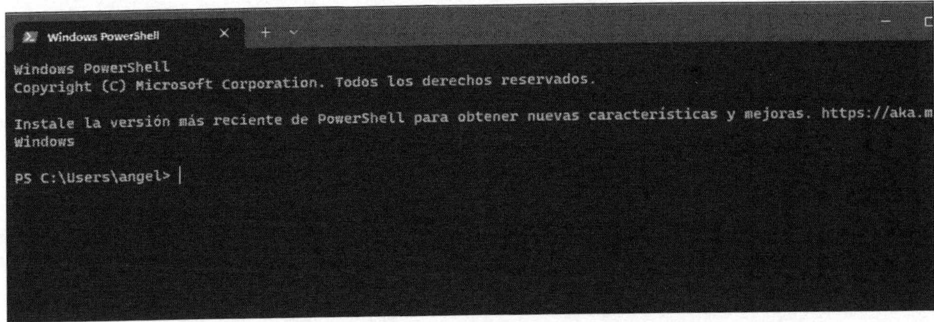

El proceso implicado se denomina WindowsTerminal.exe.

Se puede acceder al **Terminal** desde el menú **Inicio** o desde el menú contextual del botón **Inicio**. Por defecto, arranca el shell de Powershell. Se puede ejecutar en modo usuario o administrador, siendo este último el entorno recomendado. Cuando el terminal se ejecuta con derechos de administrador, aparece un icono de escudo en la parte superior izquierda del terminal y los nombres de las pestañas están precedidos por **Administrador**.

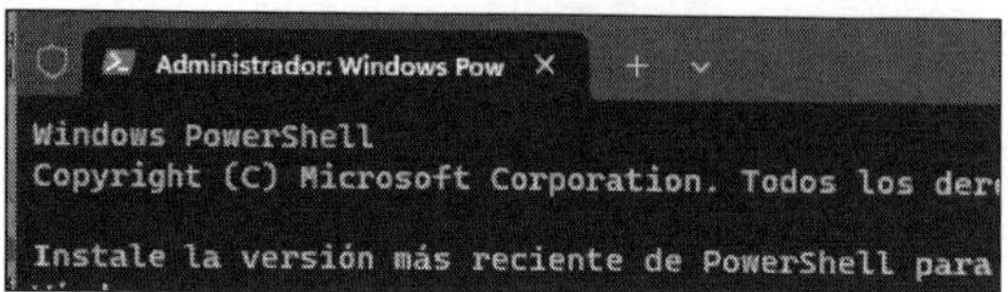

Además de la gestión de varios shells y varias pestañas, el terminal es casi totalmente personalizable: definición del perfil y del shell predeterminados, elección del tema claro u oscuro, atajos de teclado, elección de esquemas de color, entorno de usuario, etc. Para acceder a él:

- Haga clic con el botón derecho del ratón en [▾] para desplegar el menú y seleccione **Configuración**.

Por ejemplo, es posible hacer zoom con [Ctrl] + rueda del ratón.

Incluso es posible editar y exportar esta configuración a un archivo JSON:

- defaults.json para la configuración predeterminada,
- settings.json para la configuración personalizada.

Hay otras funciones muy prácticas, a las que se puede acceder haciendo clic con el botón derecho del ratón en la pestaña en cuestión: para cambiarle el nombre, exportar, cerrar, duplicar o dividir. Este último truco es muy útil, porque permite comparar el contenido de varios archivos o mostrar la ayuda de un comando mientras lo usa en otro panel.

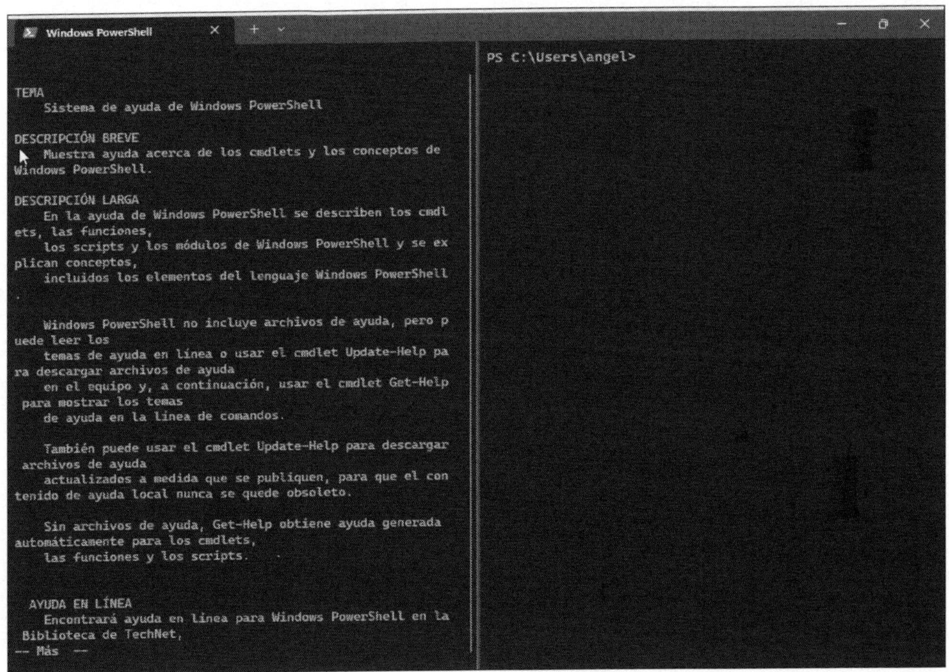

El Terminal es realmente una aplicación práctica, rápida y productiva para administrar múltiples shells. Vamos a detallarlos.

4.1 Símbolo del sistema

El Símbolo del sistema (o línea de comandos) es el shell histórico de Windows, heredado de MS-DOS. Este shell se puede utilizar para ejecutar comandos simples o automatizar tareas mediante scripts batch. A pesar de la llegada de PowerShell, la línea de comandos sigue siendo muy útil, como se puede comprobar en el capítulo dedicado a la instalación.

4.1.1 Iniciar el símbolo del sistema

Para abrir una ventana del símbolo del sistema en Windows 11, siga estos pasos.

- En el cuadro de búsqueda de la barra de tareas, escriba la palabra clave `cmd` o `símbolo del sistema` directamente.
- A continuación, en el panel derecho, seleccione la opción **Ejecutar como administrador**.
- El control de cuenta de usuario le pide que permita que se inicie la aplicación. Haga clic en el botón Sí.

La aplicación se inicia en modo autónomo, en una ventana independiente, fuera del terminal de Windows. En la práctica, aún deberá ejecutar el símbolo del sistema como administrador.

La nueva forma de lanzar este shell es:

- Abra la aplicación **Terminal (administrador)** con el método abreviado de teclado [Ctrl]+[X], luego [A].
- A continuación, abra una nueva pestaña **Símbolo del sistema**, que utilizará la configuración establecida en el terminal.

Observación

Si desea manipular los archivos del sistema desde la línea de comandos, debe habilitar la visualización de archivos y carpetas ocultos en el explorador de Windows (consulte el capítulo Presentación y operaciones básicas).

4.1.2 Personalización del Símbolo del sistema

Si el Símbolo del sistema se ejecuta desde el Terminal, la personalización se hereda de la configuración establecida para el Terminal.

En el caso de que el Símbolo del sistema se ejecute como una aplicación independiente, tiene su propia configuración de personalización. Desde Windows 10, su arquitectura se ha revisado a fondo por primera vez en mucho tiempo. El modo de edición, también se ha mejorado para proporcionar una comodidad de uso real y una mayor interactividad con, por ejemplo, soporte para teclas de edición. Este nuevo modo de funcionamiento, que carga un nuevo archivo DLL cuando se inicia el proceso conhost.exe, se puede habilitar o deshabilitar a través de la ventana de configuración de propiedades de la consola. Se puede acceder a esta ventana haciendo clic con el botón derecho del ratón en la barra de estado de la ventana y eligiendo el submenú **Propiedades**.

▶ Para cambiar la compatibilidad con la DLL, habilite o deshabilite la opción **Usar la consola heredada** en la parte inferior de la pestaña **Opciones**.

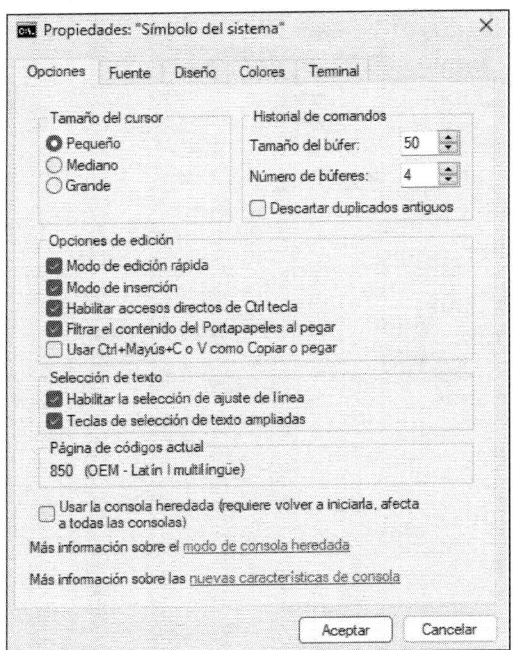

En esta ventana, tiene otras opciones para personalizar el comportamiento de la consola como, por ejemplo, accesos directos con la tecla [Ctrl], ajustar el tamaño y el tipo de fuente a través de la pestaña **Fuente**, el tamaño de la ventana en la pestaña **Diseño**, ajustar los colores y la opacidad de la consola a través de la pestaña **Colores** y algunas características experimentales en la pestaña **Terminal**.

4.1.3 Utilizar el Símbolo del sistema

En el Símbolo del sistema, escriba help o el nombre del comando seguido de este modificador: `/?`.

- Por ejemplo, si desea obtener la sintaxis completa del comando clip, escriba lo siguiente: `clip/?`.
- Si la pantalla de salida supera las dimensiones de la ventana, escriba:
  `dir /? |more`

Para desplazarse por la arborescencia de carpetas (directorios), utilice el comando cd. Puede acceder directamente a la carpeta correspondiente a una letra del visor escribiendo la letra seguida de dos puntos: `e:`, `f:`, etc.

Volvemos a la carpeta padre usando este comando: `cd..`. Para ir directamente a la raíz de la unidad, escriba: `cd\`.

Puede dejar que el sistema complete los comandos que ha introducido. Esta funcionalidad se denomina autocompletado.

- Escriba: `cd d` y, a continuación, pulse en la tecla [Tab] del teclado. El sistema mostrará todas las subcarpetas de la carpeta actual cuyos nombres comiencen con la letra "D" (incluida, en Windows, la carpeta Documentos). Lo mismo ocurre con los archivos, independientemente de su extensión.

El método abreviado de teclado [Ctrl]+[C] permite cancelar un comando en cualquier momento.

El método abreviado de teclado [Ctrl]+[S] permite detener temporalmente un comando. Pulse en cualquier tecla para reiniciar la ejecución del comando actual.

4.1.4 Trabajar con variables de entorno

Las variables de entorno son variables creadas por el sistema operativo. Hay dos tipos:

- Variables de usuario, que son solo para la cuenta en la que ha iniciado sesión.
- Variables del sistema, que se aplican a todos los usuarios de su máquina.

Echemos un vistazo más de cerca a cómo funcionan algunas de ellas.

Variable path

Al introducir un comando, se realizan estas tres operaciones:

- Si el comando especifica la ubicación del archivo ejecutable, el shell comprueba si el archivo ejecutable existe en el directorio especificado. Si no existe, recibirá este tipo de mensaje de error: "<No_Programa> no se reconoce como un comando interno o externo, programa o archivo por lotes ejecutables".
- Si el comando no contiene la ubicación exacta del archivo ejecutable que se indica, el shell comprobará si el archivo ejecutable existe en el directorio actual.
- Si no existe, intentará detectar la presencia del programa en cada ubicación definida por la variable de entorno "Path", en el orden en que aparece.

Al descargar una herramienta, puede elegir entre colocar el archivo ejecutable en una de las carpetas ya definidas por la variable de entorno "Path" o agregar una nueva ubicación a la misma variable. Algunos programas pueden hacer esto automáticamente. Si este no es el caso, se deben seguir los siguientes pasos:

- Abra la **Configuración** de Windows.
- Seleccione los menús **Sistema** y, a continuación, seleccione **Información**.
- Haga clic en el enlace **Configuración avanzada del sistema**.

- En la ventana que aparece, haga clic en el botón **Variables de entorno**.
- En la sección **Variables del sistema**, seleccione la fila en **Path** y, a continuación, haga clic en el botón **Editar**.

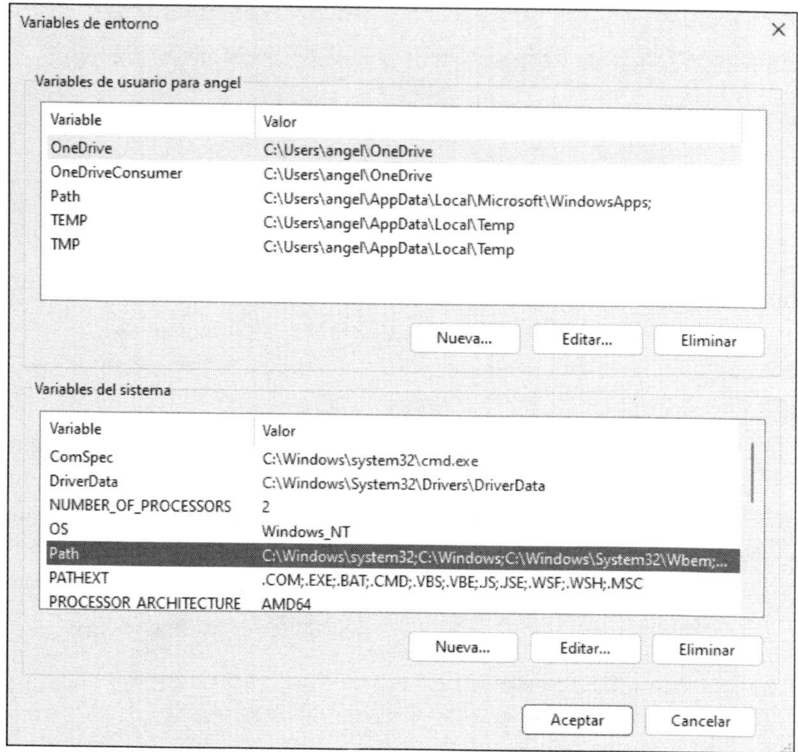

- Haga clic en **Nuevo** e introduzca la nueva ubicación de los archivos ejecutables.

Tenga en cuenta que es más sencillo crear un directorio dedicado. Cada ubicación está separada por un punto y coma.

También es posible ver el contenido de la variable **Path** directamente desde el símbolo del sistema escribiendo el comando path. También es posible agregar una ruta usando el comando `path lector:ruta;%path%`.

■ Observación

El comando `path` especifica tanto las ubicaciones definidas por el sistema, como las ubicaciones definidas por el usuario actual.

Variables userprofile y windir

Para ir directamente a un directorio del sistema, es posible utilizar su nombre de variable.

► Abra una línea de comandos y ejecute uno de los siguientes comandos: `explorer %windir%` o `explorer %userprofile%`. El explorador de archivos se abrirá directamente en el directorio de Windows o en el del usuario.

¿Para qué sirven las variables? Una variable permite realizar una operación independientemente del contexto de usuario o máquina en la que se ejecutará. Permite generalizar los archivos batch. Pongamos dos ejemplos:

- La variable `%USERPROFILE%` apuntará al directorio de usuarios independientemente del usuario que haya iniciado sesión, por ejemplo, C:\Users\Guille o C:\Users\Angel.
- La variable `%WINDIR%` volverá al directorio de Windows independientemente de la letra de la unidad en la que esté instalado el sistema operativo: C:\Windows, D:\Windows, etc.

4.2 PowerShell

PowerShell es la nueva interfaz de línea de comandos y nuevo lenguaje de scripting para administrar sistemas Windows. PowerShell está orientado a objetos, lo que facilita el encadenamiento y automatización de comandos. Utiliza el framework Microsoft .NET para ejecutar applets de comando llamados cmdlets o commandlets (Get-Help, por ejemplo). Estos comandos se pueden usar para administrar sistemas Windows locales o remotos. Windows 11 integra de forma nativa la versión 5.1 de Microsoft PowerShell.

El formato abierto de PowerShell permite el desarrollo y la adición de cmdlets de terceros como módulos portátiles, lo que enriquece el entorno estándar. Microsoft también proporciona muchos ejemplos de scripts de PowerShell en el sitio
https://learn.microsoft.com/es-es/samples/browse/?terms=powershell

PowerShell ofrece funcionalidades avanzadas de administración accesibles en línea de comandos y un entorno moderno y eficaz.

4.2.1 Arrancar PowerShell

- Para iniciar PowerShell, en el cuadro **Buscar** situado a la derecha del menú **Inicio**, escriba el comando `powershell`.
- En los resultados encontrados, haga clic en **Windows PowerShell**. Observe la presencia de Windows PowerShell ISE. Este entorno gráfico, introducido con Windows 7, permite escribir, ejecutar y probar scripts de PowerShell.
- Tenga en cuenta que también es posible abrir simplemente un **terminal**. Powershell aparecerá como el entorno predeterminado en la primera pestaña abierta.

PowerShell proporciona compatibilidad con comandos de DOS a través de alias. La lista de alias está disponible ejecutando el comando `Get-Alias`. Esto significa que puede usar la interfaz de PowerShell para ejecutar comandos estándar de DOS, como el comando `dir`. Tenga en cuenta que el uso de mayúsculas no es obligatorio. Facilita la lectura y memorización de cmdlets.

Puede identificar la versión de PowerShell instalada viendo los valores contenidos en la variable del sistema: `$PSVersionTable`.

PowerShell tiene una directiva de seguridad que ayuda a evitar que se ejecuten scripts malintencionados. Se han definido varios modos de ejecución, permitiendo o no la ejecución de ciertos scripts. He aquí la lista:

- **Restricted**: este es el modo predeterminado para los clientes Windows. No se pueden ejecutar scripts. Solo se permiten comandos individuales.
- **AllSigned**: solo se pueden ejecutar scripts firmados, independientemente de si son locales o descargados. Aparece una advertencia antes de que se ejecuten scripts que no son de confianza.
- **Remote Signed**: los scripts presentes en su ordenador se pueden ejecutar incluso si no están firmados. Los scripts descargados desde Internet deben estar firmados. Normalmente, esta directiva se aplica a los servidores.
- **Unrestricted**: es posible ejecutar todos los scripts, firmados o sin firmar. Se le pedirá permiso. Esta directiva se usa normalmente en equipos que no son Windows.
- **Bypass**: no se presentarán bloqueos ni advertencias. Todos los scripts se ejecutarán sin necesidad de permiso.
- **Undefined**: el modo de ejecución no está definido para el ámbito actual. Se utilizará el modo predeterminado.
- **Default**: Modo de ejecución predeterminado:
  - Restricted para clientes de Windows,
  - RemoteSigned para servidores Windows.

Puede averiguar cómo se ejecuta con el comando `Get-ExecutionPolicy`. Esto se puede modificar mediante el comando `Set-ExecutionPolicy`.

4.2.2 Utilizar cmdlets estándares

Un cmdlet, que se pronuncia "Command-let", es un comando por lotes o batch que se especializa en ejecutar una sola funcionalidad para el contexto de la interfaz de comandos activa. La ejecución de un cmdlet no crea nuevos procesos en el sistema host.

El cmdlet `Get-command` devuelve la lista de cmdlets estándares. No podrá recordarlos todos, ya que hay demasiados. Sin embargo, debería poder encontrarlos y determinar la sintaxis principal de los mismos.

Los cmdlets importantes que hay que tener en cuenta son:

- `Get-Command`: este comando lista todos los cmdlets disponibles en el entorno de ejecución de PowerShell. El comando `Get-Command -noun process` permite enumerar cmdlets que contienen la cadena "process", es decir, cmdlets relacionados con la administración de procesos.
- `Get-Help`: este comando permite obtener información detallada sobre cómo usar cmdlets, como el nombre y la descripción de la sintaxis del cmdlet. El comando `Get-Help ls` permite enumerar información detallada sobre el cmdlet que hace referencia al alias `"ls"` (o `Get-ChildItem`). Los archivos de ayuda completos no siempre se instalan localmente. A continuación, es posible:
  - descargarlos con el comando `Update-Help`,
  - consultarlos en línea con el comando `Get-Help ls -online`.
- `Get-member`: este comando se usa para obtener información sobre objetos y listas de objetos devueltos por los cmdlets, incluidas las propiedades y los métodos asociados a un objeto del sistema operativo. Para usar este comando, primero escriba el nombre del cmdlet seguido de `| Get-Member`.

Ejemplo de cómo utilizar el comando Get-member

Para determinar la lista de las propiedades y métodos disponibles para los objetos de tipo archivo, escriba el comando: `Get-ChildItem | Get-Member`.

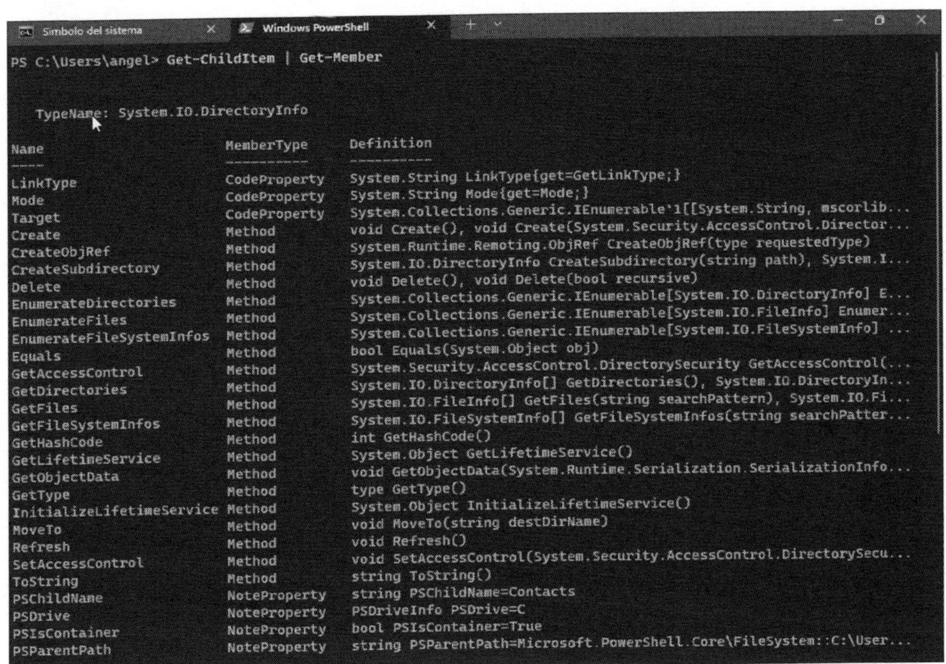

4.2.3 Windows Remote Management (WinRM)

Este servicio implementa el protocolo WS-Management utilizado por PowerShell para la administración remota de sistemas Windows, en un modo de conexión cliente-servidor. El protocolo WS-Management es un servicio web estándar de tipo SOAP (*Simple Object Access Protocol*). El servicio WinRM actúa como agente de escucha o listener en el lado servidor. La herramienta de línea de comandos Winrs.exe se utiliza para ejecutar comandos remotos en el lado cliente recibidos por el servicio WinRM. PowerShell usa el servicio WinRM para ejecutar scripts remotos.

Para poder ejecutar comandos remotos y usar el servicio WinRM, debe configurar el servicio WinRM.

- Abra el administrador de servicios con el comando services.msc. Compruebe la configuración del servicio **Administración remota de Windows (WSM-Management)** (servicio denominado WinRM). Inicie este servicio si es necesario. Configure el servicio para que se inicie automáticamente al iniciar sesión.

En el lado del servidor:

- Abra una línea de comandos en modo administrador y, a continuación, ejecute la configuración del servicio WinRM con el comando **WinRM** quickconfig.
- Escriba y para confirmar que el servicio está configurado como listener (servicio de escucha).
- Escriba y para confirmar la configuración del firewall de Windows.

El servicio WinRM ahora está configurado para ejecutar comandos remotos.

En el lado del cliente:

- Abra un símbolo del sistema en modo administrador.
- Ejecute un comando con la siguiente sintaxis:
  `winrs -r:%servername% remote_command.`
  Por ejemplo: `winrs -r:desktop-server ipconfig.`

Si domina los numerosos comandos de PowerShell, podrá ahorrar mucho tiempo en tareas de mantenimiento repetitivas.

Por ejemplo, el siguiente comando permite ver las últimas veinte entradas de error en el registro de eventos de **Application**:

```
Get-EventLog -LogName "application" -Newest 20 -EntryType error |

fl EntryType,Category,CategoryNumber,Source,Message
```

Este otro comando permite volver a desplegar aplicaciones descargadas de Windows Store:

```
Get-AppXPackage -AllUsers | Foreach {Add-AppxPackage
-DisableDevelopmentMode -Register
"$($_.InstallLocation)\AppXManifest.xml"}
```

El comando anterior es útil si una o más aplicaciones descargadas de Windows Store tienen problemas para arrancar en su entorno.

Otro comando interesante es el comando repair-volume, que es equivalente al comando `chkdsk`.

Por ejemplo, puede ejecutar el siguiente comando para escanear el disco `c:`\:

```
Repair-Volume c -Scan
```

Tenga en cuenta que Windows 11 propone nuevos comandos PowerShell para administrar paquetes de aplicaciones o Windows Defender, por ejemplo.

El sitio web Learn de Microsoft (anteriormente TechNet) enumera cientos de comandos PowerShell para gestionar y administrar sistemas Windows. Encontrará dicha lista en: https://learn.microsoft.com/es-es/powershell/

4.3 WSL (Windows Subsystem for Linux)

WSL es una capa de compatibilidad desarrollada por Microsoft que contiene un kernel Linux para instalar y hacer funcionar una distribución Linux compatible. Esta funcionalidad solo está disponible para entornos de 64 bits y ARM (desde Windows 10 versión 1607) porque utiliza el proceso de virtualización.

La versión 1 de WSL no tiene un kernel Linux completo. Los programas Linux se consideran procesos pico y el kernel NT los ejecuta directamente. Como resultado, algunos módulos y software no son ejecutables, especialmente los controladores de dispositivos (audio, aceleración de hardware, etc.). Sin embargo, es posible instalar la capa gráfica de Linux.

La versión 2 de WSL, disponible desde junio de 2019, ofrece una arquitectura diferente: la virtualización. El funcionamiento de WSL 2 se basa en un subconjunto de funcionalidades Hyper-V (una máquina virtual ligera). El kernel Linux suministrado está completo y se ejecuta directamente (versión actual del kernel 5.15.90), por lo que la compatibilidad es total. También se mejora el rendimiento. Esta es la versión instalada de manera predeterminada en Windows 11.

En ambos casos, se puede acceder al sistema de archivos del host de forma transparente.

En la tienda online de Microsoft, se pueden encontrar diferentes kernels de Linux: Ubuntu, OpenSuse, Kali, Debian, Fedora (no oficial), etc.

¿Cuál es el objetivo de esta funcionalidad? Proporcionar a los desarrolladores un entorno Linux nativo para ejecutar comandos, scripts y herramientas sin pasar por una máquina virtual dedicada.

4.3.1 Instalación

Para instalar un subsistema Windows para Linux, debe añadir primero la funcionalidad a la máquina y, a continuación, agregar una distribución. Para ello:

- Busque características de Windows en la barra de búsqueda y haga clic en **Activar o desactivar las características de Windows** o vaya a **Configuración - Aplicaciones - Características opcionales - Más características de Windows**.
- Busque y compruebe el **Subsistema de Windows para Linux** y la **Plataforma de máquina virtual** y, a continuación, haga clic en **Aceptar**. La máquina se reiniciará y las nuevas características quedarán instaladas.
- Abra **Microsoft Store** y busque `wsl` o `linux`. Se le propondrán varias distribuciones Linux: Ubuntu, Debian, Kali, etc. A continuación, elija la distribución deseada y haga clic en **Instalar**.

La distribución instalada aparecerá en el menú **Inicio**.

- Haga clic para iniciarlo. Se abrirá un terminal.
- La instalación continúa. A continuación, se le pedirá que cree una cuenta (nombre de usuario y contraseña). Indique la información solicitada.
- El sistema inicia sesión con esta cuenta. Ahora tiene acceso al shell de Linux.

Una vez que el sistema está instalado e inicializado, también puede arrancarlo desde un terminal escribiendo wsl o incluso `Ubuntu`, si ha instalado esta distribución.

Tenga en cuenta que también es posible habilitar características opcionales de Windows con PowerShell:

```
Enable-WindowsOptionalFeature -Online -FeatureName
VirtualMachinePlatform
Enable-WindowsOptionalFeature -Online -FeatureName
Microsoft-Windows-Subsystem-Linux
```

4.3.2 Utilización

No vamos a entrar en profundidad en los detalles de WSL, sino que solo presentaremos algunos comandos útiles.

- `wsl --help`: lista los distintos modificadores existentes.
- `wsl --status`: muestra la versión y distribución predeterminadas de WSL.
- `wsl --list`(o `wsl -l`): lista las distribuciones instaladas.
- `wsl --distribution NOMBRE_DIST (wsl -d)`: permite iniciar una distribución específica a partir de las que están instaladas.
- `wsl --user NOMBRE_USUARIO (o wsl -u)`: permite especificar una cuenta de usuario para iniciar la sesión Linux.
- wsl --exec CMD (o wsl –e): permite ejecutar directamente un archivo binario (comando) de Linux.

WSL proporciona una aplicación denominada bash.exe, que abre una consola Windows en la que se ejecuta un shell bash.

Los discos y particiones del host están montados y accesibles en la carpeta **/mnt/c** para la partición **C:**, **/mnt/d** para la partición **D:**\, etc.

Para definir una distribución con WSL 2, ejecute el siguiente comando:

```
WSL -set-version nombre_distribución 2
```

Para establecer WSL 2 como arquitectura predeterminada, ejecute:

```
wsl -set-default-version 2
```

4.3.3 Errores con WSL

Si recibe el siguiente mensaje de error:

- *Fallo al instalar con el error 0x80070003*: las distribuciones solo se deben instalar en la unidad del sistema. Compruebe la configuración de almacenamiento en **Configuración - Sistema - Almacenamiento - Configuración avanzada de almacenamiento - Ubicación de almacenamiento del contenido nuevo**. El parámetro se debe establecer en C:\.
- *WslRegisterDistribution falló con el error 0x8007019e*: compruebe que ha habilitado la característica opcional **Subsistema de Windows para Linu**x mencionada anteriormente en la sección Instalación.
- *Fallo en la instalación con 0x80070003 o con el error 0x80370102*: es probable que la virtualización no esté habilitada. Vaya al *setup* de la UEFI para comprobar que el equipo es compatible con la virtualización y corrija el problema.
- *Error durante un intento de actualización*: *Invalid command line option: wsl --set-version NOMBRE_DISTRIBUCIÓN*: compruebe que ha habilitado las funcionalidades opcionales mencionadas anteriormente en la sección Instalación y que la build Windows es igual o superior a la versión 18917.

4.4 WSA (Windows Subsystem for Android)

Anunciado como novedad en Windows 11, Microsoft permite la instalación y utilización de aplicaciones de Android en su sistema insignia. Al igual que con WSL, la empresa utiliza el principio de virtualización para ejecutar de forma transparente estas aplicaciones desde otro sistema. Actualmente, solo se permiten aplicaciones de Amazon Appstore.

4.4.1 Instalación

Para instalar un subsistema de Windows para Android, primero se debe agregar la funcionalidad a la máquina y seguidamente instalar la tienda de aplicaciones de Amazon. A continuación, se muestra cómo funciona:

- Busque `Características de Windows` en la barra de búsqueda y, a continuación, haga clic en **Activar o desactivar las características de Windows** o vaya a **Configuración - Aplicaciones - Características opcionales - Más características de Windows**.
- Busque y compruebe **Plataforma de máquina virtual** y, a continuación, haga clic en **Aceptar**. La máquina se reinicia y la característica queda instalada.
- Abra **Microsoft Store** y busque Amazon `amazon appstore`. Obtenga la aplicación. El subsistema para Android se instalará automáticamente en segundo plano.
- Ejecute **Amazon Appstore** e inicie sesión con su identificador de Amazon o cree uno si es necesario. A continuación, puede instalar cualquier aplicación de Android desde la tienda.

4.4.2 Configuración y uso

La herramienta se configura a partir del apartado **Configuración del subsistema de Windows para Android** del menú **Inicio**.

- El primer menú, **Sistema**, permite administrar los archivos del subsistema, determinar los recursos ofrecidos por la máquina virtual o incluso deshabilitar WSA para encontrar más recursos del sistema.
- El menú **Desarrollador** permite a los usuarios avanzados utilizar las mismas opciones que en Android (ADB, etc.).

Es relativamente sencillo de usar cuando se trata de instalar una aplicación:

- Desde la **Amazon Appstore**, busque la aplicación deseada e instálela.
- Una vez instalada, esta aparecerá en el menú **Inicio** como cualquier aplicación de Windows. Lo único que tiene que hacer es pulsar en ella para ejecutarla.

5. Base de registro

El registro desempeña un papel clave en la configuración de su sistema operativo. No es solo un conjunto de datos estáticos presentes en el disco duro, sino también, a través de una compleja arquitectura de información dinámica, una ventana abierta al corazón de su sistema.

El **Editor del Registro** es una herramienta que permite ver y editar toda la información contenida en los archivos Hive. Los archivos Hive son los archivos que contienen la configuración de su sistema operativo y sus aplicaciones. Se les conoce como el Registro. Tiene una barra de direcciones que se puede ocultar, autocompletado de accesos directos de teclado y abreviaturas para facilitar la navegación y la búsqueda.

5.1 Iniciar el Editor del Registro

En la zona de búsqueda ubicada a la derecha del menú Inicio, escriba regedit. Para iniciar varias instancias del Registro, use el modificador `-m`: `regedit -m`. Puede hacer esto tantas veces como desee. Recuerde que los cambios realizados en una instancia no se reflejarán en la otra, a no ser que el foco pase a la ventana y se actualice la visualización pulsando en la tecla [F5]. En Windows 11, si realiza un cambio en el Registro o en el Editor de objetos de directivas de grupo, los cambios se reflejarán inmediatamente (con algunas excepciones).

5.2 Estructura del Registro

5.2.1 Claves, valores y datos de valor

Hay cinco ramas visibles que puede expandir de diferentes maneras:

- Haciendo clic en la pequeña flecha ubicada a la izquierda.
- Haciendo doble clic en una de las ramas.
- Haciendo clic con el botón derecho en una de las ramas y seleccionando la opción **Expandir**.

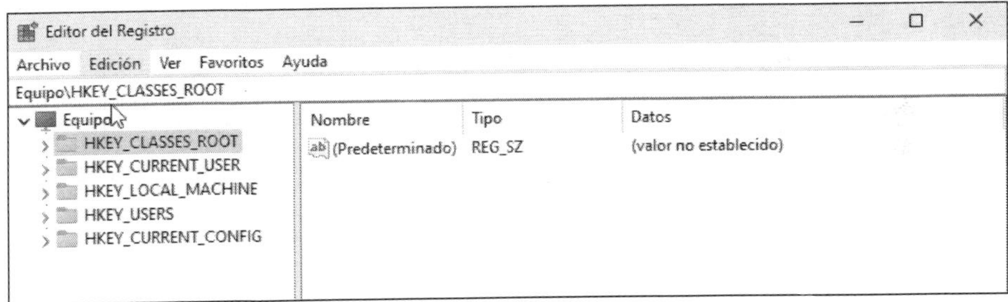

Verá que, dentro de cada una de las ramas, hay un árbol de claves y subclaves. Las claves son una forma de organizar los datos presentes clasificándolos por temas.

Si selecciona una de las claves, aparece una cierta cantidad de datos en el panel derecho. Estos son los valores. Un valor se compone de tres datos:

- nombre del valor,
- tipo de valor,
- datos escritos en el valor denominado "Datos del valor ".

Cada una de las claves puede contener uno o más valores.

Aunque no es posible modificar las ramas principales, puede realizar todo tipo de operaciones en las claves, los valores y los datos del valor.

5.2.2 Estructura

Hay cinco claves raíz visibles (o Hive).

- **HKEY_CLASSES_ROOT**: contiene principalmente información de asociación de archivos, componentes COM e información de registro de objetos.
- **HKEY_CURRENT_USER**: contiene los datos sobre el usuario que ha iniciado sesión actualmente.
- **HKEY_LOCAL_MACHINE**: contiene datos sobre el sistema.
- **HKEY_USERS**: contiene datos sobre todos los usuarios de su máquina.
- **HKEY_CURRENT_CONFIG**: contiene la información sobre el perfil de hardware actual.

Es común anotar algunas claves usando las siguientes abreviaturas:

- HKEY_CLASSES_ROOT: HKCR
- HKEY_CURRENT_USER: HKCU
- HKEY_LOCAL_MACHINE: HKLM
- HKEY_USERS: HKU
- HKEY_CURRENT_CONFIG: HKCC

La letra H representa el Handle Windows a las claves (KEY).

Algunas teclas funcionan como enlaces espejo que apuntan a otras partes del árbol:

- La clave HKEY_CLASSES_ROOT es un espejo de esta: HKEY_LOCAL_MACHINE - SOFTWARE - Classes
- La clave HKEY_CURRENT_USER se corresponde con esto: HKEY_USERS - < Usuario que ha iniciado sesión actualmente>
- La clave HKEY_CURRENT_CONFIG es un espejo de esta rama: HKEY_LOCAL_MACHINE - SYSTEM - CurrentControlSet - Hardware Profiles - Current

En conclusión, solo las claves HKEY_USERS y HKEY_LOCAL_MACHINE tienen existencia propia.

5.2.3 Archivos de Hive

Toda la información del registro se extrae directamente de los archivos de Hive. Estos se colocan principalmente en C:\Windows\System32\config. Aquí está la lista de coincidencias:

- HKEY_LOCAL_MACHINE\BCD00000000: \Boot\BCD
- HKEY_LOCAL_MACHINE\COMPONENTS:\Windows\System32\config\COMPONENTS
- HKEY_LOCAL_MACHINE\DRIVERS: \Windows\System32\config\DRIVERS. Este subárbol se crea para el arranque del sistema y se borra poco después.
- HKEY_LOCAL_MACHINE\SAM: \Windows\System32\config\SAM

- HKEY_LOCAL_MACHINE\SECURITY: \Windows\System32\config\SECURITY
- HKEY_LOCAL_MACHINE\SOFTWARE: \Windows\System32\config\SOFTWARE
- HKEY_LOCAL_MACHINE\SYSTEM: \Windows\System32\config\SYSTEM
- HKEY_USERS\.DEFAULT: \Windows\System32\config\DEFAULT
- HKEY_USERS\<SID usuario>: \Users\<Nombre_Usuario>\ntuser.dat
- HKEY_USERS\<SID del usuario>_Classes: \Users\<Nombre_Usuario>\AppData\Local\Microsoft\ Windows\UsrClass.dat

Hay dos archivos de Hive bastante particulares creados por NTDETECT.COM cada vez que se inicia:

- HKEY_USERS\S-1-5-19: \Windows\ServiceProfiles\LocalService\NTUSER.DAT. Servicio local.
- HKEY_USERS\S-1-5-20: \Windows\ServiceProfiles\NetworkService\NTUSER.DAT Servicio de red.

Estos archivos pueden tener diferentes tipos de archivos (extensiones):

- REGTRANS-MS: estos archivos son registros de transacciones que se utilizan para almacenar cambios en el registro para evitar daños en los archivos del subárbol.
- BLF: estos archivos de log se utilizan de la misma manera que los archivos regtrans-ms por parte del componente CLFS (*Common Log File System*), para almacenar los cambios en el registro y evitar daños en los archivos de Hive.
- LOG: son archivos de log que trazan los cambios en una clave o valor determinados.

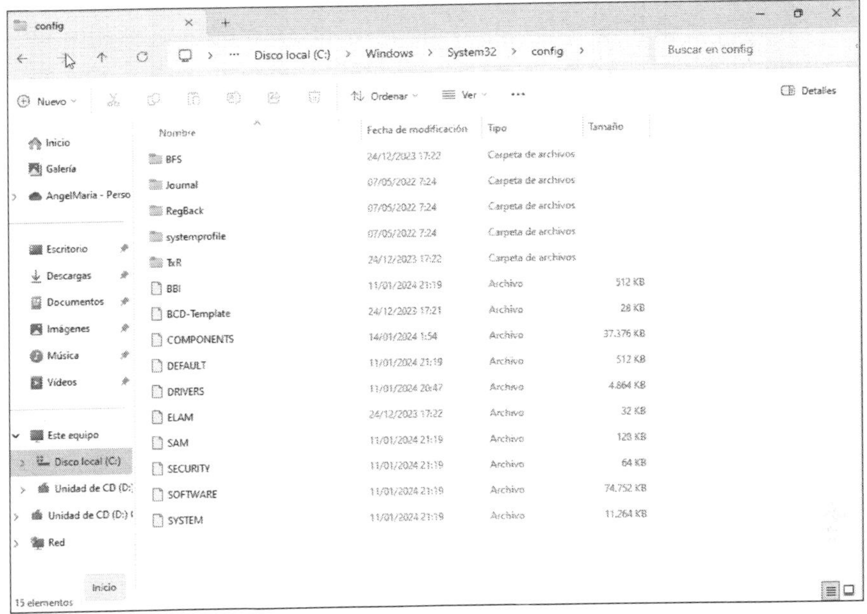

Las versiones de copia de seguridad de los archivos de Hive están disponibles en el directorio C:\Windows\System32\config\RegBack. Esta es la mejor opción si desea restaurar manualmente un archivo de Hive de tipo Machine por otra versión.

La lista de archivos de Hive se puede obtener mostrando el contenido de esta clave del registro:
HKEY_LOCAL_MACHINE - SYSTEM - CurrentControlSet - Control - hivelist.

5.3 Manipulación del Registro

5.3.1 Modificación de claves

Hay varias formas de crear una nueva clave. Por ejemplo, puede:

- seleccionar la clave padre,
- hacer clic en **Edición - Nuevo - Clave**. Aparecerá una mención *Nueva clave #1*,
- dado que está en modo de edición de forma predeterminada, puede escribir directamente el nombre de su clave,
- para volver al modo de edición, pulse en la tecla [F2].

También puede utilizar el menú contextual accesible desde la tecla que actuará como contenedor.

También es posible cambiar el nombre o eliminar ([Eliminar]) una clave.

No puede eliminar ni seleccionar diferentes teclas manteniendo pulsada las teclas [Ctrl] o [Mayús]. Este no es el caso de los valores.

Observación

Cada vez que cree una clave, se le dará automáticamente un valor (predeterminado).

5.3.2 Cambio de valores

De la misma manera que antes, puede crear nuevos valores DWORD, cadenas, binarios, etc. El nombre predeterminado será: **Nuevo valor #1**.

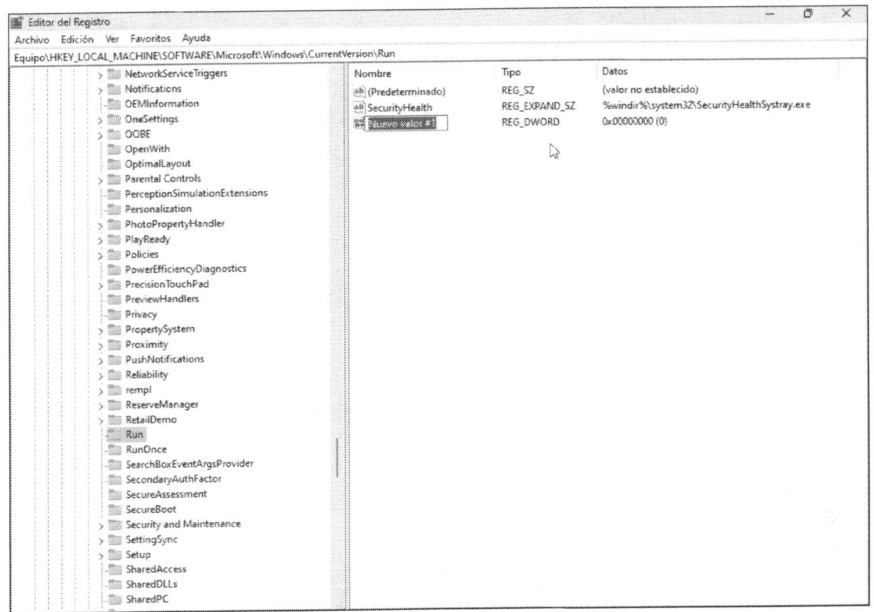

- Para introducir datos en la entrada que acaba de crear, haga doble clic en el valor e introduzca la cadena de caracteres en la zona de texto **Datos del valor**.

  También puede hacer clic con el botón derecho del ratón en esta entrada y después hacer clic en el comando **Editar**. Se puede acceder al mismo comando desde el menú **Edición**.

Hay dos comandos: **Editar** y **Editar binario**. Este último permite mostrar los datos en su representación hexadecimal.

Puede ver directamente este tipo de datos si ha seleccionado un valor DWORD o binario, haciendo clic en **Ver - Mostrar datos binarios**.

Además, cuando se introducen los datos de valor en una entrada DWORD, se puede elegir entre utilizar la base decimal o hexadecimal. En el primer caso, lo único que tiene que hacer es marcar el botón de opción **Decimal**. En cualquier caso, el dígito o número que haya introducido se mostrará en base hexadecimal.

Al crear un nuevo valor de tipo cadena, los datos del valor estarán vacíos.

En el caso de un valor DWORD o binario, los datos serán automáticamente iguales a cero o el valor binario tendrá una longitud igual a cero.

Al crear una nueva clave, el valor (valor predeterminado) indica que los datos no están establecidos (valor no establecido).

5.4 Buscar en el registro

Para iniciar una búsqueda:

- Seleccione el árbol de inicio y haga clic en **Edición - Buscar** (o [Ctrl]+[F]). Ahora es posible buscar en todas las hives seleccionando **Equipo**.
- En el cuadro de texto **Buscar**, escriba la frase que está buscando.
- En la sección **Buscar en**, seleccione si va a buscar:
  - **Claves**
  - **Valores**
  - **Datos**
- Puede activar la casilla de verificación **Solo cadenas completas** si prefiere buscar solo apariciones que coincidan exactamente con la frase que está buscando (y no parcialmente).

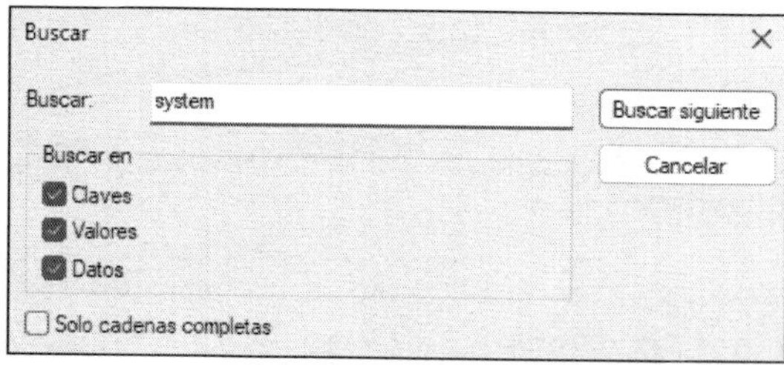

- Para volver a iniciar una búsqueda, haga clic en **Edición - Buscar siguiente** o pulse en la tecla [F3].

Cada vez, se resaltará la entrada o clave correspondiente.

Además, una búsqueda siempre comienza desde la clave seleccionada. Para volver rápidamente al punto de partida, pulse en el botón [Inicio] o [Home]. La rama Equipo se resaltará automáticamente.

5.5 Importación o exportación de una clave

Esto permite copiar todos los valores contenidos en una clave, así como la propia clave. Su ventaja es que puede exportar una parte del registro desde un ordenador "sano" y luego importarla al sistema "enfermo". Esta es una forma rápida y segura de solucionar un problema causado por entradas de registro defectuosas.

Seleccione una de las claves del registro.

- Haga clic en **Archivo - Exportar**. También puede utilizar el comando **Exportar** en el menú contextual de la clave.
- En la lista desplegable **Guardar en**, seleccione el directorio de destino.
- En el cuadro de texto **Nombre**, escriba un nombre para el archivo. Recuerde que no tiene ninguna importancia el nombre que seleccione.
- En la lista desplegable **Tipo**, seleccione el formato que tendrá el archivo de registro.

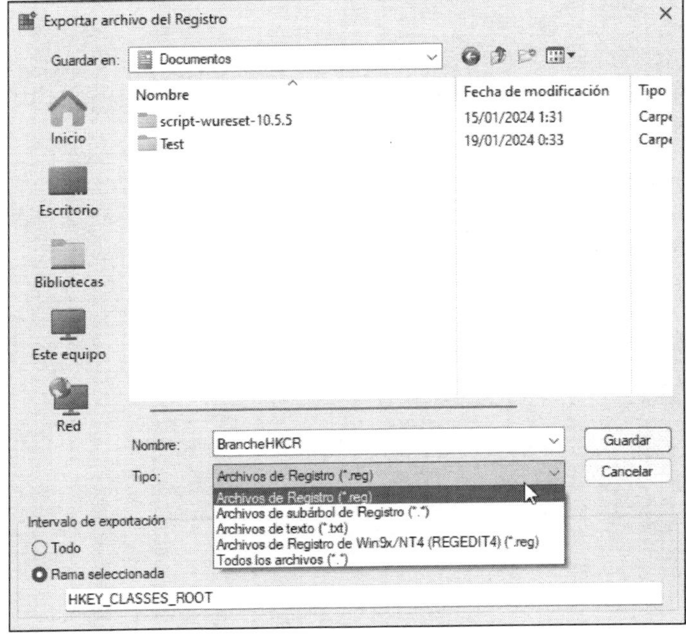

Estas son las diferentes opciones:

- **Archivos de Registro (*.reg)**: el archivo tendrá una extensión REG y tendrá el siguiente encabezado: **Windows Registry Editor Version 5.00**. Este formato es compatible con Windows XP y versiones posteriores.
- **Archivos de subárbol de Registro (*.*)**: este archivo no tendrá una extensión visible. Veremos su utilidad práctica un poco más adelante. Si lo desea, puede usar la extensión .hiv.
- **Archivos de texto (*.txt)**: el archivo tendrá una extensión TXT. Observe que muestra el nombre de la clase, así como la última hora de escritura de cada clave o valor enumerado.
- **Archivos de Registro Win9x/NT4 (REGEDIT4)(*.reg)**: este formato de registro es compatible con versiones anteriores de Regedit, que se pueden encontrar en Windows 9X, ME y Windows NT. El encabezado del archivo será el siguiente: **REGEDIT4**. También puede utilizar este formato de registro en los sistemas Windows más actuales.
- **Todos los archivos**: esta opción simplemente permite cambiar la extensión de su archivo de registro.

Esta última opción merece algunas aclaraciones: un archivo de registro no necesita tener una extensión REG. Esto funciona igual de bien con un archivo sin extensión que con una extensión que se haya inventado.

▶ En la sección **Intervalo de exportación**, especifique si desea exportar todo el registro (**Todo**) o solo el árbol que seleccionó (**Rama seleccionada**). Esta última opción es mucho más razonable.

▶ Haga clic en el botón **Guardar**.

Edición de un archivo de exportación

- Para editar un archivo de registro REG o de texto, haga clic con el botón derecho del ratón en el archivo y seleccione el comando **Editar**.
- El archivo de registro se abrirá en el bloc de notas de Windows. También puede configurar otro programa haciendo clic en el submenú **Abrir con**.

A continuación, se explica cómo hacerlo en el caso de los archivos Hive:

- Haga clic con el botón derecho del ratón en el archivo y seleccione el comando **Abrir con**.
- En la ventana que aparece en pantalla, elija una aplicación para abrir el archivo, como el bloc de notas de Windows.

Como puede ver, es ilegible.

Comparación de formatos de copia de seguridad

Ahora veamos las ventajas y los inconvenientes de los dos formatos de copia de seguridad, **Archivos de Registro (*.reg)** y **Archivos de subárbol de Registro (*.*)**:

- Un archivo de subárbol puede tener el doble de tamaño que un archivo *.reg*. Esta es una imagen binaria del árbol que ha guardado. No se puede importar un archivo de este tipo mediante el comando Regedit o haciendo doble clic en el archivo de subárbol. Debe hacer clic en **Archivo - Importar** y seleccionar después el archivo de Hive. A diferencia de un archivo .reg, la arborescencia existente se sobrescribirá y su contenido será completamente sustituido por el del archivo .hiv.
- En el caso de un archivo *.reg*, se conservan los valores antiguos. Si dos valores tienen el mismo nombre, solo se cambian los datos del valor, si es necesario.

Veamos un ejemplo de una aplicación práctica:

- En el registro, abra la rama: **HKEY_CURRENT_USER**.
- Cree una nueva clave denominada `Test`.
- Seleccione esta última clave y cree un valor de cadena llamado `Test1`.
- Edite este valor y, a continuación, introduzca cualquier texto: "Es solo una prueba".
- Exporte la clave **Test** como un archivo de subárbol y, a continuación, en formato REG.
- Vuelva a editar el valor de **Test1** y cambie su contenido.
- Cree un segundo valor de cadena denominado `Test2`.

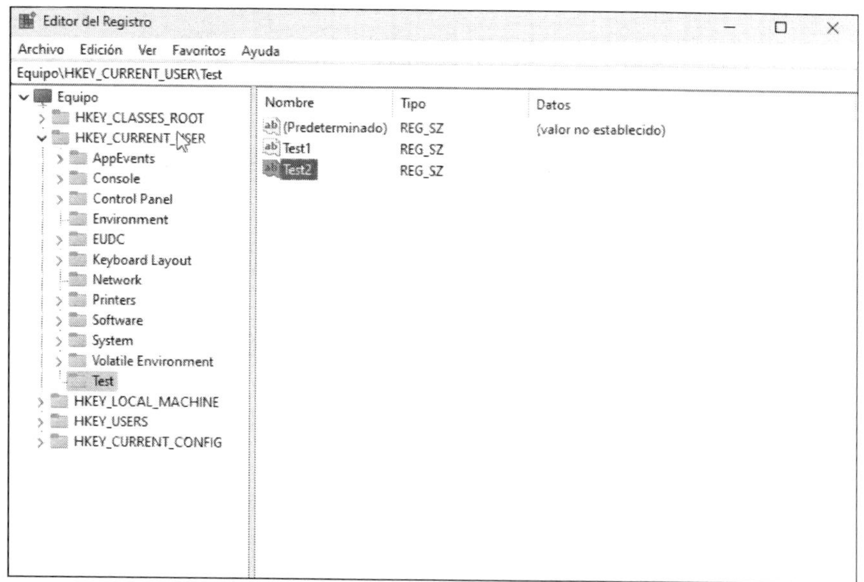

- Abra el explorador de Windows en la ubicación en la que realizó la copia de seguridad de los archivos REG y Hive.
- Haga clic con el botón derecho del ratón en el archivo REG y, a continuación, haga clic en **Mostrar más opciones - Combinar**. Tenga en cuenta que también puede hacer doble clic en el archivo de registro.

- Confirme la fusión de los datos con el registro de Windows.
- Después de actualizar la visualización del registro pulsando en la tecla [F5], verá que:
  – los datos del valor **Test1** se han modificado correctamente,
  – el valor **Test2** sigue presente.
- En el registro, haga clic en **Archivo - Importar** y, a continuación, seleccione la carpeta que contiene el archivo Hive guardado.
- En la lista desplegable de la parte inferior de la ventana, seleccione la opción **Archivos de subárbol de Registro (*.*)** y, a continuación, seleccione el archivo.
- Haga clic en el botón **Abrir**.
- Confirme que desea reemplazar la clave haciendo clic en **Sí**.

El registro Windows se actualiza inmediatamente y la clave **Test2** se ha eliminado correctamente.

Todo esto es para decir que, si necesita hacer una copia de seguridad de las claves del registro antes de hacer algo que parezca arriesgado, es mejor exportarlas en formato Hive y no en formato REG.

Otra pregunta que nos viene a la mente: si realizamos un cambio en los permisos de acceso de una clave de registro, ¿es posible restaurarlos a su estado anterior? Hagamos el mismo tipo de operación que antes:

- Seleccione la clave denominada **Test** y, a continuación, en el menú **Edición**, haga clic en el botón **Permisos**...
- Haga clic en el botón **Opciones avanzadas** y, a continuación, haga clic en el botón **Bloquear herencia**.
- Haga clic en el enlace **Convertir los permisos heredados en permisos explícitos en este objeto**.

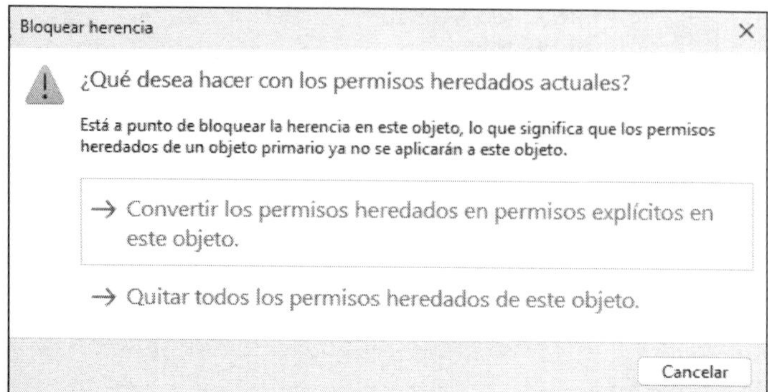

- Seleccione el nombre de usuario que aparece en la sección **Grupo o Nombres de usuario** y, a continuación, haga clic en los botones **Eliminar** y **Aceptar**.

Así tenemos:

- deshabilitado el mecanismo de herencia de permisos NTFS.
- eliminada su cuenta de la lista de usuarios que disponen de permisos de acceso a la clave.

- Haga clic con el botón derecho del ratón en el archivo de registro y, a continuación, haga clic en el comando **Combinar**.

Si vuelve a acceder al conjunto de permisos NTFS de la clave Test, verá que la situación sigue siendo la misma.

- Realice la misma operación, pero esta vez importe el archivo de Hive.
- Vuelva a abrir la ventana de permisos de clave **Test**. Esta vez, se ha restablecido el mecanismo de herencia y el juego de permisos.

Una vez más, la conclusión es clara: si necesita realizar cambios en el conjunto de permisos de una clave, elija un archivo de subárbol como sistema de copia de seguridad.

5.6 Reparación de un servicio mediante las funcionalidades WinRE

Vamos a usar el mismo truco para editar el registro de Windows. Esto supone que las funcionalidades WinRE de reparación o recuperación no funcionaron y que no puede restaurar el equipo a un estado anterior.

- Abra una ventana del símbolo del sistema.
- Escriba estos dos comandos, validando cada vez con [Intro]:
  - `cd \windows\inf\`
  - `notepad setupapi.setup.log`

Cada servicio y controlador de dispositivo se ordena por fecha.

- Por lo tanto, identifique el último controlador o servicio que se instaló.
- A continuación, introduzca este comando: regedit.
- Cargue el subárbol SYSTEM al que se puede acceder en esta ubicación: **Windows - System32 - Config**
- Asígnele un nombre temporal y, a continuación, abra este árbol: **Current - ControlSetxxx - Services**
- A continuación, busque la clave instalada por el servicio o el controlador anotado anteriormente.
- Edite un valor DWORD denominado **Start** y, a continuación, escriba el número 4 como dato del valor para deshabilitar el controlador.
- Descargue el subárbol temporal y, a continuación, reinicie el equipo.

6. Servicios Windows

6.1 Presentación de servicios

Los servicios de Windows son capas de software del sistema operativo o de una aplicación que se ejecutan en segundo plano, sin interfaz visible, y permiten que funcionen los programas, las aplicaciones, los controladores o los componentes de Windows. Son administrados por el *Service Control Manager* (SCM). Se cargan automáticamente cuando se inicia el sistema y proporcionan funciones esenciales u opcionales. Son visibles desde el **Administrador de tareas**, pestaña **Servicios**. Aquí es posible iniciarlos o detenerlos.

La lista de servicios no es fija, sino que algunos de ellos se pueden añadir por aplicaciones recién instaladas.

6.2 Acciones avanzadas en los servicios

- Abra el **Administrador de tareas** y haga clic en la pestaña **Servicios**.
- Haga clic en el botón ... (**Ver más**) y haga clic en **Abrir servicios**. Como alternativa, escriba la palabra clave services.msc en el menú **Inicio** o en el campo de búsqueda. La aplicación **Servicios** se ejecuta y aparece.

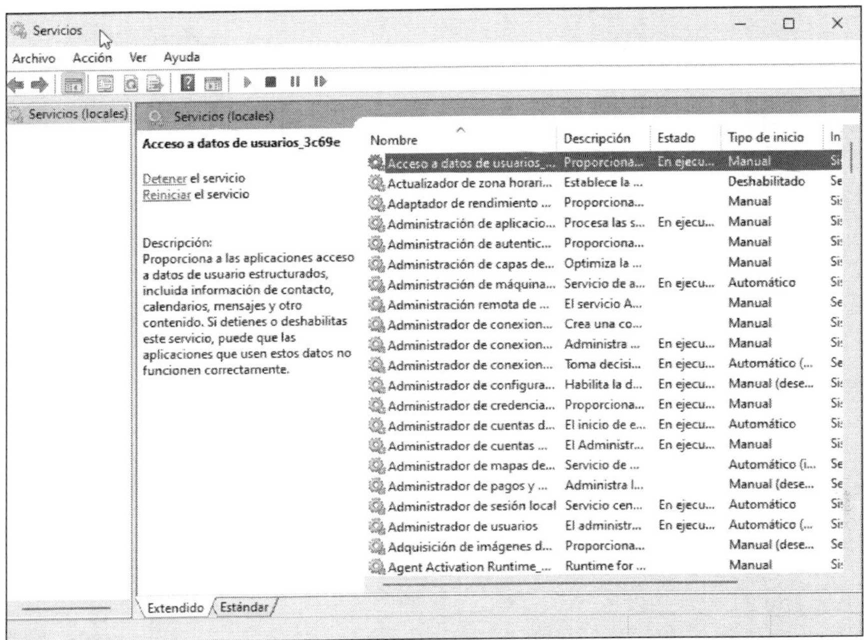

Al igual que en el administrador de tareas, aquí es posible iniciar, detener o reiniciar un servicio. La ventaja de esta consola es la posibilidad de determinar si el proceso se inicia automáticamente o no y, sobre todo, de obtener información adicional, como sus dependencias.

- Seleccione un servicio, como **Cliente DHCP**, y haga clic con el botón derecho del ratón. En el menú contextual, haga clic en **Propiedades**. Se abre la ventana de las propiedades del servicio.

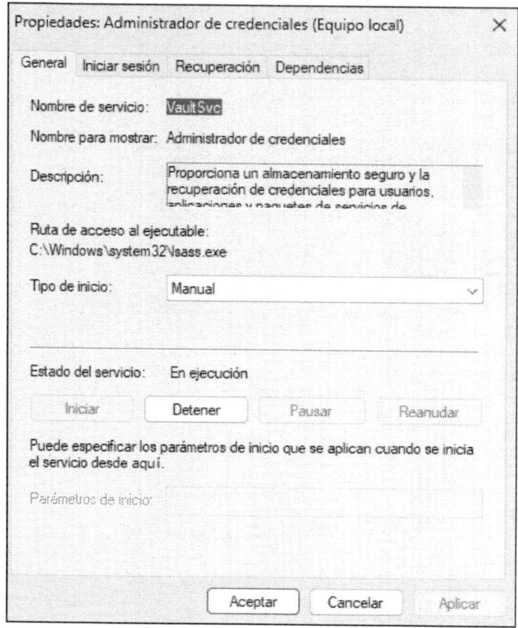

La pestaña General

Esta pestaña permite entender el rol del servicio, el comando ejecutado y definir el tipo de inicio (**Automático**, **Manual** o **Deshabilitado**). En este caso, el nombre del servicio es: VaultSyc. Este es el nombre real del servicio que le permitirá identificarlo si está realizando tareas de mantenimiento desde el **Símbolo del sistema**, la consola de recuperación o las funcionalidades WinRE.

- La propiedad **Estado del servicio** indica si el servicio está arrancado actualmente. Un servicio se detiene cuando no hay ninguna mención **En ejecución** junto a su nombre. Por supuesto, puede iniciar un servicio haciendo clic en el botón **Iniciar**.

- La lista **Tipo de inicio** (se muestra un poco más arriba) muestra una de las cuatro posibilidades:
  - **Automático**: el servicio se activará automáticamente tan pronto como se inicie el sistema. Si este servicio no es necesario, se detendrá.
  - **Automático (inicio retrasado)**: esta opción es similar a la anterior excepto que no se iniciará al mismo tiempo que el sistema (sino después de la aparición del escritorio de Windows). Esto garantiza que no se utilice toda la memoria disponible cuando se inicie el sistema.
  - **Manual**: el servicio se iniciará o detendrá a petición del usuario.
  - **Deshabilitado**: el servicio no se puede iniciar a menos que se vuelva a habilitar.

Pestaña Iniciar sesión

Esta pestaña permite que este servicio se ejecute con una cuenta diferente a la cuenta del usuario, como la cuenta Servicio local para el cliente DHCP.

Pestaña Recuperación

Utilice esta pestaña para definir qué hacer si se produce un error en un servicio: reiniciarlo, ejecutar otro programa, reiniciar el equipo o no hacer nada.

Pestaña Dependencias

Puede ver los vínculos o dependencias que existen entre los diferentes servicios. Por ejemplo, no podrá iniciar un servicio si no se inician los servicios de los que depende. Existe una estricta equivalencia en el registro.

6.2.1 Deshabilitar un servicio

A veces, puede ser necesario deshabilitar un servicio:

- Para intervenir en un proceso en ejecución o impedir que un proceso se ejecute temporalmente. Por ejemplo, puede deshabilitar temporalmente el servicio Windows Update para limitar el uso del ancho de banda o reparar un mal funcionamiento.
- Para mejorar el rendimiento. Windows es un sistema operativo listo para usar y adaptado a cualquier tipo de entorno. Algunos programas están instalados y activados, pero no son útiles para todos. Lanzarlos y ejecutarlos utiliza algunos recursos del procesador y memoria RAM. Por ejemplo, si no tiene un escáner, el servicio de **Adquisición de imágenes de Windows (WIA)** no le será de ninguna utilidad. Sin embargo, este se carga automáticamente cuando se inicia el ordenador.
- Por razones de seguridad.
- Para evitar que los usuarios accedan a determinadas funciones. Los administradores de sistemas utilizan a veces esta práctica en las empresas.

La desactivación permanente de un servicio se lleva a cabo:

- En la pestaña **Propiedades**, estableciendo el tipo de inicio en **Deshabilitado**.
- A través del símbolo del sistema (administrador), escribiendo: `sc config <Nombre del servicio> start= disabled`.
- A través de un terminal de PowerShell (administrador), escribiendo: `Set-Service -Name <Nombre de servicio> -StartupType Disabled -Status Stopped`.

Tenga cuidado si desea detener un servicio: esto puede afectar a la estabilidad del sistema. Y si está considerando deshabilitar un servicio, puede perder algunas funciones que no sabía que estaban relacionadas con dicho servicio.

6.3 Solución de problemas de un servicio

¿No puede imprimir un documento? Reinicie el servicio **Cola de impresión**.

¿Windows no busca las últimas actualizaciones? Compruebe que el servicio **Windows Update** no está deshabilitado y vuelva a iniciarlo.

6.3.1 Lista de servicios de Windows 11

A continuación, encontrará la lista de los principales servicios existentes en Windows 11. Para cada uno de ellos, se precisa:

- el nombre completo del servicio,
- el nombre abreviado del servicio,
- el proceso mediante el cual se lleva a cabo,
- una breve descripción de su papel en el sistema y las posibles consecuencias si decide desactivarlo.

Por supuesto, esta lista está sujeta a cambios con las diferentes actualizaciones de Windows.

Acceso a los datos de usuario - UserDataSvc - svchost.exe

Proporciona acceso a las aplicaciones a los datos estructurados del usuario, incluida la información de contacto, calendarios, mensajes y otro contenido. Si detiene o deshabilita este servicio, es posible que las aplicaciones que utilizan estos datos no funcionen correctamente.

Adquisición de imágenes de Windows (WIA) - stisvc - svchost.exe

Proporciona servicios de adquisición de imágenes para escáneres y cámaras de fotos. Muchos dispositivos y aplicaciones dejarán de funcionar si deshabilita este servicio (Windows Movie Maker, por ejemplo).

Agent Activation Runtime - AarSvc - svchost.exe

Rutina para activar las conversaciones del asistente. Si deshabilita este servicio, el asistente no se iniciará.

Agente de directiva IPsec - PolicyAgent - svchost.exe

Soporta en su totalidad la seguridad del protocolo IPsec. Si deshabilita este servicio, no será posible conectarse si su red se ha configurado para requerir autenticación IPsec. Además, ya no será posible la administración remota del firewall de conexión a Internet integrado de Windows. Si está utilizando un módem o rúter, es posible que este servicio esté deshabilitado.

Alimentación - Power - svchost.exe

Este servicio administra la directiva de alimentación eléctrica y la entrega de notificaciones de la directiva de energía. La desactivación de este servicio impedirá que el sistema funcione.

Llamada a procedimiento remoto - RpcSs - svchost.exe

Actúa como mapeador de terminaciones y administrador de control de servicios. Si deshabilita este servicio, ya no podrá iniciar Windows... No lo haga bajo ninguna circunstancia.

Aplicación del sistema COM+ - COMSysApp - dllhost.exe

Administra la configuración y supervisión de los componentes principales de COM+. Este servicio no se debe desactivar. De lo contrario, un número significativo de servicios, como RPC, ya no funcionarán.

Soporte IP - iphlpsvc - svchost.exe

Proporciona conectividad IPv6 automática a través de una red IPv4. Cabe destacar que la mayoría de las redes no utilizan direccionamiento IPv6 y, por lo tanto, este servicio se puede desactivar sin temor a las posibles consecuencias.

Compatibilidad con NetBIOS a través de TCP/IP - lmhosts - svchost.exe

Soporta el servicio NetBIOS a través de TCP/IP y resolución de nombres NetBIOS. Este servicio es esencial para redes de pequeño tamaño en las que se requiere la configuración de NetBIOS over TCP/IP. Si ha instalado uno o más servidores que proporcionan esta funcionalidad, puede deshabilitar este servicio.

Asistente para conectividad de red - NcaSvc - svchost.exe

Notifica el estado de la funcionalidad DirectAccess. Este servicio se puede desactivar si no utiliza esta funcionalidad.

Asistente de conexión con una cuenta de Microsoft - wlidsvc - svchost.exe

Un servicio que se utiliza para iniciar sesión en el puesto de trabajo desde los servicios de identidad de cuentas de Microsoft. Puede deshabilitar este servicio si utiliza cuentas de usuario locales.

Windows Audio - AudioSrv - svchost.exe

Administra dispositivos de audio. Si desactiva este servicio, los dispositivos multimedia dejarán de funcionar.

Autenticación natural - NaturalAuthentication - svchost.exe

Permite una autenticación simplificada basada en la entrada del sensor y otros factores de confianza. Puede desactivar este servicio.

Branchcache - PeerDistSvc - svchost.exe

Administra la función de almacenamiento en caché de contenido de red, cuando está habilitada. Este servicio se puede desactivar si no utiliza esta funcionalidad.

Caché de fuentes de Windows Presentation Foundation - FontCache - PresentationFontCache.exe

Cachea las fuentes que se utilizan con frecuencia para optimizar el rendimiento del sistema. Permite una visualización moderna de las aplicaciones gracias al renderizado vectorial.

CaptureService - CaptureService - svchost.exe

Habilita la funcionalidad de captura de pantalla opcional para las aplicaciones que llaman al API Windows.Graphics.Capture. Esto permite que las aplicaciones inicien la interfaz del sistema para utilizar esta funcionalidad. No es vital, por lo que se puede desactivar.

Tarjeta inteligente - ScardSvr - svchost.exe

Administra el acceso a las tarjetas inteligentes que lee este equipo. En principio, puede desactivar este servicio a menos que utilice este tipo de dispositivo.

Tarjeta de rendimiento WMI - wmiApSrv - WmiApSrv.exe

Proporciona información sobre la librería de rendimiento a partir de los proveedores Hperf y WMI. Si deshabilita este servicio, ya no se recopilarán estadísticas sobre el rendimiento de su ordenador.

Centro de seguridad - wscsvc - svchost.exe

Analiza la configuración de seguridad y las configuraciones del sistema. Los mensajes del centro de seguridad no se mostrarán si deshabilita este servicio, pero esto no afectará al funcionamiento de los servicios del centro de seguridad.

Instantáneas de volumen - VSS - vssvc.exe

Administra e implementa las instantáneas de los espacios de almacenamiento para las copias de seguridad y otros usos. No será posible utilizar este conjunto de funcionalidades si se deshabilita el servicio.

Cliente de directiva de grupo - gpsvc - svchost.exe

Es el responsable de aplicar la configuración definida para el ordenador y para los usuarios a través del componente de directiva de grupo. No es posible deshabilitar este servicio, independientemente de la versión de Windows que esté instalada.

Cliente de seguimiento de vínculos distribuidos - TrkWks - svchost.exe

Mantiene los vínculos entre archivos NTFS dentro de un ordenador o un conjunto de equipos en red. Los usuarios ya no podrán seguir los enlaces al ordenador desde el que esté desactivado este servicio. Pongamos un ejemplo: en el ordenador A se crea un archivo. Es posible crear un acceso directo desde el ordenador B al archivo del ordenador A. Si el archivo se mueve al ordenador A, seguirá siendo posible acceder desde el ordenador B. Este tipo de servicio no se utiliza en una red de pequeño tamaño.

Cliente DHCP - Dhcp - svchost.exe

Registra y actualiza las direcciones IP y los registros de su equipo. Su sistema no podrá obtener una dirección IP automática si no se está ejecutando. Por lo tanto, este servicio se puede desactivar si está utilizando el direccionamiento IP en modo manual.

Cliente DNS - Dnscache - svchost.exe

Almacena en caché los nombres DNS y registra el nombre completo del equipo. Si el servicio no está activo, la máquina ya no escribirá los resultados de las consultas DNS resueltas en su caché local. Por lo tanto, a priori, es difícil considerar la desactivación de este servicio.

Recopilador de eventos de Windows - Wecsvc - svchost.exe

Administra las suscripciones persistentes a eventos de orígenes remotos que admiten el protocolo Administrador de servicios web. Este servicio no parece tener un uso directo, por lo que es posible desactivarlo.

Configuración automática de redes cableadas - dot3svc - svchost.exe

Realiza la autenticación IEEE 802.1X en interfaces Ethernet. Si lo desactiva, este proceso de autenticación ya no funcionará. En resumen, este servicio es necesario si está conectado a una red cableada que utilice este tipo de autenticación.

Configuración automática de dispositivos conectados a la red - NcdAutoSetup - svchost.exe

Instala automáticamente dispositivos de red calificados. Deshabilite este servicio si desea suspender la detección e instalación automática de dispositivos de red. Sin embargo, aún será posible instalarlos manualmente.

Configuración de Escritorio remoto - SessionEnv - svchost.exe

Este servicio es responsable del correcto funcionamiento del escritorio remoto y de los servicios del terminal. Si no utiliza estas herramientas, puede desactivarlos.

Reconocimiento de ubicación de red - NlaSvc - svchost.exe

Recopila y almacena información de configuración de red. Servicios como Conexión a Internet compartida o Firewall de Windows no funcionarán si lo desactiva.

Conexiones de red - Netman - svchost.exe

Admite objetos presentes en la carpeta Conexiones de red y acceso remoto. Si este servicio está deshabilitado, será imposible establecer una conexión de red. Del mismo modo, las notificaciones de red presentes en la barra de tareas ya no se mostrarán.

ConsentUXUsersvc - ConsentUXUsersvc – svchost.exe

Permite al usuario autorizar a las aplicaciones a acceder a determinados datos confidenciales.

Consumo de datos - DusmSvc - svchost.exe

Ayuda a supervisar el consumo de datos de red y a limitar los datos en segundo plano. Es posible desactivar este servicio.

Contenedor de Microsoft Passport - NgcCtnrSvc - svchost.exe

Administra las claves de identidad de usuario local que se usan para autenticar al usuario en los proveedores de identidades, así como las tarjetas inteligentes virtuales en el módulo de plataforma segura (TPM). Este servicio está detenido.

Control parental - WpcMonSvc - svchost.exe

Permite el correcto funcionamiento del control parental y la gestión de las cuentas de usuario infantiles. Este servicio carece de utilidad si no se utiliza esta funcionalidad.

Coordinador de transacciones distribuidas - MSDTC - msdtc.exe

Coordina las transacciones que implican a varios administradores de recursos, como bases de datos, colas de mensajes y sistemas de archivos. Si deshabilita este servicio, afectará a los servidores web y a los servidores SQL. Dado que este tipo de funcionalidades no se usan con frecuencia, puede desactivarlas sin problema. Sin embargo, tenga en cuenta que este servicio será necesario en un futuro próximo para algunas aplicaciones .NET.

CoreMessaging - CoreMessagingRegistrar - svchost.exe

Permite gestionar la comunicación entre elementos del sistema. No desactive este servicio.

CredentialEnrollmentManagerUserSvc - CredentialEnrollmentManagerUserSvc - CredentialEnrollmentManager.exe

Administrador de inscripción de credenciales.

Dcsvc - dcsvc - svchost.exe

Servicio de configuración declarado. Está relacionado con los servicios de escritorio remoto.

Detección SSDP - SSDPSRV - svchost.exe

Obtiene información sobre los dispositivos que usan el protocolo de detección SSDP. Si se deshabilita, el equipo no podrá detectar dispositivos UPnP en la red.

Detección de hardware shell - ShellHwDetection - svchost.exe

Proporciona notificaciones a los eventos de hardware de lectura automática. Es solo otra forma de desactivar las notificaciones de inserción automática. Si se deshabilita, ya no verá las unidades en el explorador de archivos y cuando acceda a las propiedades de las mismas, no se mostrará la pestaña Reproducción automática.

DeviceAssociationBroker - DeviceAssociationBrokerSvc - svchost.exe

Permite que las aplicaciones emparejen dispositivos. Si lo desactiva, ya no podrá emparejar estos dispositivos.

DevicePicker - DevicePickerUserSvc - svchost.exe

Este servicio de usuario se utiliza para administrar la interfaz de usuario Miracast, DLNA (*Media File Sharing Standard*) y DIAL (*Discovery Protocol*).

Diagnostic Execution Service - diagsvc - svchost.exe

Ejecuta diagnósticos cuando se producen problemas. Es recomendable dejarlo activado.

DialogBlockingService - DialogBlockingService - svchost.exe

Este servicio está deshabilitado de forma predeterminada. Microsoft no proporciona información sobre su función.

Disco virtual - vds - vds.exe

Proporciona servicios de administración de discos, volúmenes, sistemas de archivos y objetos. Ya no se podrá acceder al complemento "Administración de discos" si deshabilita este servicio.

Datos de contacto - PimIndexMaintenanceSvc - svchost.exe

Indexa los datos de contacto para facilitar la búsqueda. Detener este servicio puede reducir los resultados durante el rastreo de contactos.

Carpetas de trabajo - workfolderssvc - svchost.exe

Servicio de sincronización de archivos para la funcionalidad Carpetas de trabajo. Esta funcionalidad requiere que se configure el servicio Carpetas de trabajo en el lado del servidor. Este servicio se puede desactivar si no está en uso.

Eventos de adquisición de imágenes estáticas - WiaRpc - svchost.exe

Proporciona comunicación entre las aplicaciones de captura de imágenes y los dispositivos para su edición y uso. Si desactiva este servicio, no podrá utilizar las funcionalidades de captura de imágenes desde un dispositivo externo.

Experiencia de calidad de audio y vídeo de Windows - QWAVE - svchost.exe

qWave es una plataforma de red para aplicaciones multimedia. Algunas aplicaciones de streaming dejarán de funcionar si se desactiva este servicio.

Experiencias del usuario y telemetría asociadas - DiagTrack - svchost.exe

Este servicio gestiona la recopilación y transmisión de información de diagnóstico y uso basada en eventos (con el fin de mejorar la experiencia y la calidad de la plataforma Windows). Este servicio se puede deshabilitar.

Extensiones y notificaciones de impresora - PrintNotify - svchost.exe

Gestiona las notificaciones relacionadas con las impresoras y los servidores de impresión. No desactive este servicio si está utilizando las funcionalidades de impresión de su sistema operativo.

Archivos sin conexión - CscService - svchost.exe

Realiza actividades de mantenimiento en la caché Archivos sin conexión. Ya no se podrá acceder a los archivos sin conexión si lo desactiva.

FileSyncHelper - FileSyncHelper - FileSyncHelper.exe

Si es necesario, vuelva a configurar los permisos y recursos compartidos de OneDrive.

Filtro de teclado de Microsoft - MsKeyboardFilter - svchost.exe

Controla el filtrado y el mapeo de teclas. Permite eliminar errores de escritura. Deshabilitado de forma predeterminada.

Flujo de dispositivos - DevicesFlowUserSvc - svchost.exe

Permite la detección y conexión de dispositivos Wi-Fi y Bluetooth desde ConnectUX o Configuración de PC. Si lo desactiva, la conexión no será posible.

Proveedor de instantáneas de software de Microsoft - swprv - svchost.exe

Administra las copias de software de las instantáneas de los volúmenes. A priori, este servicio se puede dejar en modo Manual si se están utilizando las funcionalidades de copia de seguridad integradas en Windows. Tenga en cuenta que, a menudo, este servicio es necesario para ejecutar aplicaciones de terceros para crear imágenes de copia de seguridad del disco.

Generador de puntos de conexión del servicio Audio Windows - AudioEndpointBuilder - svchost.exe

Este servicio es responsable de administrar el hardware de audio para el servicio Audio Windows. Este servicio debe permanecer activo si está utilizando las funcionalidades de audio del sistema operativo.

Administración remota de Windows (WSM-Management) - WinRM - svchost.exe

Implementa el protocolo de administración de servicios web para la administración remota. Si se desactiva, algunas de las funcionalidades del mando a distancia dejarán de funcionar.

Administración de aplicaciones - AppMgmt - svchost.exe

Procesa las solicitudes para instalar, eliminar y enumerar el software desplegado mediante la directiva de grupo. Si no despliega aplicaciones a través de la directiva de grupo, se puede deshabilitar.

Administración de niveles de almacenamiento - TieringEngineService - TieringEngineService.exe

Este servicio optimiza la ubicación de los datos, en los niveles de almacenamiento de todos los espacios de almacenamiento a varios niveles del sistema. Déjelo activo si utiliza esta funcionalidad.

Peer Network Identity Manager - p2pimsvc - svchost.exe

Este servicio lo utiliza en particular el protocolo PNRP. Es posible que las funcionalidades de asistencia remota o grupo en el hogar ya no funcionen si deshabilita este servicio.

Administrador de credenciales - VaultSvc - lsass.exe

Este servicio lo utiliza el administrador de credenciales. Proporciona un servicio seguro de almacenamiento y recuperación de credenciales para usuarios, aplicaciones y paquetes de servicios de seguridad. Desactivar este servicio impide que el administrador de credenciales funcione.

Administrador de configuración de dispositivos - DsmSvc - svchost.exe

Administra la detección, descarga e instalación de software asociado con el dispositivo conectado al equipo. No debe deshabilitar este servicio si desea recibir actualizaciones de software para dispositivos externos.

Administrador de autenticación de Xbox Live - XblAuthManager - svchost.exe

Proveedor de autenticación y autorización para interactuar con los servicios Xbox Live. No deshabilite este servicio si tiene pensando usar juegos y servicios Xbox Live.

Administrador de cuentas de seguridad - SamSs - lsass.exe

Permite indicar a otros servicios que el administrador de cuentas de seguridad está listo para aceptar solicitudes. No deshabilite este servicio. De lo contrario, cualquier servicio que realice una solicitud a la base de datos de seguridad de SAM, ya no podrá funcionar. Además, ya no se podrá acceder a las directivas de grupo.

Administrador de cuentas web - TokenBroker - svchost.exe

El administrador de cuentas web utiliza este servicio para proporcionar una autenticación única a las aplicaciones y servicios. No lo apague o tendrá problemas de conexión.

Administrador de sesión local - LSM - svchost.exe

Gestiona las sesiones locales de los usuarios de la plataforma. No lo desactive.

Map Manager - MapsBroker - svchost.exe

Servicio de acceso para aplicaciones a mapas descargados. Este servicio se inicia a petición de la aplicación. No lo desactive si sus aplicaciones usan mapas.

Administrador de conexiones automáticas de acceso remoto - RasAuto - svchost.exe

Crea una conexión a una red remota cada vez que un programa hace referencia a un nombre remoto, una dirección DNS o NetBIOS. Los usuarios deberán iniciar sesión manualmente en otros sistemas. Si utiliza un rúter o una pasarela de hardware, este servicio no es necesario.

Administrador de conexiones de acceso remoto - RasMan - svchost.exe

Gestiona las conexiones de acceso remoto. Es posible desactivar este servicio si no utiliza conexiones de acceso remoto.

Administrador de conexiones de Windows - Wcmsvc - svchost.exe

Permite administrar las conexiones de red del equipo en función de la directiva configurada por el usuario. No deshabilite este servicio si se requiere la conectividad de red de la estación de trabajo.

Administrador de usuarios - UserManager - svchost.exe

Proporciona los componentes de ejecución necesarios para la interacción multiusuario. No deshabilite este servicio.

Administrador de pagos y elementos seguros NFC - SEMgrSvc - svchost.exe

Gestiona pagos y transferencias a través de la tecnología NFC. Es posible desactivar este servicio si no utiliza esta tecnología.

GraphicsPerfSvc - GraphicsPerfSvc - svchost.exe

Le permite realizar un seguimiento del rendimiento de los gráficos. No es esencial.

Agrupación de redes del mismo nivel - p2psvc - svchost.exe

Proporciona servicios de agrupación de redes del mismo nivel. Este servicio solo se utiliza si está utilizando aplicaciones de PeerToPeer. Se puede desactivar.

Hora celular - autotimesvc - svchost.exe

Este servicio establece la hora en función de los mensajes NITZ (*Network Identity and Time Zone*) de una red móvil, si lo ofrece el operador.

Host de DLL del contador de rendimiento - PerfHost - perfhost.exe

Permite que los procesos y usuarios remotos de 64 bits usen contadores de rendimiento basados en librerías de 32 bits. Este servicio se puede deshabilitar.

Host de dispositivo UPnP - upnphost - svchost.exe

Permite alojar los dispositivos UPnP en este equipo. Si se deshabilita, el equipo no podrá detectar dispositivos UPnP en la red.

Host de sincronización - OneSyncSvc - svchost.exe

Servicio que sincroniza correo electrónico, contactos, calendario. Si está deshabilitado, es posible que estas aplicaciones no funcionen correctamente.

Host del proveedor de detección de funciones - fdPHost - svchost.exe

Sirve como proceso de host para los proveedores de detección de funciones. Su equipo ya no podrá detectar impresoras compartidas ni recursos de red si deshabilita este servicio.

Host del sistema de diagnóstico: WdiSystemHost - svchost.exe

Habilita la detección de problemas, así como las funcionalidades de reparación de problemas para los componentes Windows. Este servicio se puede desactivar con total tranquilidad.

Identidad de la aplicación: AppIDSvc - svchost.exe

Este servicio se utiliza para determinar y comprobar la identidad de una aplicación. Al deshabilitar este servicio, se impide el uso de la funcionalidad AppLocker.

Información de la aplicación - Appinfo - svchost.exe

Permite el lanzamiento de ciertas aplicaciones que requieren privilegios de administrador. Si deshabilita este servicio, los usuarios ya no podrán solicitar la elevación de privilegios.

Infraestructura de administración de Windows - Winmgmt - svchost.exe

Proporciona una interfaz común y una plantilla para acceder a la información de administración del sistema operativo. No se puede deshabilitar este servicio, que es esencial para el funcionamiento normal de los sistemas Windows NT.

Instalación del servicio Microsoft Store - InstallService - svchost.exe

Proporciona compatibilidad con la infraestructura de Microsoft Store. Este servicio se inicia bajo demanda. Las instalaciones no funcionarán correctamente si está deshabilitado.

Interfaz de servicios Guest Hyper-V - vmicguestinterface - svchost.exe

Permite que el host de Hyper-V interactúe con servicios específicos. No es necesario si no está usando una plataforma Hyper-V.

Interrupción SNMP - SNMPTrap - snmptrap.exe

Recibe mensajes de interceptación generados por agentes SNMP. Si no usa una aplicación que use este protocolo, puede deshabilitar este servicio.

Aislamiento de claves CNG - KeyIso - lsass.exe

Este servicio se hospeda en el proceso LSA. Los servicios que dependen de él, como el cifrado de archivos, el protocolo EAP (Extensible Authentication Protocol, permite autenticar una conexión de acceso remoto) y la configuración automática de redes cableadas, no funcionarán. Si su ordenador no tiene un adaptador de red inalámbrica, es posible que este servicio esté deshabilitado.

Juego guardado en Xbox Live - XblGameSave - svchost.exe

Sincroniza los datos guardados de los juegos de Xbox. No deshabilite este servicio si tiene pensado usar juegos y servicios de Xbox Live.

Registro de eventos Windows - Eventlog - svchost.exe

Administra eventos y logs de eventos. Si deshabilita este servicio, ya no podrá acceder a esta funcionalidad, que a veces es útil para diagnosticar problemas encontrados por el usuario.

Registros y alertas de rendimiento - pla - svchost.exe

Recopila datos de rendimiento en equipos locales y remotos. Si se desactiva, la información correspondiente ya no se recopilará ni se podrá acceder a ella.

Lanzador de procesos de servidor DCOM - DcomLaunch - svchost.exe

Proporciona la funcionalidad para iniciar servicios DCOM. Muchos componentes del sistema dependen de este servicio, así que no debe desactivarlo.

Localizador de llamadas a procedimiento remoto (RPC) - RpcLocator - locator.exe

Mantiene la base de datos de nombres RPC. Los componentes del sistema no utilizan este servicio, pero hay aplicaciones como Microsoft Exchange que no funcionarán si lo deshabilita.

Mapeado de detección de topología de capa de vínculo - lltdsvc - svchost.exe

Permite crear un mapeo de red. La funcionalidad correspondiente ya no funcionará si está desactivada.

Mapeador de puntos de terminación RPC - RpcEptMapper - svchost.exe

Este servicio resuelve los identificadores de las interfaces RPC en los puntos de terminación de transporte. Si este servicio se detiene o deshabilita, los programas que utilizan servicios de llamada a procedimiento remoto (RPC) no funcionarán correctamente.

McpManagementService - McpManagementService - svchost.exe

Servicio relacionado con Office 365 para administrar la impresión remota. Este servicio se detiene de forma predeterminada.

Servicio de mensajería - MessagingService - svchost.exe

Permite el envío de SMS. Si se desactiva, no podrá utilizar las funcionalidades de SMS.

Actualizar el servicio Orchestrator - UsoSvc - svchost.exe

Controla las actualizaciones de Windows. Si se detiene esta funcionalidad, los dispositivos no podrán descargar ni instalar las actualizaciones más recientes.

Microsoft App-V Client - AppVClient - appvclient.exe

Gestiona los usuarios y las aplicaciones virtuales. Desactívelo si no está usando Hyper-V o la funcionalidad Sandbox.

Microsoft Edge Elevation Service - MicrosoftEdgeElevationService - elevation_service.exe

Otorga a Edge los privilegios necesarios para mantenerse actualizado e instalar actualizaciones de seguridad. Nunca deshabilite este servicio si está utilizando este navegador.

Microsoft Edge Update Service - edgeupdate - MicrosoftEdgeUpdate.exe

Permite que Edge se mantenga actualizado e instale actualizaciones de seguridad. Nunca deshabilite este servicio si está utilizando este navegador.

Microsoft Office Clic-to-Run Service

Mejora el rendimiento de las herramientas de Office, administra su descarga, instalación y actualizaciones.

Microsoft Passport - NgcSvc - lsass.exe

Proporciona aislamiento de autenticación a los proveedores de identidades asociados a un usuario. Si este servicio está deshabilitado, las funcionalidades de uso y administración de estas claves, como el inicio de sesión y la autenticación única para las aplicaciones y sitios web, no estarán disponibles. No deshabilite este servicio.

Microsoft Update Health Service - uhssvc - uhssvc.exe

Permite acelerar las actualizaciones de calidad para dispositivos que evolucionan en un entorno empresarial Windows Intune. Está deshabilitado de forma predeterminada en otros casos.

Modo incorporado - embeddedmode - svchost.exe

Habilita escenarios relacionados con aplicaciones en segundo plano. Si deshabilita este servicio, será imposible habilitar estas aplicaciones.

Módulos de generación de claves IKE y AuthIP - IKEEXT - svchost.exe

Aloja módulos de clave IKE (*Internet Key Exchange*) y AuthIP (*Authentication Internet Protocol*), que se utilizan para proteger las conexiones basadas en IPsec (*Internet Protocol Security*), como las VPN. Si estos servicios están deshabilitados, se producirá una brecha de seguridad.

Monitor de servidor de marco de cámara de Windows - FrameServer-Monitor - svchost.exe

Supervisa la integridad y el estado del servicio servidor de fotogramas de cámara de Windows. Se puede desactivar si la cámara no está en uso.

Motor de filtrado básico - BFE - svchost.exe

Este servicio administra las directivas de firewall y seguridad IP (IPsec). Al desactivarlo, reducirá significativamente la seguridad de su sistema. Además, muchos servicios dependen de ella. Pero lógicamente, si está usando un dispositivo externo como un rúter y no está usando funcionalidades IPsec, este servicio se puede deshabilitar, junto con estos: Agente de directivas IPsec, Módulos de generación de claves IKE y AuthIP, Firewall de Windows Defender, Uso compartido de conexión a Internet (ICS), Enrutamiento y Acceso remoto.

Netlogon - Netlogon - lsass.exe

Mantiene un canal seguro entre el ordenador y el controlador de dominio para autenticar usuarios y servicios. Si deshabilita este servicio, los usuarios de un puesto de trabajo Windows ya no podrán iniciar sesión en un dominio de AD. Este servicio no se debe deshabilitar a menos que el equipo de destino forme parte de una red de grupo de trabajo.

Optimización de distribución - DoSvc - svchost.exe

Optimiza la distribución de contenido. No deshabilite este servicio.

Optimizar unidades - defragsvc - svchost.exe

Se utiliza para la desfragmentación de las unidades del puesto de trabajo. Mantenga este servicio activo para garantizar el rendimiento del sistema.

Inicio de sesión secundario - seclogon - svchost.exe

Permite que los procesos se inicien con otras credenciales. Los usuarios ya no podrán elevar sus privilegios usando el comando Ejecutar mientras este servicio esté deshabilitado.

P9rdrService - P9rdrService - svchost.exe

Activa el inicio de los servidores de archivos plan9, un sistema operativo particular desarrollado por Bell. No se ha iniciado.

Firewall de Windows Defender - MpsSvc - svchost.exe

Ayuda a proteger su ordenador. Si ha optado por una solución de terceros o tiene un módem/rúter, puede (debe) deshabilitar este servicio.

Uso compartido de conexión a Internet (ICS) - SharedAccess - svchost.exe

Proporciona servicios de traducción de direcciones de red, direccionamiento y resolución de nombres para una red. Si el servicio está desactivado, no podrá compartir su conexión a Internet a menos que utilice un dispositivo externo, como un rúter.

PenService - PenService - svchost.exe

Administra el lápiz óptico. Presente solo en dispositivos con pantalla táctil y lápiz óptico.

Programador de tareas - Schedule - svchost.exe

Permite al usuario configurar y programar tareas automatizadas. Este servicio no se puede deshabilitar mediante Service Manager.

Plug-and-Play - PlugPlay - svchost.exe

Permite que el equipo reconozca y adapte los cambios de hardware. Si lo desactiva, no se realizará ningún reconocimiento de hardware y el administrador de dispositivos permanecerá vacío irremediablemente.

Preparación de aplicaciones - AppReadiness - svchost.exe

Prepara las aplicaciones relacionadas con el perfil de usuario cuando este usuario inicia sesión por primera vez en un equipo Windows y cuando agrega nuevas aplicaciones desde la tienda de aplicaciones de Windows. Este servicio, que está deshabilitado de forma predeterminada, no se debe deshabilitar si desea usar los servicios de la Windows Store.

PrintWorkflow - PrintWorkflowUserSvc - svchost.exe

Gestiona los trabajos de impresión. Nunca se debe apagar o no podrá imprimir.

Informes de problemas de soporte técnico del Panel de control - wercplsupport - svchost.exe

Soporta la visualización, envío y eliminación de informes a nivel del sistema para la aplicación Informes del panel de control y soluciones de problemas. Si deshabilita este servicio, las funcionalidades que permiten enviar un informe de errores a Windows dejarán de funcionar. Por supuesto, no se registrará ningún evento en el módulo correspondiente.

Instalador ActiveX (AxInstSV) - AxInstSV - svchost.exe

Este servicio valida el control de cuenta de usuario para instalar controles ActiveX desde Internet y desde la configuración de directiva de grupo. Este servicio se inicia a petición y, si se deshabilita, la instalación de controles ActiveX se comporta de acuerdo con la configuración predeterminada del explorador.

Instalador para módulos Windows - TrustedInstaller - TrustedInstaller.exe

Permite la instalación, modificación y eliminación de componentes opcionales y actualizaciones de Windows. Si deshabilita este servicio, hay muchos procesos como Windows Update que dejarán de funcionar.

Actualizador automático de zona horaria - tzautoupdate - svchost.exe

Establece automáticamente el huso horario del sistema. Deshabilitado de forma predeterminada.

Propagación de certificados - CertPropSvc - svchost.exe

Propaga certificados de tarjetas inteligentes. Los servicios y aplicaciones que usan tarjetas inteligentes no funcionarán si se desactiva.

Protección de software - slsvc - SLsvc.exe

Permite descargar, instalar y aplicar licencias digitales para Windows. Si este servicio se desactiva por inadvertencia, la máquina funcionará en modo de funcionalidades reducidas.

Protocolo EAP (Extensible Authentication Protocol) - EapHost - svchost.exe

Habilita la autenticación de red en escenarios como redes cableadas e inalámbricas 802.1x, redes privadas virtuales y NAP. Si no utiliza conexiones inalámbricas o este estándar de seguridad, puede desactivar este servicio.

Protocolo PNRP - PNRPsvc - svchost.exe

Habilita la resolución de nombres punto a punto sin servidor a través de Internet. Si se desactiva, algunas aplicaciones de Pear-to-Pear y aplicaciones colaborativas, como Asistencia rápida, no podrán funcionar.

Publicación de recursos de detección de funciones - FDResPub - svchost.exe

Permite publicar el equipo en la red. Parar este servicio evitará que otras estaciones de la red localicen automáticamente los recursos del equipo.

Dirección de puerto en modo de usuario de Servicios de Escritorio remoto - UmRdpService - svchost.exe

Redirección de recursos de impresora y puerto para conexiones RDP. Los recursos dirigidos dejarán de estar disponibles si se desactiva.

Registro remoto - RemoteRegistry - svchost.exe

Permite a los usuarios remotos editar el registro. Este servicio debe estar deshabilitado por motivos de seguridad.

Solicitud de servicio VSS Hyper-V - vmicvss - svchost.exe

Coordina las comunicaciones necesarias para usar el servicio VSS para realizar copias de seguridad de aplicaciones y datos en este ordenador virtual desde el sistema operativo del ordenador físico. No es necesario si no está usando Hyper-V.

Enrutamiento y acceso remoto - RemoteAccess - svchost.exe

Proporciona a las empresas servicios de enrutamiento en entornos LAN o WAN. Si se activa, este servicio permite que el sistema se convierta en un rúter o servidor VPN. Por razones de seguridad, debe desactivar este servicio.

Copia de seguridad de Windows - SDRSVC - svchost.exe

Gestiona las funcionalidades de copia de seguridad y restauración. Si se desactiva, no será posible realizar una copia de seguridad ni restaurar el sistema.

Servidor - LanmanServer - svchost.exe

Soporta el uso compartido de archivos, impresión y canales a través de la red. Los recursos de red ya no se podrán compartir si este servicio está deshabilitado.

Servidor de frames de cámara de Windows - FrameServer - svchost.exe

Permite que varios clientes accedan a los fotogramas o frames de vídeo de la cámara. Es posible desactivar este servicio.

Servidor del Administrador de licencias de Windows - LicenceManager - svchost.exe

Habilita la compatibilidad con la infraestructura de Windows Store. Si lo desactiva, es posible que tenga problemas para comprar en la Windows Store.

Servicio antivirus Windows Defender - WinDefend - MsMpEng.exe

Protege a los usuarios de malware y otro tipo de software potencialmente no deseado. Déjelo activo a menos que disponga de otras aplicaciones de seguridad.

Servicio de apagado guest de Microsoft Hyper-V - vmicshutdown - svchost.exe

Proporciona un mecanismo para apagar el sistema operativo de esta máquina virtual desde las interfaces de administración del equipo físico. Es útil para la funcionalidad de Hyper-V.

Servicio AssignedAccessManager - AssignedAccessManagerSvc - svchost.exe

Este servicio admite la experiencia Kiosk en Windows (pantallas completas multiservicio). Déjelo activo si usa esta funcionalidad.

Servicio AVCTP - BthAvctpSvc - svchost.exe

Servicio de protocolo de transporte de control de audio y vídeo. Si lo desactiva, no podrá usar dispositivos de audio Bluetooth.

Service Broker de detección en segundo plano DevQuery - DevQuery Broker - svchost.exe

Permite que las aplicaciones detecten dispositivos con una tarea en segundo plano. Déjelo como está.

Service Broker de eventos del sistema - SystemEventsBroker - svchost.exe

Coordina la ejecución de la carga de trabajo de la aplicación WinRT en segundo plano. Este servicio de optimización del sistema no se debe deshabilitar.

Service Broker de supervisión de ejecución System Guard - SgrmBroker - SgrmBroker.exe

Supervisa y garantiza la integridad de la plataforma Windows. Este servicio no se debe deshabilitar.

Service Broker para conexiones de red - NcbService - svchost.exe

Coordina las conexiones de red de las aplicaciones de la Windows Store para recibir notificaciones de Internet. Puede deshabilitar este servicio si no usa los servicios de la Windows Store.

Service Broker para eventos horarios - TimeBroker - svchost.exe

Coordina la ejecución de la carga de trabajo de la aplicación WinRT en segundo plano. Este servicio de optimización del sistema no se debe deshabilitar.

Servicio recopilador estándar de Microsoft Diagnostic Hub (R) - diagnosticshub.standardcollector.service - DiagnosticsHub.StandardCollector.Service.exe

En tiempo de ejecución, este servicio recopila los eventos ETW en tiempo real y los procesa. No deshabilite este servicio.

Servicio de configuración de red - NetSetupSvc - svchost.exe

Gestiona la instalación de controladores de red y permite la configuración de ajustes de red de bajo nivel. No deshabilite este servicio.

Service Appraisal inventario y compatibilidad de tasación - InventorySvc - svchost.exe

Realiza el inventario, la compatibilidad y el mantenimiento de los componentes del sistema.

Servicio de asociación de dispositivos - DeviceAssociationService - svchost.exe

Permite emparejar dispositivos inalámbricos o con cable con Windows. Ningún dispositivo de este tipo se podrá conectar si este servicio está desactivado.

Servicio de enumeración de dispositivos de tarjeta inteligente - ScDeviceEnum - svchost.exe

Crea nodos de dispositivos de software para todos los lectores de tarjetas inteligentes accesibles para la sesión de un usuario. Si este servicio está deshabilitado, los API de WinRT no pueden enumerar lectores de tarjetas inteligentes. Puede desactivarlo si no utiliza dispositivos con tarjeta inteligente.

Servicio de historial de archivos - fhsvc - svchost.exe

Es utilizado por la funcionalidad "historial de archivos de Windows", por lo que si se deshabilita este servicio, dicha funcionalidad dejará de estar disponible. Este servicio está deshabilitado de forma predeterminada.

Servicio de identidad de Microsoft Cloud - cloudidsvc - svchost.exe

Soporta el inicio de sesión en la nube de Microsoft (cuenta personal, cuenta profesional).

Servicio de infraestructura de tareas en segundo plano - BrokerInfrastructure - svchost.exe

Controla la ejecución de tareas en segundo plano para el sistema operativo. Mantenga este servicio activo para garantizar el rendimiento del sistema.

Servicio de inspección de red antivirus Windows Defender - WdNisSvc - NisSrv.exe

Impide los intentos de intrusión dirigidos a vulnerabilidades conocidas y recién descubiertas en los protocolos de red. No lo deshabilite a menos que administre la protección de su sistema usted mismo.

Servicio de instalación de dispositivos - DeviceInstall - svchost.exe

Configura automáticamente el sistema operativo cuando cambia el perfil de hardware de la máquina. Si se deshabilita, esto provoca inestabilidad en el sistema.

Servicio de mejora de la pantalla - DisplayEnhancementService - svchost.exe

Un servicio para administrar las mejoras de la pantalla, como el control de brillo. No deshabilitar.

Servicio biométrico de Windows - WbioSrvc - svchost.exe

Permite que las aplicaciones cliente capturen, comparen, manipulen y almacenen datos biométricos sin acceso directo al hardware. Al deshabilitar este servicio, se evita que las aplicaciones usen datos biométricos.

Servicio de caché de fuentes de Windows - FontCache - svchost.exe

Este servicio optimiza el rendimiento de la aplicación mediante el almacenamiento en caché de datos de las fuentes que se utilizan habitualmente. Se inicia a petición de las aplicaciones. Si este servicio está deshabilitado, se puede degradar el rendimiento de la aplicación.

Servicio de sensores - SensorService - svchost.exe

Administra las diversas funciones relacionadas con los sensores integrados de su dispositivo, incluido el sensor de orientación del dispositivo. No desactive este servicio si desea beneficiarse de la rotación automática de la pantalla como, por ejemplo, en una tableta o un teléfono inteligente.

Servicio de cifrado de unidad BitLocker - BDESVC - svchost.exe

Este servicio se usa para la funcionalidad de cifrado de unidad BitLocker. Permite que BitLocker pida a los usuarios que realicen diversas acciones relacionadas con los volúmenes montados y desbloquea los volúmenes automáticamente sin la intervención del usuario. Además, almacena la información de recuperación en Active Directory, si está disponible, y, si es necesario, garantiza que se utilicen los certificados de recuperación más recientes. Detener o deshabilitar el servicio impide que BitLocker funcione.

Servicio de composición de audio volumétrico - VacSvc - svchost.exe

Aloja el análisis espacial para la simulación de audio de realidad mixta. Puede desactivarlo.

Servicio de configuración automática WLAN - Wlansvc - svchost.exe

Enumera las redes de área local (WLAN) inalámbricas. Habilite este servicio si está utilizando una red inalámbrica.

Servicio de configuración automática WWAN - WwanSvc - svchost.exe

Gestiona las conexiones y adaptadores de módulo integrado y tarjetas de datos de banda ancha móvil (GSM y CDMA) mediante la configuración automática de redes. La desactivación de este servicio no mejora la experiencia del usuario para la banda ancha móvil.

Servicio de configuración de conversión IP - IpxlatCfgSvc - svchost.exe

Permite la configuración y conversión de direcciones IPv4 a IPv6 y viceversa. No es necesario si su red es IPv4.

Servicio de detección automática de proxy web para servicios HTTP de Windows - WinHttpAutoProxySvc - svchost.exe

Proporciona los componentes de software necesarios para enviar solicitudes HTTP y recibir respuestas. Si el servicio está inactivo, los servidores proxy no se detectarán automáticamente.

Servicio de demostración de la tienda - RetailDemo - svchost.exe

Supervisa la actividad del dispositivo mientras el dispositivo está en modo de demostración. Es posible desactivar este servicio una vez configurado con una cuenta de usuario.

Servicio de despliegue AppX (AppXSVC) - AppXSvc - svchost.exe

Habilita la compatibilidad con la infraestructura para desplegar aplicaciones desde la Windows Store. Si deshabilita este servicio, que se inicia bajo demanda, no se podrán desplegar nuevas aplicaciones de la Windows Store en el sistema.

Servicio de datos espaciales - SharedRealitySvc - svchost.exe

Este servicio se utiliza para escenarios de percepción espacial. Puede desactivarlo.

Servicio de geolocalización - lfsvc - svchost.exe

Este servicio supervisa la ubicación actual del sistema y administra los límites geográficos (una ubicación geográfica con eventos asociados). Si deshabilita este servicio, las aplicaciones no podrán usar ni recibir notificaciones de geolocalización ni límites geográficos.

Servicio de administración de Windows - WmanSvc - svchost.exe

Realiza la gestión, incluidas las actividades de aprovisionamiento y registro.

Servicio de administración de aplicaciones empresariales - EntAppSvc - svchost.exe

Permite la gestión de aplicaciones empresariales. Puede ser útil en las empresas.

Servicio de administración de entrada de texto - TextInputManagementService - svchost.exe

Gestiona las entradas del usuario: texto, emoticonos, escritura manuscrita. No lo desactive porque no podrá volver a introducir texto por ningún medio.

Servicio de administración de radio - RmSvc - svchost.exe

Gestiona la radio y el modo avión. Carece de utilidad en un ordenador normal.

Servicio del Asistente para compatibilidad de programas - PcaSvc - svchost.exe

Proporciona compatibilidad con el asistente para compatibilidad de programas. Este servicio no se debe deshabilitar a menos que solo use aplicaciones que sean totalmente compatibles con Windows 10/11.

Servicio del Asistente para perfiles locales - wlpasvc - svchost.exe

Este servicio proporciona administración de perfiles para módulos de identidad de suscriptor.

Servicio de pasarela de la capa de aplicación - ALG - alg.exe

Proporciona compatibilidad con complementos de protocolo de terceros para compartir conexiones a Internet. Los programas que utilizan este servicio dejarán de funcionar si se deshabilita. Puede desactivar este servicio si no está utilizando el uso compartido de la conexión a Internet.

Servicio de licencias de cliente (ClipSVC) - ClipSVC - svchost.exe

Administra las licencias de las aplicaciones de pago en la App Store de Microsoft (Windows Store). Si se deshabilita este servicio, no podrá comprar aplicaciones en la tienda de aplicaciones de Microsoft.

Servicio de redes Xbox Live - XboxNetApiSvc - svchost.exe

Compatibilidad con el API Xbox Live Networking Service. No deshabilite este servicio si desea usar juegos y servicios de Xbox Live.

Servicio de motor de copia de seguridad de bloques - wbengine - wbengine.exe

Motor para realizar la recuperación de datos y copias de seguridad en modo "Bloque". Si desactiva este servicio, la copia de seguridad de los archivos en modo "Bloque" ya no funcionará, pero esto no afectará a las copias de seguridad de archivos normales.

Servicio de notificación de eventos del sistema - SENS - svchost.exe

Analiza los eventos del sistema e informa sobre ellos a los suscriptores del sistema de eventos. Ninguna de las notificaciones de red funcionará si lo deshabilita.

Servicio de uso compartido de puertos Net.Tcp - NetTcpPortSharing - SMSSvcHost.exe

Proporciona la capacidad de compartir puertos TCP mediante el protocolo net.tcp. Las aplicaciones escritas en VB.net que utilizan este protocolo no funcionarán si se deshabilita.

Servicio de uso compartido de datos - DsSvc - svchost.exe

Servicio de compartición de datos con aplicaciones. No deshabilite este servicio.

Servicio de pasarela de audio Bluetooth - BTAGService - svchost.exe

Es un servicio encargado de la función de pasarela de audio para el perfil de manos libres Bluetooth. Si lo desactiva, no podrá usar dispositivos de audio Bluetooth.

Servicio de colección de Windows - spectrum - spectrum.exe

Habilita la percepción espacial, las entradas espaciales y la representación holográfica. No deshabilite este servicio para la representación de audio espacial.

Servicio de plataforma de dispositivo conectado - CDPSvc - svchost.exe

Este servicio se usa para escenarios de plataforma de dispositivos conectados. No hay información adicional de Microsoft.

Servicio de soporte de Bluetooth - bthserv - svchost.exe

Este servicio se encarga de la detección y el emparejamiento de dispositivos Bluetooth remotos. Detener o deshabilitar este servicio impide el funcionamiento de dispositivos Bluetooth ya instalados y la detección y emparejamiento de nuevos dispositivos.

Servicio de perfiles de usuario - ProfSvc - svchost.exe

Este servicio se encarga de cargar y descargar los perfiles de usuario. Los usuarios ya no podrán iniciar ni cerrar sesión. No desactive este servicio.

Servicio de publicación de nombres de equipo PNRP - PNRPAutoReg - svchost.exe

Publica un nombre de equipo mediante el protocolo PNRP. Algunas aplicaciones Per-to-Per que usan este protocolo creado por Microsoft y aplicaciones colaborativas como Quick Assist, ya no podrán funcionar si el servicio está deshabilitado.

Servicio de informes de errores de Windows - WerSvc - svchost.exe

Se utiliza para la gestión de errores de servicios de diagnóstico y reparación. Si se deshabilita, estos servicios ya no informarán correctamente de los errores.

Servicio de solución de problemas recomendado - TroubleshootingSvc - svchost.exe

Permite al usuario iniciar el solucionador de problemas y obtener sugerencias útiles o informes de diagnóstico. Si se detiene este servicio, la utilidad no funcionará.

Servicio de enrutamiento de mensajes Push del protocolo WAP (Wireless Application Protocol) de gestión de dispositivos - dmwappushservice - svchost.exe

Enruta los mensajes Push del protocolo WAP (*Wireless Application Protocol*) recibidos por el dispositivo y sincroniza las sesiones de administración de los dispositivos. Este servicio está detenido de forma predeterminada.

Servicio de enrutador AllJoyn - AJRouter - svchost.exe

Enruta los mensajes AllJoyn para los clientes locales AllJoyn (protocolo de comunicación con los objetos). Si se detiene este servicio, los clientes AllJoyn que no tengan su propio rúter agrupado no se podrán ejecutar.

Servicio de simulación de percepción Windows - perceptionsimulation -PerceptionSimulation\ PerceptionSimulationService.exe

Permite la simulación de percepción espacial, la gestión de cámaras virtuales y la simulación de entrada espacial. Detenido de forma predeterminada.

Servicio de almacenamiento - StorSvc - svchost.exe

Obliga a aplicar la directiva de grupo a los dispositivos de almacenamiento. Si deshabilita este servicio, la directiva de grupo no se podrá aplicar correctamente.

Servicio de directiva de visualización - DispBrokerDesktopSvc - svchost.exe

Gestiona la conexión y configuración de pantallas locales y remotas. No lo deshabilite.

Servicio de directiva de diagnóstico - DPS - svchost.exe

Permite la solución de problemas, la detección y resolución de problemas para los componentes de Windows. No se encontraron problemas en los componentes de Windows después de deshabilitar este servicio. Se debe probar.

Servicio de soporte al usuario de Bluetooth - BluetoothUserService - svchost.exe

El servicio de usuario de Bluetooth se encarga del correcto funcionamiento de las funcionalidades de Bluetooth relevantes para cada sesión de usuario. Déjelo como está para usar las funcionalidades de Bluetooth.

Servicio de supervisión de sensores - SensrSvc - svchost.exe

Adapta el sistema operativo en función de la retroalimentación de los valores del sensor. Deshabilitar este servicio provoca inestabilidad en el sistema.

Servicio de transferencia inteligente en segundo plano - BITS - svchost.exe

Transfiere archivos en segundo plano utilizando el ancho de banda de red inactivo. Las aplicaciones como Windows Update y algunas aplicaciones .NET dejarán de funcionar si se deshabilita el servicio.

Servicio de virtualización de Escritorio remoto Hyper-V - vmicrdv - svchost.exe

Proporciona una plataforma para la comunicación entre la máquina virtual y el sistema operativo que se ejecuta en el equipo físico. No es necesario si no utiliza Hyper-V.

Servicio de experiencia lingüística - LxpSvc - svchost.exe

Proporciona compatibilidad con la infraestructura para desplegar y configurar recursos de Windows localizados. Este servicio se inicia bajo demanda y, si se deshabilita, no se implementan idiomas adicionales de Windows en el sistema. Es posible que no funcione correctamente si está desactivado.

Servicio de host HV - HvHost - svchost.exe

Proporciona una interfaz para que el hipervisor Hyper-V proporcione contadores de rendimiento por partición al sistema operativo host. No es necesario si no está usando Hyper-V.

Servicio de registro de administración de dispositivos - DmEnrollmentSvc - svchost.exe

Realiza actividades de inscripción de dispositivos de la administración de dispositivos. Deje este servicio activo.

Servicio de datos de sensores - SensorDataService - SensorDataService.exe

Proporciona datos de una variedad de sensores. Si desactiva este servicio, ya no recibirá ninguna respuesta de los sensores.

Servicio de dispositivo de interfaz de usuario - hidserv - svchost.exe

Habilita y mantiene el uso de los botones activos en el teclado y de los controles remotos en otros dispositivos multimedia. No deshabilite este servicio.

Servicio del sistema de notificaciones Push Windows - WpnService - svchost.exe

Este servicio se ejecuta en la sesión 0 y hospeda la plataforma de notificaciones y el proveedor de conexiones que administra la conexión entre el dispositivo y el servidor WNS.

Servicio de intercambio de datos Microsoft Hyper-V - vmickvpexchange - svchost.exe

Proporciona un mecanismo para intercambiar datos entre la máquina virtual y el sistema operativo que se ejecuta en el equipo físico. Desactívelo si no usa Hyper-V.

Servicio Enumerador de dispositivos móviles - WPDBusEnum - svchost.exe

Implementa la directiva de grupo para dispositivos de almacenamiento masivo extraíbles. Si deshabilita este servicio, ya no podrá utilizar las directivas de grupo para restringir el acceso a determinados dispositivos extraíbles.

Servicio Feature Access Manager - camsvc - svchost.exe

Proporciona funcionalidades para administrar el acceso de las aplicaciones para UWP a las funcionalidades de la aplicación, así como para comprobar el acceso de una aplicación a las funcionalidades de la aplicación específica.

Servicio host del proveedor de cifrado Windows - WEPHOSTSVC - svchost.exe

Negocia las funcionalidades relacionadas con el cifrado con proveedores de cifrado de terceros para los procesos que necesitan evaluar y aplicar las directivas EAS. Si deshabilita este servicio, se pondrá en peligro las comprobaciones de cumplimiento con EAS que han sido establecidas por las cuentas de correo electrónico conectadas.

Servicio host WDIServiceHost Host - WdiServiceHost - svchost.exe

Este servicio utiliza el servicio de directivas de diagnóstico para alojar los diagnósticos, que se deben ejecutar en un contexto de servicio local. No lo deshabilite.

Servicio Hyper-V PowerShell Direct - vmicvmsession - svchost.exe

Proporciona un mecanismo para administrar máquinas virtuales con PowerShell, a través de una sesión de máquina virtual sin una red virtual. No es necesario si no utiliza Hyper-V.

Servicio Iniciador iSCSI de Microsoft - MSiSCSI - svchost.exe

Administra las sesiones de Internet SCSI. Habilite este servicio solo si está utilizando este protocolo de capa de aplicación que permite transportar comandos SCSI a través de una red TCP/IP.

Servicio Interfaz de repositorio de red - nsi - svchost.exe

Proporciona notificaciones de red a los clientes en modo de usuario. Será imposible conectarse a cualquier red si este servicio está deshabilitado.

Servicio KtmRm para Distributed Transaction Coordinator - KtmRm - svchost.exe

Coordina las transacciones entre el componente Distributed Transaction Coordinator (MSDTC) y el administrador de transacciones del kernel (KTM). Puede detener este servicio.

Servicio Lista de redes - Netprofm - svchost.exe

Identifica las redes a las que se ha conectado el equipo. Si lo deshabilita, las notificaciones de conexión de red dejarán de mostrarse en el área de notificación del sistema de la barra de tareas.

Servicio de uso compartido de red del Reproductor Windows Media - WMPNetworkSvc - wmpnetwk.exe

Comparte librerías del reproductor Windows Media con reproductores en red. Si deshabilita este servicio, ya no podrá compartir los recursos registrados en Windows Media Player.

Servicio de punto de acceso inalámbrico de Windows Mobile - icssvc - svchost.exe

Servicio de compartición de conexión para dispositivos celulares. Este servicio se puede suspender si no utiliza este tipo de funcionalidad.

Servicio para usuario de plataforma de dispositivos conectados - CDPUserSvc - svchost.exe

Este servicio de usuario forma parte de los escenarios de plataforma de dispositivos conectados. No hay más información de Microsoft.

Servicio de protección avanzada contra amenazas Windows Defender - Sense - MsSense.exe

Gestión de la protección. A priori, no lo desactive.

Microsoft Hyper-V Heartbeat - vmicheartbeat - svchost.exe

Supervisa el estado de esta máquina virtual mediante la emisión de una pulsación a intervalos regulares. Este servicio le permite identificar las máquinas virtuales en ejecución que ya no responden.

Servicio PushToInstall de Windows - PushToInstall - svchost.exe

Proporciona soporte a la infraestructura para Microsoft Store. Este servicio se inicia automáticamente y las instalaciones remotas no funcionarán correctamente si está deshabilitado.

Servicio Router SMS Microsoft Windows - SmsRouter - svchost.exe

Enruta los mensajes a los clientes adecuados en función de reglas. No hay documentación en Microsoft.

Servicio de seguridad de Windows - SecurityHealthService - HealthService

Administra el componente del mismo nombre. No lo desactive, ya que su máquina quedará desprotegida.

ServicioState Repository(StateRepository) - StateRepository - svchost.exe

Proporciona el soporte de infraestructura necesario para el modelo de aplicación. No hay documentación en Microsoft.

Servicio de sincronización de fecha y hora Microsoft Hyper-V - vmictimesync - svchost.exe

Sincroniza la hora del sistema de esta máquina virtual con la hora del sistema del equipo físico. No es necesario si no utiliza Hyper-V.

Servicio telefónico - PhoneSvc - svchost.exe

Administra el estado del teléfono del dispositivo. Puede desactivarlo si su ordenador no tiene funciones de teléfono.

Servicio User Experience Virtualization - UevAgentService - AgentService.exe

Proporciona soporte de roaming para la configuración de la aplicación y el sistema operativo.

Servicio de usuario de streaming y GameDVR - BcastDVRUserService - svchost.exe

Este servicio de usuario se utiliza para grabaciones de juegos y transmisiones en vivo. Servicio no indispensable.

Servicio de usuario de notificaciones Push Windows - WpnUserService - svchost.exe

Este servicio aloja la plataforma de notificaciones de Windows, que proporciona soporte a las notificaciones locales y Push. Si desactiva este servicio, ya no recibirá notificaciones Push.

Servicio de usuario del portapapeles - cbdhsvc - svchost.exe

Este servicio de usuario se usa para escenarios del portapapeles.

Servicio Web de Threat Defense - webthreatdefsvc - svchost.exe

Advierte al usuario de las amenazas basadas en la web, especialmente aquellas que buscan obtener acceso a las credenciales de usuario o a la información protegida.

Servicio Wi-Fi Direct Connection Manager - WFDSConMgrSvc - svchost.exe

Administra las conexiones de servicio inalámbrico, incluida la pantalla inalámbrica y la estación de acoplamiento. Puede desactivar este servicio si no está utilizando una conexión inalámbrica.

Servicio Windows Insider - wisvc - svchost.exe

Ofrece compatibilidad con la infraestructura para el programa Windows Insider. Este servicio debe permanecer activo para que el programa Windows Insider funcione.

Servicio Windows Mixed Reality OpenXR - MixedRealityOpenXRSvc - svchost.exe

Habilita la funcionalidad de realidad mixta OpenXR (casco envolvente inmersivo). No es necesario si no utiliza este tipo de dispositivos.

Service SSTP (Secure Socket Tunneling Protocol)- SstpSvc - svchost.exe

Permite utilizar el protocolo SSTP para las conexiones VPN. Si deshabilita este servicio, no podrá usar SSTP.

Servicios de Escritorio remoto - TermService - svchost.exe

Permite a los usuarios conectarse de forma interactiva a un equipo remoto. A menos que utilice conexiones de Terminal Server, este servicio debe estar deshabilitado por motivos de seguridad.

Servicios de cifrado - CryptSvc - svchost.exe

Proceso utilizado por los servicios de administración para, por ejemplo, proporcionar funcionalidades de administración de certificados al sistema operativo. No deshabilite este servicio.

Shared PC Account Manager - shpamsvc - svchost.exe

Administra las cuentas y perfiles en un dispositivo compartido. Deshabilitado de forma predeterminada.

SMP del espacio de almacenamiento Microsoft - smphost - svchost.exe

Servicio de proveedor de gestión de almacenamiento de Microsoft (Windows Storage Spaces). No deshabilite este servicio.

Cola de impresión - Spooler - spoolsv.exe

Carga archivos en la memoria para imprimirlos más tarde. Este servicio se puede desactivar si no tiene una impresora.

Estación de trabajo - LanmanWorkstation - svchost.exe

Soporta los servicios de protocolo SMB. Si se detiene este servicio, este protocolo queda inutilizable. No es aconsejable interrumpir este servicio.

Almacenamiento de datos de usuario - UnistoreSvc - svchost.exe

Gestiona el almacenamiento de datos estructurados del usuario, incluida la información de contacto, los calendarios, los mensajes y otros contenidos. Si detiene o deshabilita este servicio, es posible que las aplicaciones que utilizan estos datos no funcionen correctamente.

Directiva de eliminación de tarjetas inteligentes - SCPolicySvc - svchost.exe

Permite bloquear el escritorio del usuario cuando se quita la tarjeta inteligente. Puede desactivar este servicio si no está utilizando esta funcionalidad.

SysMain - SysMain - svchost.exe

Gestiona y mejora el rendimiento del sistema a lo largo del tiempo. No deshabilitar.

Sistema de eventos COM+ - EventSystem - svchost.exe

Se encarga del servicio de notificación de eventos del sistema (SENS). La notificación de los eventos del sistema dejará de funcionar si se detiene. Además, otras aplicaciones, como el reenvío inteligente en segundo plano y la replicación DFS, no funcionarán correctamente. Este servicio no se debe desactivar.

Sistema de archivos EFS (Encrypting File System) - EFS - lsass.exe

Proporciona tecnología EFS para el cifrado y almacenamiento de archivos básicos en volúmenes NTFS. Si este servicio se detiene o inhabilita, las aplicaciones no tendrán acceso a los archivos que ya están encriptados.

Fax - FAX - fxssvc.exe

Permite enviar y recibir faxes. Ya no podrá utilizar estas funciones si las desactiva.

Telefonía - TapiSrv - svchost.exe

Soporta la interfaz TAPI (Telephony Application Programming Interface) para programas que controlan dispositivos de telefonía. En principio, si no dispone de un módem de acceso remoto o de fax, este servicio se puede desactivar.

Hora de Windows - W32Time - svchost.exe

Mantiene la fecha y la hora sincronizadas en todos los clientes y servidores de la red de Windows. Si se detiene este servicio, el reloj del sistema ya no se sincroniza con los servidores. Si se deshabilita, no se iniciará ningún servicio que dependa explícitamente de él.

Temas - Themes - svchost.exe

Proporciona un sistema para administrar temas de experiencia de usuario. Este servicio se puede deshabilitar.

Verificador de puntos - svsvc - svchost.exe

Supervisa el estado del sistema de archivos. Mantenga este servicio activo para garantizar la coherencia del sistema.

WalletService - WalletService - svchost.exe

Objetos de host utilizados por los clientes del porfolio. Microsoft no proporciona información sobre este servicio.

Warp JIT Service- WarpJITSvc - svchost.exe

Administra la plataforma de rasterización avanzada Windows Just In Time, un componente de DirectX. Permite la representación en 3D de imágenes vectoriales.

WebClient - WebClient - svchost.exe

Permite que un programa basado en Windows cree, modifique y acceda a archivos de Internet. Por razones de seguridad, debe deshabilitar este servicio, pero hay dos aspectos negativos: los desarrolladores lo necesitan si están trabajando en WebDAV y los hipervínculos ya no se abrirán en una nueva ventana cuando se haga clic en ellos desde una aplicación de mensajería.

Windows Connect Now Registro de configuración - wcncsvc - svchost.exe

Actúa como un registro y emite credenciales de red al solicitante de inscripción. Esta funcionalidad permite que una máquina basada en Windows se integre fácilmente en una red mediante la creación de un enlace entre el ordenador y otro elemento de la red, después de introducir su código PIN. Por ejemplo, esto permite conectar una Xbox 360 mediante Wi-Fi.

Instalador de Windows - msiserver - msiexec.exe

Añade, edita y elimina aplicaciones que vienen como un paquete Windows Installer. Si se desactiva, ya no podrá modificar ni instalar aplicaciones utilizando esta plataforma.

Windows Search - Wsearch - SearchIndexer.exe

Proporciona capacidades de indexación de contenido y almacenamiento en caché de propiedades para los archivos. Si se deshabilita este servicio, el explorador de archivos dejará de mostrar las ubicaciones virtuales de las carpetas y las búsquedas se ralentizarán.

Windows Update - wuaserv - svchost.exe

Permite la detección, descarga e instalación de actualizaciones de Windows. Si se desactiva, las actualizaciones automáticas dejarán de funcionar. Por razones de seguridad, no se recomienda desactivar este servicio.

Xbox Accessory Management Service - XboxGipSvc - svchost.exe

Administra los accesorios de Xbox conectados. Si usa la plataforma Xbox, deje este servicio habilitado.

7. Visor de eventos

7.1 Administrar y usar registros de eventos

El **Visor de eventos** es una de las herramientas más comunes utilizadas por los administradores de sistemas para analizar la actividad actual de un ordenador con Windows. Recopila información del sistema, así como de servicios y aplicaciones.

Esta herramienta suele ser indispensable para ayudar a diagnosticar y determinar el origen de un error. Permite ver la actividad del sistema y buscar códigos de error relacionados con los artículos de la Microsoft Knowledge Base.

Windows 11 tiene diferentes registros de eventos para almacenar el seguimiento de la información del sistema operativo y las aplicaciones y servicios de Windows. Para ver rápidamente el estado de un sistema, puede consultar los registros de Windows. Por ejemplo, si el problema está relacionado con un servicio determinado, puede ver su propio registro de eventos.

Los registros de eventos se almacenan como archivos de tipo *.evtx ubicados en el directorio %SystemRoot%\System32\Winevt\Logs\.

A partir de Windows 7, el uso del visor de eventos ya no se limita a la recopilación de eventos. Por ejemplo, puede usar los registros de eventos de Windows para acciones de corrección, como desencadenar una tarea programada en un evento de tipo error.

Para iniciar el Visor de eventos:

- En el menú **Inicio**, escriba `eventvwr.msc` en el cuadro de búsqueda y, a continuación, pulse en la tecla [Intro].
- Desde las herramientas administrativas disponibles en el **Panel de control**, sección **Sistema y seguridad - Herramientas de Windows**.
- La utilidad `wevtutil.exe` permite administrar registros de eventos a través de una línea de comandos.
- También dispone de cmdlets de PowerShell para administrar y acceder a los registros de eventos, como el comando `Show-Eventlog`.

7.2 Filtrar eventos de tipo error

El proceso de filtrado es el mismo independientemente del registro de eventos seleccionado.

- Para ver los eventos generados por los componentes del sistema de Windows, en el Visor de eventos, seleccione **Registros de Windows - Sistema**.

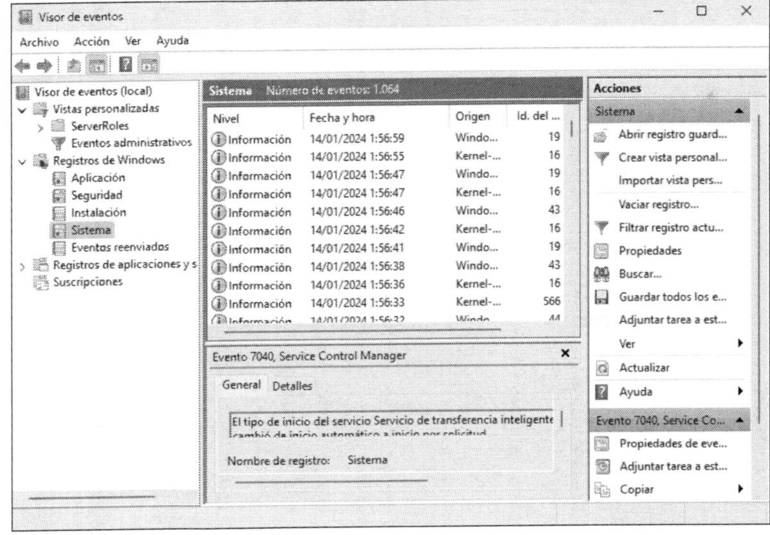

- Para filtrar este registro de eventos y obtener solo los de tipo error y advertencia de los últimos 7 días, en el panel **Acciones**, seleccione la opción **Filtrar registro actual**.
- Defina las reglas de filtrado:
  - En la sección **Registrado**, seleccione **Últimos 7 días**.
  - En la sección **Nivel del evento**, haga clic en **Error** y **Advertencia**.
- Haga clic en el botón **Aceptar** para activar la regla de filtro.

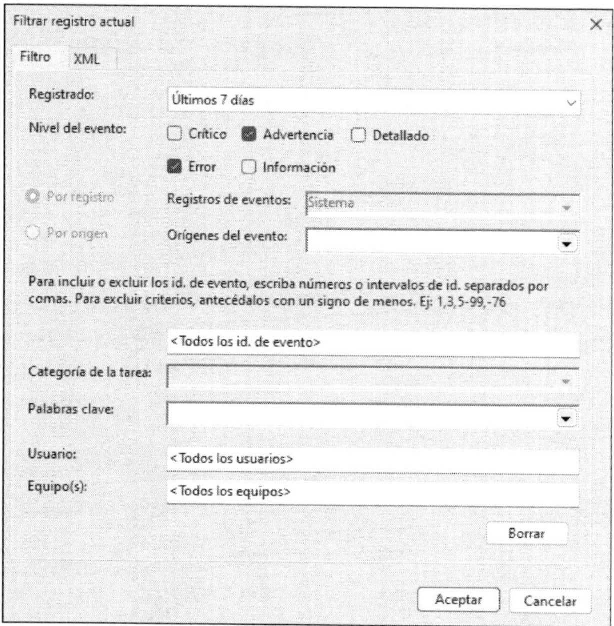

- Puede exportar o archivar este registro de eventos filtrado en formato *.evtx o *.csv, por ejemplo, para aprovecharlo en una herramienta de terceros, con el menú **Guardar archivo de registro filtrado como**.

7.3 Diagnosticar errores de inicio del servicio

Cuando un servicio no se inicia, el mensaje de error indica el código de error y le pide que consulte el registro de eventos **Sistema**.

Tomemos, por ejemplo, el servicio **BranchCache** en una estación de trabajo independiente, es decir, una que no pertenece a un dominio.

- Intente iniciar este servicio a través de la consola de administración de servicios de Windows, lo que producirá un error:

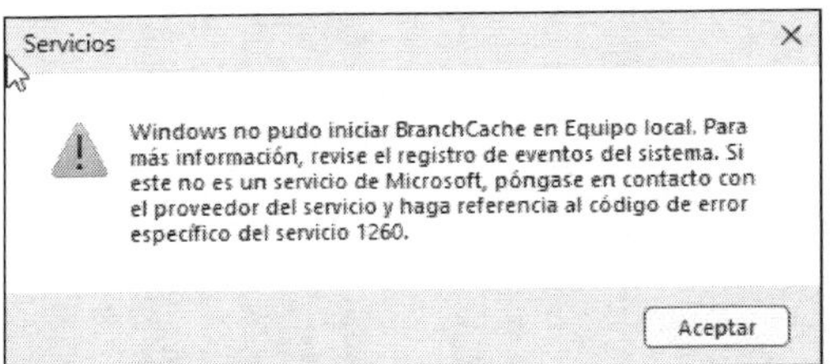

- Si abre el registro del servicio **BranchCache** (en **Registros de aplicaciones y servicios - Microsoft - Windows**), verá los mensajes de error generados por las acciones de inicio sucesivas del servicio Windows.

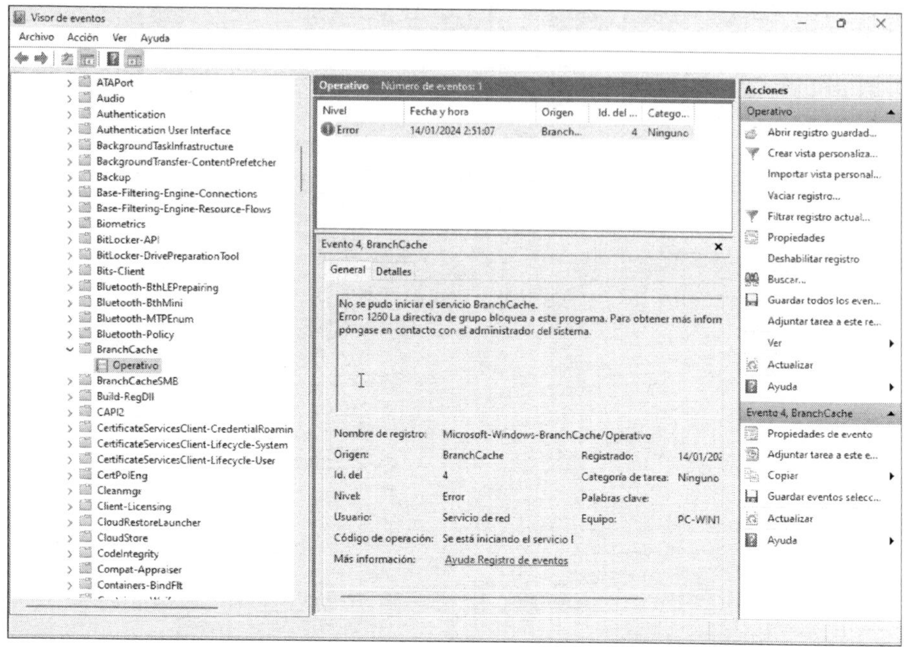

- Seleccione un evento de tipo error y navegue hasta sus propiedades (en el área inferior de la ventana o haga clic con el botón derecho, **Propiedades**).
- En la pestaña **Detalles**, puede ver la información que permite calificar el error analizado. Por ejemplo, puede ver el SID (*Security Identifier*) correspondiente a la cuenta de usuario utilizada en este contexto; en este caso, la cuenta S-1-5-20 (SERVICIO DE RED). Esta cuenta se establece como la cuenta de inicio del servicio de forma predeterminada.

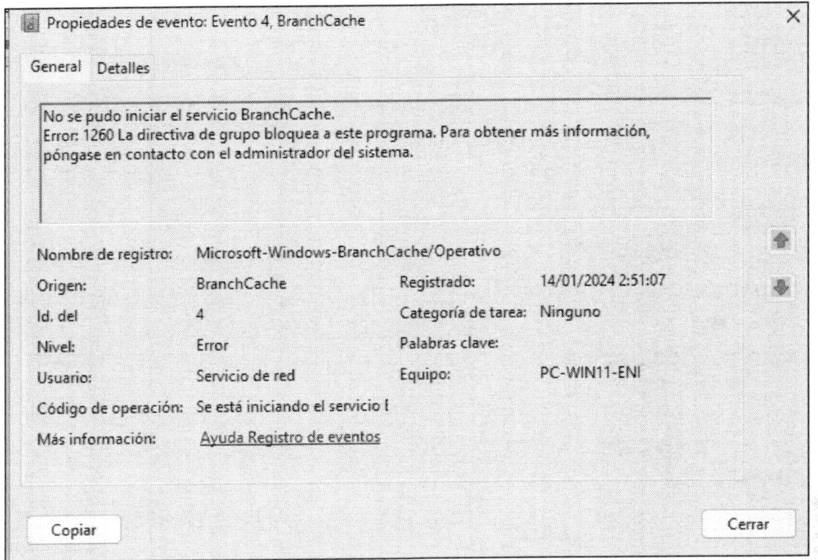

En el caso del servicio BranchCache, el mensaje de error indica que el programa está bloqueado por la directiva de grupo. De hecho, esta directiva es necesaria para la implementación de la funcionalidad.

Tenga cuidado, algunos registros de eventos no están activos de forma predeterminada. Por ejemplo, si desea solucionar problemas relacionados con el servicio de impresión, deberá habilitar el registro de tipo Operativo **PrintService** (en **Registros de aplicaciones y servicios - Microsoft - Windows**) a través del vínculo **Habilitar registro** que encontrará en el panel de acciones.

7.4 El Visor de datos de diagnóstico

El **Visor de datos de diagnóstico** es una aplicación de Microsoft que se puede descargar desde la tienda en línea. Permite ver los datos de diagnóstico y telemetría por categoría, que son los datos que usted permite que se envíen a Microsoft con fines de diagnóstico.

La activación de este visor se realiza en **Configuración - Privacidad y seguridad – Comentarios y diagnóstico**. A continuación, los datos se almacenan en el equipo (hasta 1 GB, 30 días) después de que se hayan enviado a Microsoft. Los más antiguos son destruidos para dar paso a los más nuevos.

Una vez instalado, se puede abrir en el mismo lugar, haciendo clic en el botón **Abrir el Visor de datos de diagnóstico** o desde el menú **Inicio - Visor de datos de diagnóstico**. Si la aplicación no se ha instalado previamente, se abrirá la tienda en línea y se le propondrá descargarla (**Visor de datos de diagnóstico**).

El visor contiene tres pestañas:

- **Datos de diagnóstico**: actividades de la máquina.
- **Informes de problemas**: informes generados cuando una aplicación deja de funcionar.
- **Acerca de sus datos**: un resumen de los datos enviados.

Los datos de diagnóstico se clasifican en dos niveles:

- Datos obligatorios: de forma predeterminada, cuando se instala Windows 11, algunos datos de diagnóstico se configuran para enviarse obligatoriamente a Microsoft con fines de mejora y seguridad.
- Datos opcionales: estos datos solo se envían al editor si el usuario permite que se envíen durante la instalación o activándolos desde **Configuración - Privacidad y seguridad – Comentarios y diagnóstico - Enviar datos de diagnóstico opcionales**. En este caso, se transmitirán los sitios web visitados, el uso de las aplicaciones y sus patrones de uso.

8. Gestión de discos y particiones

La partición que se coloca en su lugar cuando se instala una máquina no es definitiva. Se puede modificar para crear otras particiones:

- creación de partición de datos,
- instalación de otros sistemas operativos.

Windows tiene dos herramientas integradas:

- Disk Management o administrador de discos. Es un administrador con una interfaz gráfica, pero con una funcionalidad limitada.
- Diskpart. Es una herramienta de línea de comandos completa y accesible durante la instalación.

8.1 Consola Administración de discos

Windows 11 le permite cambiar rápidamente el tamaño de una partición existente para que luego pueda crear una partición adicional:

▶ En el menú **Inicio**, busque o ejecute este comando: `discomgmt.msc`

▶ O pulse a la vez en las teclas [Windows]+[X] y, después, en la tecla [T] (es lo mismo que seleccionar el menú **Administración de discos**).

Se mostrarán todas sus particiones.

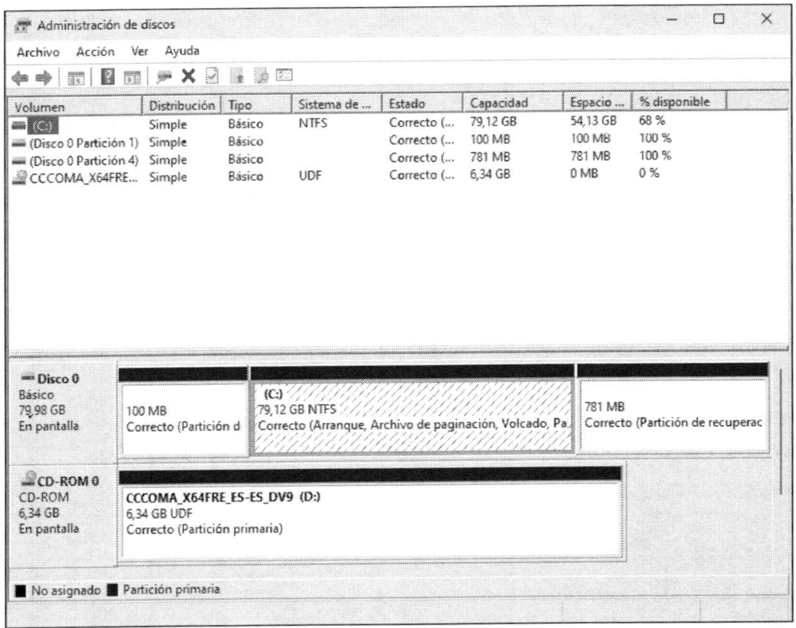

- Haga clic con el botón derecho del ratón en la partición deseada y, a continuación, haga clic en una de estas opciones:
  - **Extender volumen**: esto permite aumentar el tamaño de la partición seleccionada.
  - **Reducir volumen**: es posible reducir el tamaño de la partición seleccionada para dejar el espacio necesario para crear una nueva partición.
- En este último caso, aparecerá un cuadro de diálogo pidiéndole que establezca el tamaño en MB que desea agregar o quitar.

El cuadro de texto **Tamaño total después de la reducción**, en MB mostrará el tamaño de la partición una vez finalizado el proceso de creación de particiones.

Le aconsejo que realice una optimización del disco antes de realizar cualquier cambio en el tamaño de las particiones declaradas. Además, en algunos casos, se aconseja reiniciar el ordenador una vez entre cada cambio en las particiones.

Si necesita ampliar un volumen, la mayoría de las veces debe reducir el tamaño de una de las particiones adyacentes.

También es posible crear una partición:

- Haga clic con el botón derecho en la parte que muestra el espacio libre de su partición y haga clic en el submenú **Nuevo volumen simple**.
- Se inicia el **Asistente para un nuevo volumen simple**. Haga clic en el botón **Siguiente**.
- Seleccione el tamaño de la nueva partición y, a continuación, haga clic en el botón **Siguiente**.

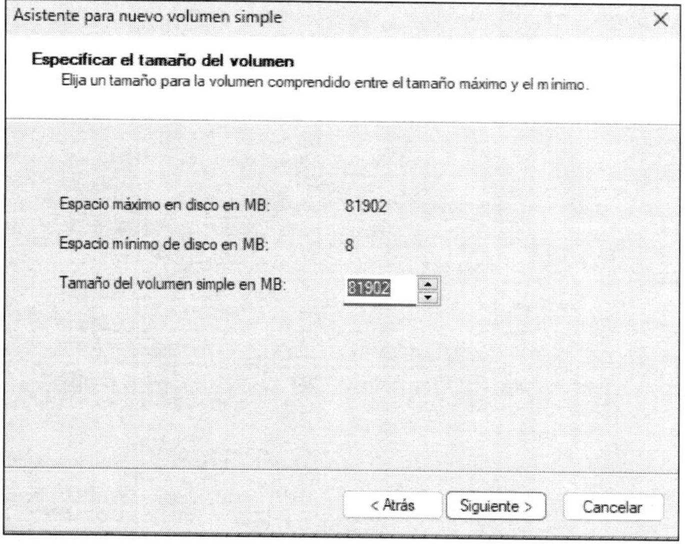

- Cambie la letra que se asignará a la unidad si es necesario y haga clic en el botón **Siguiente**.
- Deje marcada la opción predeterminada **Formatear este volumen con la siguiente configuración**. Deje la configuración predeterminada (**Sistema de archivos** y T**amaño de la unidad de asignación**). Introduzca un nombre para el nuevo volumen y haga clic en el botón **Siguiente**.

- Haga clic en el botón **Finalizar**. El sistema operativo procederá a formatear la nueva partición.

Esta herramienta también permite formatear una partición, es decir, darle un formato reconocido por uno o más sistemas operativos. También puede cambiar la letra de la unidad (C:, D:). Una última opción interesante es poder identificar las particiones EFI, del sistema y de recuperación.

8.2 Diskpart

Diskpart permite particionar un disco desde las funcionalidades WinRE o desde el símbolo del sistema. Tenga en cuenta que siempre es más seguro particionar un disco desde un soporte externo (funcionalidades WinRE), que hacerlo directamente en modo interfaz gráfica: la presencia de un programa antivirus o una aplicación de terceros en segundo plano puede causar problemas de compatibilidad.

Se puede acceder a la lista de comandos disponibles con el comando `help`.

8.2.1 Comandos básicos

Para usar esta herramienta:

- Reinicie el sistema en el entorno de recuperación WinRE y haga clic en el enlace **Símbolo del sistema**.
- Escriba el comando: *`diskpart`*. A continuación, el mensaje mostrará lo siguiente: `Diskpart>`.
- Para listar los discos que están presentes, escriba el comando `list disk`.
- Localice el número conectado al disco y asígnele un foco: `select disk=0`. También puede usar un espacio en lugar del "=".

Un mensaje le advertirá de que el disco 0 está seleccionado.

▶ Ahora liste las particiones presentes usando este comando: list partition. De la misma manera que antes, las particiones de su disco duro estarán numeradas.

```
C:\Windows\system32\diskpart.exe

Microsoft DiskPart versión 10.0.22621.1

Copyright (C) Microsoft Corporation.
En el equipo: PC-WIN11-ENI

DISKPART> list disk

  Núm Disco  Estado      Tamaño   Disp     Din  Gpt
  ---------- ----------  -------  -------  ---  ---
  Disco 0    En línea      80 GB  1024 KB        *
  Disco 1    En línea      80 GB    79 GB        *

DISKPART> select disk 0

El disco 0 es ahora el disco seleccionado.

DISKPART> list part

  Núm Partición  Tipo              Tamaño   Desplazamiento
  -------------  ----------------  -------  ---------------
  Partición 1    Sistema            100 MB  1024 KB
  Partición 2    Reservado           16 MB   101 MB
  Partición 3    Principal           79 GB   117 MB
  Partición 4    Recuperación       781 MB    79 GB

DISKPART> _
```

Observación

La herramienta permite diferenciar entre partición y volumen. Un volumen puede abarcar varios discos y tener varias particiones. Por lo general, se usa en discos dinámicos, es decir, discos que no tienen un tamaño fijo. Otra diferencia es que un volumen se identifica con un nombre y un número. Una partición se identifica con un número. Un volumen puede tener solo una partición, en cuyo caso se confundirán.

```
DISKPART> list partition

  Núm Partición  Tipo              Tamaño   Desplazamiento
  -------------  ----------------  -------  ---------------
  Partición 1    Sistema            100 MB  1024 KB
  Partición 2    Reservado           16 MB   101 MB
  Partición 3    Principal           79 GB   117 MB
  Partición 4    Recuperación       781 MB    79 GB

DISKPART> list volume

  Núm Volumen Ltr  Etiqueta     Fs     Tipo        Tamaño   Estado     Info
  ----------- ---  -----------  -----  ----------  -------  ---------  --------
  Volume 0     D   CCCOMA_X64F  UDF    CD-ROM      6492 MB  Correcto
  Volume 1     C                NTFS   Partición     79 GB  Correcto   Arranque
  Volume 2                      FAT32  Partición    100 MB  Correcto   Sistema
  Volume 3                      NTFS   Partición    781 MB  Correcto   Oculto

DISKPART>
```

Observación

Para dar el foco a la partición, escriba: select partition 1. Un mensaje le advertirá de que la partición 1 está seleccionada. Tenga en cuenta que, posteriormente, la partición con el foco se marcará con un asterisco.

8.2.2 Cambio de tamaño

Si desea reducir el tamaño de la partición, utilice esta sintaxis de comando: `shrink desired=<n> minimum=<n>`:

- `desired=<n>` especifica la cantidad de espacio en megabytes necesario para reducir el tamaño del volumen. Si no se especifica ningún tamaño, la partición se reducirá en el tamaño máximo de espacio en disco disponible en el volumen.
- `minimum=<n>` especifica la cantidad mínima de espacio en megabytes que se debe restar del tamaño del volumen. Si no se especifica una cantidad mínima, el volumen se reducirá en la cantidad máxima posible.

El comando `shrink querymax` permite determinar el número máximo de bytes que se puede reducir el volumen. Por ejemplo, puede tener esta indicación: El número máximo de bytes recuperables es: 100 GB. He aquí un ejemplo: `shrink desired=100 minimum=50`.

Tan pronto como se complete el proceso, verá un mensaje que le indicará que Diskpart ha reducido el tamaño del volumen en <n> MB.

Para ampliar un volumen, utilice esta sintaxis:
`extend size=<n> disk=<n>` en la que:

- `extend=<n>`: indica la cantidad de espacio en MB que se va a agregar al volumen o partición seleccionados.
- `disk=<n>`: indica el disco en el que se extiende el disco o la partición. Si no se establece esta configuración, el volumen o la partición se extenderán en el disco actual.

Por ejemplo, escriba: `extend size=500`.

8.2.3 Crear una partición

Para crear una partición, escriba: `create partition`. Principalmente, puede elegir entre estos valores:

- `efi`: crea una partición del sistema EFI.
- `extended`: crea una partición extendida.
- `logical`: crea un disco lógico.
- `msr`: crea una partición reservada de Microsoft (por ejemplo, una partición de recuperación).
- `primary`: crea una partición principal.

Por ejemplo, la sintaxis utilizada sería: `create partition primary`.

En principio, todas estas operaciones se pueden realizar correctamente sin tener que reiniciar el ordenador cada vez.

Este comando también se puede utilizar para crear volúmenes RAID, es decir, sistemas de discos duplicados o en espejo. Como recordatorio, un volumen es independiente de un disco. Puede abarcar varios discos físicos.

8.2.4 Eliminar una partición

Es posible eliminar una partición después de seleccionarla.

▶ Seleccionar partición: `select partition <n>`

▶ Ejecute el comando de eliminación: `delete partition`

8.2.5 Diskpart y discos virtuales

Diskpart permite crear discos duros virtuales. Un disco virtual es un archivo de tipo .vhd (*Virtual Hard Disk*) o .vhdx (formato extensible), que se almacena en el árbol del sistema operativo. La principal ventaja de este tipo de disco es que es posible instalar o probar un nuevo sistema operativo sin tener que particionar su disco duro. Cuando deje de ser necesario, bastará con eliminar el archivo. Los sistemas operativos virtualizados con Hyper-V también se almacenan en este tipo de archivo (consulte Virtualización con Windows 11, en el capítulo Instalación del sistema operativo).

Ejemplo de creación de un disco virtual

El comando `create vdisk file="c:\win11.vhd" type=fixed maximum=80000` crea un disco virtual denominado `win11.vhd`, almacenado en C: y con un tamaño de 80 GB.

- `vdisk` especifica que se creará un disco virtual.
- `file` especifica el nombre y la ubicación de almacenamiento de este nuevo archivo de disco virtual.
- `type` permite decidir si el disco será fijo o extensible (`fixed` o `expandable`).
- `Maximum` especifica el tamaño del disco en MB.

A continuación, seleccione el disco virtual creado y conéctelo mediante los siguientes comandos:

- `select vdisk file="c:\win11.vhd"`
- `attach vdisk`

Al instalar Windows, aparecerá un nuevo disco de unos 80 GB. Lo único que tiene que hacer es seleccionar este disco y el nuevo sistema se almacenará en el archivo antes mencionado.

Se pueden especificar algunos parámetros adicionales:

- `parent`: permite identificar un disco virtual padre que se usará como base para crear un disco de diferenciación.
- `source`: identifica un disco virtual de origen del que el nuevo disco será la copia.
- `sd`: permite especificar un descriptor de seguridad.

9. Herramientas Sysinternals

La suite Sysinternals, que surgió de la adquisición de Sysinternals por parte de Microsoft en 2006, amplía las capacidades de diagnóstico y solución de problemas de las herramientas integradas en Windows de forma predeterminada, que vimos anteriormente. Consta de muchas herramientas (más de 70) para la gestión de la seguridad, la red, el sistema de archivos y la gestión de discos, y también para el sistema en general. A menudo, se utilizan en scripts operativos personalizados para estaciones de trabajo Windows.

Estas herramientas están disponibles individualmente como descarga gratuita desde el sitio web de Microsoft. También puede obtenerlos descargando la suite Sysinternals desde la siguiente página:
https://learn.microsoft.com/es-es/sysinternals/downloads/sysinternals-suite

Por ejemplo, la herramienta **Process Explorer**, aunque tiene una funcionalidad similar a la del administrador de tareas, es utilizada por muchos administradores para supervisar en tiempo real el rendimiento de los procesos. Por ejemplo, permite visualizar en una sola interfaz, la estructura de árbol y los niveles de integridad de los procesos en ejecución.

También puede ver, como se muestra en la siguiente captura de pantalla, si los procesos utilizan el modo de compatibilidad de control de cuentas de usuario (columna **Integrity**), es decir, la noción de virtualización de procesos. También se pueden mostrar los archivos DLL (librerías) utilizados por un proceso.

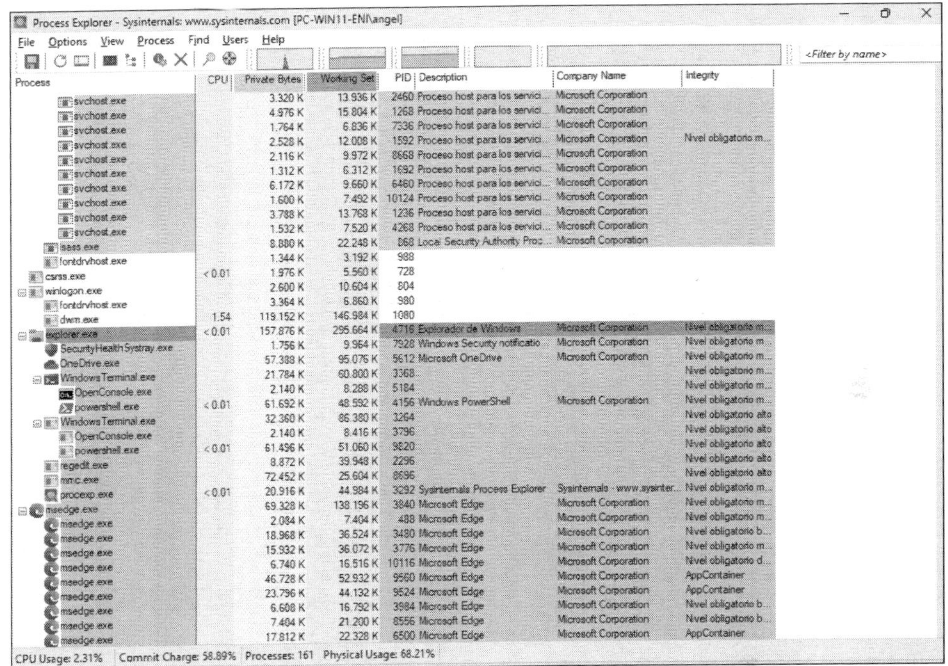

En su lugar, la herramienta **Process Monitor**, que es otro ejemplo de una herramienta del sistema, se utiliza para rastrear la actividad en tiempo real de un proceso en el registro o en el sistema de archivos, por ejemplo.

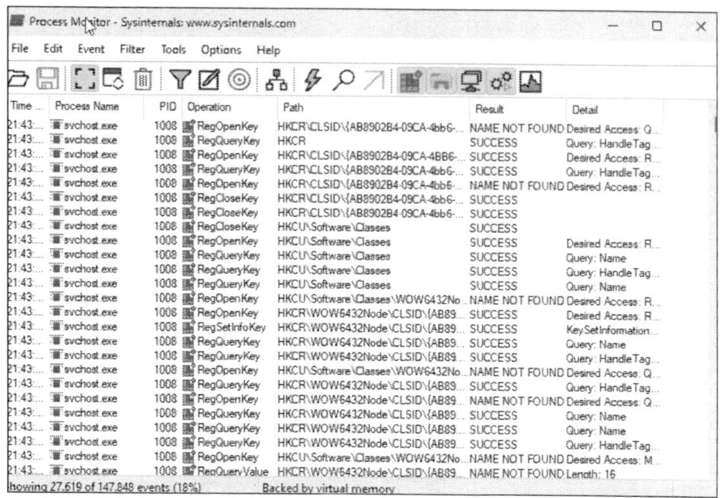

TCPView supervisa las conexiones de red TCP y UDP y los procesos que las utilizan.

RamMap le permite visualizar con precisión el uso de memoria RAM del sistema por parte del kernel o los controladores. El enlace proporcionado anteriormente le permitirá obtener más información sobre estas herramientas adicionales.

La multitud de aplicaciones que ofrece la suite Sysinternals facilita a menudo las operaciones de mantenimiento y resolución de problemas en el entorno Windows.

Para concluir este capítulo, tenga en cuenta la presencia de otras herramientas de administración en **Panel de control – Sistema y Seguridad - Herramientas de administración**. Aquí encontrará algunas de las herramientas descritas en esta sección y otras no abordadas.

Capítulo 5
Seguridad y gestión de la autenticación

1. Permisos NTFS

Cada vez que un usuario inicia sesión, las credenciales del usuario (nombre de usuario y contraseña) pasan a un monitor de seguridad local que accede al administrador de seguridad (SAM por *Security Account Manager*). Este último otorga un token de acceso que determinará los permisos de acceso del usuario sobre cualquier objeto "securizado" (clave de registro, archivo, carpeta, servicio, proceso, etc.). Este descriptor de seguridad comprueba dos datos:

- el SID del usuario,
- la lista DACL del objeto al que el usuario intenta acceder.

Estos dos conceptos se explicarán a lo largo de este capítulo.

1.1 SID de usuarios

Un SID (*Security IDentifier*) es una forma única de identificar a un usuario o grupo de usuarios. Encontramos estos identificadores en tokens de acceso, en la ACL (*Access Control List*) y en las bases de datos de seguridad de cuentas. Consulte la siguiente sección para obtener una descripción completa del mecanismo ACL.

Los SID son datos de longitud variable que forman una representación jerárquica del actor al que hacen referencia. La sintaxis es S-R-I-XXX-XXX-XXX-YYY.

- S: indica que se trata de un SID.
- R: nivel de revisión del SID (versión utilizada).
- I: entero que identifica la autoridad que emitió el SID (5 para la autoridad NT).
- XXX-XXX-XXX: una secuencia de longitud variable, compuesta por identificadores de subautoridades que constituyen el identificador de dominio.
- YYY: último identificador de subautoridad, denominado identificador relativo (*Relative IDentifier* o RID). Identifica una cuenta o grupo concreto.

Los SID de un equipo que no es propiedad de un dominio, suelen comenzar con S-1-5.

Para ver los SID de los usuarios, puede hacer lo siguiente:

- En una línea de comandos, escriba el siguiente comando:
  `wmic useraccount get name,sid`

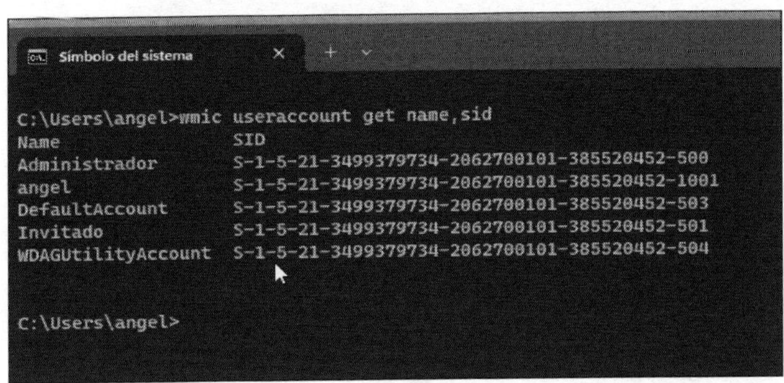

Puede lograr el mismo resultado con el comando PowerShell `Get-WmiObject -Class Win32_UserAccount | Select-Object name,SID`.

Para obtener los SID de los grupos, siga estos pasos:

- En una línea de comandos, escriba: `wmic group get name, sid`.
- En un terminal PowerShell, use el comando `Get-WmiObject -Class Win32_Group | Select-Object name,SID`.

```
Símbolo del sistema    Windows PowerShell

PS C:\Users\angel> Get-WmiObject -Class Win32_Group | Select-Object name,SID

name                                              SID
----                                              ---
Administradores                                   S-1-5-32-544
Administradores de Hyper-V                        S-1-5-32-578
Duplicadores                                      S-1-5-32-552
IIS_IUSRS                                         S-1-5-32-568
Invitados                                         S-1-5-32-546
Lectores del registro de eventos                  S-1-5-32-573
Operadores criptográficos                         S-1-5-32-569
Operadores de asistencia de control de acceso     S-1-5-32-579
Operadores de configuración de red                S-1-5-32-556
Operadores de copia de seguridad                  S-1-5-32-551
Propietarios del dispositivo                      S-1-5-32-583
System Managed Accounts Group                     S-1-5-32-581
Usuarios                                          S-1-5-32-545
Usuarios avanzados                                S-1-5-32-547
Usuarios COM distribuidos                         S-1-5-32-562
Usuarios de administración remota                 S-1-5-32-580
Usuarios de escritorio remoto                     S-1-5-32-555
Usuarios del monitor de sistema                   S-1-5-32-558
Usuarios del registro de rendimiento              S-1-5-32-559


PS C:\Users\angel>
```

A partir de la captura de pantalla anterior, se puede recopilar la siguiente información:

- El SID para el grupo Administradores es: S-1-5-32-544.
- La autoridad que emitió este SID se identifica con el número 5.
- El identificador de la subautoridad es el número 32.
- 544 es el RID para el grupo Administradores.

El comando whoami se utiliza para mostrar información sobre el usuario actual:

- `whoami`
- `whoami /user /priv`
- `whoami /groups`
- `whoami /all`

Se mostrarán los privilegios del usuario que ha iniciado sesión actualmente.

Puede obtener algunos SID de usuarios o entidades de seguridad abriendo este árbol del registro: **HKEY_LOCAL_MACHINE - SOFTWARE - Microsoft - Windows NT - CurrentVersion - ProfileList**.

Por último, los SID de algunas entidades integradas se pueden ver en este otro árbol: **HKEY_USERS**.

1.2 Listas de control de acceso

Una lista de control de acceso discrecional (DACL o *Discretionary Access Control List*, más comúnmente conocido como ACL), es un mecanismo que permite proteger recursos como archivos y claves de registro. Las DACL contienen entradas de control de acceso (ACE o *Access Control Entry*) que funcionan como registros para cada usuario o grupo de usuarios designados por su SID. Estas entradas asocian una entidad de seguridad (una cuenta de usuario, un grupo de cuentas, una entidad del sistema) a una regla que define el uso del recurso.

Las DACL y las ACE permiten conceder o denegar permisos a los recursos en función de los permisos que desee asociar a las cuentas de usuario. Esto permite crear una ACE y aplicarla a la DACL de un archivo para evitar que cualquier persona que no sea un administrador lo modifique.

Una lista de control de acceso al sistema (SACL o "ACE de auditoría") es un mecanismo que controla los mensajes de auditoría asociados a un recurso. Las SACL contienen ACE que definen las reglas de auditoría para un recurso determinado.

Por lo tanto, puede usar DACL para asegurarse de que solo un administrador pueda modificar un archivo, y los SACL, para asegurarse de que se registren todos los intentos correctos de abrir un archivo.

Es común distinguir las ACE positivas y negativas:

- En el explorador de archivos, abra el directorio de usuario.
- Cree una nueva carpeta denominada *Test*.
- Haga clic con el botón derecho del ratón y haga clic en el submenú **Propiedades**.

▶Haga clic en la pestaña **Seguridad**.

■Observación

Tenga en cuenta que las ACE o los permisos visibles están atenuados, ya que heredan de la carpeta padre.

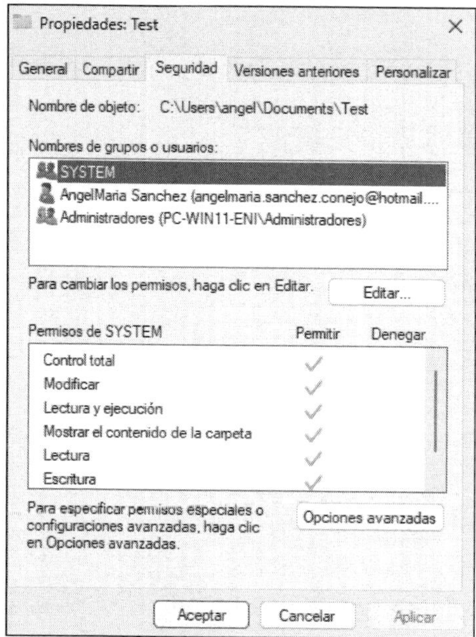

De hecho, la carpeta que acaba de crear ha heredado los permisos actuales de su carpeta principal. Este mecanismo de encadenamiento se denomina "herencia". Primero, lo deshabilitaremos:

▶Haga clic en el botón **Opciones avanzadas**.

▶Haga clic en el botón **Deshabilitar herencia**.

▶Haga clic en el enlace **Convertir los permisos heredados en permisos explícitos en este objeto**. La herencia se romperá, pero los permisos heredados se copiarán en la carpeta y se podrán editar.

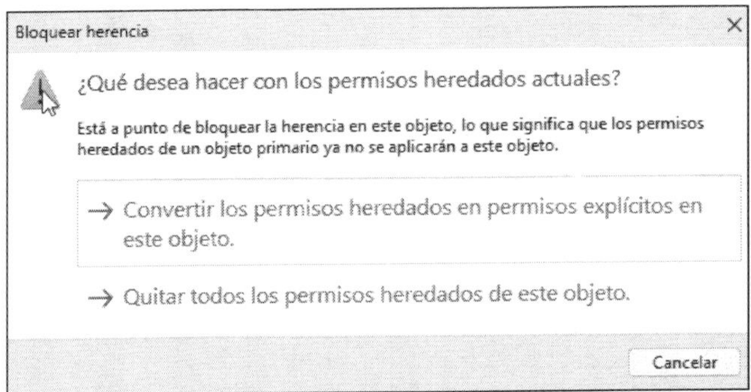

De vuelta en la ventana **Configuración de seguridad avanzada**, haga clic en el botón **Aceptar** para cerrarla.

- En la ventana propiedades, haga clic en el botón **Editar**.
- Seleccione su nombre de usuario.

Ahora puede seleccionar la casilla de verificación **Denegar** para configurar una ACE negativa.

Cuando el sistema realiza una comprobación de acceso, comienza de manera sistemática por las ACE negativas. Por lo tanto, los permisos "Denegar" siempre tienen prioridad sobre los permisos "Permitir".

Por último, hemos visto que el principio básico se basa en la preocupación por la "no difusión de información". Hay una peculiaridad en los sistemas operativos NT: cuando un usuario crea un archivo, él es el propietario (*owner*). El SID de este último se coloca en el descriptor de seguridad que el sistema de archivos NTFS mantiene para el objeto correspondiente. El propietario puede leer el descriptor de seguridad y así, por ejemplo, cambiar la ACL de un archivo.

- Para saber quién es el propietario de la carpeta que acaba de crear, haga clic en la pestaña **Seguridad** y luego en el botón **Propiedades avanzadas**.

En la zona superior de la ventana, puede ver directamente al propietario de la carpeta.

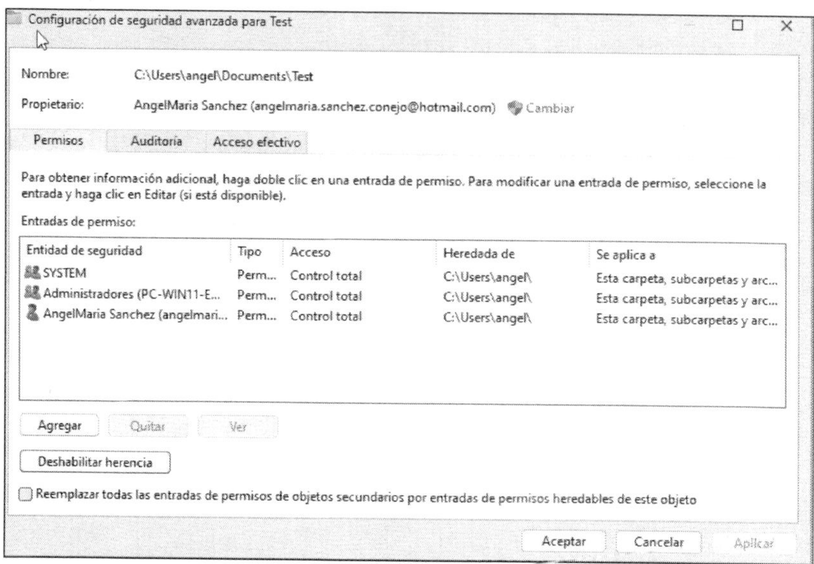

Dado que el propietario de un objeto siempre tiene permiso para leer y modificar el DACL de los objetos de su propiedad, el control de acceso se denomina discrecional (a discreción del propietario).

1.3 Apropiación de un objeto

- Como se mencionó anteriormente, por defecto, su cuenta de usuario se mencionará como propietaria del recurso. Si lo desea, puede modificar rápidamente este parámetro. Para ello:
- Haga clic en el enlace **Editar**.

- En primer lugar, busque o introduzca directamente el nombre de la cuenta o el grupo de usuarios que desea establecer como propietario. A continuación, haga clic en **Comprobar nombres**. Puede añadir más grupos de usuarios haciendo clic en el botón correspondiente. Confirme con **Aceptar**.
- Si desea que esto se aplique a todos los objetos hijo (principio de herencia de permisos), active la casilla de verificación **Reemplazar propietario de subcontenedores y objetos**. Haga clic en el botón **Aplicar** para confirmar el cambio. Un cuadro de diálogo le advierte de que tendrá que cerrar las propiedades del objeto para que el cambio de apropiación sea visible. Confirme el mensaje pulsando en **Aceptar** y, a continuación, cierre la ventana de propiedades haciendo clic en **Aceptar**.

1.4 Uso de permisos NTFS

Ahora tomemos el ejemplo de un administrador llamado John que desea compartir una carpeta de solo escritura para un usuario llamado Mark y solo una carpeta en modo solo lectura para otro usuario llamado Anne.

- En primer lugar, cree una carpeta en la carpeta Users*Public**Public Documents* denominada *Test*.
- En el interior, cree el archivo que debe ser visible. Se puede llamar *archivo.txt*.
- Acceda a las propiedades de la carpeta y abra la pestaña **Seguridad**.

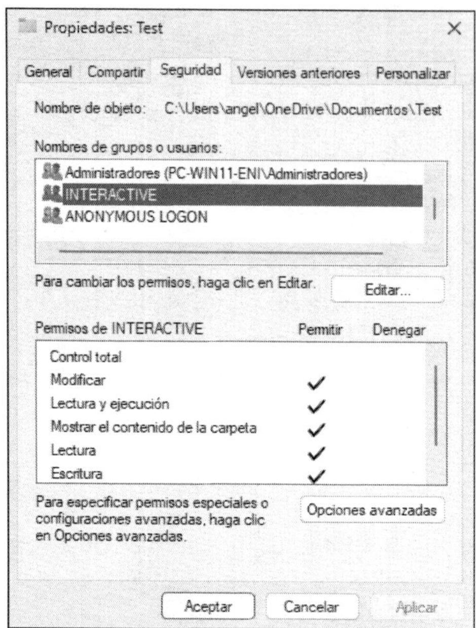

Cualquier usuario tendrá acceso a su carpeta y podrá editar el documento, ya que la entidad del sistema **INTERACTIVE** tiene permisos especiales sobre el contenido de dicha carpeta. Esta entidad agrupa a todos los usuarios que han iniciado sesión en Windows de forma interactiva.

- En primer lugar, deshabilite el mecanismo de herencia como se ha visto anteriormente y convierta los permisos heredados.
- Elimine el grupo INTERACTIVE. La carpeta ya no será accesible para los usuarios Mark y Anne.

Observación

Dado que forma parte del grupo de administradores, no tiene ningún problema para acceder a esta carpeta.

Una vez hecho esto:

- Añada al usuario llamado Anne: haciendo clic en el botón **Agregar** y, a continuación, en el enlace **Seleccionar entidad de seguridad**.

Por defecto, los tres permisos genéricos que se han añadido son: **Lectura y ejecución - Mostrar carpeta – Lectura**. Anne podrá ver el contenido del archivo, pero no podrá eliminarlo, modificarlo, ni crear otros documentos.

- Ahora añada un usuario llamado Marc (botón **Agregar**).
- Haga clic en el enlace **Mostrar permisos avanzados**.
- Además de las ya seleccionadas, marque estas cuatro casillas:
  - **Crear archivos/escribir datos**
  - **Crear carpetas/anexar datos**
  - **Escribir atributos**
  - **Escribir atributos extendidos**

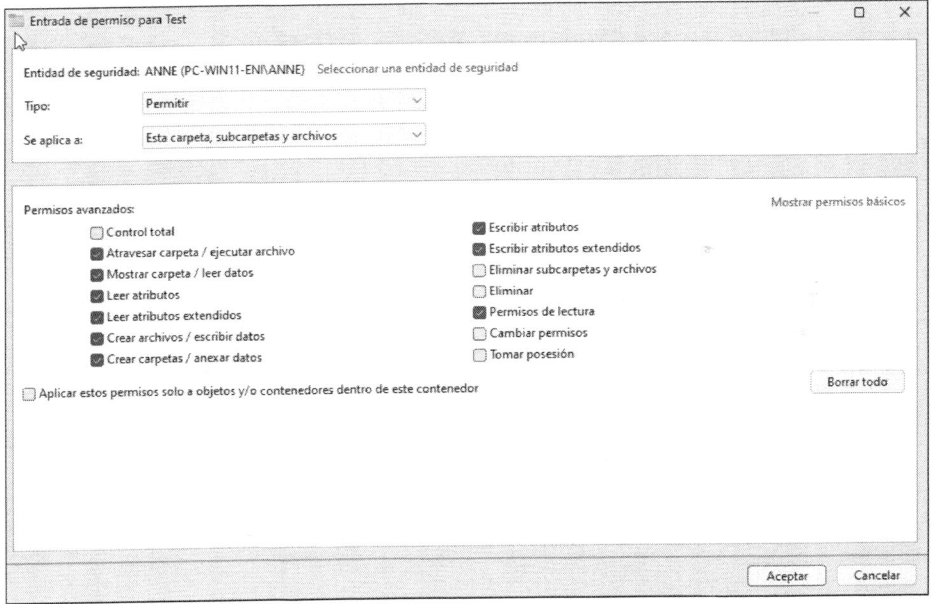

El usuario Marc puede modificar el contenido del archivo y añadir otros documentos, pero no puede:

- cambiar el conjunto de permisos NTFS,
- tomar posesión del archivo,
- eliminar la carpeta o el archivo.

1.5 Apropiación de un directorio

La orden `TakeOwn` permite a un administrador (en Windows) recuperar el acceso a un archivo que se había denegado, cambiando el propietario del archivo.

La sintaxis es la siguiente:

```
TAKEOWN [/S sistema] [/U usuario [/P contrseña]]] /F nombre_archivo
[/A] [/R [/D línea de _comandos]]
```

Los modificadores son los siguientes:

- `/s`: especifica el sistema remoto al que se va a conectar.
- `/u: [dominio\]usuario`: especifica el contexto de usuario en el que se debe ejecutar el comando. Este modificador no se puede utilizar sin `/s`.
- `/p: [contraseña]`: establece la contraseña para el contexto de usuario dado.
- `/f: nombre_archivo`: especifica el nombre del archivo o directorio. Puede utilizar el carácter genérico `*` para abarcar varios archivos.
- `/a`: asigna la pertenencia al grupo de administradores, no al usuario actual. Si no se especifica este modificador, la pertenencia a archivos se asignará al usuario que haya iniciado sesión.
- `/r`: procesa el comando en modo recursivo. Por lo tanto, la operación cubrirá todos los directorios y subdirectorios.

- `/d: línea de comandos`: permite definir una respuesta predeterminada que se usará cuando el usuario actual no tenga el permiso "listar carpetas" en un directorio. Esto ocurre durante el procesamiento recursivo (/R) en los subdirectorios. Use los valores "O" para tomar posesión o "N" para ignorar.

He aquí un ejemplo de cómo usarlo:

Después de instalar Windows, ya no se puede acceder a algunos directorios de otra partición, ni siquiera desde una cuenta de usuario con privilegios de administrador. La explicación es simple: las ACL se configuran en función de SID que ya no existen en el sistema. En este caso, puede utilizar estos dos comandos:

- `takeown /f <Nombre_Directorio> /r /d o`. Un mensaje le advertirá de la siguiente manera: "Operación finalizada con éxito: archivo (o carpeta): ubicación y Nombre_archivo" ahora pertenecen al usuario "Equipo1\Nombre_Usuario".
- `icals <Nombre_Directorio> /Grant Administrators:F /t`.

Ahora será posible acceder al directorio. Tenga en cuenta que debe ejecutar el símbolo del sistema como administrador; de lo contrario, recibirá un mensaje indicando que se denegará el acceso.

A continuación, se muestra otro ejemplo de comandos que permite apropiarse del archivo Hosts:

- `takeown /f c:\windows\system32\drivers\etc\hosts`
- `icacls c:\windows\system32\drivers\etc\hosts /grant admin:f`

La sintaxis de icacls se explica a continuación.

1.6 Modificación de las listas de control de acceso con icacls

Desde el símbolo del sistema, puede cambiar las ACL de los archivos utilizando una herramienta llamada icacls. Estas son las diferentes sintaxis posibles:

```
icacls <Objetos> /save <Nombre_Archivo> [/T] [/C] [/L]
```

Almacena las listas de control de acceso para todos los archivos correspondientes de `<Nombre_Archivo>`. A continuación, este comando le permite utilizar el parámetro /restore.

```
icacls <Nombre_Directorio> [/substitute <Antiguo_SID>
<Nuevo_SID> [...]] /restore <Nombre_Archivo> [/C] [/L]
```

Aplica las listas de control de acceso almacenadas en los archivos del directorio.

```
icacls <Objetos> /setowner <usuario> [/T] [/C] [/L]
```

Cambia el nombre del propietario de todos los archivos correspondientes.

```
icacls <Objetos> /findsid SID [/T] [/C] [/L]
```

Busca todos los archivos que contienen una lista de control de acceso que menciona explícitamente el SID.

```
icacls <Objetos> /verify [/T] [/C] [/L]
```

Busca todos los archivos para los que su lista de control de acceso no es canónica o cuyas longitudes no son coherentes con las entradas de control de acceso.

```
icacls <Objetos> /reset [/T] [/C] [/L]
```

Sustituye las listas de control de acceso por las listas heredadas predeterminadas para todos los archivos coincidentes.

```
icacls <Objetos> /grant[:r] SID:autorisation[...]
```

Concede los permisos de acceso de usuario especificados.

- Con el modificador `:r`, los permisos anulan los permisos explícitos concedidos anteriormente.
- Sin el modificador `:r`, los permisos se añaden a los permisos explícitos concedidos anteriormente.

```
icacls <Objetos> /deny ISD:autorisation
```

Deniega explícitamente los permisos de acceso a los usuarios especificados. Se agrega una entrada de control de denegación de acceso explícito a los permisos mencionados y se eliminan los mismos permisos de la misma manera.

```
icacls <Objetos> /remove[:[g|d]] SID
```

Elimina todas las apariciones de SID en la lista de control de acceso.

- Con el modificador `:g`, se eliminan todas las instancias de permisos concedidos a este SID.
- Con el modificador `:d`, se quitan todas las ocurrencias de permisos denegados a este SID.

```
icacls <Objetos> /setintegritylevel [(CI)(OI)]
```

Este nivel añade explícitamente una ACE de integridad (un nivel de integridad) a la carpeta correspondiente. El nivel puede ser:

- `L[ow]`
- `M[edium]`
- `H[igh]`

Las opciones de herencia de la ACE de integridad pueden preceder al nivel y solo se aplican a los directorios.

Los SID se pueden especificar en formato numérico o como un nombre descriptivo. Si se utiliza el formato numérico, añada un asterisco antes de precisar el SID.

A continuación, encontrará una descripción de los modificadores más frecuentes:

- /T: indica que esto se hace en todos los archivos o directorios coincidentes que se encuentran en los directorios especificados en el nombre.
- /C: indica que esta operación continuará en todos los errores de archivo. Los mensajes de error seguirán apareciendo.
- /L: indica que esta operación se realiza directamente en un vínculo simbólico en lugar de en su destino.

No dude en consultar el archivo de ayuda de este comando para obtener más información.

Uso de icacls

▶ Al igual que antes, cree un archivo llamado *Test* en el directorio de usuario.

▶ Acceda a la lista de ACL utilizando este comando: `icacls test`.

Se enumerarán tres usuarios o grupos de usuarios:

- el grupo SYSTEM,
- el grupo Administradores,
- y usted, el usuario.

```
Windows PowerShell
PS C:\Users\angel\Documents> icacls test
test PC-WIN11-ENI\ANNE:(OI)(CI)(RX)
     NT AUTHORITY\ANONYMOUS LOGON:(OI)(CI)(RX)
     NT AUTHORITY\INTERACTIVE:(OI)(CI)(M)
     NT AUTHORITY\SYSTEM:(I)(OI)(CI)(F)
     BUILTIN\Administradores:(I)(OI)(CI)(F)
     PC-WIN11-ENI\angel:(I)(OI)(CI)(F)

Se procesaron correctamente 1 archivos; error al procesar 0 archivos
PS C:\Users\angel\Documents>
```

¿Qué permisos se configuran?

- Todos ellos tienen control total sobre este directorio: (F).
- El ACL se hereda: (I).

▶ Para guardar la máscara de permisos, escriba:

```
icacls test.txt /save "Permisos del archivo Test"
```

El archivo se puede abrir con el bloc de notas de Windows. En él se enumeran los SID de los usuarios y se muestra la lista de permisos expresada con la sintaxis SDDL.

2. Cuentas de usuario

Distinguimos entre cuentas predefinidas y cuentas interactivas. Estas últimas son las que permiten a los usuarios iniciar sesión en la máquina. Por defecto, las cuentas predefinidas de tipo Administrador o Invitado están deshabilitadas para mejorar la seguridad del sistema. Este tipo de cuenta no se corresponde directamente con un usuario real. Por el contrario, una cuenta de usuario interactiva se corresponde con una persona física. El sistema devuelve una imagen, denominada perfil, que se almacena en esta ubicación:
C:\Usuarios\<Nombre Usuario>.

Cada usuario pertenece a un grupo genérico (predefinido). Dado que es posible crear usuarios, también puede generar nuevos grupos. Cada grupo tiene su propio conjunto de privilegios y restricciones. Para decirlo claramente, mientras que el grupo de administradores tiene plenos poderes, el grupo de invitados evoluciona en una especie de libertad supervisada.

Se puede acceder a la administración de cuentas de usuario desde **Configuración - Cuentas**. Tiene la opción de administrar las opciones de su cuenta, agregar usuarios familiares y no familiares, conectar una cuenta profesional o educativa o eliminar cuentas. Windows 11 le permite crear o iniciar sesión en dos tipos de cuentas:

- Una cuenta de Microsoft: permite la sincronización de la información de la cuenta (configuración personalizada, historial, favoritos del navegador, acceso a las aplicaciones de Microsoft Store y a las aplicaciones de Microsoft) independientemente del equipo en el que inicie sesión. Se comporta de forma similar al perfil móvil de un dominio de Active Directory. Los datos y la información se almacenan en los servidores de Microsoft.
- Una cuenta local: se corresponde con las cuentas disponibles en versiones anteriores de Windows. El acceso solo se realizará en esta máquina y los datos de la cuenta se almacenarán localmente. Este tipo de cuenta favorece la confidencialidad, pero no ofrece los beneficios de la sincronización.

El antiguo acceso desde el **Panel de control**, menú **Cuentas de usuario**, sigue funcionando. En el resto de esta sección, usaremos la consola de administración avanzada de usuarios porque ofrece más opciones de administración.

▶ Escriba el comando `netplwiz` en el cuadro de búsqueda del menú **Inicio**.

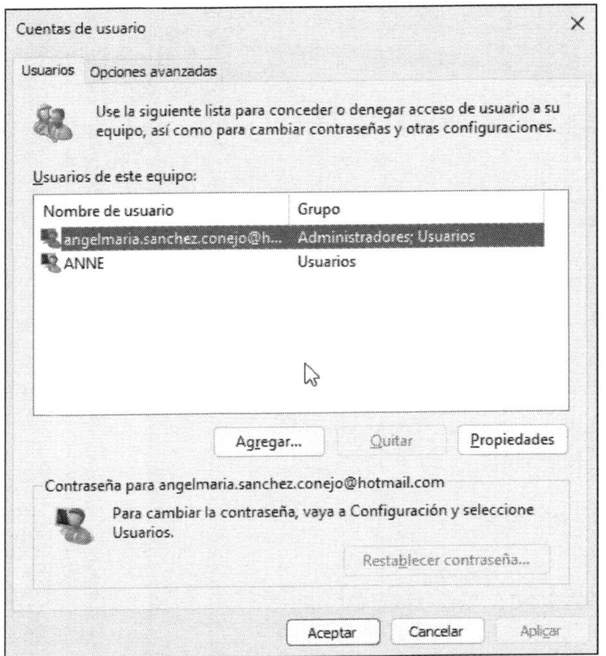

- Si desea restablecer la contraseña de una cuenta local, desde la consola de administración avanzada de usuarios, haga clic en el botón **Restablecer contraseña**. Tenga en cuenta que esta opción se deshabilitará si ha iniciado sesión con una cuenta de Microsoft. De hecho, el cambio se realizará en línea.
- Para acceder a las propiedades de un usuario y ver el grupo al que pertenece, es decir, el tipo y el nivel de acceso a la cuenta, haga clic en el botón **Propiedades**.

▶ De vuelta en la ventana de cuentas de usuario, haga clic en la pestaña **Opciones avanzadas** y, a continuación, en la sección **Administración avanzada de usuarios**, haga clic en el botón **Opciones avanzadas**. Aparece la consola de administración de cuentas de usuario. También se puede acceder a ella escribiendo el comando lusrmgr.msc desde el cuadro de búsqueda del menú **Inicio** o desde el menú contextual del menú **Inicio - Administración de equipos - Usuarios y grupos locales**.

Al instalar Windows, vimos que era posible configurar una cuenta de usuario de tipo Microsoft Account para integrar las funciones en la nube que ofrece el nuevo sistema operativo de Microsoft, como el correo, los contactos o OneDrive. A excepción de la contraseña, la administración de este tipo de cuenta es idéntica a la de las cuentas de usuario locales del equipo.

En Windows 11, la integración en la nube para cuentas de usuario permite sincronizar los elementos de configuración para configuraciones personalizadas.

2.1 Cómo funcionan los perfiles de usuario

Cuando se inicia el equipo, se le pedirá que se conecte a su sesión. Cada nombre de sesión se corresponde con un usuario. Cuando inicia sesión en un sistema recién instalado, se utiliza un perfil de usuario predeterminado (o plantilla) para crear su propio perfil. Esto se describe en el árbol de registro HKEY_USERS. Posteriormente, y a medida que vaya realizando cambios en el entorno de trabajo, se recordarán cada una de sus preferencias. De hecho, su perfil de usuario se perfeccionará con el tiempo.

Es posible asignar un perfil obligatorio a un usuario o grupo de usuarios o cambiar el perfil predeterminado que se asignará a cada nuevo usuario. Es decir, puede copiar un perfil de usuario de una cuenta a otra, como si fabricara figuritas pequeñas a partir del mismo molde. Por defecto, la administración de archivos y carpetas de perfil de usuario se encuentra en la carpeta C:\Users o C:\Usuarios.

Cuando se utiliza un equipo en la empresa y se conecta a un dominio de Active Directory, los administradores prefieren utilizar perfiles móviles: en un entorno en el que un usuario utiliza diferentes equipos, podrá encontrar su propio entorno de trabajo independientemente del equipo en el que haya iniciado sesión. A continuación, el perfil se almacena en un servidor y se duplica localmente al iniciar sesión.

Windows 10 introdujo una nueva versión de la administración de perfiles de usuarios móviles, con una mayor portabilidad entre diferentes dispositivos que sus predecesores. Sin embargo, la versión del perfil de Windows 10/11 (v6) no es compatible con versiones anteriores de Windows. Por lo tanto, deberá dejar habilitado el control de versiones de perfil.

2.2 Entidades predefinidas

Hay una serie de entidades (usuarios, grupos de usuarios) que se establecen de forma predeterminada en el sistema. A continuación, se explican los más extendidos.

2.2.1 Entidades de seguridad integradas

- **ANONYMOUS LOGON**: representa a los usuarios y servicios que acceden a un equipo sin usar un nombre de cuenta, contraseña o nombre de dominio.
- **CREADOR PROPIETARIO**: representa al usuario que creó o tomó posesión de un objeto.
- **INTERACTIVO**: representa a todos los usuarios que están conectados actualmente a un equipo y que tienen acceso a un recurso determinado del equipo (a diferencia de los usuarios que acceden al recurso en la red). Cada vez que un usuario accede a un recurso específico en el equipo al que está conectado actualmente, este se añade automáticamente al grupo interactivo.
- **LÍNEA**: Representa a cualquier usuario que haya iniciado sesión en el equipo mediante una conexión de acceso remoto.

- **REMOTE INTERACTIVE LOGON**: representa a cualquier usuario que haya iniciado sesión en el equipo mediante una conexión a escritorio remoto.
- **RED**: representa a los usuarios que actualmente tienen acceso a un recurso específico en la red (a diferencia de los usuarios que acceden a un recurso iniciando sesión localmente en el equipo que lo contiene). Cada vez que un usuario accede a un recurso específico de la red, se añade automáticamente al grupo Red.
- **Todos**: representa a todos los usuarios actuales de la red, incluidos los invitados y los usuarios de otros dominios. Cada vez que un usuario inicia sesión en la red, se añade automáticamente al grupo Todos.
- **USUARIO DE TERMINAL SERVER**: representa a cualquier usuario que acceda al equipo mediante una conexión a Escritorio remoto.
- **Usuarios autenticados**: Este grupo incluye a todos los usuarios que tienen una cuenta y una contraseña en el equipo local o Active Directory.
- **TODOS LOS PAQUETES DE APLICACIONES**: Esta entidad administra los permisos de acceso a los recursos del sistema para las aplicaciones de la Windows Store.
- **PERMISOS DEL PROPIETARIO**: representa los permisos asignados al propietario actual de un objeto.

- **SISTEMA**: es con esta identidad con la que el sistema operativo gestiona todos los componentes esenciales para el funcionamiento del kernel, entre los que se incluyen:
  - El proceso csrss.exe (*Client/Server Runtime Subsystem*), que maneja las ventanas y elementos gráficos de Windows.
  - El proceso Lsass.exe (*Local Security Authority Subsystem Service*), que administra los mecanismos de seguridad local y autenticación de usuarios a través del servicio WinLogon.
  - El proceso Lsm.exe (*Local Session Manager*), que controla el inicio de sesión local.
  - El proceso wmiprvse.exe (*Windows Management Instrumentation*), que administra la funcionalidad de WMI.
  - El proceso Wininit.exe, que controla el inicio de Windows.
  - El proceso Winlogon.exe (*Windows Logon Process*), que gestiona la apertura y clausura de las sesiones.
  - El proceso SearchIndexer, que controla la indexación de archivos para las funcionalidades de búsqueda.
  - El proceso svchost.exe, que es un nombre de proceso host genérico para ejecutar servicios de librerías dinámicas (DLL). Observará varias instancias de este proceso que se corresponden con la misma cantidad de servicios Windows iniciados.
- **SERVICIO DE RED**: esta cuenta es utilizada por los servicios que necesitan autenticarse en otros equipos de la red sin necesidad de privilegios especialmente amplios.
- **SERVICIO LOCAL**: este es el mismo tipo de cuenta, excepto que solo puede acceder a los recursos de red que permiten el acceso anónimo. En particular, permite el inicio de procesos relacionados con la gestión de dispositivos y ciertos servicios relacionados con la red, como, por ejemplo, la resolución de nombres NetBIOS (LmHosts).

- **Restricted**: permite establecer una entrada de autorización en una ACL que implica un permiso de tipo Denegación para todos los tokens de acceso restringido. A esta entidad se le asigna un permiso de tipo "Denegar" o el permiso concedido es un permiso de tipo "Leer". En ambos casos, los grupos o usuarios restringidos no tienen acceso al recurso, ya que las ACE negativas tienen prioridad sobre las ACE positivas. Para otras entradas, solo tendrán acceso de solo lectura.
- **Trusted Installer**: la tecnología WRP (*Windows Resource Protection*) actúa como una especie de autoridad suprema que impide cualquier cambio en los archivos, directorios y claves de registro que se consideren necesarios para el correcto funcionamiento del sistema. En este caso, solo el servicio Trusted Installer puede realizar cambios en los recursos protegidos por ese servicio.

2.2.2 Grupos de usuarios

- **Administrators**: agrupa a los miembros con privilegios de administrador.
- **Hyper-V Administrators**: agrupa a los miembros con privilegios administrativos para las funcionalidades de Hyper-V.
- **Replicator**: los miembros de este grupo tienen permisos para replicar archivos en el dominio.
- **IIS_IUSRS**: los miembros de este grupo predefinido tienen permisos ampliados sobre los recursos y archivos del sistema, para hacer que los pools IIS sean cuentas de servicio. Si se asigna una cuenta de servicio a un pool de IIS, se convierte automáticamente en miembro de dicho grupo.
- **Guests**: Por defecto, los miembros del grupo Invitados tienen el mismo acceso que los miembros del grupo Usuarios, con la excepción de que la cuenta Invitado tiene permisos restringidos.
- **Event Log Readers**: los miembros de este grupo tienen permisos para leer registros de eventos en el equipo local.
- **Access Control Assitance Operators**: los miembros de este grupo pueden consultar de forma remota los recursos avanzados del sistema (permisos y autorizaciones) en el equipo local.
- **Crytogragraphic Operators**: agrupa a los miembros con privilegios para implementar operaciones de cifrado.

- **Operadores de configuración de red**: agrupa a los miembros que tienen un cierto número de privilegios con respecto a la configuración de interfaces de red.
- **Network Configuration Operators**: agrupa a los miembros que tienen el poder de realizar copias de seguridad y restaurar todos los archivos de un equipo.
- **Device Owners**: agrupa a los miembros con el poder de cambiar la configuración del sistema de la máquina.
- **System Managed Accounts Group**: el sistema administra los miembros de este grupo dedicado a las futuras funcionalidades de Windows.
- **Users**: los miembros de este grupo tienen acceso limitado a los recursos y un número restringido de privilegios, pero pueden ejecutar aplicaciones.
- **Power Users**: los miembros de este grupo pueden realizar una serie de tareas administrativas sin tener un control total sobre la máquina. Este grupo está presente por razones de compatibilidad con sistemas anteriores.
- **Remote Management Users**: agrupa a los miembros que acceden a los recursos WMI a través de protocolos de comunicación compatibles.
- **Performance Monitor Users**: agrupa a los miembros que pueden ver los datos de rendimiento en tiempo real en el monitor de rendimiento.
- **Remote Desktop Users**: agrupa a los miembros con privilegios de inicio de sesión de escritorio remoto.
- **Performance Log Users**: agrupa a los miembros que, además de ver los datos de rendimiento en tiempo real, pueden crear y editar conjuntos de recopiladores de datos en el monitor de rendimiento.
- **ConfigMgr Remote Control Users**: los miembros pueden iniciar, activar y usar objetos COM distribuidos localmente.

Los grupos más utilizados son **Administrators** y **Users**.

2.2.3 Usuarios predefinidos

- **Administrator**: esta cuenta especial le permite liberarse del control de la cuenta de usuario. El token de acceso que se le concede es único. Está deshabilitado de forma predeterminada en Windows 11 para mejorar la seguridad del sistema.
- **DefaultAccount**: una cuenta de usuario dedicada, deshabilitada de forma predeterminada. Esta cuenta es administrada por el sistema.
- **Guest**: Esta cuenta también está deshabilitada de forma predeterminada en Windows 11. Es útil para conceder un acceso ocasional a un usuario que casi no tendrá privilegios o permisos sobre los recursos.
- **WDAGUtilityAccount**: una cuenta de usuario administrada por el sistema para Windows Defender Application Guard (WDAG), deshabilitada de forma predeterminada.

Puede reactivar estas cuentas siguiendo estos pasos:

▶ En el cuadro de texto **Buscar** situado a la derecha del menú **Inicio**, escriba este comando: `netplwiz`.

▶ Haga clic en la pestaña **Opciones avanzadas** y, a continuación, haga clic en el botón **Opciones avanzadas**.

▶ Abra la rama **Usuarios** y, a continuación, abra la cuenta que desea editar.

▶ Desmarque la casilla de verificación **La cuenta está deshabilitada**.

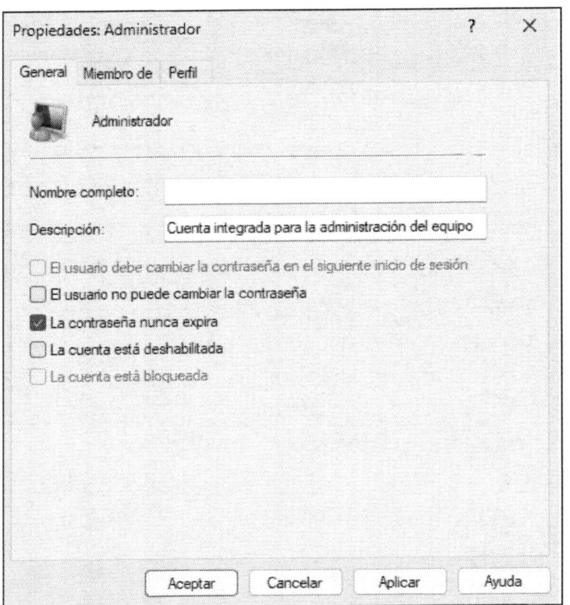

3. Control de cuentas de usuario

Windows Vista introdujo un nuevo concepto de seguridad llamado UAP o *Account Protection* (en español, control de cuentas de usuario). Se utilizan otros términos: *Least-Privilege User Accounts* o *Limited User Accounts* (LUA). Este concepto, ahora llamado UAC (*User Account Control*), se ha mantenido y mejorado a lo largo de los años hasta Windows 11, para que parezca menos restrictivo para el usuario. Esta función permite limitar el alcance del malware.

Los usuarios creados por Windows tienen el estado de administrador protegido, es decir, que la funcionalidad UAC está habilitada para estas cuentas. Este no es el caso de la cuenta Administrador que designa la cuenta integrada en el sistema operativo, pero que está deshabilitada de forma predeterminada.

Cuando un usuario está autorizado a interactuar sin restricciones con el sistema, puede instalar una aplicación, escribir en la rama del registro HKEY_LOCAL_MACHINE, instalar dispositivos, iniciar servicios, etc.

En el modo protegido, todos los procesos iniciados por un administrador se inician con privilegios mínimos. Si, por ejemplo, abre un programa desde el menú **Inicio**, la aplicación se va a ejecutar en un contexto restringido con los mismos privilegios que ya se le han concedido.

Si la aplicación requiere privilegios elevados para ejecutarse correctamente, la cuenta de administrador debe poder ejecutar el proceso de forma no restrictiva. A continuación, el proceso hereda los numerosos beneficios que otorga esta elevación de privilegios (*Over The Shoulder* (OTS) *elevation*). Cuando un programa necesita ejecutarse en modo de elevación de privilegios, un cuadro de diálogo le advierte al respecto. Por lo tanto, de forma predeterminada, no existe la posibilidad de elevar los privilegios otorgados a una aplicación sin el consentimiento informado del usuario.

Veremos en el resto de este apartado que, en Windows, ahora es posible desactivar la solicitud de confirmación para el proceso de elevación de privilegios. Sin embargo, tenga en cuenta que el servicio permanece activo incluso cuando se selecciona la configuración menos segura para esta función.

3.1 Cuentas de usuario

Cada vez que inicia una sesión de usuario, se le asigna un token de acceso. Este lista los privilegios que tiene y enumera los recursos a los que está accediendo o intentando acceder. Cada recurso del sistema tiene una lista de control de acceso (DACL) que enumera los usuarios, grupos y servicios que pueden acceder a él, así como el nivel de permiso que tienen.

Por defecto, los usuarios administradores reciben dos tokens de acceso:

- Un token como administrador.
- Un token como usuario estándar, que se asigna de forma predeterminada.

Cuando se elevan los permisos de un proceso, el usuario tiene los mismos privilegios que el administrador. En otras palabras, obtiene el mismo token de acceso. El mecanismo que le permite cambiar de una identidad a otra se llama *Admin Approval Mode* (AAM).

3.2 Niveles de integridad

La comprobación de integridad (MIC o *Mandatory Integrity Control*) es otro mecanismo que apareció en Vista. Se controla mediante entradas de autorización en la lista del sistema de control de acceso (SACL) de cualquier objeto que se pueda proteger (clave de registro, archivo, proceso, etc.).

Cada proceso tiene un nivel de integridad y cada proceso hijo, hereda del que fue "hijo". Estos niveles de integridad se denominan *Integrity access Levels* o IL.

Cabe señalar que el nivel de integridad está asociado a la SACL y no a la DACL.

Un proceso no puede interactuar con un nivel de mantenimiento que tenga privilegios más elevados. Los API (*Application Programming Interface*) fallarán en un proceso con un nivel de integridad bajo cuando se utilice en un nivel de proceso superior. Esto se hace para evitar el riesgo de ataques o intrusiones maliciosas.

Las entradas del registro solo se pueden escribir desde un proceso con un alto nivel de integridad. Por este motivo, un navegador (proceso de baja integridad) solo permite escribir en pequeñas porciones del explorador de archivos o el registro de Windows.

Los niveles de integridad son los siguientes:

- **Sistema**: este nivel se asigna a los servicios del sistema.
- **Alto (High)**: se corresponde con los privilegios del sistema del administrador. Este nivel de privilegio concede permiso para escribir en el directorio \Archivos de programa y en la rama del registro HKEY_LOCAL_MACHINE.
- **Medio (Medium)**: se corresponde con el nivel Usuario. Este nivel de privilegio le otorga el permiso de escribir en el directorio de usuario y en la rama del registro HKEY_CURRENT_USER.
- **Bajo (Low)**: este nivel solo le permite escribir en áreas sin niveles de privilegios, como la clave HKEY_CURRENT_USER\Software\LowRegistry o directorios denominados LOW que están presentes en el explorador de archivos. Además, una función denominada "Interfaz de usuario de aislamiento de privilegios" (*User Interface Privilege Isolation* o UIPI) refuerza este sistema, con el fin de evitar ataques de tipo "Escalada de privilegios".

Windows 8 añadió el nivel de aislamiento **AppContainer** al nivel de integridad anterior, que también está presente en Windows 11. Este nivel de aislamiento es el nivel predeterminado que se usa para ejecutar aplicaciones de la Windows Store.

3.3 Elevación de privilegios

Algunas operaciones no son adecuadas para el uso de listas de control de acceso. Supongamos que un usuario necesita hacer una copia de seguridad de un conjunto de archivos. Es mucho más fácil otorgarle privilegios de copia de seguridad independientemente de los permisos NTFS adjuntos a los archivos, que cambiar la máscara de permisos de cada uno de los recursos a los que se puede acceder, uno por uno.

Los privilegios de un proceso se pueden elevar en los siguientes casos:

- Si la aplicación es una plataforma de instalación como Windows Installer o Install Shield. En este caso, habrá una entrada presente en este árbol del registro: HKEY_CURRENT_USER - Software - Microsoft - Windows NT - CurrentVersion - AppCompatFlags - Compatibility Assistant - Store.
- Si la aplicación tiene una entrada en la capa de compatibilidad de aplicaciones o en la base de datos de compatibilidad de aplicaciones. En este último caso, el archivo con la extensión *.sdb* habrá sido creado por el ejecutable CompatAdmin.exe.
- Si el archivo manifiesto de la aplicación contiene una solicitud de nivel de ejecución, que especifica que la aplicación requiere un nivel de privilegios alto.

También puede invocar esta elevación de privilegios activando la casilla de verificación **Ejecutar como administrador**, tanto en el menú contextual de la aplicación como el acceso directo. Veamos cómo proceder:

- Haga clic con el botón derecho en uno de los programas del menú **Inicio**.
- Seleccione el comando **Ejecutar como administrador**.

Para automatizar el proceso, siga estos pasos:

- Busque en el disco el directorio de instalación del programa que desee ejecutar. A veces, es posible acceder a él haciendo clic con el botón derecho del ratón en el acceso directo **Abrir ubicación del archivo**.
- Una vez localizado el archivo ejecutable, haga clic en él con el botón derecho y haga clic en el submenú **Propiedades**.
- Acceda a la pestaña Compatibilidad y, a continuación, active la casilla **Ejecutar este programa como administrador**.

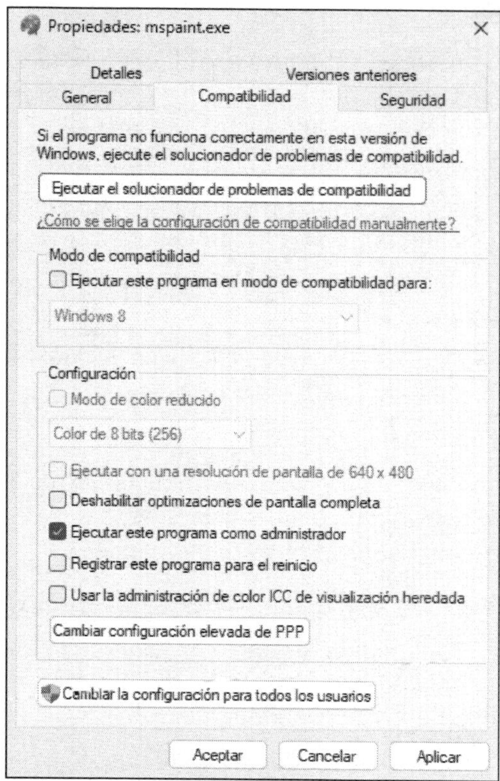

Desde un acceso directo, el procedimiento es un poco diferente:

- Haga clic con el botón derecho del ratón en el acceso directo y haga clic en el submenú **Propiedades**.
- Haga clic en la pestaña **Acceso directo** y, a continuación, haga clic en el botón **Propiedades avanzadas**.
- Active la casilla **Ejecutar como administrador**.

Otro método para hacer esto mismo consiste en:

- Escribir `cmd` en el cuadro de búsqueda del menú **Inicio**.
- Hacer clic con el botón derecho del ratón en **cmd.exe** y hacer clic en el comando **Ejecutar como administrador**. A partir de ahí, cualquier comando que ejecute desde el símbolo del sistema se iniciará con permisos de administrador.

Hay otros dos escenarios que permiten la elevación de privilegios:

- Cuando se inicia un programa desde un proceso que ya ha recibido esta elevación de privilegios. Un buen ejemplo es el hecho de que muchas herramientas se deben iniciar desde una ventana del símbolo del sistema que se ejecuta como administrador.
- Cuando se inicia un programa desde el administrador de tareas:

- En el cuadro de búsqueda situado a la derecha del menú **Inicio**, escriba: `taskmgr`
- Una vez abierto el administrador, haga clic en **Ejecutar nueva tarea**.
- Active la casilla **Crear esta tarea con privilegios administrativos**.

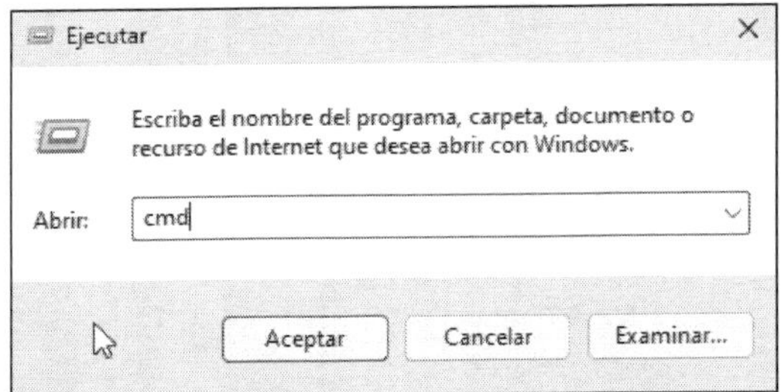

En este caso, el administrador de tareas inicia los procesos mediante el API *CreateProcess*, y no *CreateRestrictedProcess*.

3.4 Proceso de virtualización

Un proceso iniciado por una cuenta de usuario estándar, no puede escribir en la rama del registro HKEY_LOCAL_MACHINE. Esta particularidad, por supuesto, causará problemas ya que, en muchos casos, la aplicación no podrá funcionar normalmente. Para sortear esta dificultad, desde Windows Vista se ha puesto en marcha un mecanismo llamado virtualización. Cuando un proceso con pocos privilegios necesita escribir en un área protegida del registro o del explorador de archivos, los datos se transfieren instantáneamente a un área dedicada para el usuario. Estas zonas "Usuario" tienen prioridad sobre los campos de "Equipo".

Cuando un proceso no puede escribir en la rama HKEY_LOCAL_MACHINE - Software, las escrituras que faltan se escriben en: HKEY_CURRENT_USER - Software - Classes - VirtualStore - MACHINE - Software.

Por otro lado, el proceso de virtualización de archivos realiza este tipo de sustitución:

- %Perfil_usuario%\AppData\Local\VirtualStore\ Program Files para %Program Files%,
- %Perfil_usuario%\AppData\Local\VirtualStore\Windows for %Windir%,
- etc.

Los procesos se virtualizan excepto en los siguientes casos:

- Se inician con privilegios de administrador.
- El archivo ejecutable contiene un manifiesto denominado *requestedExecutionLevel*.
- Se relacionan con operaciones que no se inicializan desde una sesión interactiva.

3.5 Control de cuentas de usuario en acción

Cuando una aplicación no ofrece automáticamente la posibilidad de ser iniciada como administrador, es posible:

- acceder al menú contextual del acceso directo o del archivo ejecutable y hacer clic en el comando **Ejecutar como administrador**.
- iniciar la aplicación desde otra aplicación que se haya estado ejecutando como administrador.

Al iniciar una aplicación desde una cuenta de administrador que requiere que se eleven los privilegios, aparece este tipo de cuadro de diálogo: "¿Desea permitir que esta aplicación realice cambios en el dispositivo?"

Desde una cuenta de usuario estándar, se le pedirá que continúe con la contraseña de una cuenta con privilegios de administrador.

El esquema es el siguiente:

- El sistema operativo analiza aplicación.
- Si el editor es Microsoft o la aplicación se ha firmado digitalmente, se le indicará que Windows necesita su permiso para continuar (banner azul).
- Si la aplicación no ha sido firmada digitalmente, se le notificará que un programa no identificado quiere acceder a su equipo (banner naranja).
- Si la aplicación está prohibida, se le notificará que el programa ha sido bloqueado. En tal caso:
  - Intente desbloquear el programa localizando su ubicación: haga clic con el botón derecho del ratón y, en la primera pestaña, marque **Desbloquear**.
  - Además, compruebe la configuración de la UAC. Es posible que se le haya atribuido un nivel de seguridad demasiado alto.

Además, en la interfaz gráfica, se precisa que determinadas acciones requieren una elevación de privilegios. Encontrará un ejemplo en la configuración de control de cuentas de usuario:

- Acceda al **Panel de control**, vaya a la sección **Cuentas de usuario** y, a continuación, a **Cuentas de usuario**.
- Seleccione la opción **Cambiar configuración de Control de cuentas de usuario**.
- Se abrirá el panel de control. Tenga en cuenta que el botón **Aceptar** presenta ahora el escudo de Security Center.

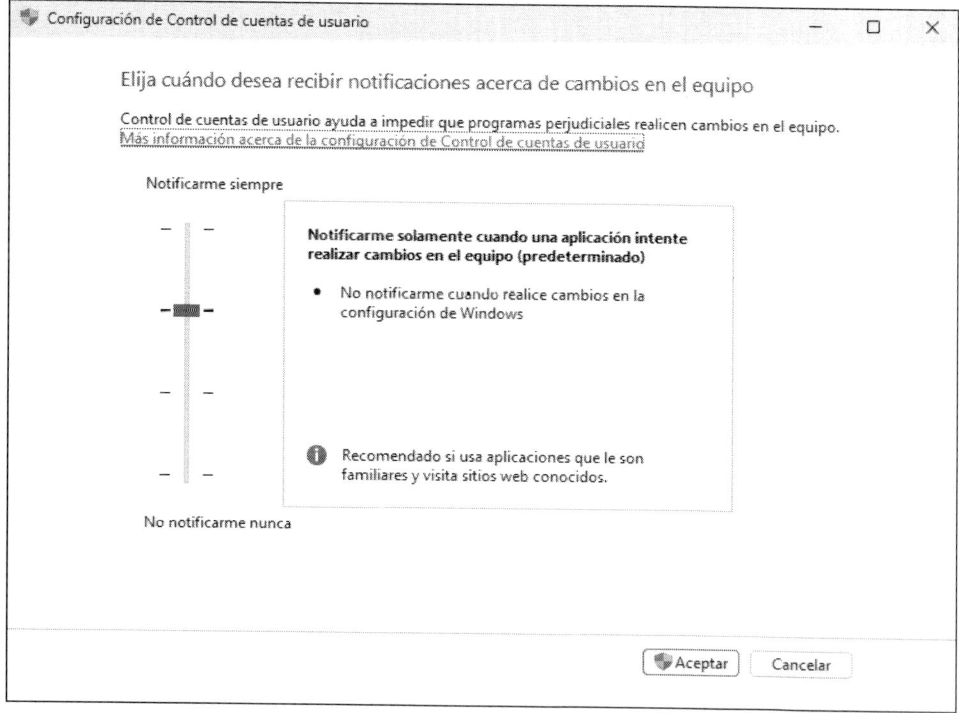

- Haga clic en este botón. Aparecerá el cuadro de diálogo con la famosa pregunta. Puede hacer clic en el botón **Ver detalles** para averiguar qué archivos del sistema se ejecutarán.

3.6 Deshabilitar el control de cuentas de usuario

- En el panel de control, en la sección **Cuentas de usuario - Cuentas de usuario**, seleccione la opción **Cambiar configuración de Control de cuentas de usuario**.
- Configure la función desplazando el control que aparece sobre la opción **No notificarme nunca**. Haga clic en el botón **Aceptar** para confirmar la nueva configuración.

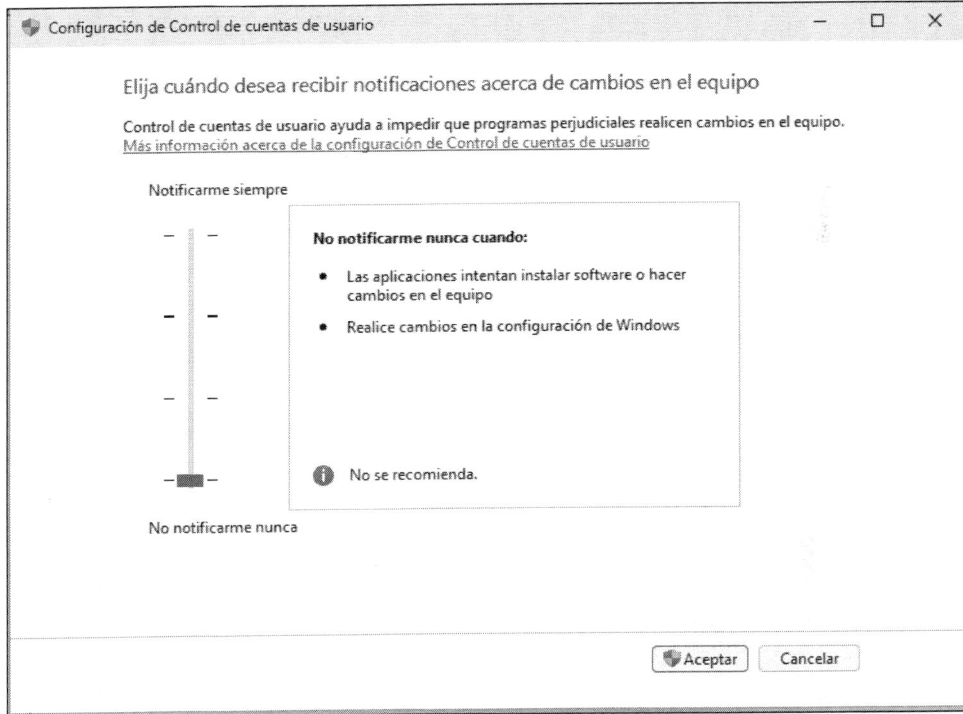

También puede utilizar la herramienta de configuración del sistema:

- En el cuadro de búsqueda del menú **Inicio**, escriba: `msconfig`. Se abrirá la ventana de configuración del sistema.
- Haga clic en la pestaña **Herramientas**.
- Seleccione C**ambiar configuración de UAC** y, a continuación, haga clic en el botón **Iniciar**.

Tenga en cuenta que el control de cuentas de usuario no está completamente deshabilitado, incluso si selecciona la opción **No notificarme nunca cuando**. Si desea deshabilitarlo por completo, deberá establecer el valor de EnableLUA a 0 en la clave del registro: **HKEY_LOCAL_MACHINE - SOFTWARE - Microsoft - Windows - CurrentVersion - Policies - System**.

Sin embargo, tenga en cuenta que deshabilitar completamente el control de cuentas de usuario afectará al funcionamiento de las aplicaciones de la Windows Store, ya que en este caso no se podrá iniciar ninguna aplicación.

3.7 Configuración del control de cuentas de usuario

Ahora echemos un vistazo a las diferentes configuraciones que ofrece el editor de directivas de grupo.

- Para ello, escriba gpedit.msc en el cuadro de búsqueda.
- Debe abrir este árbol: **Configuración del equipo - Configuración de Windows - Configuración de seguridad - Directivas locales - Opciones de seguridad**.

Observación

Al mismo tiempo, hemos indicado las manipulaciones correspondientes en el registro.

3.7.1 Control de cuentas de usuario: ejecutar cuentas de administrador en modo de aprobación de administrador

Si se desactiva esta directiva, se deshabilitará el tipo de usuario del modo Aprobación de administrador y todas las demás directivas de UAC relacionadas. En pocas palabras, esto es lo mismo que quitar el control de la cuenta de usuario. Una vez deshabilitada esta directiva, reinicie el equipo.

- Si utiliza el comando `Ejecutar`, un aviso le advertirá de que esta tarea se creará con permisos de administrador.
- Si abre el centro de seguridad de Windows, verá un aviso que indica que el control de la cuenta de usuario está deshabilitado.

Esto se corresponde con esta manipulación en el registro Windows:

- Clave: **HKEY_LOCAL_MACHINE - SOFTWARE - Microsoft - Windows - CurrentVersion – Policies - System**
- Valor DWORD: **EnableLUA**
- Datos del valor: 0.

3.7.2 Control de cuentas de usuario: comportamiento de solicitud de elevación para administradores en modo de aprobación Administrador

Esta directiva permite configurar el comportamiento del cuadro de diálogo cuando se inicia una solicitud de elevación de privilegios desde una cuenta que tiene privilegios de administrador. Hay seis opciones posibles:

- **Elevar privilegios sin solicitud de usuario**: no se reenviará ninguna solicitud de consentimiento al administrador.
- **Solicitar credencial en el escritorio seguro**: se solicitará al administrador en el escritorio seguro (entorno de escritorio atenuado u ofuscado), que introduzca un nombre de usuario y una contraseña con privilegios.
- **Solicitar consentimiento en el escritorio seguro**: se solicitará al administrador en el escritorio seguro (entorno de escritorio atenuado u oscurecido) que seleccione la acción Permitir o Denegar.

- **Solicitar credenciales**: se le pedirá al administrador que introduzca un nombre de usuario y una contraseña con privilegios directamente en el escritorio activo.
- **Solicitar consentimiento**: se le pedirá al administrador que seleccione la acción **Permitir** o **Denegar** en el escritorio activo.
- **Solicitar consentimiento para archivos binarios que no son de Windows**: en el caso de las aplicaciones externas a Microsoft, se pedirá al administrador en el escritorio seguro (entorno de escritorio atenuado u ofuscado), que seleccione la acción **Permitir** o **Denegar**. Este es el comportamiento predeterminado.

En el primer caso, el control de cuenta de usuario permanece activo, pero no hay ningún cuadro de diálogo para interrumpir las tareas de mantenimiento.

- Clave: **HKEY_LOCAL_MACHINE - SOFTWARE - Microsoft - Windows - CurrentVersion – Policies - System**
- Valor DWORD: **ConsentPromptBehaviorAdmin**

Los valores posibles son:

- 0: Elevar privilegios sin solicitud de usuario
- 1: Solicitar credenciales en el escritorio seguro
- 2: Solicitar consentimiento en el escritorio seguro
- 3: Solicitar credenciales
- 4: Solicitar consentimiento
- 5: Solicitar consentimiento para archivos binarios que no son de Windows

3.7.3 Control de cuentas de usuario: cambiar a Escritorio seguro cuando se solicita una elevación

Esta directiva determina si la solicitud de elevación se llevará a cabo en el escritorio de usuarios interactivos o en el escritorio seguro. Esta configuración controla el efecto de desvanecimiento u ofuscación cada vez que se solicita la elevación de privilegios.

- Clave: **HKEY_LOCAL_MACHINE - SOFTWARE - Microsoft - Windows - CurrentVersion - Policies\System**
- Valor DWORD: **PromptOnSecureDesktop**
- Datos del valor: 1 (se debe activar).

3.7.4 Control de cuenta de usuario: modo Aprobación de administrador para la cuenta de administrador integrada

Esta directiva determina el comportamiento del modo Aprobación de administrador para la cuenta de administrador integrada. El administrador integrado iniciará sesión en el modo Aprobación de administrador y se le pedirá que apruebe todas las operaciones que requieran la elevación de privilegios. Si esta directiva está deshabilitada, el administrador podrá ejecutar todas las aplicaciones con privilegios de administración completos. Si usa a menudo la cuenta Administrador, esta estrategia es una buena opción.

- Clave: **HKEY_LOCAL_MACHINE - SOFTWARE - Microsoft - Windows - CurrentVersion – Policies - System**
- Valor DWORD: **FilterAdministratorToken**
- Datos para el valor: 0.

4. Windows Hello

Windows Hello es una funcionalidad heredada de Windows 10, que tiene como objetivo proporcionar a los usuarios capacidades de autenticación biométrica. Esta funcionalidad es el resultado de toda una reflexión sobre la compatibilidad con el estándar de autenticación FIDO 2.0 (*Fast IDendity Online*). Este último tiene como objetivo eliminar las contraseñas para conseguir una autenticación más fácil pero segura, por ejemplo, biométrica.

El uso de contraseñas representa un riesgo porque rara vez se respetan las recomendaciones sobre la duración, la vida útil y el almacenamiento de las contraseñas. Con Windows Hello, Microsoft cumple con los requisitos de los estándares de seguridad actuales. Se utiliza el chip TPM para cifrar datos.

Esta funcionalidad soporta dos tipos distintos de sensores biométricos. De hecho, podrá iniciar sesión utilizando dispositivos de reconocimiento facial o de huellas dactilares, siempre que, por supuesto, disponga de hardware compatible con Windows Hello para evitar cualquier problema con el reconocimiento de dispositivos. El reconocimiento del iris no está previsto, según la última información de Microsoft. Para la lectura de huellas dactilares, se admite el uso del hardware existente.

Las restricciones en este tipo de dispositivos son limitadas. Por otro lado, para el reconocimiento facial, es necesario contar con una cámara infrarroja adecuada.

También es posible iniciar sesión a través de un código PIN. Este PIN se asocia a un solo dispositivo y se realiza una copia de seguridad para recuperar su cuenta de Microsoft.

El ámbito de Windows Hello no solo se limita a la autenticación en el escritorio local, sino que también amplía las capacidades de autenticación segura en las aplicaciones y servicios web elegibles a través del pasaporte Microsoft.

Esta solución utiliza la autenticación de doble factor con soporte para claves de cifrado asimétricas y el uso de un PIN asociado. Este modo de funcionamiento garantiza que las credenciales del usuario no se almacenarán en un servidor remoto y es compatible con las especificaciones de FIDO. Esto garantiza la compatibilidad de la solución con algunos de los principales actores de la web como Google, PayPal, MasterCard y Visa.

4.1 Configuración de Windows Hello

- La configuración de inicio de sesión de Windows Hello está disponible en el menú **Inicio - Configuración**.
- Elija **Cuentas** y, a continuación, **Opciones de inicio de sesión**.
- Seleccione una de las opciones relacionadas con Windows Hello: **Reconocimiento facial (Windows Hello)**, **Reconocimiento de huellas digitales (Windows Hello)**, **PIN (WindowsHello)**. Y configure el reconocimiento facial o por huellas dactilares. Si no tiene hardware compatible, aparecerá el comentario **Esta opción no está disponible actualmente** en el método de conexión.

Observación

El reconocimiento de huellas dactilares permite añadir varios dedos.

- En la sección **Configuración adicional**, puede no permitir ningún método de autenticación que no sea Windows Hello.

4.2 Bloqueo dinámico

Dynamic Lock o bloqueo dinámico es una tecnología que, al emparejar un teléfono con un equipo, permite bloquear automáticamente el equipo en cuestión cuando se encuentre ausente. Utiliza la conexión Bluetooth del ordenador para emparejarlo con su teléfono. Un minuto después de perder la conexión con su teléfono, el ordenador se bloqueará automáticamente.

La configuración de bloqueo está disponible en el menú **Inicio - Configuración**.

- Elija **Cuentas** y, a continuación, **Opciones de inicio de sesión**.
- En la sección **Configuración adicional**, expanda **Bloqueo dinámico** y marque **Permitir que Windows bloquee el dispositivo automáticamente cuando estes ausente**. Previamente, deberá habilitar Bluetooth y emparejar su teléfono con su ordenador en la sección **Bluetooth y dispositivos**.

5. Consejos para cuentas de usuario

Aquí tiene algunos consejos útiles.

5.1 Inicio de sesión automático

- En el cuadro de búsqueda, escriba: `netplwiz`.
- Seleccione el usuario cuya sesión se abrirá automáticamente.
- Desactive la casilla de verificación **Los usuarios deben escribir su nombre y contraseña para usar el equipo**.

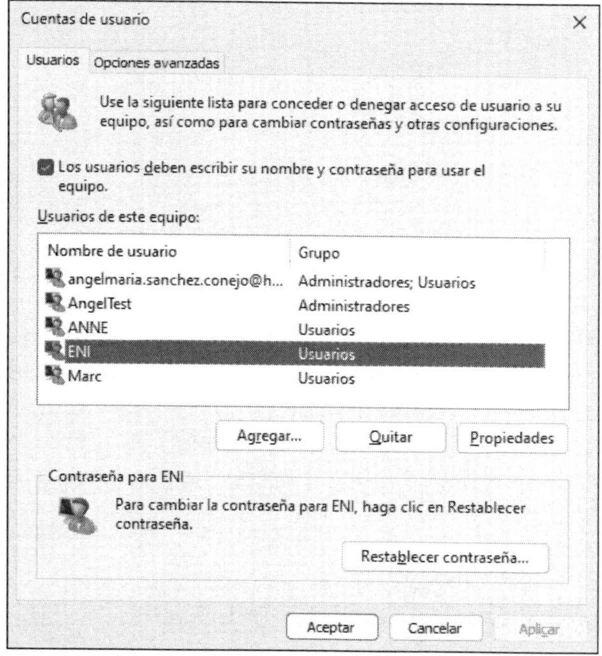

- Haga clic en **Aceptar**.
- Si lo desea, cambie el nombre de usuario.

- Introduzca su contraseña y confírmela.
- Vuelva a hacer clic en **Aceptar**.

Tenga en cuenta dos cosas:

- Se requiere una contraseña para evitar cualquier intento de conexión remota.
- Si otras personas pueden acceder físicamente a su equipo, también pueden acceder a todos sus datos.

5.2 Restablecer una contraseña olvidada

5.2.1 Cuenta de Microsoft

Si ha olvidado la contraseña de su cuenta de Microsoft, sigua estos pasos:

- En la pantalla de inicio de sesión de Windows, haga clic en el enlace **Olvidé mi contraseña**.
- Hay varias opciones, elija una de ellas:
  - **Utilizar una aplicación de autenticación** como Authenticator.
  - **Envíar un correo electrónico *******@xxxxxx**. Se le enviará un código a su dirección personal tan pronto como haga clic en **Obtener código**.
  - **SMS a ********xx**. Cuando haga clic en Obtener código, se enviará un código al número de teléfono que haya especificado en su cuenta de Microsoft.
  - **No dispongo de ninguna información**. Deberá usar un dispositivo diferente para iniciar sesión y continuar con el proceso para restablecer la contraseña.
- Dependiendo de la opción elegida, tendrá que introducir el código recibido.
- A continuación, cambie su contraseña e inicie sesión.

5.2.2 Cuenta local

Si ha olvidado la contraseña de su cuenta local, siga estos pasos:

- En la pantalla de inicio de sesión de Windows, haga clic en el enlace **Restablecer contraseña**.
- Responda a las distintas preguntas de seguridad. Se le hicieron estas mismas preguntas cuando creó la cuenta durante la instalación de Windows.
- Ingrese una nueva contraseña e inicie sesión.

Si nunca ha configurado preguntas de seguridad, es posible que haya creado un disco de seguridad (USB). De lo contrario, aquí le explicamos cómo proceder:

- En el **Panel de control**, seleccione la sección **Cuentas de usuario** y, a continuación, seleccione **Cuentas de usuario**.
- Haga clic en el enlace **Crear disco para restablecer contraseña** o bien, en el cuadro de búsqueda de la barra de tareas, escriba **crear disco para restablecer contraseña** y, a continuación, elija **Crear disco para restablecer contraseña** en la lista de resultados.

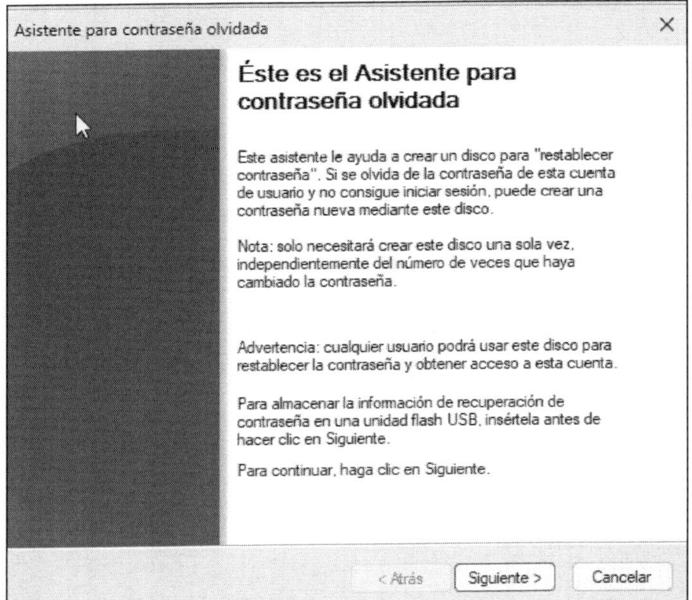

- Haga clic en **Siguiente**.
- Seleccione la unidad extraíble que desee y, a continuación, haga clic en **Siguiente**.

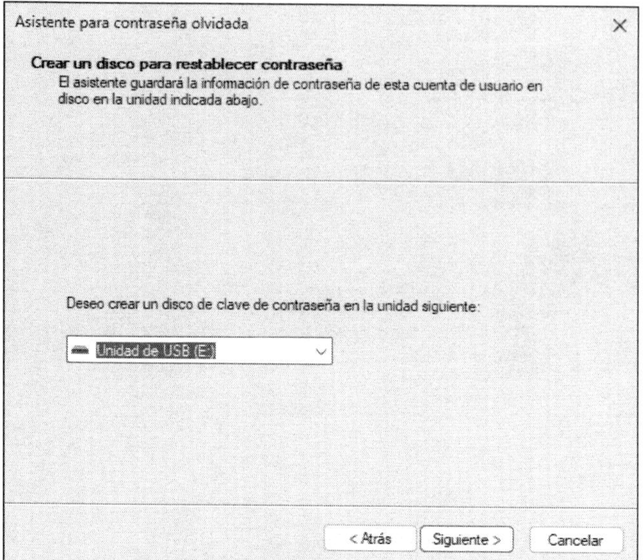

▶Introduzca su contraseña actual y haga clic en **Siguiente**.

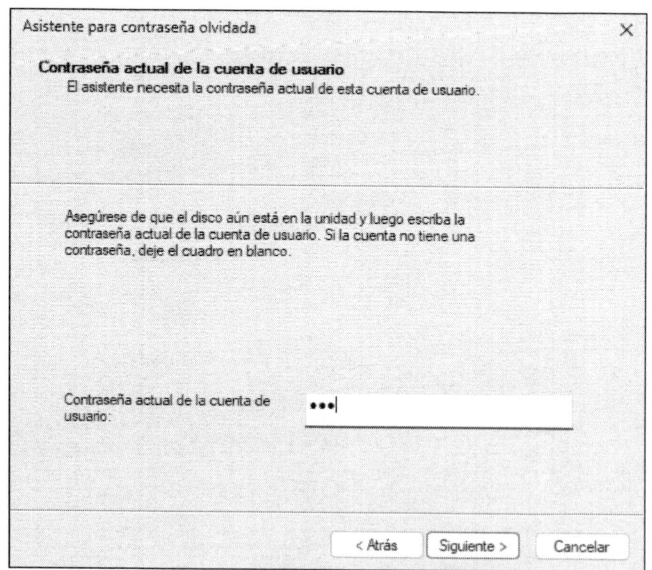

Se iniciará el proceso de creación del archivo.

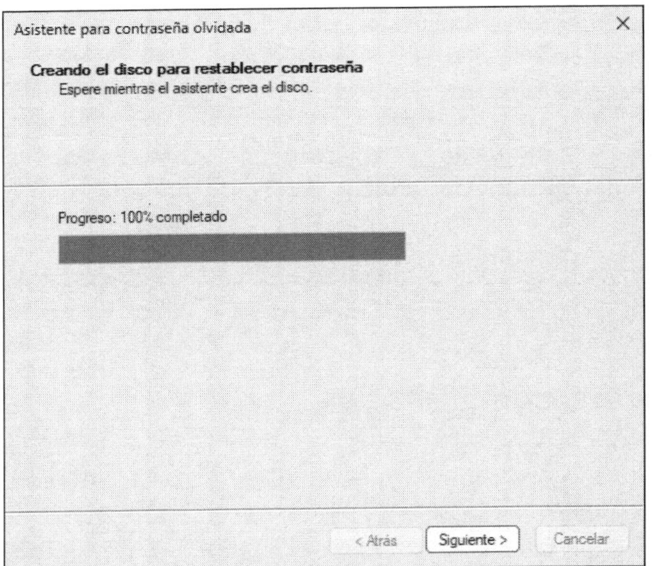

▶ Haga clic en los botones **Siguiente** y **Finalizar**.

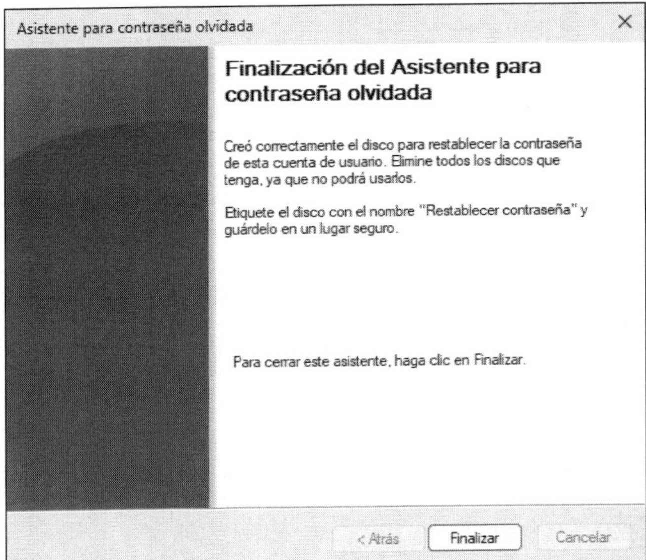

El archivo generado tendrá este nombre: *userkey.psw*.

A continuación, puede copiarlo en otro disco de copia de seguridad.

Utilización

- En la pantalla de inicio de sesión, haga clic en **Restablecer contraseña** y, a continuación, haga clic en **Usar un disco de restablecimiento de contraseña en su lugar**.
- En la ventana que aparece, haga clic en **Siguiente**, inserte el disco de restablecimiento y siga los pasos.

5.3 Reparar una cuenta de administrador

Es posible que haya dañado accidentalmente su cuenta, la haya cambiado a una cuenta de usuario estándar o que esta ya no aparezca en la pantalla de inicio de sesión. La única solución es iniciar sesión con la cuenta Administrador y luego reparar su cuenta de usuario, que está deshabilitada de forma predeterminada.

Una manera fácil de habilitarla es usar las funcionalidades WinRE y luego abrir una ventana del símbolo del sistema. A continuación, siga estos pasos:

- Inicie el editor del registro y cargue el subárbol SAM (**C:\Windows\System32\config**).
- Expanda este árbol: **HKLM - SAM - Domains - Account – Users 000001F4**.
- Edite el valor binario denominado F y, a continuación, cambie el dígito 57 (columna 00000038). Escriba el número 10 en lugar del 11.

6. Confidencialidad

En los últimos años, los datos o información sobre las personas se han convertido en el principal problema para las empresas. Por lo tanto, es importante saber cómo se utilizan nuestros datos personales en Windows 11. Microsoft ha agrupado la administración de la privacidad en **Configuración - Privacidad y seguridad**. Algunas de estas opciones hacen referencia a las configuradas durante la instalación de Windows. Entre las opciones propuestas, pueden aparecer las siguientes:

Encontrar mi dispositivo: use esta sección para permitir que Microsoft y las aplicaciones accedan a su ubicación. El huso horario se cambiará automáticamente cuando se desplace, su dispositivo podrá ser localizado en caso de robo, se le ofrecerán propuestas de compra adaptadas, etc. Es posible administrar el historial de ubicaciones y definir qué aplicaciones tienen acceso a la ubicación. Desactive esta opción si no quiere que le "rastreen".

General: podrá administrar su identificador de publicidad (habilitarlo o no). Permite a Microsoft proporcionarle anuncios personalizados basados en sus hábitos de navegación y uso de Windows. También podrá permitir que Microsoft use los idiomas que establezca para mostrar contenido local relevante. Desactive esta opción si no desea que la publicidad se personalice.

Personalización de entrada manuscrita y escritura: esta sección permite administrar un diccionario personal: cada vez que utilice palabras no reconocidas por Windows, podrá añadirlas a un diccionario personal.

Comentarios y diagnósticos: en esta sección, podrá conceder o retirar el permiso a Microsoft para usar sus datos de uso del producto por escritura para mejorar el sistema operativo o proporcionarle experiencias personalizadas (anuncios, sugerencias, etc.).

Historial de actividad: el software utilizado, los archivos abiertos, los sitios web visitados se registrarán para brindarle experiencias y sugerencias personalizadas. Puede eliminarlo.

Voz: aquí es donde puede decidir si desea permitir o no que el dispositivo use su voz para el reconocimiento de voz (búsqueda, Cortana, etc.).

Permisos de búsqueda: use esta sección para establecer el nivel de filtro para adultos en Windows Search, administrar las opciones de búsqueda en la nube, borrar el historial de búsqueda y mucho más.

Buscar en Windows: aquí podrá gestionar la indexación de archivos en su dispositivo para agilizar el proceso de búsqueda. Tendrá la opción de añadir más ubicaciones para la indexación con **Personalizar ubicaciones de búsqueda**.

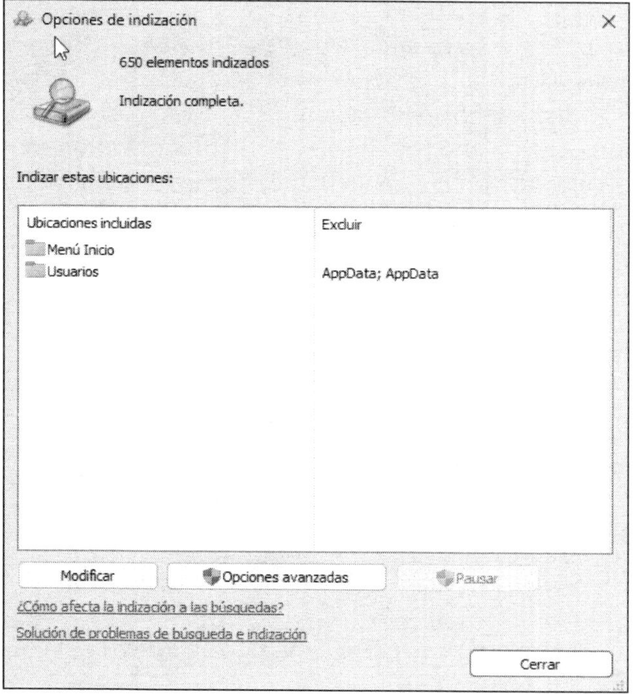

Las últimas secciones de este panel permiten comprobar los datos exactos a los que tiene acceso cada aplicación: Ubicación, **Cámara**, **Micrófono**, **Contactos**, etc. Por ejemplo, cuando una aplicación de videoconferencia por primera vez, Windows le pide permiso para usar su cámara y micrófono. Estos ajustes se guardan en esta sección y se pueden modificar más adelante.

7. Consola de componentes

La consola de componentes (MMC, *Microsoft Management Console*) es una herramienta administrativa desarrollada por Microsoft para administrar hardware, software y otros elementos en un solo lugar. Se trata de crear una consola a la que añadirá complementos de software como el editor de directivas de grupo.

7.1 Creación de un archivo de consola

- Pulse a la vez en las teclas [Windows]+[R].
- Introduzca este comando: `Mmc`.
- Haga clic en **Archivo - Guardar**.

Por defecto, el directorio de almacenamiento de archivos de la consola es **%USER% - AppData - Roaming - Microsoft - Windows - Menú Inicio - Programas - Herramientas de Windows**.

- Haga clic en **Ver - Personalizar** para habilitar o deshabilitar ciertos elementos de la consola.

Ahora veamos cómo añadir diferentes componentes.

7.2 Agregar un complemento

- Haga clic en **Archivo - Agregar o quitar complemento**.
- Seleccione el componente **Editor de objetos de directiva de grupo** y, a continuación, haga clic en el botón **Agregar**.

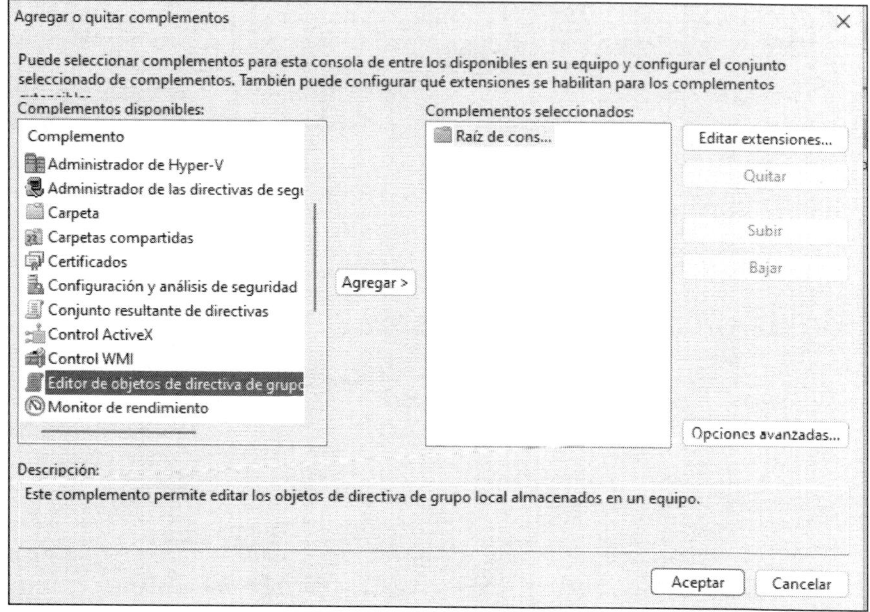

- Aparecerá el asistente para la configuración de la herramienta de administración de directivas de grupo. Haga clic en el botón **Examinar**.
- En la pestaña **Equipos**, marque **Este equipo**.
- En la pestaña **Usuarios**, seleccione el grupo **No administradores**.

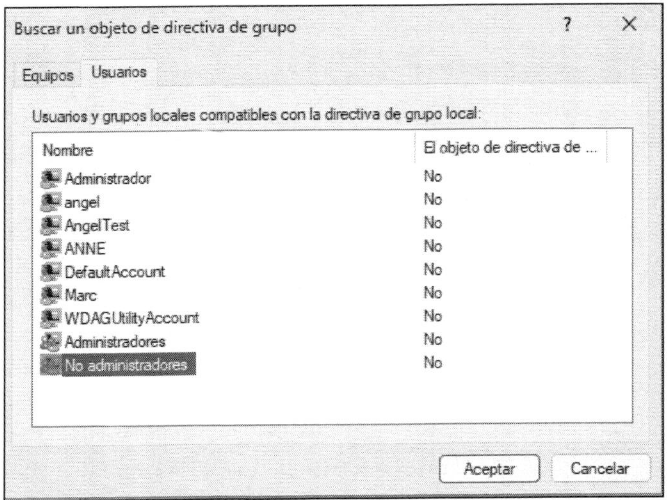

◘Haga clic en **Aceptar**, **Finalizar** y **Aceptar**.

En nuestro ejemplo, se ha elegido el equipo local y el grupo que no es administrador, por lo que aparece la mención **Directiva Equipo local/No administrador**.

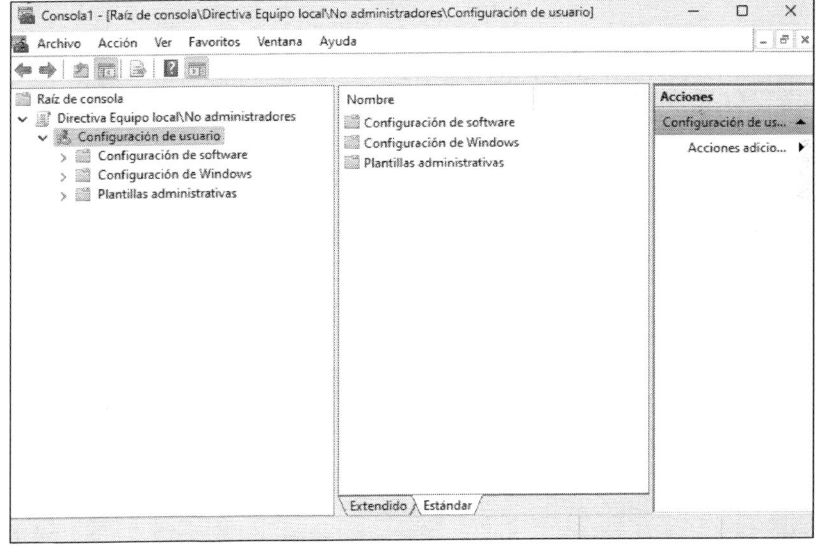

- Abra esta rama. Solo se podrá acceder al árbol **Configuración de usuario**.
- Repita el mismo procedimiento para crear una nueva consola y para añadir a continuación un complemento, seleccionando la opción **Equipo local**. Ahora tiene acceso a la configuración de la máquina y del usuario.

Puede guardar los cambios realizados en sus dos archivos de consola guardándolos con estos nombres: **ConsolaMaquina** y **ConsolaNo-Administrador**.

8. Editor de directivas de grupo

Este componente permite, sobre todo, realizar un número considerable de configuraciones del registro. Se puede acceder al editor desde la consola creada anteriormente, buscando **Editar directiva de grupo** en la barra de búsqueda o escribiendo `gpedit.msc`. Permite crear GPO (*Group Policy Objects* u objetos de directiva de grupo), que son herramientas valiosas para los administradores del sistema.

8.1 Uso del editor de directivas de grupo

Pongamos un ejemplo sencillo:

- Abra este árbol: **Configuración del equipo local - Configuración del equipo - Plantillas administrativas - Componentes de Windows - Buscar**.
- Abra la directiva: **Permitir usar Cortana**. Esta directiva no está establecida de forma predeterminada.

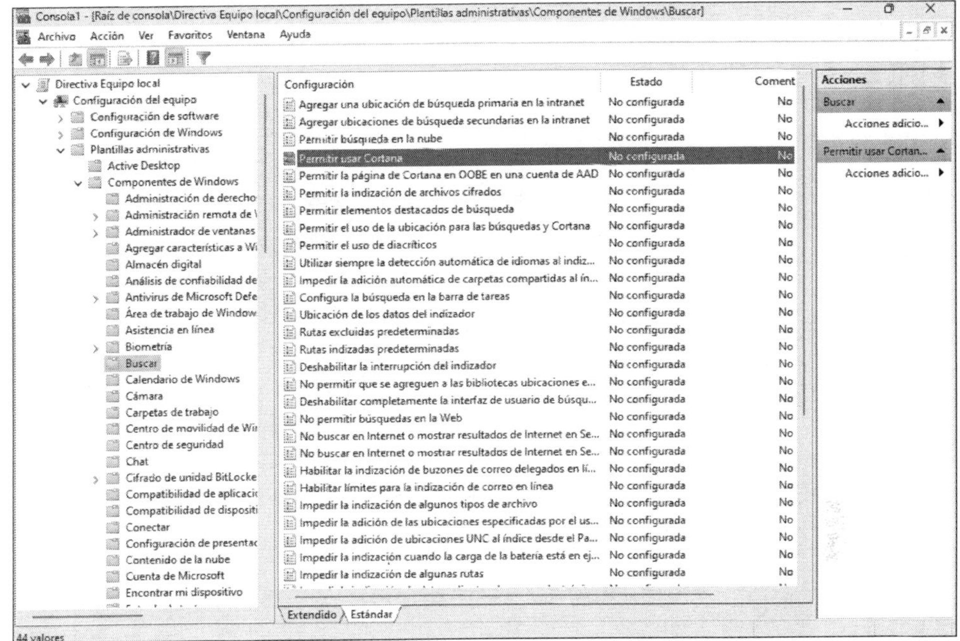

◘Marque el botón de opción **Deshabilitada** y haga clic en **Aceptar**.

◘Intente iniciar Cortana desde el menú **Inicio**. Verá un mensaje que le avisará de que Cortana está desactivado.

Esta directiva se puede deshabilitar o eliminar marcando el botón de opción No configurada.

Hagamos lo mismo usando una de las consolas que creamos.

◘Abra la consola **ConsolaNo-Administrador**.

◘Repita la manipulación vista anteriormente en el árbol **Equipo local - No administradore**s.

Podrá abrir Cortana, pero si intenta utilizar el mismo comando desde una cuenta de usuario que no tiene privilegios de administrador, recibirá el mismo mensaje de error que antes.

- Vuelva a deshabilitar esta directiva.

- Esta vez, abra el árbol **Directiva de equipo local - Configuración de usuario - Plantillas administrativas - Componentes de Windows - Buscar**.

- Habilite la misma directiva y, a continuación, intente iniciar Cortana.

Recibirá el mismo mensaje de error. Lo mismo ocurrirá independientemente de la cuenta de usuario.

Por lo tanto, podemos concluir que no podrá aplicar directivas de "máquina" distinguiendo entre los usuarios que iniciarán sesión localmente.

Las directivas se pueden filtrar de esta manera:

- Abra una de las ramas de **Plantillas administrativas**.

- Haga clic con el botón derecho del ratón sobre esta rama y haga clic en los submenús **Ver** y **Opciones de filtro**.

Puede:

- **Filtrar por el tipo de configuración de directiva que se va a mostrar**: permite enumerar solo las directivas que están habilitadas.
- **Filtrar por palabras clave**: enumera solo las directivas que contienen una o más palabras clave en el título, el texto explicativo o el comentario asociados.
- **Filtrar por configuración de condición**: permite enumerar solo las directivas que se aplican a un sistema operativo o aplicación determinados.

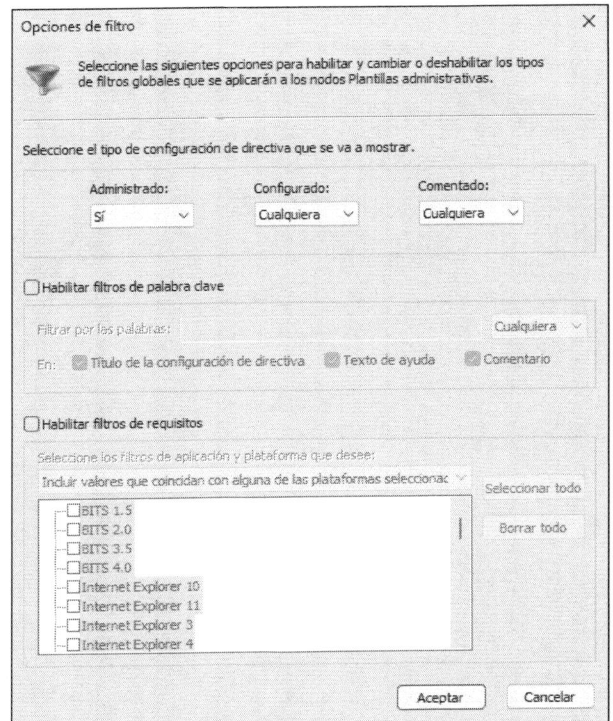

A priori, esta opción es solo para las directivas que se pueden configurar mediante la creación de archivos ADMX personalizados. Los archivos ADMX son archivos de plantilla con formato XML, que contienen información y configuraciones de registro específicas de cada una de las directivas enumeradas en el editor de directiva de grupo.

Tenga en cuenta que hay cuatro ramas del registro que son modificadas por las GPO:

- **HKEY_LOCAL_MACHINE - Software - Policies**
- **HKEY_LOCAL_MACHINE - Software - Microsoft - Windows - CurrentVersion - Policies**
- **HKEY_CURRENT_USER - Software - Policies**
- **HKEY_CURRENT_USER - Software - Microsoft - Windows - CurrentVersion - Policies**

Para deshabilitar todas las directivas que ha configurado:

- Haga clic con el botón derecho del ratón en el nodo **Directiva de equipo local** y haga clic en el submenú **Propiedades**.
- Marque una o ambas de las siguientes casillas:
  - **Deshabilitar los parámetros de configuración del equipo**
  - **Deshabilitar los parámetros de configuración de usuario**

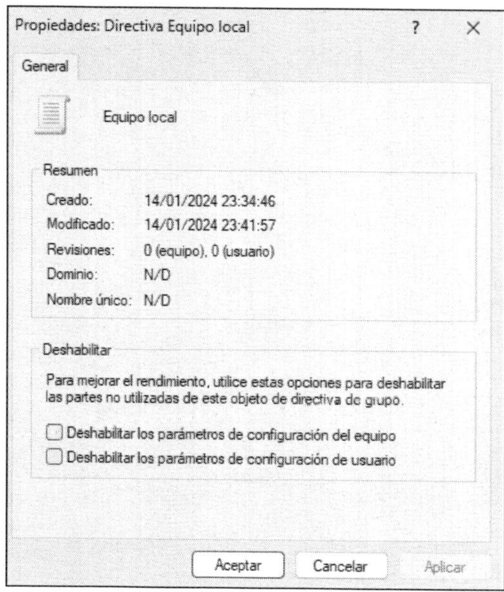

8.2 Aplicar una directiva para todos los demás usuarios del equipo

- Inicie sesión en su cuenta.
- Abra el editor de **directivas de grupo local**.
- Habilite las directivas en el árbol **Configuración de usuario**.
- Cierre y vuelva a abrir la sesión interactiva.
- Compruebe que las directivas que ha configurado solo se aplican a su cuenta de usuario.

También puede probar su eficacia desde otras cuentas de usuario.

- Copie el archivo **C:\Windows\System32\GroupPolicy\User\Registry.pol en su carpeta de usuario**.
- Vuelva a abrir el editor de objetos de directiva de grupo y, a continuación, deshabilite las directivas que haya habilitado anteriormente. Puede ser más sencillo habilitar el filtro para mostrar solo las directivas configuradas.
- Cierre el editor de objetos de directiva de grupo.
- Copie el archivo que guardó en su directorio original, confirmando que desea reemplazar el archivo existente.
- Cierre y vuelva a abrir la sesión de usuario.
- Es posible que las directivas habilitadas ya no se apliquen a su cuenta.
- Inicie sesión en las demás cuentas de usuario para comprobar que las directivas siguen aplicándose a las demás cuentas.

Este es un procedimiento para aplicar un GPO a todos los usuarios excepto a usted.

8.3 Restauración de las directivas locales de origen

- Elimine el mismo archivo **Registry.pol**.
- Abra el editor de objetos de directiva de grupo y establezca todas las directivas implementadas en modo **No configurado**.
- Cierre la sesión y vuelva a iniciar las sesiones de los usuarios.

Todas las directivas se habrán deshabilitado.

8.4 Visualizar las directivas resultantes

Esta herramienta permite ver rápidamente las directivas que pueden resultar de un GPO específico a un dominio, una red local, un grupo de usuarios o un usuario, y le ayuda a detectar posibles problemas o planificar nuevas configuraciones.

- Abra una consola mmc.
- Añada el siguiente componente de software: **Conjunto resultante de directivas** (**Archivo - Menú Agregar o quitar complemento**).
- Haga clic con el botón derecho del ratón en este componente y después en el submenú **Generar datos RSoP**.
- Haga clic dos veces en **Siguiente**.
- Active **Mostrar directivas para este equipo o para otro equipo** y, a continuación, **No mostrar en los resultados la configuración de directiva del equipo seleccionado (mostrar solo la configuración de directiva de usuario)** y haga clic en **Siguiente**.

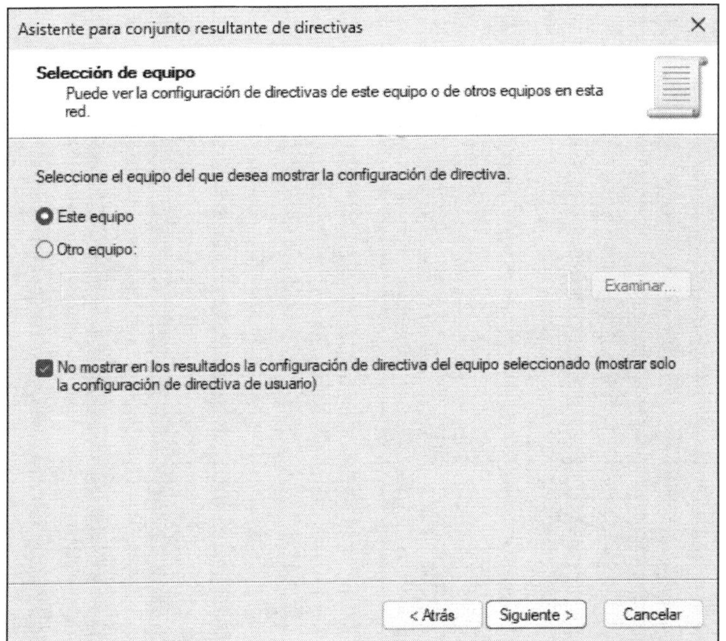

- Deje marcado el botón de opción **Usuario actual** o seleccione uno de los usuarios que se enumeran a continuación. Haga clic en el botón **Siguiente**.
- En las demás ventanas, confirme con **Siguiente** y **Finalizar**.

Se mostrarán las directivas que se aplican al usuario seleccionado.

9. Virus y otras amenazas en Internet

La seguridad de un sistema también implica monitorizar lo que las aplicaciones están haciendo en el sistema y detectar cualquier comportamiento anormal.

He aquí una lista de los principales tipos de aplicaciones que pueden ser dañinas para su equipo:

- Virus: este es un programa que es capaz de infectar archivos y propagarse utilizando medios o redes extraíbles.
- Gusano: programa que se propaga de un dispositivo a otro a través de las redes.
- *Ransomware*: encripta y bloquea el uso de sus datos a cambio de una contraprestación económica.
- *Spyware*: es un programa que espía y luego transmite información confidencial sobre usted a un tercero.
- *Adware*: rastrea sus hábitos de navegación por Internet y, por ejemplo, puede mostrar anuncios emergentes basados en el perfil que se ha definido. Muchos sitios web pueden instalar este tipo de software sin su conocimiento.
- *Keylogger*: programa que registra todos los datos introducidos en el teclado y los transmite (contraseñas, número de tarjeta de crédito, etc.) a un tercero.
- *Drive-by download*: se refiere a un programa que se descarga sin su consentimiento. Esto puede suceder cuando intenta cerrar un cuadro de diálogo.
- Redirector de página: se refiere a un programa que redirigirá algunas o todas las páginas predefinidas (página de inicio, página de búsqueda, etc.) a un sitio malicioso.
- BHO, *Browser Helper Objects* o Hijacker: se refiere a un programa que permite personalizar y controlar ciertas configuraciones de un navegador. Por lo tanto, puede ofrecerse con fines bien intencionados (la barra de herramientas) o mal intencionados.
- *Dialer*: se refiere a un programa que establecerá, además de su conexión predeterminada, una conexión de acceso telefónico a una tarifa adicional.

- *Troyano* o Caballo de Troya: se refiere a un programa que contiene funciones ocultas que se pueden ejecutar en segundo plano sin el conocimiento del usuario. Proporciona acceso a la máquina en la que se ejecuta a través de una puerta trasera. (*Backdoor*).

Cabe señalar que la frontera entre este tipo de amenazas sigue siendo difusa y que muchos programas maliciosos pueden utilizar diferentes técnicas para desarrollarse.

Además de los virus, existen otras técnicas específicas de la web:

- *Phishing*: un enlace que parece ser de una organización legítima (su banco, gobierno, etc.), pero que redirige a una página web fraudulenta que imita el sitio web oficial.
- Spam: se refiere a un correo electrónico comercial no solicitado.

9.1 Centro de seguridad de Windows

Windows 11 ofrece por defecto y de forma centralizada un sistema de protección, el **Centro de Seguridad de Windows**, una especie de panel de configuración que gestiona diferentes configuraciones de seguridad de su equipo:

- **Protección antivirus y contra amenazas**: detecta la presencia de antivirus de terceros, ofrece el antivirus de Windows Defender y se asegura de que esté actualizado.
- **Protección cuentas**: administra la información de la cuenta del usuario: Windows Hello, sincronización, etc.
- **Firewall y protección de red**: redirige a la interfaz de administración del firewall que proporciona capacidades de filtrado de flujo de red.

- **Control de aplicaciones y navegador**: esta parte, también conocida como *SmartScreen*, permite filtrar las aplicaciones descargadas a través del navegador o Windows Store y los sitios web visitados, asegurándose de que sean seguros. Compara los archivos descargados o los sitios web visitados con una lista de archivos peligrosos o sitios de phishing y, si es así, bloquea la carga o descarga del sitio mientras se lo notifica. Este filtro se puede desactivar si le impide descargar un archivo o visitar un sitio de confianza. Hay disponible un módulo opcional que permite configurar un entorno de exploración aislado, Microsoft Defender Application Guard.
- **Seguridad del dispositivo**: en este apartado se gestiona la seguridad del hardware a través de las funcionalidades que ofrece la máquina: cifrado con el chip TPM, cifrado de datos con BitLocker, etc.
- **Rendimiento y estado del dispositivo**: en esta sección se comprueban determinados parámetros, como el espacio de almacenamiento, los controladores de dispositivos, etc., y asegura el buen funcionamiento de la máquina.
- **Opciones de familia**: se le redirigirá a su cuenta de Microsoft en línea, donde podrá configurar las cuentas de Microsoft de los miembros de su familia que se conecten a Internet, así como los diferentes dispositivos que desee supervisar. Podrá realizar un seguimiento de las actividades de sus hijos y asegurarse de que solo puedan acceder a contenido seguro.
- **Historial de protección**: esta última sección muestra las acciones y recomendaciones del módulo de seguridad de Windows.

En el resto de este capítulo, nos centraremos específicamente en el antivirus y antimalware proporcionado por defecto por Microsoft, llamado Microsoft Defender. Este proporciona protección en tiempo real, habilita la protección de carpetas y ofrece actualizaciones diarias.

9.2 Eliminar un virus

En primer lugar, recordemos algunas reglas esenciales:

- Su antivirus se debe mantener actualizado en todo momento.
- No debe instalar varios antivirus a la vez o esto causará conflictos en el sistema.
- El hecho de que un antivirus sea gratuito no significa que sea menos eficaz que los productos de pago. A pesar de las afirmaciones de los especialistas y las pruebas en revistas especializadas, la mayoría de los antivirus son iguales. Las diferencias están principalmente en los recursos de procesador y memoria utilizados y en las opciones ofrecidas.
- Hay algunos comportamientos que son más arriesgados que otros. Es importante tener sentido común. A menudo, las personas que se quejan de la falta de efectividad de su antivirus suelen ser los mayores consumidores de sitios "para adultos" y de redes de descarga dudosas.

He aquí un escenario clásico de erradicación de un virus

- Actualice las definiciones de virus: en **Seguridad de Windows - Protección antivirus y contra amenazas - Actualizaciones de protección**, haga clic en el botón **Buscar actualizaciones**.
- Si no tiene acceso a Internet, descargue el archivo de definición de virus más reciente de otro equipo para poder actualizar manualmente el virus. La mayoría de los antivirus ofrecen un archivo de definiciones que se puede descargar si el antivirus ya no puede actualizar automáticamente la base de datos de definiciones de virus.
- Deshabilite el proceso de restauración del sistema en todas las unidades. En los sistemas NT, este directorio es una de las ubicaciones protegidas. Un antivirus no tiene acceso a él, pero un virus es capaz de alojarse en los archivos que están almacenados en el directorio. En otras palabras, no podrá erradicar un virus mientras esta función esté activa (consulte el capítulo Mantenimiento del sistema).

- Desconecte físicamente su conexión a Internet quitando el cable Ethernet o desconectando el Wi-Fi. Esta es una forma de asegurarse de que el virus ya no pueda comunicarse con el mundo exterior y usar otra información para ocultar la presencia de su antivirus.
- Reinicie en modo seguro.
- Realice una comprobación completa de todas las unidades. No siempre es posible ejecutar un análisis de virus desde el modo seguro porque algunos servicios necesarios para ejecutarlo podrían no iniciarse en modo seguro.
- Reinicie en modo normal.
- En un motor de búsqueda (Bing, Google, etc.), lance una consulta introduciendo simplemente el nombre del virus. Si busca lo suficiente, encontrará sitios web de proveedores de antivirus que explican cómo eliminar manualmente un virus o troyano. La mayoría de las veces, esto implica eliminar entradas presentes en el registro y archivos en el explorador de Windows.

Una vez que esté seguro de que su equipo está "en buen estado", puede volver a habilitar la función de restauración del sistema.

En mi experiencia, muchos antivirus no detectan correctamente todas las amenazas, especialmente las creadas por spyware o ciertos troyanos. En este caso, no dude en utilizar varios programas para eliminar todos los elementos maliciosos. En efecto, algunas veces es una verdadera carrera de obstáculos.

9.3 Antivirus gratuitos

Las siguientes direcciones permiten descargar o utilizar soluciones antivirus gratuitas en línea de los principales proveedores de seguridad. Estas herramientas no sustituirán a los productos de pago más completos, pero ofrecen una seguridad básica para proteger eficazmente su equipo de las principales amenazas.

- https://www.bitdefender.com/solutions/free.html
- https://www.kaspersky.es/free-antivirus
- https://www.avast.com
- https://www.avira.com

- https://www.avg.com/es-es/homepage#pc
- https://www.pandasecurity.com/es/homeusers/free-antivirus/

9.4 Herramientas especializadas

Estos son archivos ejecutables simples que permiten eliminar un virus específico o escanear su sistema como lo haría un antivirus. La ventaja es que puede remediar una situación comprometida si su antivirus ya no funciona o no está actualizado.

- https://www.trendmicro.com/es_es/forHome/products/housecall.html
- https://www.kaspersky.es/downloads/thank-you/free-virus-removal-tool
- https://www.sophos.com/es-es/products/free-tools/virus-removal-tool.aspx
- https://learn.microsoft.com/es-es/microsoft-365/security/intelligence/safety-scanner-download?view=o365-worldwide (Herramienta de respuesta a emergencias de soporte técnico de Microsoft)

9.5 Herramienta para eliminar malware

La herramienta para eliminar malware (MRT, *Microsoft Removal Tool*) es una de las funcionalidades instaladas de forma nativa, que mejora regularmente con cada una de las actualizaciones mensuales con Windows Update.

▶ Para ejecutarlo, en la barra de búsqueda, escriba `mrt.exe`.

También es posible comprobar el disco con las funcionalidades WinRE. Esto puede ser útil si ya no tiene acceso en modo normal y su antivirus no se puede iniciar desde el modo seguro.

Veamos cómo hacerlo:

- Una vez que haya arrancado desde el medio de instalación de Windows 11, haga clic en el enlace **Reparar equipo**.
- Vaya al modo **Símbolo del sistema**. Encontrará el símbolo del sistema **x :\sources>**.
- Usando el comando cd, acceda al directorio: **C:\Windows\System32**. A continuación, escriba el comando: `mrt.exe`.
- Por último, marque el botón de opción correspondiente al tipo de análisis que desea realizar y, a continuación, deje que el asistente le guíe.

Se permiten los siguientes modificadores:

- `/Q` o `/quiet`: modo silencioso, no se muestra ninguna interfaz.
- `/?` o `/help`: muestra la sintaxis y la versión del motor de detección.
- `/N`: modo de solo detección.
- `/F`: realiza un examen completo.
- `/F:Y`: realiza un análisis completo y limpia los archivos infectados.

9.6 Desinstalación completa de un antivirus

Si no puede eliminar su antivirus (salvo Windows Defender) mediante la funcionalidad que permite añadir o quitar programas de Windows, disponible en Configuración o Panel de control, deberá eliminarlo manualmente. En la mayoría de los casos, necesitará descargar un programa especializado desde el sitio web del editor.

Ejemplo de los productos Symantec

Norton Removal Tool es una herramienta que permite desinstalar todos los productos Norton en el sistema. Es compatible con todas las versiones NT de Windows. Puede descargarlo directamente desde el sitio web de Symantec desde la dirección https://support.norton.com/sp/es/es/home/current/solutions/v60392881

Antes de continuar, asegúrese de haber descargado los CD o archivos de instalación si desea volver a instalar los productos Norton.

McAfee proporciona el mismo tipo de ayuda en su página de soporte:

https://www.mcafee.com/support/
?articleId=TS101331&page=shell&shell=article-view

9.7 Solución de problemas

Si el antivirus Microsoft Defender deja de actualizarse automáticamente, siga estos pasos:

- Actualice el antivirus manualmente desde el panel **Seguridad de Windows - Protección antivirus y contra amenazas - Actualización de protección** y haga clic en el botón **Buscar actualizaciones**.
- Compruebe que el **Servicio antivirus de Microsoft Defender** está en estado **En ejecución**.
- De lo contrario, haga clic con el botón derecho del ratón en el servicio **Propiedades**, y haga clic en el botón **Iniciar**.
- Además, asegúrese de que el **Tipo de inicio** seleccionado sea **Automático**.
- Use una de las soluciones descritas anteriormente para analizar su sistema y comprobar la presencia de un virus que pueda haber deshabilitado Microsoft Defender.

10. Firewall de conexión a Internet

Un firewall de conexión a Internet es un dispositivo de software o hardware que comprueba los datos entrantes o salientes desde o hacia redes locales o externas, como Internet. Un firewall permite protegerse de ataques de hackers o programas maliciosos que intentan tomar el control de su sistema, de una forma u otra. Veamos cómo funciona el firewall integrado en Windows, pero estudiemos primero las nociones de puerto y protocolo.

10.1 Puertos y protocolos de red

Un protocolo de red es un conjunto de reglas para un tipo definido de comunicación. Estos son los protocolos más conocidos:

- FTP (*File Transfer Protocol*): se utiliza para el intercambio de archivos a través de Internet.
- HTTP (*HyperText Transfer Protocol*): permite utilizar Internet para navegadores web.
- SMTP (*Simple Mail Transfer Protocol*): se utiliza para reenviar e-mails a servidores de correo electrónico.
- TCP (*Transmission Control Protocol*): utilizado por Internet y forma parte de la capa de transporte de la pila de protocolos TCP/IP.
- UDP (*User Datagram Protocol*): protocolo para controlar las transmisiones de datos, similar a TCP.

Cuando una aplicación inicia una conexión entrante o saliente, utiliza un protocolo que tiene uno o varios números de puerto asociados. Pero, ¿qué es un puerto de red?

En programación, se denomina puerto a una conexión lógica que utiliza un protocolo. Por lo tanto, se puede definir como una puerta que se deja abierta o cerrada en el sistema operativo. Puede imaginar un edificio de varias plantas, en el que cada planta tiene una puerta de entrada: un edificio, pero varias puertas.

En otras palabras, una aplicación como su navegador web va a utilizar uno o más protocolos y uno o más puertos para comunicarse con el exterior. Por el contrario, una aplicación que se ejecuta desde un equipo remoto, puede necesitar que uno o más puertos estén abiertos en el equipo para realizar ciertas tareas, como instalar una actualización.

Para ver una lista de los puertos que están configurados en su máquina, solo necesita ejecutar este comando:

```
notepad %SystemRoot%\system32\drivers\etc\services
```

services: Bloc de notas

Archivo Editar Ver

```
# Copyright (c) 1993-2004 Microsoft Corp.
#
# This file contains port numbers for well-known services defined by IANA
#
# Format:
#
# <service name>  <port number>/<protocol>  [aliases...]   [#<comment>]
#

echo                7/tcp
echo                7/udp
discard             9/tcp    sink null
discard             9/udp    sink null
systat             11/tcp    users                  #Active users
systat             11/udp    users                  #Active users
daytime            13/tcp
daytime            13/udp
qotd               17/tcp    quote                  #Quote of the day
qotd               17/udp    quote                  #Quote of the day
chargen            19/tcp    ttytst source          #Character generator
chargen            19/udp    ttytst source          #Character generator
ftp-data           20/tcp                           #FTP, data
ftp                21/tcp                           #FTP. control
ssh                22/tcp                           #SSH Remote Login Protocol
telnet             23/tcp
smtp               25/tcp    mail                   #Simple Mail Transfer Protocol
time               37/tcp    timserver
time               37/udp    timserver
rlp                39/udp    resource               #Resource Location Protocol
nameserver         42/tcp    name                   #Host Name Server
nameserver         42/udp    name                   #Host Name Server
nicname            43/tcp    whois
domain             53/tcp                           #Domain Name Server
```

Ln 1, Col 1 | 100% | Windows (CRLF) | UTF-8

En conclusión, un firewall de conexión es un programa encargado de limitar las entradas abiertas en su sistema para proporcionar la mejor seguridad posible. Por defecto, un firewall impide las conexiones entrantes a menos que se hayan establecido ciertas excepciones. Consiste en dictar simplemente una regla que, por ejemplo, le dará a una aplicación determinada la capacidad de abrir un determinado puerto utilizando un determinado protocolo.

Ejemplo de un µtorrent

Utilice el software ¿torrent y compruebe que las velocidades de transferencia son extremadamente lentas. Esto se debe simplemente a que este dispositivo utiliza dos puertos aleatorios de forma predeterminada y, por lo tanto, debe abrirlos en el firewall de conexión a Internet, creando una regla para abrir dichos puertos.

10.2 Configuración del firewall de Windows

Con Windows 11, el firewall es una parte integral del sistema y un elemento importante para la seguridad del sistema.

- Abra **Seguridad de Windows**, a la que se puede acceder desde el menú **Inicio** o en **Configuración - Privacidad y seguridad - Abrir Seguridad Windows**.

- Haga clic en **Firewall y protección de red**.

En Windows, la directiva de firewall está vinculada al tipo de ubicación de red. Por defecto, está habilitado para redes privadas, empresariales (dominio AD) y públicas.

- Se proponen dos opciones para cada tipo de ubicación de red:
  - **Habilitar/Deshabilitar firewall en este perfil**: esta configuración filtra las entradas/salidas.
  - **Bloquear todas las conexiones entrantes**: se ignorarán las excepciones que establezca y no habrá ningún mensaje que le advierta cuando el firewall de Windows esté bloqueando programas.

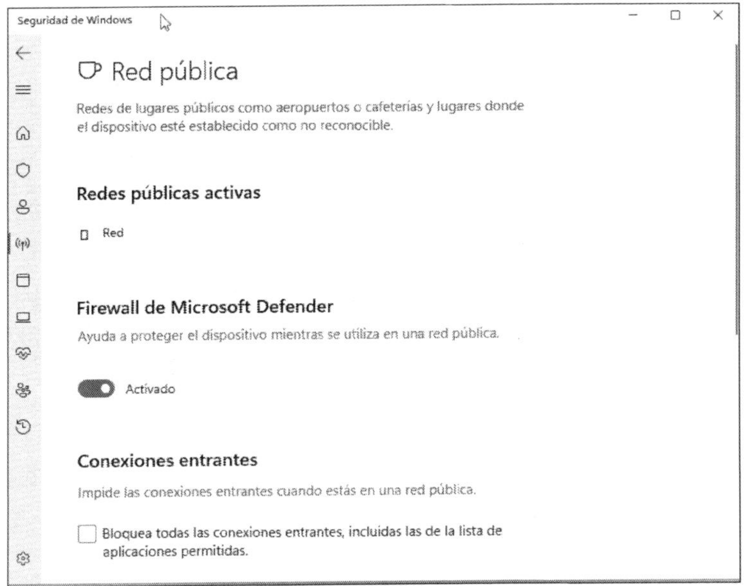

10.3 Excepciones

Por defecto, solo se comprueban las conexiones entrantes. Por lo tanto, cuando un programa intenta comunicarse con el exterior, no se realiza ningún filtrado de tráfico. Si su sistema está debidamente protegido para las conexiones entrantes, no hay necesidad de comprobar las conexiones salientes.

Tan pronto como instale un programa que requiera una conexión entrante, se añadirá automáticamente una regla a la lista de excepciones. Para permitir o prohibir una de las excepciones ya establecidas, marque o desmarque la casilla correspondiente.

En Windows, la noción de excepción no es explícita. Se puede acceder a la función desde la sección **Firewall y protección de red** de **Seguridad de Windows**, haciendo clic en **Permitir una aplicación a través de firewall** o desde la sección **Firewall de Windows** del **Panel de control**, haciendo clic en el vínculo **Permitir que una aplicación o una característica a través de Firewall de Windows**.

10.4 Uso avanzado del firewall de conexión a Internet

Para acceder a la configuración avanzada de esta herramienta, siga estos pasos:

- Abra el panel **Seguridad de Windows - Firewall y protección de red**.
- Haga clic en el enlace **Configuración avanzada**. También puede ejecutar este comando directamente: `wf.msc`.

Este complemento permite filtrar las conexiones entrantes y salientes, así como la configuración IPsec que establezca. Recuerde que IPsec (*Internet Protocol Security*) es un conjunto de protocolos que permite proteger los intercambios de datos en una red. Se definen tres perfiles:

- Un perfil de dominio, cuando el equipo está conectado a su dominio AD al que pertenece en la red corporativa.
- Un perfil privado, si está conectado a una red privada (su domicilio, por ejemplo).
- Un perfil público si, por ejemplo, está conectado a la red inalámbrica de un aeropuerto u hotel.

Hay tres reglas posibles:

- **Reglas de entrada**: estas reglas rigen el tráfico entrante a su equipo.
- **Reglas de salida**: estas reglas definen cómo se filtra el tráfico saliente del equipo.
- **Reglas de seguridad de conexión**: configura las reglas de autenticación cuando dos equipos se comunican entre sí, mediante la tecnología IPsec (intercambios de claves, métodos de autenticación, verificación y cifrado de datos, etc.).

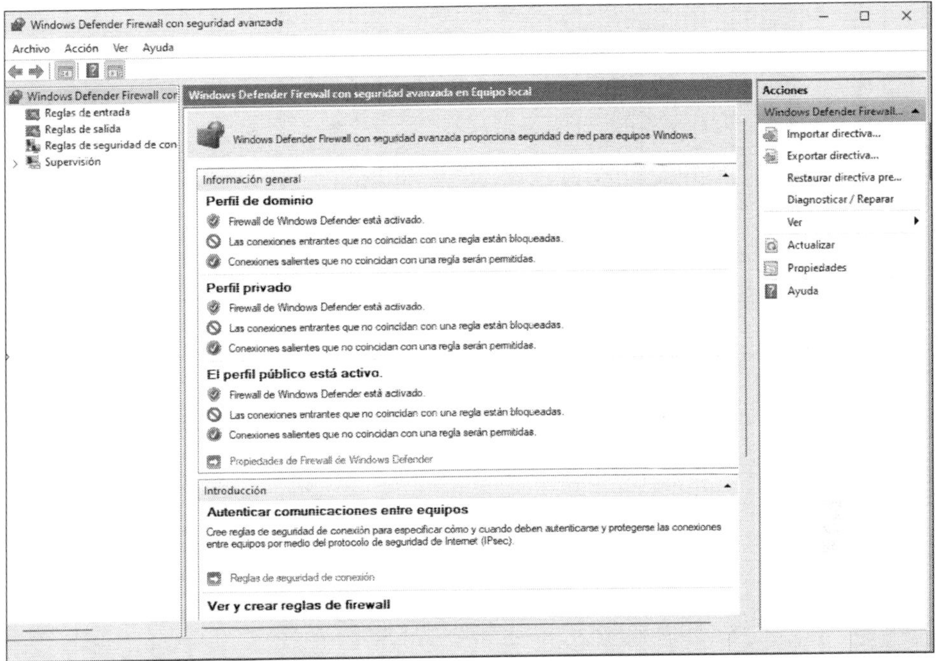

Cada regla se puede deshabilitar o incluso eliminar.

10.4.1 Cómo funcionan las reglas de seguridad avanzadas

Las reglas (haga clic con el botón derecho del ratón en una de ellas, submenú **Propiedades**, pestaña **General**) permiten:

- **Permitir la conexión**
- **Permitir la conexión si es segura** (mediante el uso de un protocolo de Internet seguro IPsec)
- **Bloquear la conexión**

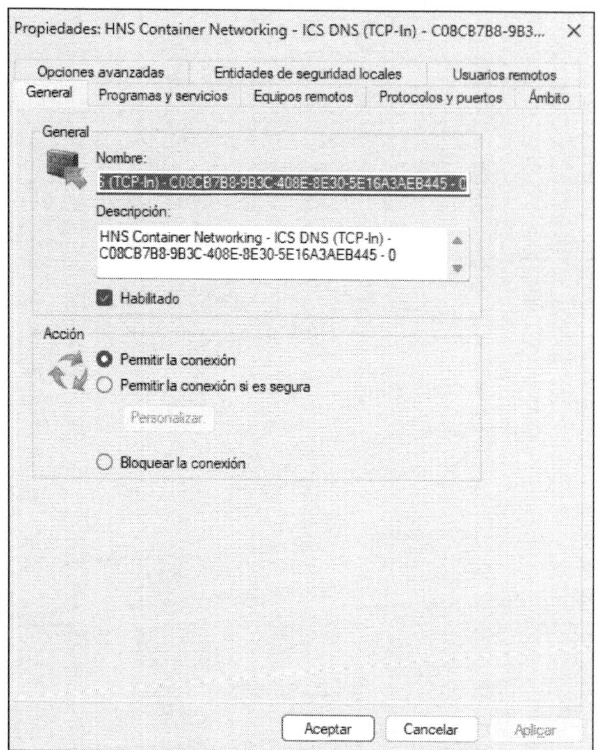

Al navegar por las pestañas, es posible configurar una regla de filtrado para que solo se aplique a un usuario, un equipo, un programa, un servicio, un puerto o protocolo en particular. También puede definir a qué interfaz de red se aplica: red de área local (LAN), conexión inalámbrica, acceso remoto, etc. Se aplicarán en este orden:

- Reglas de seguridad de inicio de sesión.
- Las llamadas reglas de "bloqueo".
- Reglas de "autorización".

Un gran número de reglas ya están predefinidas:

- La ausencia de un icono "botón verde o rojo" indica que la regla no está activa.
- Un pequeño icono de marca de verificación verde indica que la regla está activa y que la conexión está permitida.
- Un pequeño icono rojo tachado indica que la regla está activa y que la conexión está bloqueada.

Las columnas colocadas en el panel central muestran lo siguiente:

- **Nombre**: especifica el nombre de la regla.
- **Grupo**: especifica el nombre del grupo al que pertenece la regla.
- **Perfiles**: indica el tipo de dominio de perfil, privado, público o todos.
- **Habilitado**: indica si la regla está activa o no.
- **Acción**: indica si la regla es de bloque o no.
- **Programas**: especifica la ubicación y el nombre del archivo ejecutable que se ve afectado por la regla.
- **Dirección IP local**: especifica la dirección IP a la que se aplica la regla.
- **Dirección IP remota**: especifica la dirección IP o el intervalo de direcciones IP de las máquinas remotas afectadas por la regla.
- **Protocolo**: especifica el protocolo definido por la regla (TCP o UDP).
- **Puerto local**: especifica el número de puerto utilizado localmente por la aplicación de destino.
- **Puerto remoto**: especifica los puertos utilizados por los equipos remotos cuando solicitan la aplicación definida.
- **Usuarios autorizados**: especifica los usuarios afectados por la regla seleccionada.
- **Equipos autorizados**: especifica los equipos afectados por la regla seleccionada.
- **Entidades de seguridad locales autorizadas**: especifica si la regla se aplica a algunas o a todas las entidades de seguridad locales, como los usuarios locales.

- **Propietario del usuario local**: especifica el propietario de la regla de seguridad. Se aplica en particular a las aplicaciones de la Windows Store.
- **Paquete de aplicación**: especifica la aplicación de la Windows Store a la que se aplica la regla.

▶ Haga doble clic en cada uno de los encabezados de columna si desea ordenar alfabéticamente los diferentes valores presentes.

A continuación, como ejemplo, veremos cómo permitir consultas de tipo ping a su equipo:

El comando `ping` permite enviar una solicitud de eco a otra máquina, esperando que esta responda. Si la máquina no responde, es posible que las dos no se puedan comunicar entre sí.

▶ Haga clic con el botón derecho del ratón en la rama **Reglas de entrada** y, a continuación, haga clic en **Nueva regla**.

▶ Seleccione el botón de opción **Personalizada** y, a continuación, haga clic en **Siguiente**.

▶ Seleccione el botón de opción **Todos los programas** y, a continuación, haga clic en **Siguiente**.

▶ En la lista desplegable **Tipo de protocolo**, seleccione la opción **ICMPv4** (o **ICMPv6** si lo prefiere) y, a continuación, haga clic en el botón **Personalizar**.

▶ Active el botón de opción **Tipos de ICMP específicos** y, a continuación, active la casilla **Petición eco**.

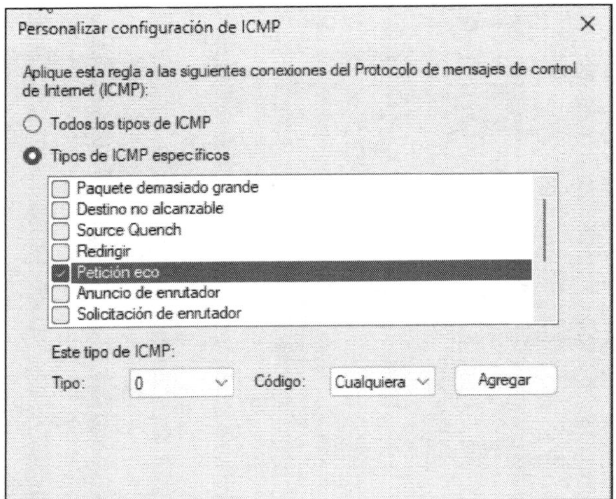

- Haga clic en **Aceptar** y, a continuación, en **Siguiente**.
- Opcionalmente, defina las direcciones IP locales y las direcciones IP de los equipos remotos.
- Haga doble clic en **Siguiente**.
- Defina para qué perfil (**Dominio**, **Privado** o **Público**) se aplicará esta regla y, a continuación, haga clic en **Siguiente**.
- Escriba un nombre (como ping de ENI) y una descripción para esta regla y, a continuación, haga clic en **Finalizar**.

10.4.2 Administración avanzada de firewall con PowerShell

Es posible manipular el firewall con comandos de PowerShell. Esto permite automatizar las tareas de configuración o intervenir de forma remota, pero también enumerar rápidamente información útil para leer la configuración del firewall. Estos son algunos ejemplos:

¿Cuáles son los perfiles activos?

```
Get-NetFirewallProfile | ft Name,Enabled
```

Para ver el conjunto de reglas configuradas, introduzca los siguientes comandos:

```
$reglas=Get-NetFirewallRule
$DisplayGroups=foreach ($regla in $reglas){$regla.displaygroup}
$DisplayGroups | Select-Object -Unique
```

Utilice el siguiente comando para agregar una regla que permita el comando ping para todos los perfiles:

```
New-NetFirewallRule -Name "Ping_ENI" -DisplayName "Ping ENI" -Profile
Domain,Private,Public -Enabled True -Protocol ICMPv4 -Action Allow
```

El siguiente comando permite la funcionalidad Escritorio remoto para todos los perfiles:

```
Set-NetFirewallRule -DisplayName "Escritorio remoto*" -Enabled True
```

Observación

*El símbolo * se utiliza para seleccionar todas las reglas cuyos nombres comienzan con la frase "Escritorio remoto".*

Para ver los comandos disponibles relacionados con el firewall o la conexión Ipsec, escriba:

```
Get-Command -Module NetSecurity
```

No dude en consultar la ayuda en línea disponible en Microsoft Learn: https://learn.microsoft.com/es-es/powershell/module/netsecurity

10.4.3 Gestión avanzada del cortafuegos de línea de comandos

Por supuesto, siempre es posible utilizar la línea de comandos `cmd`.

Desde una línea de comandos en modo de administrador, escriba el siguiente comando para determinar los perfiles activos:

```
netsh advfirewall show allprofiles
```

Para consultar el conjunto de reglas configuradas para el perfil público, escriba el siguiente comando:

```
netsh advfirewall firewall show rule name=all profile=public
```

Utilice el siguiente comando para añadir una regla que permita el comando ping para todos los perfiles:

```
netsh advfirewall firewall add rule name="ICMP V4" dir=in action=allow
protocol=icmpv4
```

A continuación, se explica cómo habilitar Escritorio remoto para todos los perfiles:

```
netsh advfirewall firewall set rule group="Escritorio remoto"
new enable=Yes
```

Hay muchos otros comandos disponibles y documentados en el sitio de Microsoft Learn para ayudarle a administrar y a configurar esta funcionalidad.

10.5 Solución de problemas del firewall

Si no puede iniciar el firewall de Windows, compruebe los siguientes elementos en el siguiente orden:

- ¿Tiene otra solución de firewall? En este caso, el firewall de Windows está deshabilitado. Compruebe la compatibilidad de Windows con la solución de seguridad y consulte el sitio de soporte técnico o los foros de solución para ver si el problema se conoce y está resuelto.
- El firewall Windows no se inicia con un código de error específico 0x5. En este caso, compruebe que se ha iniciado el servicio Motor de filtrado básico (BFE).

- El firewall de Windows no se inicia con un código de error específico 80070424. En este caso, asegúrese de que se ha iniciado el servicio Programa de instalación de módulos de Windows (TrustedInstaller).
- Algunos programas están bloqueados por el firewall. En este caso, abra los puertos que sean necesarios para que estos programas y aplicaciones funcionen correctamente. Para comprobar que un puerto está abierto en un equipo remoto, utilice la herramienta de línea de comandos telnet.

Si se trata de un problema importante, también puede restaurar el firewall a su configuración predeterminada:

▶ En la interfaz gráfica de usuario de **Seguridad de Windows - Firewall y protección de red**, haga clic en el vínculo **Restaurar firewall a los valores predeterminados**.

▶ En un terminal de PowerShell, escriba el siguiente comando:

```
(New-Object -ComObject HNetCfg.FwPolicy2).RestoreLocalFirewallDefaults()
```

▶ En una línea de comandos en modo administrador, escriba el siguiente comando:

```
netsh advfirewall reset
```

11. Sandbox Windows

Algunas versiones de Windows disponen de la funcionalidad Windows Sandbox. Esta funcionalidad permite crear un entorno de escritorio temporal aislado (un contenedor), en el que se pueden instalar y ejecutar aplicaciones sin afectar al sistema host. Este se destruirá en cuanto se cierre la máquina virtual.

11.1 Instalación

La funcionalidad Windows Sandbox solo está disponible en las ediciones Profesional, Enterprise y Education. Sus requisitos técnicos son: arquitectura ARM64 o AMD64 con soporte de virtualización, 4 GB de RAM y 1 GB de espacio disponible.

- Escriba características en la barra de búsqueda y haga clic en **Activar o desactivar características de Windows**.
- Seleccione la casilla de verificación **Espacio aislado de Windows** y haga clic en el botón **Aceptar**.
- Reinicie la máquina. La función aparece en el menú Inicio, menú **Espacio aislado de Windows**.

Observación

El siguiente comando de PowerShell instala la característica: Enable-WindowsOptionalFeature -FeatureName "Containers-DisposableClientVM" -All -Online

11.2 Funcionamiento

La tecnología utilizada es la de los contenedores de Windows en la nube. Al iniciar la aplicación, se crea una máquina virtual ligera. Utiliza una copia del sistema Windows instalado en la máquina para crear la imagen de arranque necesaria. Se crean los procesos Windows Sandbox.exe (como Windows Sandbox) y VmmemSandbox.exe.

Esta máquina tiene una integración total, es decir, es posible copiar y pegar para transferir archivos, conectarla a la red y acceder a Internet, usar el micrófono y la cámara del host, imprimir, etc. A continuación, puede copiar el archivo ejecutable que desea probar desde el host y pegarlo en la ventana de Windows Sandbox.

También admite un script de configuración de inicio, que se puede usar para configurar ciertas opciones de la máquina virtual o ejecutar ciertos comandos al inicio, como instalar un software o compartir una carpeta. El script tendrá la extensión .wsb.

11.3 Solución de problemas

En términos generales, siga estos pasos:

- Compruebe que la virtualización está habilitada en la UEFI.
- Asegúrese de tener suficiente espacio en disco y memoria libre.
- Deshabilite y, a continuación, vuelva a habilitar la característica **Espacio aislado de Windows** desde **Activar o desactivar características de Windows**.
- Haga lo mismo con **Hyper-V**.
- Compruebe el sistema de archivos con el comando `sfc /scannow`.
- Compruebe que los siguientes servicios no estén deshabilitados:
  - Disco virtual
  - Servicio de cálculo host Hyper-V
  - Servicio de virtualización Escritorio remoto Hyper-V
  - Servicio de sincronización de fecha y hora de Microsoft Hyper-V

Si encuentra el error "ERROR_FILE_NOT_FOUND (0x80070002)" cuando intenta iniciar la aplicación Sandbox, se debe a un cambio en el idioma del sistema operativo durante la instalación. Puede solucionar este problema instalando el parche KP4512941.

Capítulo 6
Mantenimiento del sistema

1. Tareas comunes de mantenimiento

En este capítulo, hablaremos de dos herramientas que permiten liberar espacio en el disco duro y optimizar el espacio que ocupan sus datos. También mostraremos una utilidad del sistema que es muy popular entre los administradores.

1.1 Liberador de espacio en disco

1.1.1 Nociones de espacio en disco

Windows, como cualquier sistema operativo, funciona con miles de archivos. Estos se almacenan en el disco y ocupan un determinado porcentaje del espacio disponible. Este espacio disminuye a medida que se utiliza la máquina y se instalan nuevas aplicaciones.

El espacio en disco también lo ocupan los archivos personales del usuario: documentos, imágenes, vídeos, etc. Por lo general, se recomienda almacenar los archivos de los usuarios en una partición que no sea la partición del sistema, pero dependiendo de la configuración elegida, pueden compartir la misma partición de disco entre sí.

Windows 11 proporciona una descripción general del espacio en disco ocupado y disponible.

▶ Abra **Configuración - Sistema - Almacenamiento**.

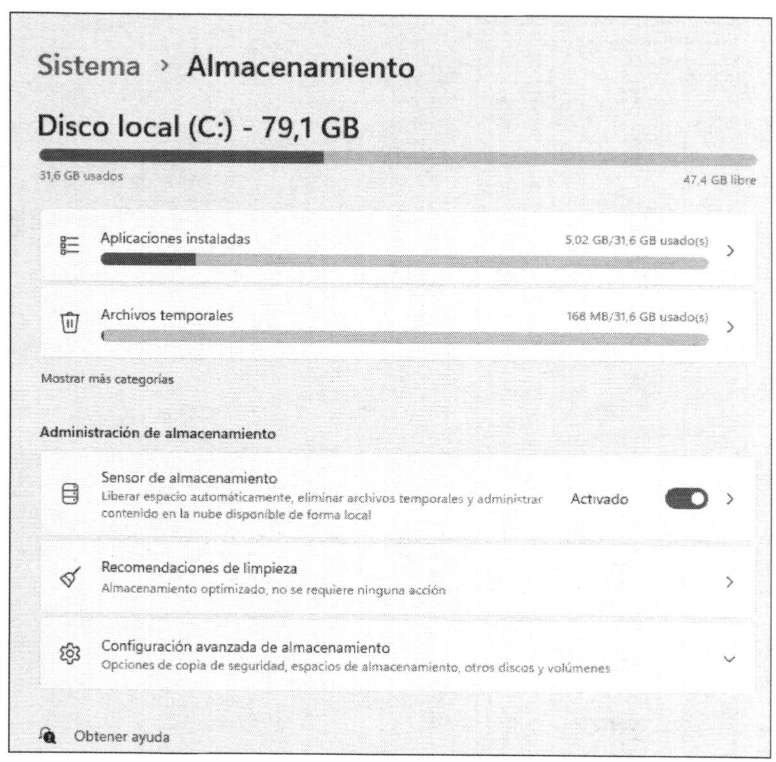

Por defecto, se muestra el disco del sistema, denominado aquí **Dissco local (C:)**. Se muestran los siguientes datos (utilizando las cifras de la captura anterior):

- su capacidad: 288 GB,
- su utilización: 194 GB,
- el espacio disponible: 93,6 GB.

A continuación, se muestran las categorías que más espacio consumen, en orden descendente.

- Haga clic en el enlace **Mostrar más categorías** para verlas todas. Esto le permite ver claramente qué elementos ocupan la mayor parte del espacio en disco.
- Al hacer clic en una de las categorías, podrá acceder a otra sección de la **Configuración** (**Usuarios**, **Aplicaciones**) o mostrar la carpeta que contiene los archivos grandes.

Esta sección permite limpiar manualmente el sistema.

Observación

*Es posible monitorizar el espacio de almacenamiento de otras unidades desde **Configuración - Sistema - Almacenamiento - Configuración avanzada de almacenamiento – Ver uso del almacenamiento en otras unidades**.*

1.1.2 Limpieza

La limpieza del disco, es decir, la eliminación de archivos innecesarios, se puede realizar automáticamente cuando se queda sin espacio, gracias al **Asistente de almacenamiento**. Se puede programar desde **Configuración - Sistema - Almacenamiento** activando el **Sensor de almacenamiento**. A continuación, tendrá acceso a diferentes configuraciones:

- Limpiar archivos temporales: esta función permite que el sistema operativo elimine automáticamente los archivos innecesarios que dejan los componentes del sistema o la instalación de una aplicación.
- Programar el asistente para que se ejecute en función del espacio disponible en disco o en un intervalo específico (día, semana o mes).
- Vaciar automáticamente la papelera y la carpeta **Descargas** cada cierto tiempo. Tenga cuidado con esta última opción, ya que algunos usuarios no se toman el tiempo de guardar los archivos descargados en otras carpetas y los dejan en la carpeta Descargas.
- Si sus archivos también están almacenados en la nube, a través de OneDrive, es posible liberar espacio eliminando estos archivos de su equipo.

También es posible ejecutar una limpieza de disco inmediata haciendo clic en el botón **Ejecutar Sensor de almacenamiento ahora**. Utilizará la configuración anterior para liberar espacio.

Además de contar con la ayuda del asistente de almacenamiento, que actuará de forma preventiva en segundo plano, es posible obtener recomendaciones de limpieza en caso de que haya un problema de espacio en disco. Se puede acceder a ellas en **Configuración - Almacenamiento - Recomendaciones de limpieza**. Se proponen varias categorías:

- Archivos temporales: descargas, visor de diagnósticos, residuos de instalación, etc.
- Archivos voluminosos: los archivos que ocupan la mayor parte del espacio en disco se enumeran y se pueden seleccionar.
- Archivos sincronizados con la nube: los archivos disponibles en la nube de OneDrive.
- Aplicaciones no utilizadas.

▶ Seleccione los archivos inútiles y haga clic en el botón **Limpiar**. El espacio que se puede liberar aparecerá en el botón.

1.2 Optimización del disco

Optimizar o desfragmentar un disco consiste en mover datos para que se guarden en sectores contiguos y optimizar así los tiempos de acceso: las diferentes partes de un archivo se agrupan en sectores cercanos, el acceso y la apertura son más rápidos.

Antes, este punto de vista era válido siempre y cuando los dispositivos solo usaran discos duros mecánicos como sistema de almacenamiento. Desde que existen los SSD y dado su diseño (memoria electrónica, tiempo de acceso de 0,05 ms, frente a los 15 ms de un disco duro), desfragmentar un disco ya no es necesario e incluso puede ser contraproducente, ya que va a usar prematuramente el SSD al reescribir innecesariamente los sectores.

En Windows 11, la interfaz está hecha para que nada (o prácticamente nada) sea visible. El proceso de optimización se activa automáticamente durante un período de tiempo (cuando el programador de tareas detecta que el sistema está inactivo) mientras mantiene su sistema en un nivel aceptable de fragmentación. Si su unidad es de tipo SSD, en aras de la simplificación, Microsoft no recomienda deshabilitar la optimización.

El sistema es capaz de detectar que la unidad es de tipo SSD y no mueve los datos (desfragmentación), sino que simplemente ejecuta un comando TRIM (borra datos innecesarios). De este modo, se conserva el SSD.

Se puede acceder a la tarea programada de la siguiente manera:

- En **Panel de control**, haga clic en el vínculo **Sistema y seguridad**.
- En **Herramientas de Windows**, haga clic en **Programador de tareas**.
- Abra **Biblioteca del Programador de tareas - Microsoft - Windows - Desfrag**. La tarea **ScheduleDefrag** comienza a optimizar los discos de la máquina cada semana.

El proceso de optimización utiliza recursos de disco y procesador en modo de "Baja prioridad". Como resultado, usted no se ve afectado en su trabajo durante el proceso de desfragmentación.

Por último, tenga en cuenta que este programa optimiza todos los volúmenes presentes en el disco.

Observación

*La optimización de la unidad se puede iniciar desde **Configuración - Sistema - Almacenamiento - Configuración avanzada de almacenamiento – Optimizar unidades** o desde las propiedades de una unidad de disco.*

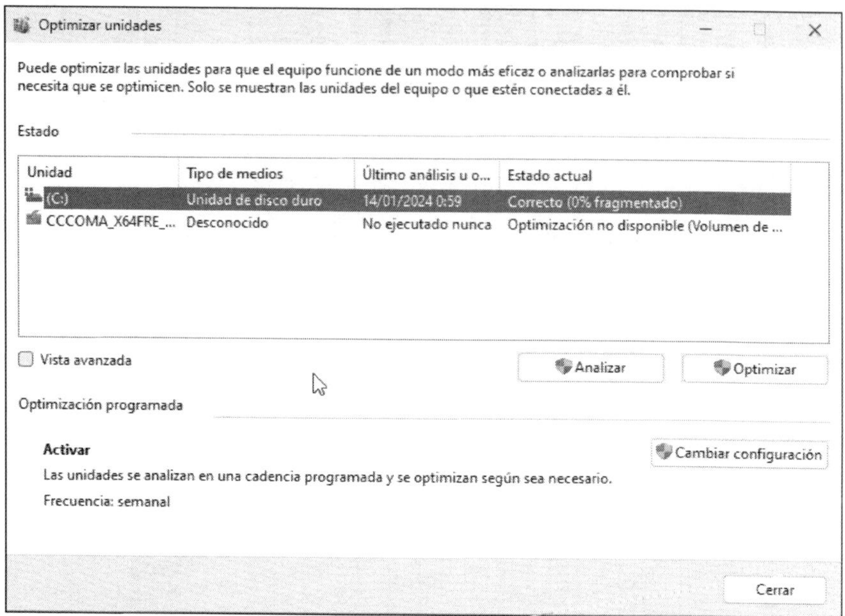

También puede usar el símbolo del sistema como administrador.

- Abra una línea de comandos y escriba el comando `defrag` para enumerar todos los modificadores válidos.
- Por ejemplo, ejecute este comando: `desfrag c: /A /O /U`. El modificador/o permite especificar que la optimización se debe adaptar al tipo de unidad (SSD, etc.).

La misma operación se puede realizar desde un terminal de PowerShell:

- Abra un terminal e introduzca el comando: `Optimize-Volume -DriveLetter c`.

1.3 Herramienta de configuración del sistema

En Windows, la herramienta **Configuración del sistema** se puede definir como una especie de navaja suiza, que ofrece acceso rápido a una gran cantidad de herramientas e información. Puede acceder a esta herramienta ejecutando este comando desde el símbolo del sistema o en el cuadro de búsqueda: msconfig.

- La pestaña **General** permite elegir entre un inicio normal, otro selectivo y uno en modo de diagnóstico. Esta última opción corresponde al inicio en modo seguro.
- La pestaña **Arranque** permite acceder a la configuración del archivo de arranque. Aquí se enumeran los distintos sistemas operativos compatibles de Windows. Por ejemplo, puede establecer las **Opciones avanzadas** para este archivo, como el límite de recursos de procesador y memoria que utilizará el sistema. Si habilita la opción **Arranque a prueba de errores**, el siguiente arranque se hará en modo seguro. Habilite la opción **Red** si desea compatibilidad con la red.

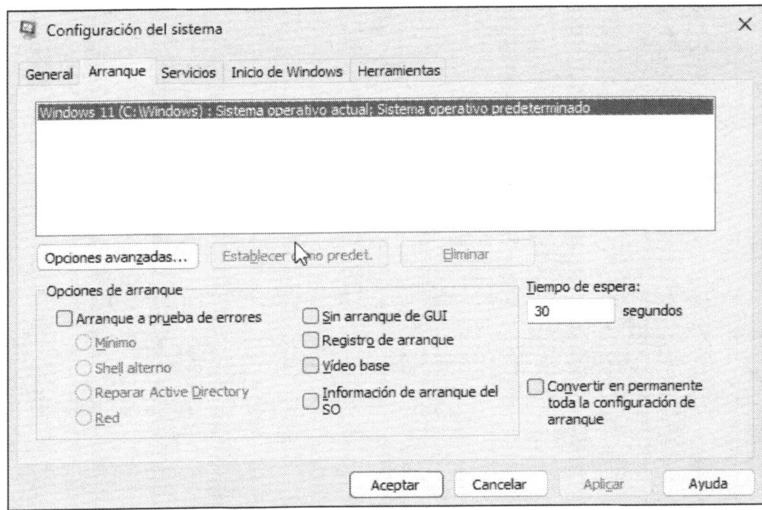

- La pestaña **Servicios** permite ver todos los servicios que están instalados en su sistema. Bajo ninguna circunstancia debe configurar los servicios de Windows desde esta pestaña, sino que debe usar siempre la consola de servicios (a la que se accede mediante el comando services.msc). Sin embargo, es posible ver rápidamente los servicios que han sido instalados por aplicaciones de terceros seleccionando la casilla **Ocultar todos los servicios de Microsoft**.

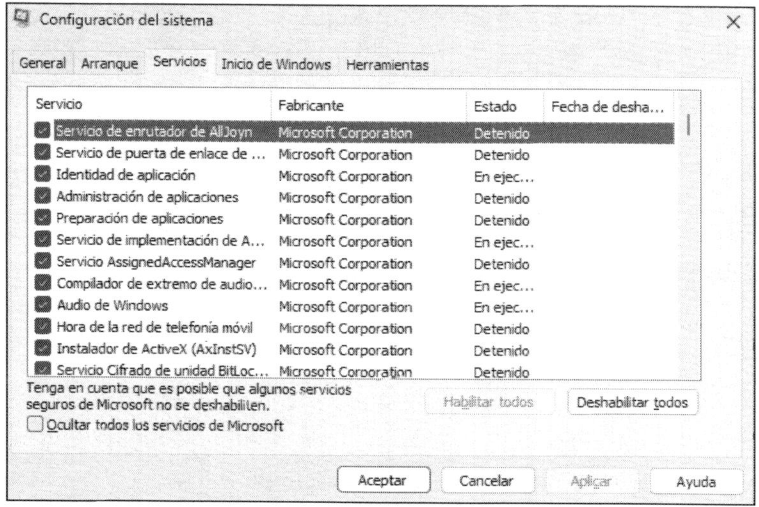

A partir de ahí, no hay nada que le impida agilizar el proceso de arranque de su sistema, desmarcando las casillas ubicadas junto a los nombres de los servicios que no desea que se inicien automáticamente cada vez que inicie sesión.

- A partir de Windows 8, las funciones de la pestaña **Arranque** ya no están disponibles en esta utilidad, aunque esta pestaña todavía está presente. Puede encontrarlos en el **Administrador de tareas**. Consulte el capítulo Herramientas del sistema de este libro, para obtener más información sobre esta función.

- La pestaña **Herramientas** proporciona acceso rápido a las principales funcionalidades de configuración del equipo, que están disponibles en la carpeta **C:\Windows\System32**. Esto permite ver el comando que se ejecutará para cada herramienta en una línea de comandos o terminal e incluso ejecutarlo. He aquí la lista:
  - Obtener información acerca de la versión de Windows: `winver.exe`
  - Cambiar la configuración de control de las cuentas de usuario: `UserAccountControlSettings.exe`
  - Abrir el panel de control de seguridad y mantenimiento: `wscui.cpl`
  - Ejecutar el solucionador de problemas: `control.exe /nameMicrosoft.Troubleshooting`
  - Ver la consola de administración del equipo: `compmgmt.msc`
  - Ver Acerca de: `msinfo32.exe`
  - Ejecutar el visor de eventos: `eventvwr.exe`
  - Administrar aplicaciones instaladas en el panel de control: `appwiz.cpl`
  - Ver propiedades del sistema: `control.exe system`
  - Ver opciones de Internet (todavía disponibles, pero en desuso): `inetcpl.cpl`
  - Ver la configuración de las tarjetas de red: `ipconfig.exe`
  - Ejecutar el monitor de rendimiento: `perfmon.exe`
  - Ejecutar el monitor de recursos: `resmon.exe`
  - Abrir el administrador de tareas: `taskmgr.exe`
  - Abrir una ventana de comandos: `cmd.exe`
  - Iniciar el editor del registro: `regedt32.exe`
  - Abrir el asistente remoto: `msra.exe`
  - Restaurar el sistema: `rstrui.exe`

Observación

Algunos de estos comandos utilizan las antiguas herramientas de Windows disponibles en el panel de control.

2. Hacer una copia de seguridad/restaurar

Al igual que cualquier dispositivo, un ordenador no tiene una duración eterna: puede sufrir un fallo eléctrico o una sobrecarga, una caída, quedar infectado por un virus, quedar obsoleto, etc. Todos estos eventos pueden acabar con él abruptamente y poner fin a su vida útil o causar la pérdida de la información que este contiene. Asimismo, se pueden eliminar por error archivos importantes al limpiar archivos personales o del sistema operativo. Por lo tanto, los datos personales (documentos, imágenes y otros archivos) son información vital de la que se debe hacer una copia de seguridad periódica.

Entonces, ¿cómo puede acceder a sus datos personales si el dispositivo funciona, pero el sistema operativo está dañado y se niega a arrancar? El uso de otro dispositivo para aprovechar los archivos respaldados en la nube o en una unidad externa puede ser una solución temporal. La solución final consistiría en reparar o incluso reinstalar el sistema. Si consulta el capítulo Instalación del sistema operativo de este libro, obtendrá una máquina que funciona, pero virgen, es decir, sin ninguna de las aplicaciones ni funcionalidades instaladas y utilizadas en los últimos años. Posteriormente, comenzará el largo proceso de reinstalación de aplicaciones cuando surja la necesidad. Una copia de seguridad completa del sistema permitiría reinstalarlo de forma idéntica y lograr de inmediato un sistema 100% funcional.

Windows 11 ofrece varias funcionalidades de copia de seguridad o restauración para hacer frente a todos estos escenarios.

2.1 OneDrive

Windows 11, asociado a una cuenta de Microsoft, ofrece una funcionalidad de copia de seguridad automática en la nube llamada OneDrive. Hay 5 GB de almacenamiento gratuito disponible para todos los usuarios que creen una cuenta de Microsoft. Este espacio de almacenamiento se encuentra físicamente en los datacenters del editor, pero se puede acceder a él desde cualquier parte del mundo gracias a Internet. Estos datos son seguros y solo puede acceder a ellos el usuario, que debe acreditar su identidad utilizando su cuenta y la contraseña asociada. Además, estos archivos se pueden compartir de forma segura.

La aplicación OneDrive está disponible para entornos Android, iOS, MacOS e incluso Linux. Por lo tanto, es posible sincronizar y acceder a sus archivos en todos estos entornos. Para terminar, como último recurso, siempre puede acceder a su espacio OneDrive desde un simple navegador web.

2.1.1 Configuración

La aplicación OneDrive está instalada de forma predeterminada en todas las versiones de Windows 11. Solo se habilitará si lo especificó durante la fase de personalización de Windows, al final de la instalación. Su icono aparece en la zona de notificaciones como una nube tachada si no tiene una cuenta de Microsoft configurada.

El archivo ejecutable OneDrive.exe se encuentra en la carpeta C:\Program Files\Microsoft OneDrive. Se inicia en cuanto el equipo arranca y se ejecuta en segundo plano.

Para acceder a la configuración e iniciar la primera sincronización, siga estos pasos:

- Abra **Configuración - Cuentas - Copia de seguridad de Windows**.
- Haga clic en el botón **Configurar la sincronización**.

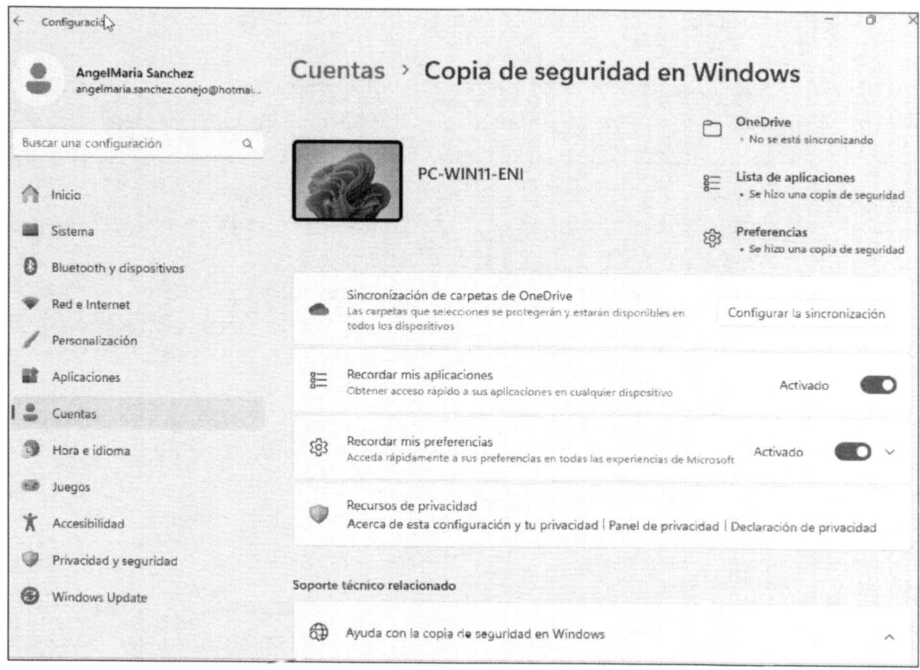

- Si no se ha agregado ninguna cuenta de Microsoft, deberá crear una o conectarse.
- Una vez establecida la conexión con la cuenta de Microsoft, será posible configurar la copia de seguridad de los archivos. Marque los elementos de los que desea hacer una copia de seguridad y haga clic en **Iniciar copia de seguridad**. El proceso continúa en segundo plano. Sus archivos se sincronizan y se realiza una copia de seguridad.

También es posible modificar la lista de carpetas guardadas:

- Abra la aplicación **OneDrive** desde el menú **Inicio** o haciendo doble clic en su icono en la zona de notificaciones.

- Haga clic en la pestaña **Cuenta** y, a continuación, en **Seleccionar carpetas**.

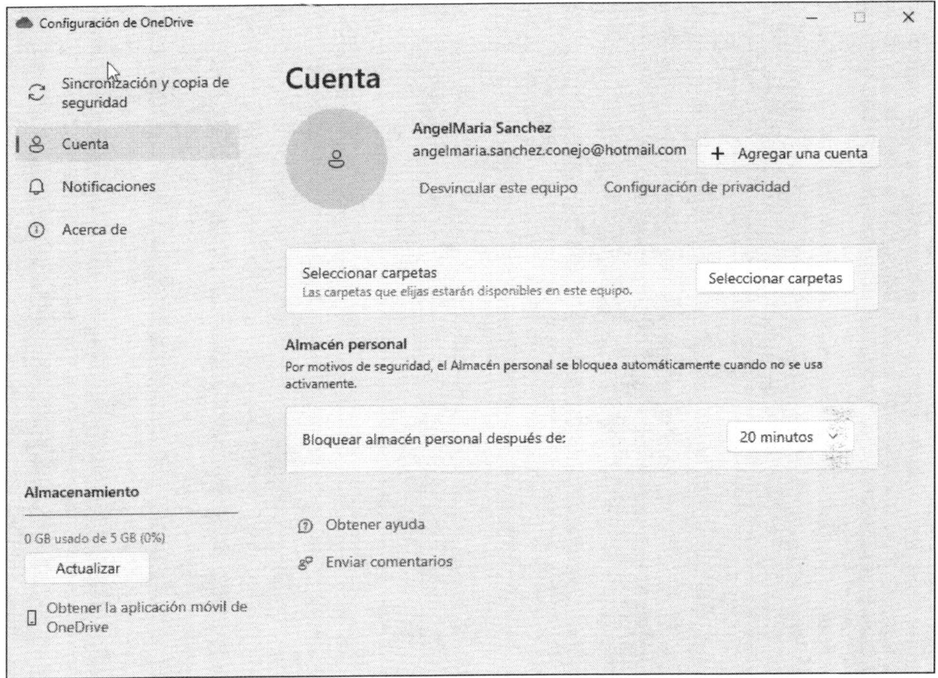

- Marque las carpetas de las que desea hacer una copia de seguridad.

La pestaña **Sincronización y copia de seguridad** le permitirá dar permisos a la copia de seguridad de otras carpetas (fotos, vídeos y capturas) y limitar la velocidad de descarga si tiene una conexión de baja velocidad.

2.1.2 Funcionamiento

OneDrive permite la sincronización (copia de seguridad y restauración automáticas) de:

- sus archivos personales: documentos, imágenes, etc.,
- sus aplicaciones para UWP (las instaladas a través de Microsoft Store),
- sus preferencias de usuario: contraseñas, idioma, accesibilidad, configuración del ratón, explorador de archivos, etc.

Durante la configuración, se creó una carpeta OneDrive (que se puede identificar rápidamente por un icono de una nube azul) en el espacio del usuario (**C:\Users\<sunombre>**) que contiene todos los archivos sincronizados. Esta misma carpeta también se muestra en el panel de navegación del explorador de archivos.

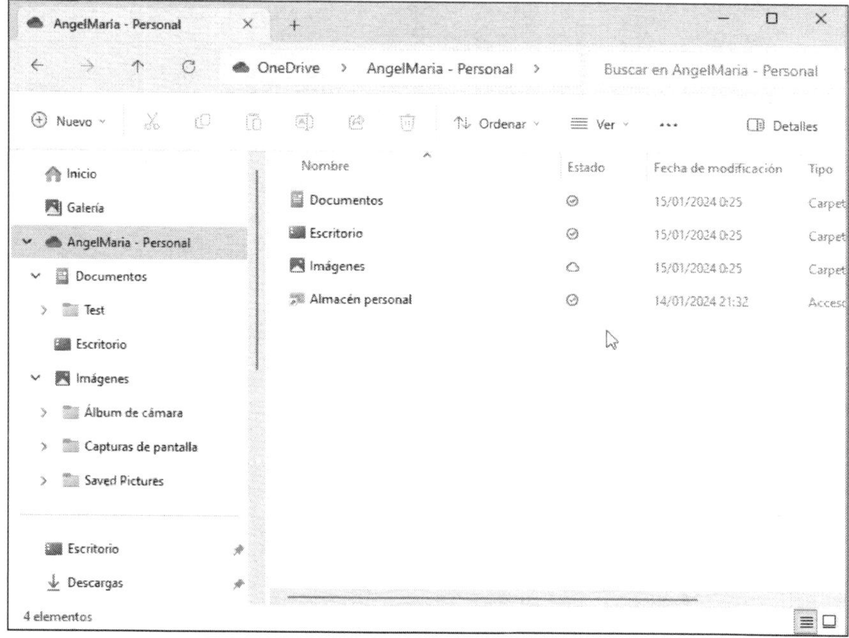

El estado de sincronización de cada archivo aparece indicado por un símbolo en la columna **Estado** del explorador de archivos:

- Una nube indica que el archivo o la carpeta solo está disponible en línea. No está físicamente presente en el equipo y no ocupa ningún espacio, pero se puede acceder a él directamente (aparte del tiempo de descarga) en cuanto el equipo esté conectado a Internet.
- Una marca de verificación verde sobre un fondo blanco indica que el archivo está disponible en línea, pero se ha descargado en el equipo. Por lo tanto, puede editar estos archivos aunque no esté conectado.

– Una marca de verificación blanca sobre un fondo verde indica que el archivo todavía está disponible: está físicamente presente en su equipo, ocupa espacio y se puede acceder a él incluso en modo sin conexión.

Al hacer clic con el botón derecho del ratón en un archivo o carpeta de OneDrive, cambia el estado de dicho elemento:

– **Mantener siempre en este dispositivo**: el archivo se descargará y siempre estará disponible.

– **Liberar espacio**: el archivo se eliminará del dispositivo y solo se podrá acceder a él en línea.

2.1.3 Uso compartido de archivos

Almacenar archivos en línea también permite compartir dichos archivos con familiares, amigos o compañeros de trabajo o de clase.

▶ Abra el **Explorador de archivos** y acceda a su unidad **OneDrive**.

▶ Seleccione el archivo que desee compartir, haga clic con el botón derecho del ratón y, en el menú contextual, haga clic en el icono **Compartir**. Como alternativa, seleccione el submenú **OneDrive - Compartir**.

▶ En la ventana que se abre, puede configurar las opciones para compartir:
- la dirección de correo electrónico de la persona,
- sus permisos: consulta o modificación,
- generar un enlace y copiarlo para transmitirlo utilizando un medio distinto al correo electrónico.

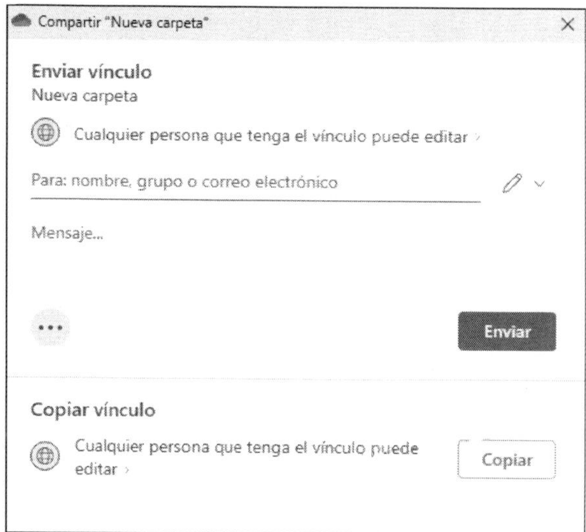

Los destinatarios recibirán un correo electrónico con el enlace al archivo o a la carpeta que se haya compartido.

Observación

Si permite editar el archivo a la persona con la que quiere compartirlo, los cambios que esta realice se harán en la versión en línea del archivo y afectarán automáticamente a la versión que usted tiene en su equipo.

2.1.4 Cambiar a una versión anterior

Otra característica interesante de OneDrive es que permite recuperar las últimas 25 versiones de un archivo cuando se dispone de una cuenta personal de Microsoft. Esto significa que puede "retroceder en el tiempo" y recuperar una versión anterior del archivo (la versión en la que estaba trabajando antes de que se produjese un problema).

- Este historial está disponible en el menú contextual del archivo en el explorador, haciendo clic en **OneDrive - Historial de versiones**.

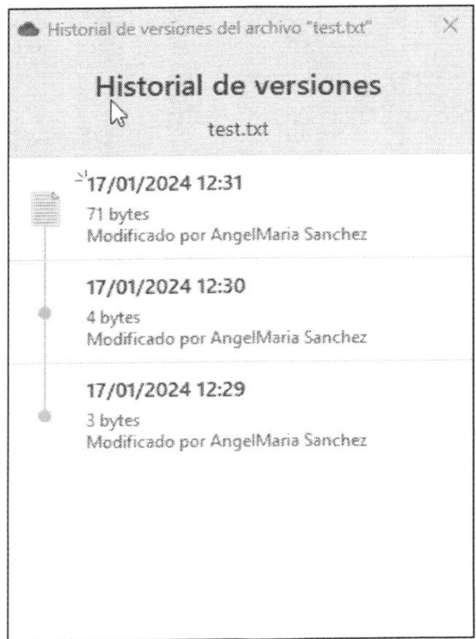

- Las versiones se ordenan de la más reciente a la más antigua. Inicie la restauración de la versión deseada haciendo clic en el menú **Más opciones** (...) - **Restaurar.** Esta versión reemplazará a la versión actual.
- Tiene otra opción: **Descargar la versión anterior**. Esta opción mantiene ambos archivos y puede compararlos o copiar parte del contenido.

2.2 Historial de archivos

Windows 11 tiene una función que permite hacer una copia de seguridad automática de sus archivos en un almacenamiento remoto, como una unidad USB o un disco de almacenamiento en red. Esta aplicación sustituye a la herramienta de copia de seguridad de Windows 7.

La copia de seguridad es automática, lo que significa que estos archivos se pueden restaurar en una fecha y hora establecidas. Los archivos de los que se va a hacer una copia de seguridad son librerías (Documentos, Imágenes, Música, Vídeos), contactos, favoritos, escritorio, así como archivos en el almacenamiento de OneDrive. Por defecto, las librerías se encuentran en **C:\Users\<sunombre>\AppData\Roaming\Microsoft\Windows\Libraries**.

Veamos cómo hacerlo. Para comenzar, debe conectar un dispositivo de copia de seguridad externo a su equipo o seleccionar una ubicación de red. Si tiene un NAS, esta es la solución que ofrece mayor garantía de disponibilidad, pero también puede utilizar un disco duro externo conectado a través del puerto USB.

Esta herramienta ya es antigua, pero se utilizará si OneDrive no está disponible. De lo contrario, es mejor hacer una copia de seguridad en la nube.

2.2.1 Copia de seguridad de datos

- Conecte un disco externo en modo USB, por ejemplo.
- En **Panel de control**, sección **Sistema y seguridad**, haga clic en **Historial de archivos** y, a continuación, en el botón **Activar**.

Una vez habilitada la función, se inicia una copia de seguridad de los archivos en el medio de almacenamiento extraíble.

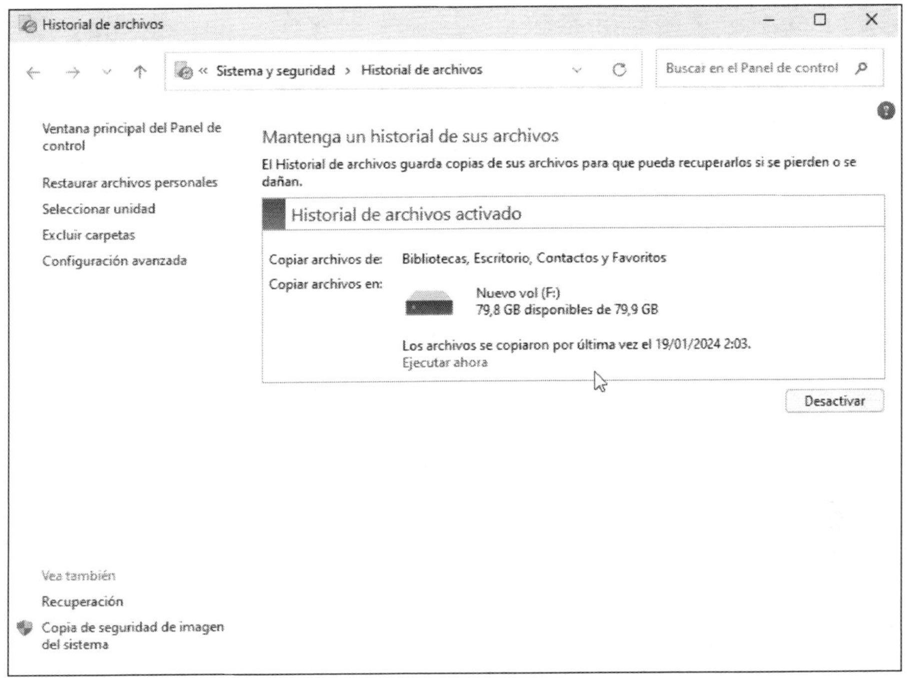

Para cambiar la frecuencia y el tiempo durante el que se conservan los archivos de copia de seguridad, siga estos pasos:

▶ En el mismo panel, haga clic en el enlace **Configuración avanzada**.

- Modifique la frecuencia con la que se guardan las copias de los archivos para registrar nuevas copias, por ejemplo, cada doce horas. También puede modificar el tiempo que se conservarán las versiones guardadas, por ejemplo, un mes.

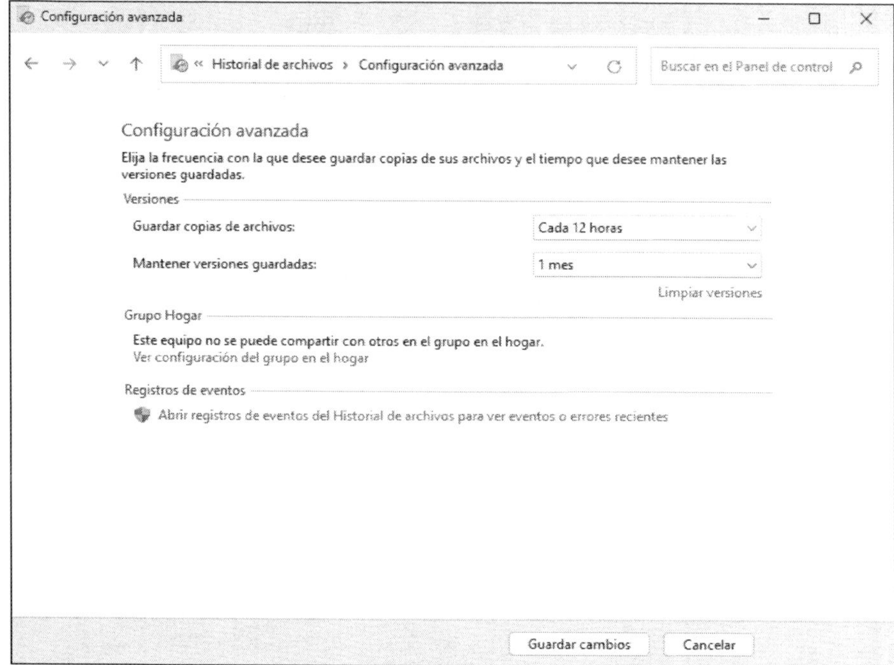

- Haga clic en el botón **Guardar cambios** si es necesario.

También puede excluir una carpeta de las que se ha realizado una copia de seguridad de forma predeterminada.

- En este caso, en la misma sección **Historial de archivos** del panel de control, haga clic en el enlace **Excluir carpetas**.
- Haga clic en el botón **Agregar**.
- Seleccione la carpeta que desea excluir y, a continuación, haga clic en el botón **Seleccionar carpeta**.
- Haga clic en el botón **Guardar cambios**.

También se puede acceder a la activación y administración del historial de archivos desde la configuración de Windows ([Windows]+[I]), escribiendo `Historial de archivos` en el cuadro de búsqueda.

Observación

Se crea una carpeta FileHistory en el soporte seleccionado. Puede navegar hasta ella y ver los archivos guardados.

2.2.2 Recuperar datos

- Para restaurar los archivos y carpetas de los que se ha realizado una copia de seguridad, en la sección **Historial de archivos**, haga clic en el botón **Restaurar archivos personales**.

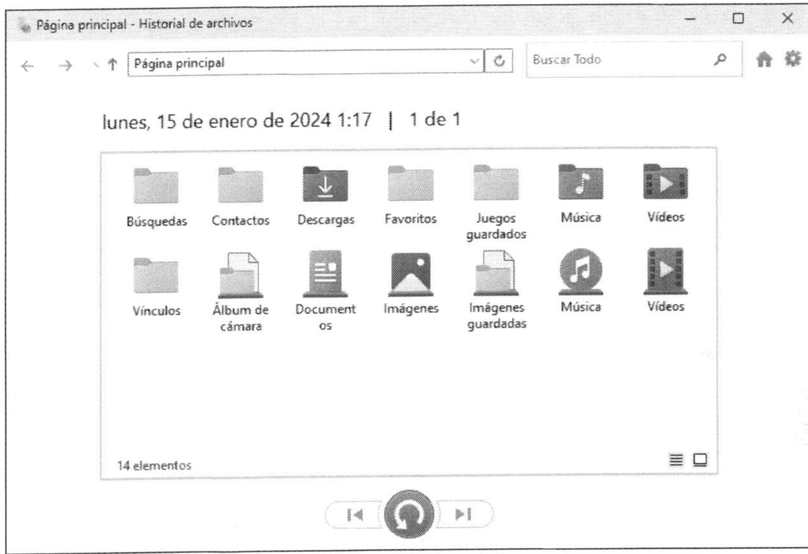

- A continuación, seleccione la hora y la fecha para la que desea restaurar su archivo o carpeta, desplazándose por los diferentes puntos de la copia de seguridad.
- A continuación, seleccione el elemento que desea restaurar y haga clic en el botón verde **Restaurar**.

Observación

Tenga en cuenta que también puede acceder al historial de archivos y carpetas desde el explorador de archivos. Para hacer esto, seleccione el archivo o la carpeta que desea restaurar y, a continuación, haga clic con el botón derecho en la pestaña ***Versiones anteriores****.*

2.3 Protección del sistema

También existe un concepto comparable al historial de archivos para los archivos del sistema. Esta funcionalidad crea automáticamente puntos de restauración en puntos clave de la vida útil del sistema, como una actualización, la instalación de un controlador o una aplicación, o el cambio de la configuración del sistema. Se basa en la característica de las instantáneas de volúmenes (*Volumen Shadow-1 Copy* o VSC). Permite encontrar las diferentes versiones de un archivo después de que haya sido modificado e incluso eliminado. Esto se debe a que Windows guarda copias sucesivas de todos los archivos y carpetas. De hecho, se guardan automáticamente versiones anteriores de los elementos visibles en el explorador de archivos en caso de:

- copia de seguridad automática de archivos,
- creación de un punto de restauración del sistema.

Observación

Repetimos: esta medida de seguridad y las posibilidades de restauración asociadas no afectan a sus archivos personales.

Asegúrese de haber activado la protección del sistema:

▶ Abra **Configuración - Sistema – Información**.

▶ Haga clic en el enlace **Protección del sistema**.

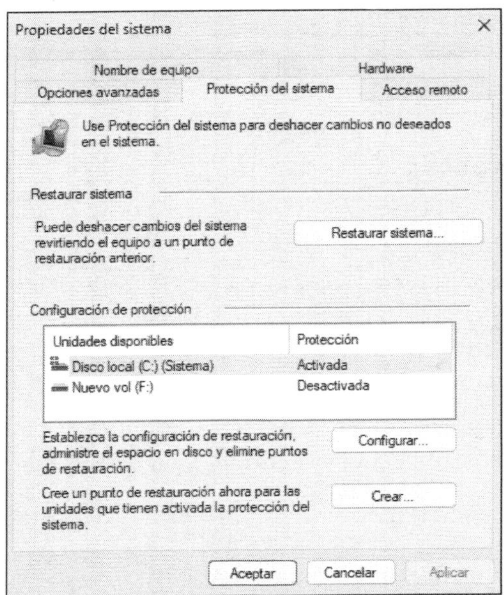

- Si la protección no está habilitada para la unidad del sistema, selecciónela y haga clic en **Configurar**.
- Marque **Activar protección del sistema**. Seleccione el espacio en disco que desea asignar a la protección y, a continuación, confirme haciendo clic en **Aceptar**.

Observación

Tenga en cuenta que, por defecto, esta función no está habilitada.

Por defecto, el espacio en disco utilizado es un porcentaje del espacio libre de cada partición seleccionada. Tan pronto como se supere este límite, el punto de restauración más antiguo se eliminará automáticamente (utilizando el método FIFO: el primero en entrar será el primero en salir).

Para eliminar los puntos de restauración creados, haga lo siguiente:

- Seleccione el disco del sistema y, a continuación, haga clic en el botón **Configurar**. Seleccione la opción **Deshabilitar protección del sistema**.
- Finalmente, haga clic en el botón **Aplicar**.

2.3.1 Funcionamiento

Los puntos de restauración se crean automáticamente en función de los siguientes desencadenadores:

- Instalación de un controlador sin firmar.
- Instalación de una aplicación compatible con la funcionalidad de restauración del sistema, y que "ordene" al sistema generar primero la creación de un punto de restauración.
  - Uso de las funcionalidades de Windows Update.
  - Cuando un usuario restaura su equipo a una fecha anterior.
  - Al restaurar datos de los que se ha realizado una copia de seguridad con las herramientas integradas de Windows.
  - En función de la periodicidad definida en el programador de tareas para la tarea denominada SR.

Lo ideal es que las siguientes áreas se restauren al estado definido por el punto de restauración seleccionado:

- el registro,
- los perfiles locales,
- las bases de datos COM+, IIS y WMI,
- los archivos protegidos en el sistema operativo.

Se puede acceder a una lista de archivos que se supervisan y finalmente se restauran a su estado original desde la dirección https://learn.microsoft.com/es-es/windows/win32/sr/monitored-file-extensions.

Los siguientes elementos no se restauran:

- la configuración DRM,
- las contraseñas almacenadas en la base de datos SAM o Active Directory,
- los documentos personales,
- el contenido de las carpetas redirigidas.

Por último, hay que tener en cuenta que no se restauran los datos o entradas del registro definidos en el árbol **HKEY_LOCAL_MACHINE - SYSTEM - ControlSet001 - Control - BackupRestore** y en las siguientes claves:

- **FilesNotToBackup**
- **FilesNotToSnapshot**
- **KeysNotToRestore**

2.3.2 Creación de un punto de restauración

Además de los puntos de restauración creados automáticamente por Windows, es posible crear puntos de restauración puntualmente:

- Abra **Configuración - Sistema – Información**.
- Haga clic en el enlace **Protección del sistema**.
- En la ventana **Propiedades del sistema**, haga clic en el botón **Crear**.
- Escriba un nombre para el punto de restauración y, a continuación, haga clic en el botón **Crear**. Un cuadro de diálogo le notificará que se ha creado el punto de restauración.

Observación

*El comando rstrui también abre la ventana **Restaurar sistema**.*

Puede programar la creación de un punto de restauración de la siguiente manera:

- Abra el **Programador de tareas**.
- Consulte y abra una tarea denominada "SR" (Restaurar sistema). Para ello, expanda el árbol **Biblioteca del Programador de tareas - Microsoft - Windows - SystemRestore**.
- Haga clic con el botón derecho del ratón en la tarea y, a continuación, haga clic en el menú **Propiedades**.
- Abra la pestaña **Desencadenadores**.
- Al hacer clic en el botón **Nuevo**, puede elegir nuevos desencadenadores.

A continuación, puede editar o crear un nuevo evento que desencadenará la creación de un punto de restauración. También es posible cambiar el comportamiento de esta tarea programada, definiendo condiciones para iniciar, detener o reanudar, diferentes a las predeterminadas.

Observación

*Tenga en cuenta que la pestaña **Historial** permite realizar un seguimiento de todos los pequeños incidentes que se produjeron durante las distintas ejecuciones o intentos de ejecutar esta tarea programada. Para ver este historial, debe habilitar esta función haciendo clic en el enlace **Activar todo el historial de tareas** en la pestaña **Acciones** de la consola. Puede ejecutarlo manualmente haciendo clic en el enlace **Ejecutar**, y también puede exportarlo a XML, deshabilitarlo o incluso eliminarlo.*

2.3.3 Cambiar la frecuencia de los puntos de restauración

Por defecto, Windows realiza un punto de restauración una vez al día (excluyendo otros eventos desencadenantes). Puede cambiar este plazo utilizando el editor de objetos de directiva de grupo o directamente en el registro Windows:

- Abra H**KEY_LOCAL_MACHINE - SOFTWARE - Microsoft - Windows NT - CurrentVersion - SystemRestore**.
- Cree un valor DWORD denominado **RPGlobalInterval**.
- Añada un valor hexadecimal predeterminado: 15180.
- Marque el botón **Decimal**.

Este valor se mostrará como **86400**. Este es el número de segundos en un período de 24 horas. A continuación, utilice la calculadora de Windows para establecer un valor más corto o más largo.

2.3.4 Restauración del sistema

Para volver a un estado anterior del sistema mediante puntos de restauración, ya se hayan creado de forma automática o manual, siga estos pasos:

- Abra **Configuración - Sistema – Información**.
- Haga clic en el enlace **Protección del sistema**.
- En la ventana **Protección del sistema**, haga clic en el botón **Restaurar sistema**.

▶ Seleccione el punto de restauración del sistema propuesto o marque **Mostrar más puntos de restauración**. En este último caso, aparece la lista de puntos disponibles. Para ayudarle a elegir, podrá consultar la información relevante de cada uno de ellos haciendo clic en el botón **Detectar programas afectados**. Tenga en cuenta también que no se muestran todos los puntos de restauración a menos que active la casilla de verificación **Mostrar más puntos de restauración**. A continuación, haga clic en el botón **Siguiente**.

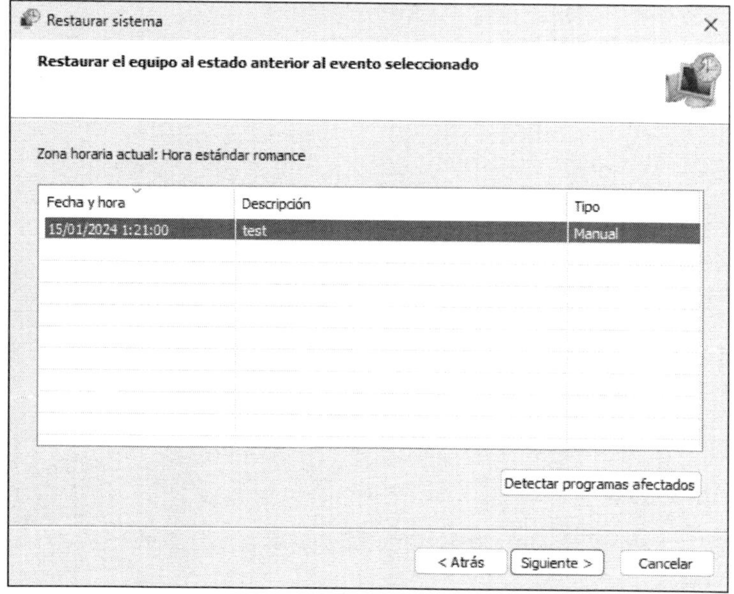

▶ Una vez seleccionado el punto de restauración, haga clic en **Siguiente** y, a continuación, en **Finalizar**.

Por defecto, se crea un punto de restauración antes del proceso de restauración del sistema.

2.4 Copia de seguridad del sistema

2.4.1 Copia de seguridad completa

El objetivo de esta operación es hacer una copia de seguridad de una partición completa o incluso de todo el disco duro. La ventaja de la funcionalidad que ofrece Windows, es que es posible crear una imagen real de su disco duro o partición una vez la instalación completa. Además, podrá realizar copias de seguridad incrementales que solo guardarán los últimos cambios realizados en su equipo. El tiempo y el espacio ahorrados se agradecen.

Sin embargo, hay un gran inconveniente: el espacio en disco necesario para una copia de seguridad es proporcional al tamaño de la partición de la que se va a hacer una copia de seguridad.

- Abra un símbolo del sistema en modo de administrador.
- Ejecute el siguiente comando: sdclt. También puede acceder a esta utilidad desde el **Panel de control** en la sección **Sistema y seguridad** y después **Copia de seguridad y restauración (Windows 7)**.
- A la izquierda, haga clic en **Crear una imagen de sistema**.

Puede seleccionar una partición existente en el disco, una unidad externa, una ubicación de red o un DVD para guardar la copia de seguridad.

- Haga clic en el botón **Siguiente**. Por defecto, se seleccionan automáticamente tanto la partición en la que está instalado el sistema operativo, como la partición que contiene el sector de arranque del equipo. Seleccione otras particiones si es necesario.
- Haga clic en los botones **Siguiente** e **Iniciar copia de seguridad**.

Si utiliza discos DVD-ROM para realizar esta operación, necesitará muchos. La relación de compresión es aproximadamente de 1 a 3.

2.4.2 Restaurar completamente una partición

- Inserte el medio de instalación o el disco de reparación.
- Si es necesario, cambie la secuencia de arranque en la UEFI.
- Arranque desde el disco de Windows o el disco de reparación, en modo WinRE.
- Haga clic en el botón **Solucionar problemas** y, a continuación, haga clic en el botón **Opciones avanzadas**.
- Haga clic en el enlace **Recuperar imagen del sistema**.
- Quite el disco de Windows y, a continuación, inserte opcionalmente el disco en el que realizó una copia de seguridad completa. Este procedimiento es indispensable, sin él no se encontrará ningún medio de copia de seguridad válido.
- Preferiblemente, seleccione la opción **Usar la imagen del sistema más reciente (recomendado)**. Tenga en cuenta que también puede seleccionar una imagen del sistema diferente. Haga clic en el botón **Siguiente**.
- Opcionalmente, puede instalar controladores para restaurar la imagen del sistema en un perfil de hardware diferente. Haga clic en el botón **Siguiente**.
- Haga clic en el botón **Finalizar**.
- A continuación, marque la casilla junto a **Todos los datos de las unidades que se van a restaurar se reemplazarán por los datos de la imagen de sistema**, y haga clic en **Sí**.

Una vez finalizada la operación de copia de seguridad completa, el equipo se reiniciará.

2.5 Crear medios de intervención

2.5.1 Crear un disco de reparación

El disco de reparación del sistema es una funcionalidad que existe desde Windows 7. Le permitirá arrancar el sistema y repararlo o restaurar una copia de seguridad, pero no reinstalar el sistema (consulte el capítulo Reparación del sistema operativo). Funcionará en cualquier sistema que use la misma versión de Windows. Sin embargo, requiere una grabadora de DVD.

Para crearlo, siga estos pasos:

- Abra **Panel de control - Sistema y seguridad - Copia de seguridad y restauración (Windows 7)**.
- A la izquierda, haga clic en **Crear disco de reparación del sistema**.

Observación

Aunque se menciona aquí, esta funcionalidad ya no se utiliza realmente.

2.5.2 Crear una unidad de recuperación USB

A diferencia de un disco de reparación, una unidad de recuperación USB le permitirá reinstalar Windows 11 desde los archivos de restauración guardados en dicha unidad. Este último puede sustituir a la partición de recuperación instalada en su disco. Microsoft recomienda volver a crear la unidad de recuperación cada año, en una unidad USB que tenga un mínimo de 16 GB de espacio en disco. Sobra decir que su contenido se borrará por completo durante la operación de creación.

Observación

Esta unidad de recuperación no es una imagen del sistema, no contendrá sus datos personales. Además, solo funcionará en su sistema.

Este medio de recuperación se puede crear siguiendo estos pasos:

- En la barra de búsqueda o en un símbolo del sistema, escriba `recoveryDrive`. Haga clic en **Crear unidad de recuperación**.
- Elija la opción **Copia de seguridad de los archivos del sistema en la unidad de recuperación** y siga las instrucciones para crear la unidad.
- Al final de la creación, el asistente le ofrecerá **Eliminar la partición de recuperación de su PC**. Si necesita obligatoriamente espacio en disco, marque la casilla para eliminar esta partición. Si no es así, déjelo como está.

2.5.3 Reinstalación de Windows 11 desde una unidad de recuperación USB

Si desea reinstalar Windows 11 desde una unidad de recuperación USB creada anteriormente, aquí le mostramos cómo hacerlo:

- Inicie el equipo en su memoria USB y acceda al entorno WinRE.
- Haga clic en **Solucionar problemas - Opciones avanzadas** y, a continuación, en **Recuperación de imagen del sistema**.

Hay dos opciones disponibles:

- **Quitar solo mis archivos**: se borrará el índice de acceso a sus archivos, pero estos seguirán estando presentes y se podrá acceder a ellos con el software de recuperación.
- **Limpiar la unidad por completo**: el disco duro se formateará y los archivos se borrarán permanentemente.

- Escoja una opción y continúe con la recuperación.

2.6 Recuperar el sistema

Cuando el PC no funciona correctamente y el problema no es de hardware, es recomendable reinstalar el sistema. Esto se puede activar en **Configuración - Sistema - Recuperación**.

Existen tres opciones de recuperación:

- Restablecer el sistema, que a su vez ofrece dos opciones:
  - **Mantener mis archivos**: solo se eliminarán las aplicaciones y la configuración.
  - **Quitar todo**: reinstalación completa de la máquina. A continuación, se le preguntará si desea recuperar o no sus archivos personales.
- Volver a una versión anterior de Windows. Se conservan los archivos personales. Por lo general, esta opción solo está disponible durante 10 días después de una actualización.
- El inicio avanzado permite cambiar la configuración de arranque para acceder a las funciones de recuperación avanzadas.

Estas opciones de recuperación también están disponibles en WinRE.

2.7 Funcionalidad de instantáneas de volumen

El servicio de instantáneas de volumen, VSS (*Volume Snapshot Service*) es una funcionalidad que permite crear copias de seguridad de archivos o discos de forma manual o automática, estén o no en uso. Por lo general, lo utilizan las herramientas de copia de seguridad.

Vssadmin facilita la administración del espacio asignado a la funcionalidad de instantáneas de volumen. Esta herramienta está disponible en Windows desde un terminal o desde la línea de comandos.

▶ Ejecute el dispositivo como administrador.

▶ Introduzca este comando : `vssadmin list shadowstorage`

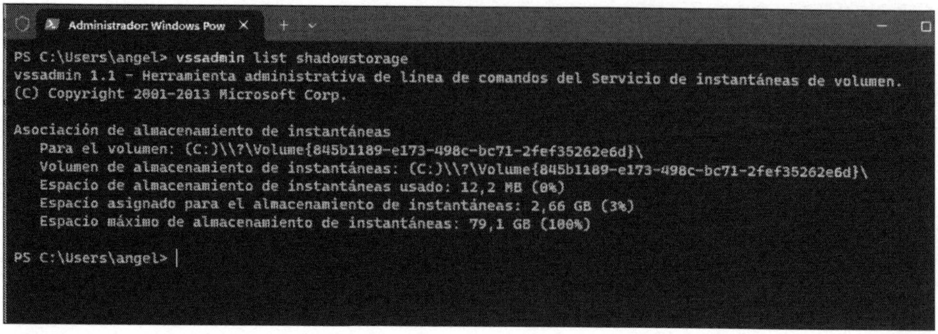

```
Administrador: Windows Pow

PS C:\Users\angel> vssadmin list shadowstorage
vssadmin 1.1 - Herramienta administrativa de línea de comandos del Servicio de instantáneas de volumen.
(C) Copyright 2001-2013 Microsoft Corp.

Asociación de almacenamiento de instantáneas
   Para el volumen: (C:)\\?\Volume{845b1189-e173-498c-bc71-2fef35262e6d}\
   Volumen de almacenamiento de instantáneas: (C:)\\?\Volume{845b1189-e173-498c-bc71-2fef35262e6d}\
   Espacio de almacenamiento de instantáneas usado: 12,2 MB (0%)
   Espacio asignado para el almacenamiento de instantáneas: 2,66 GB (3%)
   Espacio máximo de almacenamiento de instantáneas: 79,1 GB (100%)

PS C:\Users\angel> |
```

Este es el comando para reducir o aumentar el tamaño reservado a las instantáneas:

```
vssadmin resize shadowstorage /on=[Letra del lector]:
/For=[Letra del lector]: /Maxsize=[Tamaño máximo]:
```

Si no se especifica el tamaño máximo, no hay límite para el espacio que se puede utilizar. Si se eliminan algunas instantáneas, se reducirá el espacio de almacenamiento de las instantáneas. El tamaño máximo debe ser de 300 MB o superior. Puede especificar los siguientes sufijos: KB, MB, GB, TB, PB y EB. También puede utilizar los sufijos B, K, M, G, T, P y E. Si no se especifica ningún sufijo, el tamaño máximo se expresará en bytes.

Ejemplos de sintaxis posible:

```
vssadmin resize shadowstorage /on=c: /For=c: /Maxsize=3g
```

El comando anterior limita el tamaño máximo del almacenamiento de instantáneas a 3 GB, en el volumen **C:** que contiene Windows 11.

También puede probar los resultados devueltos por estos comandos:

- `vssadmin list providers`: muestra el nombre, el tipo, el ID del proveedor y la versión de todos los proveedores de instantáneas instalados (Microsoft, Easeus, etc.). La palabra clave "proveedores" hace referencia a un componente del sistema que crea y administra instantáneas.
- `vssadmin list shadows`: enumera todas las instantáneas de volumen existentes.
- `vssadmin list volumes`: enumera todos los volúmenes que se pueden convertir en instantáneas de volumen.
- `vssadmin list writers`: enumera todos los editores suscritos de instantáneas de volumen. La palabra clave "writers" hace referencia al componente de una aplicación que almacena parte de la información necesaria para sincronizar las instantáneas de volumen.

3. Windows Update

Windows Update es una funcionalidad que mantiene su sistema actualizado y automáticamente informado tan pronto como Microsoft lanza un parche. En esta sección, veremos cómo funcionan las versiones de Windows, cómo configurar Windows Update y las soluciones a los problemas más comunes que pueden surgir durante una actualización.

3.1 Cómo funcionan las versiones

Desde el lanzamiento de Windows 10 en 2015, Microsoft ha cambiado la forma en que funciona su sistema operativo insignia. Windows 11 está diseñado para recibir actualizaciones durante toda la vida útil del equipo en el que está instalado.

Estas se agrupan en dos categorías:

- Actualizaciones de funcionalidades o actualizaciones importantes. Por lo general, se lanzan a fin de año, cambian la versión del producto e instalan nuevas funcionalidades. Se identifican con un código de 4 caracteres: 2 para el año y 2 para el semestre (por ejemplo, 20H2).
- Actualizaciones de calidad o actualizaciones menores. Por lo general, se publican mensualmente y proporcionan parches de seguridad para la versión actual del producto.

Aquí hay un historial de las versiones de Windows 11:

Versión	Build	Fecha de salida	Detalles
21H2	22000.194	04/10/21	Lanzamiento oficial de la nueva versión de Windows
22H2	22.621.521	20/09/22	Actualizaciones de funcionalidades
Momento 1	22621.675	18/10/22	Conjunto de actualizaciones de calidad.
Momento 2	22621.1344	28/02/23	Conjunto de actualizaciones de calidad.

Para saber qué versión y compilación están instaladas en su ordenador:

▶ Pulse a la vez en las teclas [Windows]+[R].

▶ Introduzca el comando: `winver`

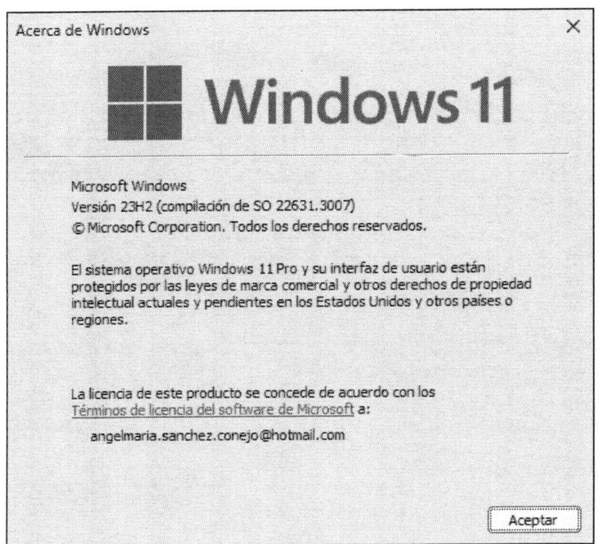

Las actualizaciones son acumulativas, lo que significa que siempre debe instalar la última actualización de funcionalidades (o versión) para poder seguir disfrutando del soporte técnico de Microsoft y de las nuevas versiones.

Por lo general, el soporte técnico se proporciona durante un período de 24 meses tras la publicación cada nueva versión. Las versiones Enterprise se benefician de 36 meses de soporte.

El servicio Windows Update pone a disposición automáticamente cada versión, pero también se pueden descargar e instalar mediante la herramienta de creación de soportes de instalación, que hemos visto en el capítulo Instalación del sistema operativo.

3.2 Configuración

Windows Update está activo por defecto si así lo ha definido durante el proceso de instalación. Puede acceder a las opciones en **Configuración - Windows Update**. Esta funcionalidad está relacionada con el servicio **Windows Update** que se iniciará cuando lo requiera.

El panel principal muestra el estado de las actualizaciones y permite instalar o buscar nuevas actualizaciones.

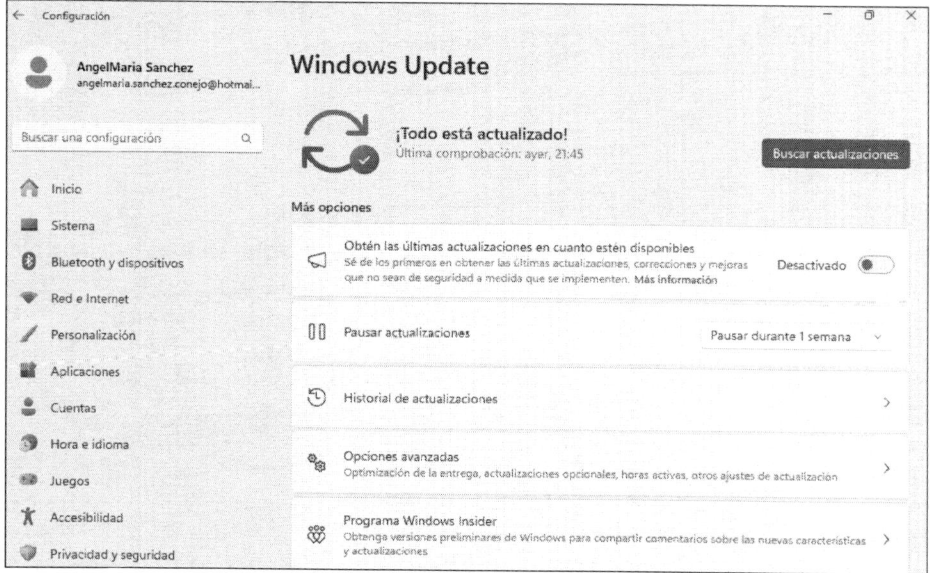

La versión 22H2 ha introducido una nueva opción de actualización: ahora es posible recibir las últimas actualizaciones no relacionadas con la seguridad tan pronto como se publiquen. Lo único que tiene que hacer es activar el botón que aparece en esta sección.

Es posible interrumpir las actualizaciones temporalmente. No se descargarán ni instalarán, lo que puede ser útil si el ancho de banda o el procesador se necesitan para otras actividades, si el sistema necesita mantener un estado constante para las pruebas, etc. Las actualizaciones se reanudarán automáticamente una vez transcurrido el período definido.

Todas las actualizaciones instaladas se enumeran en el **Historial de actualizaciones**. Estas se agrupan por categorías, se identifican con un nombre (normalmente Kbxxxxxx) y muestran un enlace a una página web en la que se explican las correcciones realizadas. Algunas actualizaciones se pueden desinstalar incluso si algo sale mal.

La sección **Opciones avanzadas** permite definir si se deben actualizar también otros productos de Microsoft (Microsoft 365, ex Office por ejemplo). Las horas de actividad se pueden modificar para evitar que el equipo se reinicie durante este período. Las actualizaciones opcionales se pueden enumerar en esta sección. Por lo general, serán para controladores y solo se instalarán bajo demanda.

La distribución también se puede configurar desde **Optimización de distribución**. A continuación, es posible permitir que las actualizaciones se descarguen hacia y desde otros PC en la red local para limitar el uso de la conexión a Internet. En la sección **Opciones avanzadas** de esta página, se puede incluso ajustar el ancho de banda asignado para la descarga en diferentes escenarios. Esta opción garantiza que el uso de Internet en conexiones limitadas no se vea penalizado indebidamente. También permite adaptar el comportamiento cuando se utiliza un plan de datos móviles.

La sección **Programa Windows Insider** le permite convertirse en un probador: las futuras actualizaciones del sistema se desplegarán en su equipo antes de ser publicadas. Podrá probar las nuevas funcionalidades antes que nadie. Sin embargo, es preferible no utilizar un equipo profesional para este propósito, ya que las actualizaciones proporcionadas se encuentran en diferentes etapas de desarrollo (beta, release), lo que puede afectar a la estabilidad del sistema o dejarlo inutilizable.

3.3 Resolución de problemas de Windows Update

En términos generales, si encuentra un error durante una actualización, puede ejecutar el solucionador de problemas.

- Abra **Configuración - Sistema - Solucionar problemas - Otros solucionadores de problemas**.
- En la sección **Windows Update**, haga clic en **Ejecutar** y siga las instrucciones.
- Reinicie el equipo y vuelva a ejecutar la actualización.

3.3.1 Archivo ausente

Algunas veces, la actualización se ve obstaculizada debido a la falta de archivos cuando algunos archivos del sistema han desaparecido o están dañados. Puede volver a instalarlos siguiendo estos pasos:

- Abra un terminal e introduzca el comando:

```
DISM.exe /Online /Cleanup-Image /RestoreHealth
```

Tenga paciencia, esta operación puede llevar tiempo.

- Compruebe el sistema de archivos con el comando:

```
sfc /scannow
```

Tenga paciencia, esta operación también puede llevar tiempo.

- Vuelva a intentar la actualización.
- Si el problema persiste, puede ser necesario volver a ejecutar el mismo comando utilizando una carpeta original diferente para los archivos, por ejemplo, el medio de instalación (E:\ en nuestro ejemplo):

```
DISM.exe /Online /Cleanup-Image /RestoreHealth /
Source:esd:E:\Sources\install.esd:6 /LimitAccess
```

Observación

En este ejemplo, el medio de instalación de Windows 11 contiene un archivo de imagen de tipo esd. La versión Professional se puede encontrar en el índice 6. Para identificar el índice de versión necesaria, utilice el comando `DISM /Get-WimInfo /WimFile:install.esd`.

Microsoft detalla este procedimiento en la dirección https://learn.microsoft.com/es-es/troubleshoot/windows-server/deployment/fix-windows-update-errors.

3.3.2 Restablecer los componentes de Windows Update

Si el solucionador de problemas no eliminó los errores, puede intentar restablecer los componentes de Windows Update.

▶ Detenga los siguientes servicios:
- **Servicio de transferencia inteligente en segundo plano** (BITS),
- **Servicios de encriptación** (CryptSvc),
- **Windows Update** (wuauserv).

También puede utilizar los siguientes comandos desde un terminal para detener estos servicios:

```
net stop bits
net stop wuauserv
net stop cryptsvc
```

▶ A continuación, elimine los archivos qmgr*.dat con el siguiente comando:

```
Del "%ALLUSERSPROFILE%\Microsoft\network\downloader\qmgr*.dat"
```

Observación

La variable `%ALLUSERSPROFILE%` se corresponde con la carpeta C:\ProgramData.

▶ Acceda a la siguiente carpeta:

```
cd \d %WINDIR%\system32
```

Observación

La variable %WINDIR% se corresponde con la carpeta del sistema C:\Windows.

▶ Ejecute los siguientes comandos para volver a registrar los archivos BITS:

```
regsvr32.exe atl.dll
regsvr32.exe urlmon.dll
regsvr32.exe mshtml.dll
regsvr32.exe shdocvw.dll
regsvr32.exe browseui.dll
regsvr32.exe jscript.dll
regsvr32.exe vbscript.dll
regsvr32.exe scrrun.dll
regsvr32.exe msxml.dll
regsvr32.exe msxml3.dll
regsvr32.exe msxml6.dll
regsvr32.exe actxprxy.dll
regsvr32.exe softpub.dll
regsvr32.exe wintrust.dll
regsvr32.exe dssenh.dll
regsvr32.exe rsaenh.dll
regsvr32.exe gpkcsp.dll
regsvr32.exe sccbase.dll
regsvr32.exe slbcsp.dll
regsvr32.exe cryptdlg.dll
regsvr32.exe oleaut32.dll
regsvr32.exe ole32.dll
regsvr32.exe shell32.dll
regsvr32.exe initpki.dll
regsvr32.exe wuapi.dll
regsvr32.exe wuaueng.dll
regsvr32.exe wuaueng1.dll
regsvr32.exe wucltui.dll
regsvr32.exe wups.dll
regsvr32.exe wups2.dll
regsvr32.exe wuweb.dll
regsvr32.exe qmgr.dll
regsvr32.exe qmgrprxy.dll
regsvr32.exe wucltux.dll
```

```
regsvr32.exe muweb.dll
regsvr32.exe wuwebv.dll
```

- Restablezca la pila de winsock de la siguiente manera:

```
netsh winsock reset
```

- A continuación, reinicie los servicios detenidos anteriormente con los siguientes comandos:

```
net start bits
net start wuauserv
net start cryptsvc
```

Estas sugerencias se han tomado de la base de información de Microsoft. Puede encontrar más detalles en la dirección https://learn.microsoft.com/es-es/troubleshoot/windows-client/deployment/additional-resources-for-windows-update.

3.3.3 Herramienta de restablecimiento Windows Update

Un desarrollador ha creado y puesto a disposición una herramienta que facilita los procedimientos anteriores y muchas otras: Reset Windows Update Tool. Está disponible en la siguiente página: https://wureset.com/

- Descargue y descomprima el archivo.
- Haga clic con el botón derecho del ratón en el archivo **wureset.exe** y haga clic en **Ejecutar como administrador**.

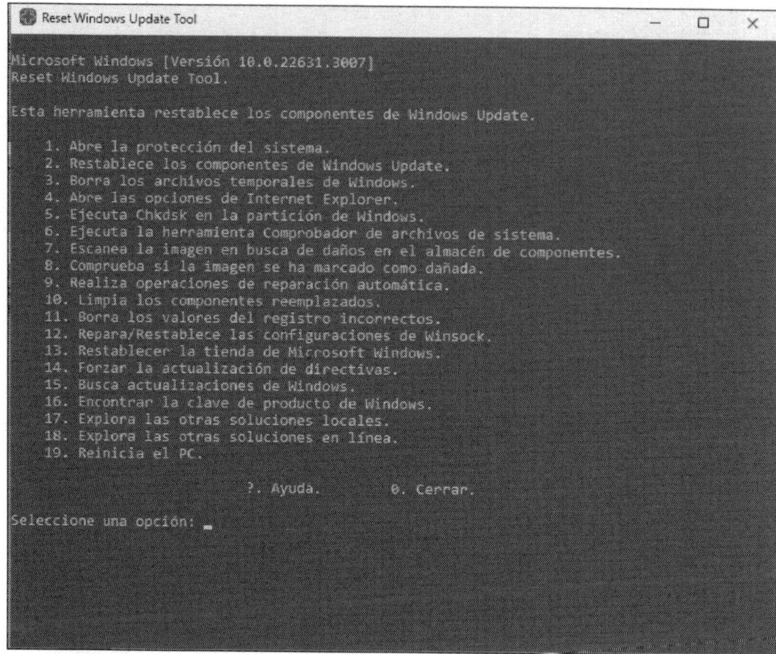

- Pruebe las opciones 2, 3, 6, 7 y 9 sucesivamente.

3.3.4 Directiva de grupo

En algunos casos, resulta que la directiva de grupo establecida en el equipo no permite actualizar el sistema. Esto se puede solucionar siguiendo estos pasos:

- Abra el editor de directivas de grupo con el comando `gpedit.msc`.
- Expanda el siguiente árbol: **Configuración del equipo - Plantillas administrativas - Componentes de Windows - Windows Update**.

- Compruebe que todas las directivas están en el estado No configurada, incluidas las carpetas **Administrar la experiencia del usuario final** y **Administrar actualizaciones propuestas de Windows Update**.
- Si hay un cambio, si se habilitó o deshabilitó una directiva, reinicie la máquina.

3.3.5 Otros errores

Si las sugerencias anteriores no funcionaron, aquí hay algunas pistas más.

Error 0x80070424

- Reinicie el servicio **Programa de instalación de módulos de Windows**.
- Si este servicio no se inicia o si el archivo TrustedInstaller.exe ya no se encuentra en la carpeta **C:\Windows\Servicing**, desde un equipo que ejecute Windows Update correctamente, copie este archivo y exporte la siguiente clave del registro: **HKEY_LOCAL_MACHINE - System - CurrentControlSet - Services - TrustedInstaller**.
- Vuelva a cargar estos elementos en el equipo que desea reparar y, a continuación, reinicie Windows.

Error 0x8007001F

A veces, este error parece estar relacionado con un controlador de audio desactualizado.

- Desde el administrador de dispositivos, actualice el controlador.
- Vuelva a intentar ejecutar Windows Update.

Error 0x800F0923

Parece que un controlador o software no es compatible con la actualización. Intente actualizar el controlador o el software o desinstálelos y vuelva a ejecutar la actualización.

Error 0xC004C4A5

Este problema parece estar provocado aleatoriamente por un problema de autenticación en los servidores de Windows. Consulte la información para comprobar la autenticidad de su versión de Windows.

Error 0xC1900101

Al instalar una actualización de funcionalidades, es posible que encuentre errores de tipo 0xC1900101 seguidos de otro código (0x2000c, 0x20017, 0x30018, 0x3000D, 0x4000D, 0x40017). Este tipo de error se debe generalmente a un error del controlador del dispositivo.

- Asegúrese de que su dispositivo tenga suficiente espacio para la actualización: 20 GB para un sistema de 64 bits.
- Corrija cualquier error de disco ejecutando el comando chkdsk `/f C:`.
- Ejecute Windows Update a menudo para instalar todas las actualizaciones disponibles, incluidas las actualizaciones de controladores y software.
- En el **Administrador de dispositivos**, ejecute una actualización para cada dispositivo: pestaña **Controlador**, botón **Actualizar controlador**.
- Desconecte los dispositivos externos.
- Desinstale el software de seguridad que no sea Windows Defender.

Error 0xC1900200 - 0x20008 o 0xC1900202 - 0x20008

Su PC no cumple con los requisitos previos para instalar la actualización: versión desactualizada, no activada, espacio en disco lleno, etc.

Error 0xC1900208 - 0x4000C

Tiene una aplicación no compatible instalada en su máquina.

- Deshabilite o desinstale cualquier software antivirus que no sea Windows Defender, así como cualquier firewall o software de protección.
- Desinstale todas las aplicaciones que no sean compatibles con Windows 11.
- Reinicie el dispositivo y vuelva a iniciar el proceso de actualización.

Existen otros errores sobre los que podrá encontrar información en la página de soporte de Microsoft https://support.microsoft.com/es-es/windows/obtener-ayuda-con-los-errores-de-actualizaci%C3%B3n-e-instalaci%C3%B3n-de-windows-ea144c24-513d-a60e-40df-31ff78b3158a.

Capítulo 7
Reparación del sistema operativo

1. Conceptos de reparación

En este capítulo, veremos algunas reglas esenciales que le permitirán evitar muchos desastres.

1.1 Diez cosas que no debe hacer con su ordenador

He aquí una breve lista de cosas que no se deben hacer y que pueden servir como recordatorio:

- Limpiar un ordenador portátil o un monitor con cualquier producto. Para limpiar el dispositivo, utilice un producto adecuado o un paño ligeramente húmedo que no suelte pelusa (como la microfibra).
- Limpiar el interior de un ordenador con un aspirador. En su lugar, use un spray de aire comprimido, teniendo cuidado de no tocar los componentes electrónicos. Lo que sí puede hacer con un aspirador es colocarlo cerca del ventilador de alimentación para extraer el polvo acumulado.
- Extraer un disco atascado en la unidad de CD/DVD/BLU-RAY con un destornillador. Hay un pequeño orificio en cada uno de los frentes de los reproductores o grabadoras de CD/DVD/Blu-ray. Inserte la punta de un alfiler o clip para hacer que el lector se abra manualmente.

- Colocar un disco dañado en una unidad de CD/DVD/Blu-ray. Por increíble que parezca, un disco dañado puede ser expulsado abruptamente de un reproductor con una fuerza y velocidad insospechadas y lesionarle. No juegue con fuego.
- Continuar usando el ordenador cuando sospeche que hay un problema en el disco. En el peor de los casos, puede perder sus datos de forma permanente. En primer lugar, haga una copia de seguridad de sus datos y después, con la cabeza despejada, intente analizar si el problema se debe a un fallo del disco o a uno de los otros componentes del equipo.
- Instalar un programa de detección de errores o de reparación del sistema. Por supuesto, siempre habrá personas bien intencionadas que le explicarán que con el software X, pudieron solucionar un problema bastante extraño y que todo terminó bien, pero en la mayoría de los casos, solo empeorará el problema o dañará el equipo permanentemente.
- Descargar un programa para mejorar el rendimiento. En el mejor de los casos, ahorrará unos pocos nanosegundos, pero la mayoría de las veces, el rendimiento del sistema se degradará y puede incluso que algunas de las aplicaciones más comunes no se puedan utilizar más.
- Almacenar y guardar todos sus datos en el disco duro interno. Hay una regla fundamental sobre este tema: cuantos menos datos contenga su unidad, más probable es que funcione de manera eficiente. Para descargarlo, grábelo en discos grabables, discos regrabables o utilice un disco duro externo. Siempre que sea posible, transfiera sus documentos, fotos, clips de vídeo y música a medios extraíbles (fiables). Utilice los servicios gratuitos de almacenamiento en la nube que ofrecen muchas empresas.
- Usar un ordenador que contenga datos comerciales o aplicaciones para uso personal. Es increíble la cantidad de veces que escucha este tipo de comentarios: "Mi hijo instaló tal o cual juego y desde entonces no puedo acceder a mi contabilidad". Hay una línea que no puede cruzarse: si su equipo contiene datos sensibles debe estar bajo su responsabilidad y supervisión exclusivamente y debe evitar a toda costa prácticas arriesgadas (juegos, sitios para adultos, redes Peer-to-Peer, descargas de sitios "Warez", etc.).

- No hacer copias de seguridad. Es otra letanía: "mi disco falló y perdí la lista de todos mis clientes". El principal problema es que nunca se sabe realmente cuándo puede ocurrir un error. A veces, un disco u otro componente está defectuoso desde el mismo momento en que recibe el ordenador o puede suceder varios años después. Recuerde que, si no hace copias de seguridad periódicas, el fallo siempre ocurrirá en mal momento. Por lo tanto, acostúmbrese a hacer copias de seguridad periódicas en memorias USB, unidades externas o en línea.

Otro error frecuente es creer que las piezas nuevas no se pueden dañar. Es justo lo contrario: las piezas nuevas pueden no haber sido revisadas y ser inutilizables.

El overclocking, que implica aumentar las capacidades de hardware de los componentes de su ordenador, incluida la velocidad del microprocesador, no se recomienda para uso profesional. Reserve este uso para los ordenadores personales, que se usan con mayor frecuencia para videojuegos. Sin embargo, si necesita overclockear su ordenador, no aumente la velocidad del procesador más del 10%, ya que esto afectará la estabilidad del sistema operativo y degradará gravemente la esperanza de vida del hardware.

Por último, pero no menos importante, si necesita usar su ordenador profesionalmente, asegúrese de que le expliquen las condiciones de garantía. Los tiempos de reparación pueden ser de hasta tres meses. Debe tener cuidado con declaraciones como "sujeto a disponibilidad de piezas del fabricante". Incluso si las condiciones de la garantía establecen que hay un retraso de veinticuatro horas antes de cambiar la pieza, es posible que tenga que esperar mucho más si el fabricante no envía las piezas necesarias al taller de reparaciones.

1.2 Qué hacer al llamar a una línea de soporte

En primer lugar, debe saber que, a menos que sea un profesional de la informática y tenga contacto directo con una línea de soporte de segundo o tercer nivel, los técnicos de esta línea suelen ser principiantes y rara vez están suficientemente capacitados. Por otro lado, es un trabajo particularmente difícil que requiere un conocimiento profundo en una amplia variedad de campos (y a menudo bastante de psicología...).

Tenga en cuenta tres cosas:

- A menudo, lo mejor para la persona que le atiende es gestionar su caso lo más rápido posible, buscando una solución fácil: "Bueno, Sr. X, no hay mucho que pueda hacer aparte de restablecer completamente su sistema".
- Rara vez encontrará la solución a su problema y le hará probar procedimientos completamente inútiles (solo para ahorrar tiempo).
- Tratará de culparlo por la causa del fallo: "¿Ha tenido alguna tormenta eléctrica en su zona recientemente¿" o "¿Ha instalado recientemente un juego o programa que se descargó de Internet¿".

Por lo tanto, debe tener en cuenta tres precauciones:

- Asegúrese de documentarse en la web probando las diferentes soluciones que puede encontrar. Escriba cuidadosamente lo que ha intentado hacer y cuente detalladamente todo esto al experto que atiende su caso. Necesita tener algunos ases en la manga antes de decirle al técnico que "lo sabe todo".
- Asegúrese de haber realizado un formateo completo y la reinstalación del sistema de manera correcta. El mensaje subyacente es dejar claro a la persona con la que está hablando que el ordenador está en su configuración de "fábrica".
- Demuestre su buena fe jurando que cada vez que sale de su casa, desconecta la toma de corriente del ordenador, así como la ADSL o el rúter de fibra. Además, no ha instalado ningún programa recientemente y nunca ha añadido un componente.

1.3 Buscar en Internet la solución a un problema

Aunque Google no es el único motor de búsqueda, sí es el líder indiscutible en esta área. Sin embargo, Bing y Qwant son alternativas interesantes. Evite realizar búsquedas vagas como "Problema en Outlook 365". Verá una gran cantidad de resultados que no estarán relacionados con su problema en particular. Además, acostúmbrese a construir consultas colocando el mensaje de error que recibe entre comillas, como en este ejemplo: "Error de Outlook 0x800ccc92". Tenga en cuenta que, si la frase de búsqueda no va seguida de otros términos, las comillas de cierre no son obligatorias.

El segundo problema al que se enfrentará es que, a pesar del gran número de resultados que encontrará en los foros de soporte informático, pocos tendrán la solución exacta que está buscando. En este caso, debe ayudar un poco a Google especificando que solo desea mostrar los resultados que contengan la palabra clave "resuelto", por ejemplo: "Error de Outlook 0x800ccc92" resuelto. También es posible utilizar estas variantes: "Outlook Error 0x800ccc92" intext:resuelto o inurl:resuelto. Este truco se basa simplemente en el hecho de que muchos de los webmasters de estos foros piden a las personas que agreguen esta mención en el título de la página cuando su pregunta ha sido respondida satisfactoriamente. Haga algunas pruebas y verá que funciona incluso mejor que una varita mágica.

Tenga en cuenta que los motores de búsqueda suelen tener términos especiales, que le permiten personalizar las consultas de búsqueda. Si desea obtener más información sobre estos elementos sintácticos, consulte las siguientes páginas:

- Para el motor de Google: https://support.google.com/websearch#topic=3081620 o la página de búsqueda avanzada https://www.google.com/advanced_search
- Para Bing: https://help.bing.microsoft.com/apex/index/18/es/10001#!

También puede acotar la búsqueda aplicando filtros predefinidos: idioma, fecha, etc.

Si no se encuentra una solución en español en Internet, puede intentar, incluso con un conocimiento lingüístico reducido, iniciar una búsqueda en sitios de habla inglesa. El principal problema es traducir con precisión el mensaje de error. Tomemos el ejemplo de un usuario que busca una solución al siguiente mensaje de error: "El explorador de Windows ha dejado de funcionar".

- Acceda a Microsoft Knowledge Base en español https://support.microsoft.com/es-es
- En el cuadro de texto **Buscar**, escriba la frase: "*dejó de funcionar*".
- Haga clic en la lupa situada a la derecha del cuadro de texto **Buscar**. Aparecerá una lista de resultados de búsqueda.
- Haga clic en el primer enlace para ver los detalles del error.
- En la url, sustituya la cadena "es-es" por "en-us" y presione [Intro]. La página se vuelve a cargar en inglés. A continuación, el título de la página aparecerá en inglés.

Lo único que tiene que hacer es iniciar en Google una búsqueda con la expresión inglesa. Si no se encuentran resultados, simplemente elimine una o más palabras. En nuestro ejemplo, la consulta correcta es esta: "Windows Explorer has stopped working". Usando la técnica desarrollada anteriormente, podemos mejorarlo de esta manera: " Windows Explorer has stopped working inurl:(fix|solved)".

Si no puede encontrar una traducción exacta, traduzca las palabras importantes presentes en el mensaje de error (sin tratar de construir una oración coherente) y seguidamente, realice una búsqueda en Google para cada uno de los términos.

Otro ejemplo, debe aceptar el contrato de licencia cada vez que inicie un programa de Microsoft Office. Basta con hacer una búsqueda en Google con los términos relevantes: "Microsoft Office licence every time". La primera página de resultados ofrece artículos de la base de conocimientos de Microsoft. Puede traducir la página al español pero, a menudo, el resultado ya no es realmente comprensible.

Como la "websfera" de habla inglesa es mucho más grande que la española, obviamente tiene más posibilidades de encontrar lo que busca navegando por sitios ingleses o estadounidenses.

Experts Exchange es un sitio web que ofrece una multitud de soluciones que afectan a prácticamente todas las áreas de la informática: https://go.experts-exchange.com. El único problema es que el acceso a este sitio web parece ser de pago (pero solo en apariencia). No preste atención a la ventana de registro; haga clic en el menú **Topics - Microsoft** y, una vez en la página, haga clic en el menú **Microsoft**. Desplácese por los submenús y seleccione el tema que te interese (**Windows OS** o **Windows 10**).

No dude en visitar el sitio web especializado de Microsoft:
https://learn.microsoft.com/es-es/, que sustituye a los sitios msdn y docs

Para errores específicos, consulte la sección de soporte técnico del fabricante del hardware o del desarrollador de software que está causando el problema.

2. Configuración de su máquina

En esta parte del libro, vamos a ver todos los trucos que necesita saber antes de convertirse en un experto en la resolución de problemas informáticos.

2.1 Reducción de los mensajes de error

Para minimizar el número de alertas y mensajes de error que se envían a Microsoft en caso de que se produzca un error en el sistema, debe configurar las opciones de inicio y recuperación.

▶ En el panel **Configuración - Sistema – Información**, haga clic en **Configuración avanzada del sistema**.

▶ En la pestaña **Opciones avanzadas**, en la sección **Inicio y recuperación**, haga clic en el botón **Configuración**.

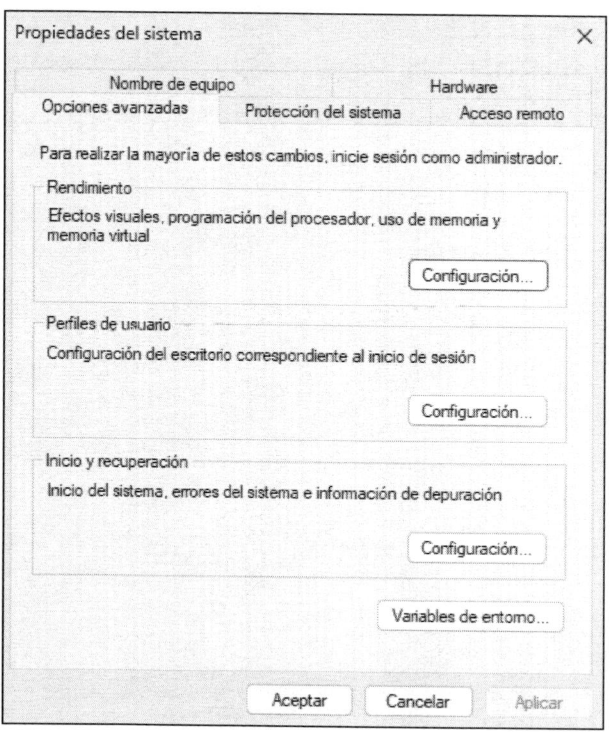

- En **Error del sistema**, desmarque las casillas **Grabar un evento en el registro del sistema** y **Reiniciar automáticamente**.

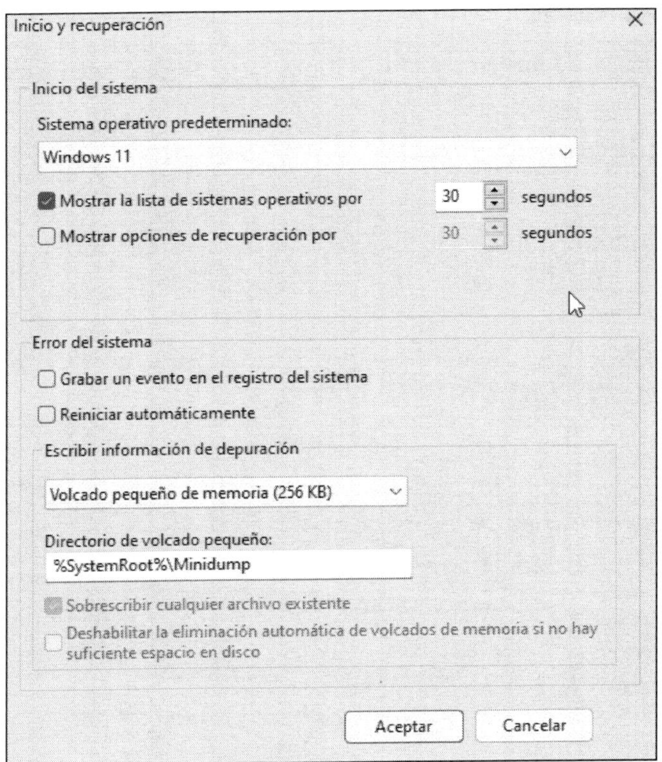

- Haga clic en **Aceptar** dos veces.

Deshabilitar la opción de reinicio automático obligará al sistema operativo a mostrar un mensaje de error (más habitual es un error STOP), en lugar de reiniciar y dejarlo sin información sobre el problema al que se enfrenta.

Además, limite los mensajes relacionados con la seguridad y el mantenimiento del sistema. La activación y desactivación de estos mensajes, se gestiona en el centro de seguridad y mantenimiento. Para acceder a este componente:

- Acceda a **Panel de control - Sistema y seguridad - Seguridad y mantenimiento**.
- Seleccione el enlace **Cambiar configuración** en el **Centro de seguridad y mantenimiento**.

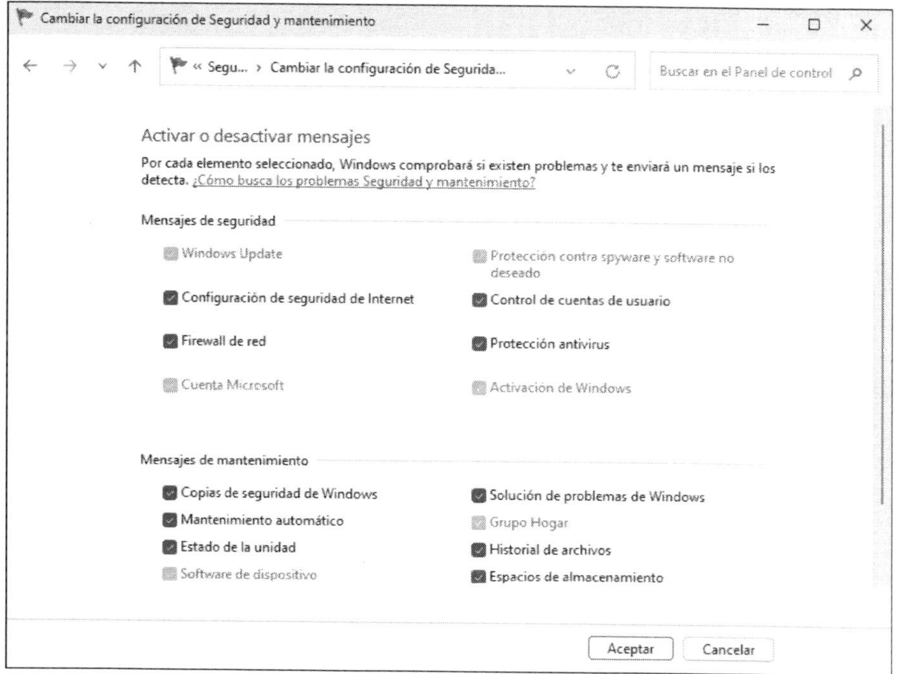

2.2 Comprobación de archivos

La herramienta de verificación de archivos del sistema SFC (*System File Checker*) es un componente del sistema de protección de archivos WFP (*Windows File Protection*) que permite comprobar la integridad de las versiones de archivo presentes en el sistema.

Esta es la sintaxis del comando SFC:

```
sfc
[/Scannow]
[/verifyonly]
[/Scanfile=<archivo>]
[/verifyfile=<archivo>]
[/offwindir=<directorio windows sin conexión>
/offbootdir=<directorio windows sin conexión>]
```

- `/scannow`: analiza la integridad de todos los archivos protegidos del sistema y repara los archivos dañados.
- `/verifyonly`: analiza la integridad de todos los archivos protegidos del sistema sin realizar ninguna reparación.
- `/Scanfile=<archivo>`: analiza la integridad del archivo al que se hace referencia y lo repara si se identifican problemas.
- `/verifyfile=<archivo>`: comprueba la integridad del archivo sin realizar ninguna reparación.

La ruta completa del archivo de destino se debe especificar en las dos opciones que se mencionan a continuación. Si no se detecta ningún problema, recibirá este tipo de mensaje: "El programa de protección de recursos de Windows no encontró ninguna violación de integridad".

- `/offbootdir`: durante las reparaciones sin conexión , este modificador permite especificar el directorio de arranque.
- `/offwindir`: durante las reparaciones sin conexión, este modificador permite establecer la ubicación del directorio de Windows.

A continuación, se muestra un comando de ejemplo:

```
sfc /scannow /offbootdir=c:\ /offwindir=h:\windows
```

Tenga en cuenta que si ejecuta una verificación completa del sistema, el proceso puede ser bastante largo.

Si no especifica la ruta de acceso al archivo, obtendrá este tipo de error: "Protección de recursos de Windows no reconoció este archivo como un archivo del sistema que se pueda comprobar o reparar. Compruebe la ruta del archivo e inténtelo de nuevo".

2.3 Restaurar el sistema

Como se mencionó en el capítulo anterior (consulte la sección Mantenimiento del sistema, Protección del sistema), la restauración del sistema operativo utiliza una imagen de su sistema en un momento dado. Si se produce un error y desea volver atrás, solo tendrá que ir a esta funcionalidad y elegir un punto de restauración. Como ya se ha comentado, esto permitirá recuperar una versión de su sistema tal y como se guardó cuando realizó una instantánea. Hay varias formas de iniciar esta herramienta:

- En el cuadro de texto **Buscar** a la derecha del menú **Inicio** escriba: `msconfig`.
- Haga clic en la pestaña **Herramientas** y seleccione **Restaurar sistema**.
- Haga clic en el botón **Inicio**.
- También puede ejecutar este comando directamente: `rstrui`.
- Haga clic en **Siguiente** y seleccione el punto de restauración más adecuado.

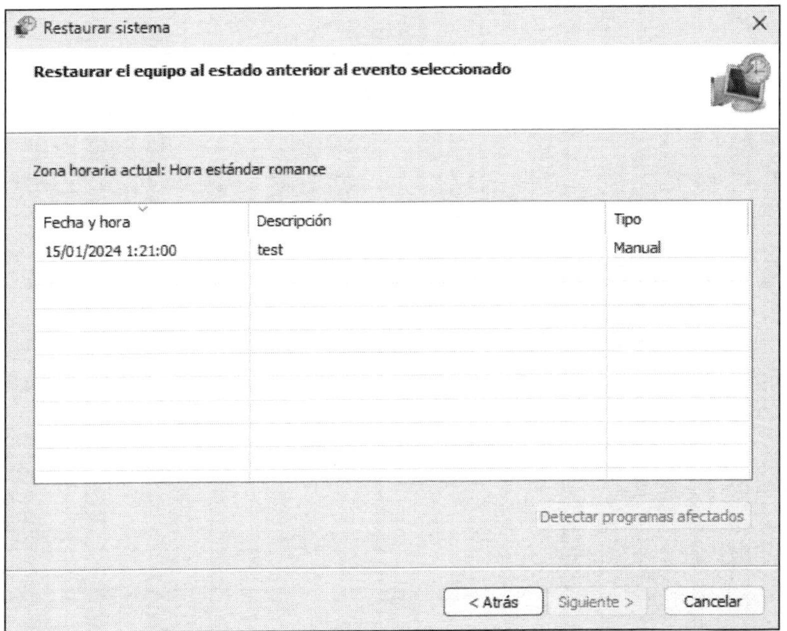

Por lo general, el más reciente es el que se creó automáticamente antes de que se instalara un parche o se desinstalara un programa en particular. Por supuesto, puede utilizar un punto de restauración más antiguo, pero, como es lógico, deberá ser más antiguo que el problema y, preferiblemente, lo más reciente posible, para eliminar el mayor número de eventos posible ocurridos hasta ese momento.

El resto del procedimiento no supone ningún problema: el sistema se reiniciará y su ordenador estará en el estado en el que estaba en la fecha y hora del punto de restauración que estableció. Es importante tener en cuenta que:

- los documentos que haya creado posteriormente no se destruyen ni se modifican,
- solo se restaura la configuración del registro de Windows.

Por esta razón, este método puede ser eficaz para problemas con un registro dañado o modificado (por ejemplo, por un virus).

Si después de realizar una restauración del sistema, el problema no se resuelve, puede intentar deshacer este punto de restauración o elegir un punto de restauración diferente. Por defecto, se crea un punto de restauración antes del proceso de restauración del sistema.

Estos son algunos errores comunes relacionados con la restauración del sistema:

Error 0x8007007B

"Se ha producido un error inesperado: Sintaxis del nombre de archivo, directorio o volumen incorrecta - (0x8007007B) – La restauración del sistema se cerrará":

Este es un problema que parece ocurrir en equipos OEM (Original Equipment Manufacturer, que es un término que se utiliza para un fabricante de componentes informáticos), debido a la presencia de un volumen ausente.

- En **Configuración - Sistema – Información**, haga clic en el enlace **Protección del sistema**.
- En la zona de las unidades disponibles, si una unidad está marcada como ausente, desactive la protección del sistema para dicha unidad.

Otra posible causa de este error es que la unidad marcada para usar con la restauración del sistema esté inactiva. En tal caso, vuelva a activar la unidad.

Error 0x8007000E o 0xC00000EA

Este tipo de error se suele deber a la presencia de un programa residente de tipo antivirus o antispyware. Lo único que tiene que hacer es desactivarlo mientras se crea la copia de seguridad. Compruebe que no haya una versión actualizada de la aplicación que provoca el error.

Error 0x80071A91 o 8007000B

Este problema se debe a la presencia de un controlador RAID que no es compatible con Windows.

- Ejecute el símbolo del sistema como administrador.
- Escriba este comando:

```
fsutil resource setautoreset true c:
```

En este ejemplo, suponemos que Windows está instalado en el disco C:\. Este comando indica que los metadatos transaccionales se limpiarán durante el siguiente proceso de montaje.

- Reinicie el ordenador.

Error 0x80070005 - Acceso denegado

Este error se produce cuando la partición de superposición seleccionada ya no contiene suficiente espacio. Desactive la protección:

- Abra **Configuración - Sistema – Información** y haga clic en el enlace **Protección del sistema**.
- Identifique la unidad que contiene la partición seleccionada y, a continuación, deshabilite la protección del sistema para dicha unidad.

No se puede restaurar completamente Windows con las funcionalidades WinRE

Esto supone que está usando las funcionalidades BitLocker Drive Encryption y que WinRE está instalado en el volumen de arranque marcado como una partición activa.

Por lo tanto, la única solución es crear una nueva partición y realizar una copia de seguridad completa en ella.

Los componentes de .NET Framework no se restauran correctamente después de una restauración completa

Al configurar la restauración completa, debe forzar una copia de seguridad de todos los archivos y subcarpetas de estos dos directorios:

- %windir%\assembly
- %windir%\Microsoft.Net

Error 0x80070057 durante la creación de un disco de reparación del sistema

Este error se suele deber a que el archivo de copia de seguridad se ha dañado cuando se ha cancelado o interrumpido la creación de un disco de recuperación.

La solución es volver a crear una copia de seguridad de la partición del sistema en una unidad externa.

La función de restauración del sistema no funciona (0x800423F3 o 0x80070570)

Si se encuentra con este error:

- Primero, asegúrese de que la opción de protección del sistema esté habilitada.
- A continuación, puede desactivar el antivirus o intentar realizar esta operación de restauración en modo seguro.
- También puede comprobar la integridad de su disco de sistema y reparar el sistema de archivos a través de los comandos `sfc /scannow` y `chkdsk /f /r`.
- Por último, asegúrese de que tiene suficiente espacio en disco disponible para esta operación.

Si ninguna de estas acciones de comprobación permite resolver el problema, el error se puede deber a la corrupción del servicio Windows Management Instrumentation.

- En este caso, en una línea de comandos en modo administrador, escriba el comando net stop winmgmt.
- En el directorio **C:\Windows\System32\wbem**, cambie el nombre del directorio de referencia, por ejemplo `oldrepository`.
- Reinicie el servicio.
- Abra de nuevo una línea de comandos en modo administrador, escriba el comando `net stop winmgmt` y, a continuación, el comando `winmgmt /resetRepository`.
- Reinicie el servicio.

Error 0x80070091 Se ha producido un error indeterminado durante la restauración

El problema está en el directorio WindowsApp.

- Reinicie en un entorno WinRE.
- Al reiniciar, elija **Solucionar problemas - Opciones avanzadas - Símbolo del sistema** e inicie sesión si es necesario.
- Escriba el comando `notepad`.
- Menú **Archivo - Abrir**. Haga clic en **Este PC** y localice la letra asignada a la unidad con el sistema de archivos, generalmente D:.
- Cierre la ventana y el bloc de notas y escriba esta letra seguida del símbolo ":" en la línea de comandos junto con los siguientes comandos:

```
cd Program Files
attrib WindowsApps -h
rename WindowsApps WindowsAppsOld
exit
```

- Haga clic en **Continuar** y reinicie el sistema.
- Intente restaurar de nuevo.

Error 0xc000021a al restaurar después de una actualización de Windows 11

El problema es que la versión de los controladores que se van a restaurar no coincide con la versión del catálogo.

- Inicie el equipo en modo WinRE.
- Haga clic en **Solucionar problemas - Opciones avanzadas - Opciones de recuperación adicionales - Configuración de inicio**.
- Seleccione **Reiniciar ahora** y, a continuación, en la lista de configuraciones de arranque, seleccione **Deshabilitar implementación de firma de controladores** (tecla [F7]).
- Reinicie el ordenador. El proceso de restauración se reanuda y se completa correctamente.

2.4 Registro de un componente en el registro

Al implementar un sistema operativo Windows, un gran número de archivos DLL o archivos ejecutables se colocan en los directorios del sistema (principalmente en \Windows\System32). Para funcionar, estos archivos DLL escriben información en el registro de Windows.

A veces, aunque un archivo DLL no esté dañado, falta la información necesaria en el registro o está dañada. En este caso, deberá proceder a su "reinscripción". Regsvr32 permite guardar o eliminar el registro de un componente OLE, como un archivo DLL o un control ActiveX. Su sintaxis es la siguiente:

```
Regsvr32 [/u] [/n] [/i[:<Línea de Comandos>]]
<Nombre_Del_Archivo.dll>
```

- `/u`: invoca el sistema API DllUnRegisterServer para anular el registro del archivo especificado.
- `/s`: se ejecuta en modo silencioso y, por lo tanto, sin mostrar un mensaje de confirmación.
- `/i`: llama a DllInstall y pasa una línea de comandos opcional.

– `/n`: no llama al sistema API DllRegisterServer. Esta opción se debe utilizar con el parámetro `/i`.

Para algunos componentes COM, debe usar los sistemas API DllRegister y DllUnregister (/i o `/i /u`), mientras que para el resto de componentes COM y los componentes WIN32, debe llamar a DllInstall o DllUninstall (sin un modificador ni mediante la marca `/u`).

Un archivo DLL (*Dynamic Link Library* o librería de enlaces dinámicos) es un subprograma que contiene rutinas, instrucciones y funciones que permiten que las aplicaciones y el sistema operativo funcionen. Mientras que algunas están orientadas a una multitud de tareas diferentes, otras están más especializadas.

Un API (*Application Programming Interface*) es una interfaz de programación que proporciona un conjunto de funciones que están "listas para usar", por así decirlo.

Un componente COM (*Component Object Model*) es un modelo de objetos, exclusivo de los sistemas de Microsoft, en el que se basa OLE.

Las tecnologías OLE (*Object Linking and Embedding*) permiten vincular y anidar objetos entre diferentes aplicaciones y componentes del sistema operativo. Esto le permite, por ejemplo, realizar una llamada a un dispositivo de exploración desde una aplicación de Office.

En el caso de los archivos ejecutables, puede probar uno de estos comandos: `Nombre_Ejecutable /unregister o /register`.

Por ejemplo, para deshabilitar y luego volver a activar la función de reloj de Windows:

- Introduzca estos comandos: `W32tm /unregister` y, a continuación, `W32tm /register`. Este último comando registra la ejecución como un servicio y añade la configuración de las entradas necesarias al registro.

A continuación, se muestra un ejemplo de cómo usarlo para solucionar un problema en Windows Update tras haber realizado una instalación o reparación de Windows:

El problema se debe al hecho de que algunos archivos ejecutables necesarios para ejecutar Windows Update ya no se guardan correctamente en el registro.

Una solución consiste en volver a registrarlos manualmente:

- Abra una ventana del símbolo del sistema.
- Introduzca estos comandos validando cada uno con la tecla [Intro]:
  - `regsvr32 /s wuapi.dll`
  - `regsvr32 /s wuaueng1.dll`
  - `regsvr32 /s wuaueng.dll`
  - `regsvr32 /s wucltui.dll`
  - `regsvr32 /s wups2.dll`
  - `regsvr32 /s wups.dll`
  - `regsvr32 /s wuweb.dll`

En este otro ejemplo se muestra cómo reparar una aplicación de Office rápidamente:

En el caso de Word:

- Pulse a la vez en las teclas [Windows]+[r] y escriba: `winword /unregserver`

De esta manera, eliminamos la entrada de Word en el registro.

- Confirme pulsando **Aceptar** para volver a registrar la aplicación y, a continuación, escriba: `winword /regserver`

En términos generales, es más seguro deshabilitar una función o componente de Windows antes de volver a activarlo.

3. Utilidades del sistema operativo

Windows tiene varias herramientas para solucionar problemas y supervisar la actividad del sistema operativo. Estas se han presentado en el capítulo Herramientas del sistema. En esta sección, veremos dos herramientas del sistema útiles para solucionar problemas.

3.1 El monitor de recursos

Desde esta herramienta, puede visualizar la explotación en tiempo real de los recursos del sistema en su entorno, como, por ejemplo, los procesos, la actividad del disco, la memoria utilizada, los módulos y descriptores relacionados con los procesos, como las claves del registro o las librerías dinámicas, los archivos DLL (*Dynamic Link Library*), etc.

El monitor de recursos complementa la información del administrador de tareas y permite ir más allá en el análisis de los recursos consumidos por el sistema.

Para iniciar esta herramienta, escriba resmon en el menú **Inicio** y pulse la tecla [Intro]. También puede ver el monitor de recursos haciendo clic en el botón **Monitor de recursos...** desde el administrador de tareas de Windows en la pestaña **Rendimiento**.

Para obtener más información sobre el monitor de recursos, puede ver los servicios que se ejecutan en el sistema.

- Desde el monitor de recursos, seleccione la pestaña **CPU** y, a continuación, expanda la sección **Servicios**. Puede ampliarlo con el ratón para ver el número máximo de servicios activos.
- En la sección CPU, si selecciona el proceso **svchost.exe (RPCSS)**, puede ver los servicios en ejecución y los descriptores asociados a este proceso crítico del sistema operativo. Esto se inicia mediante el servicio RPC (llamada a un procedimiento remoto) y usa muchos descriptores, claves del registro y elementos del sistema.

En la sección **Módulos asociados**, verá las librerías dinámicas y los archivos DLL utilizados por el proceso svchost.exe (RPCSS).

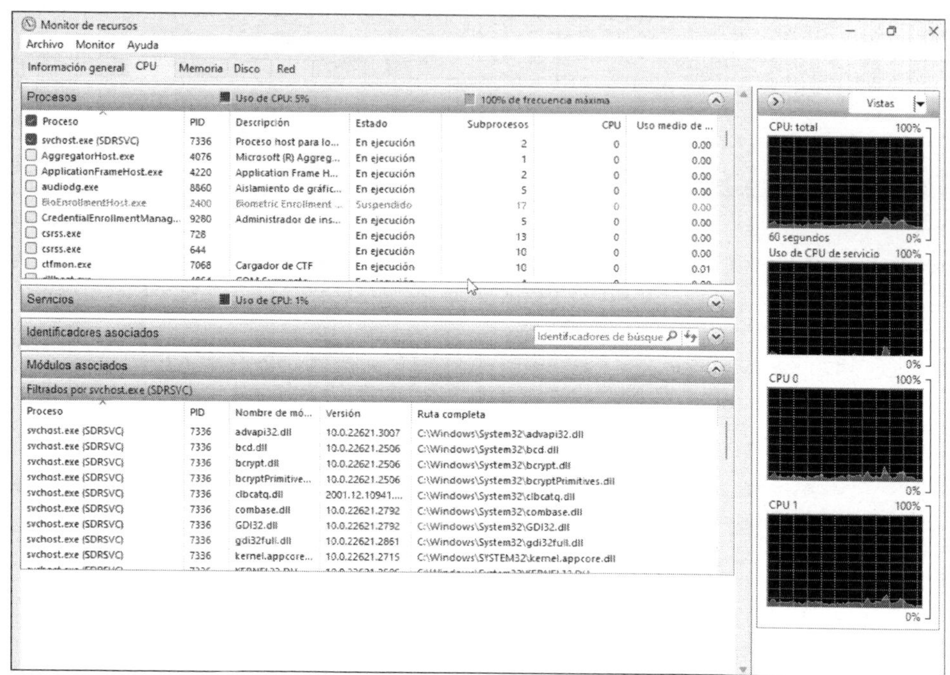

▶ En la pestaña **Memoria**, puede ver gráficamente la información sobre la memoria física de su ordenador. Puede ver cuánta memoria se está utilizando y cuánta está disponible. El sistema pone en espera una parte de la memoria disponible para asignar nuevos recursos más rápidamente a los programas que la requieran.

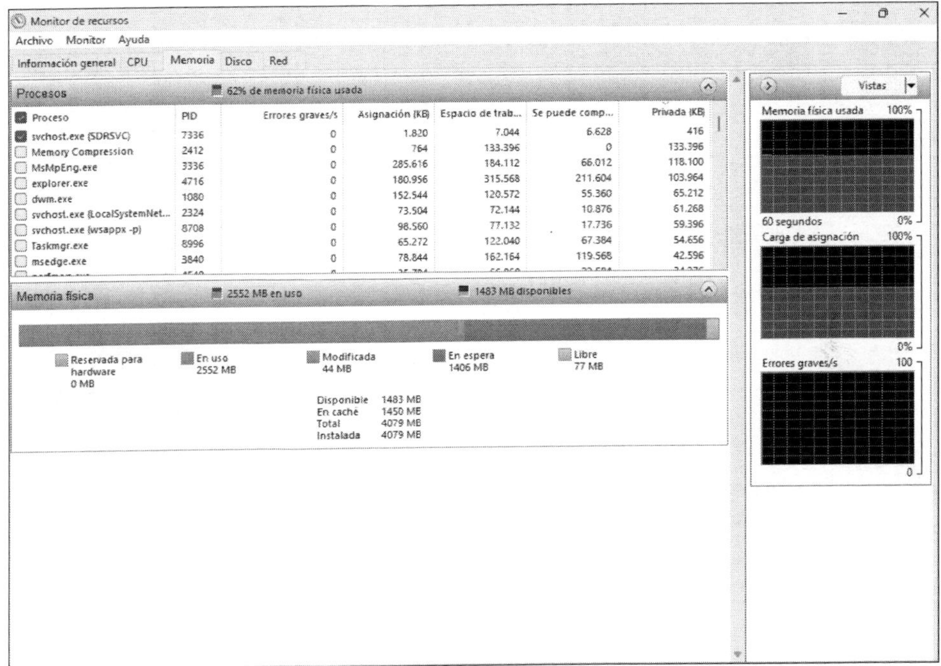

- Por último, la pestaña **Red** permite ver los puertos de red que están escuchando en su entorno. Esto es equivalente al comando `netstat -a`, que se puede ejecutar desde una línea de comandos.

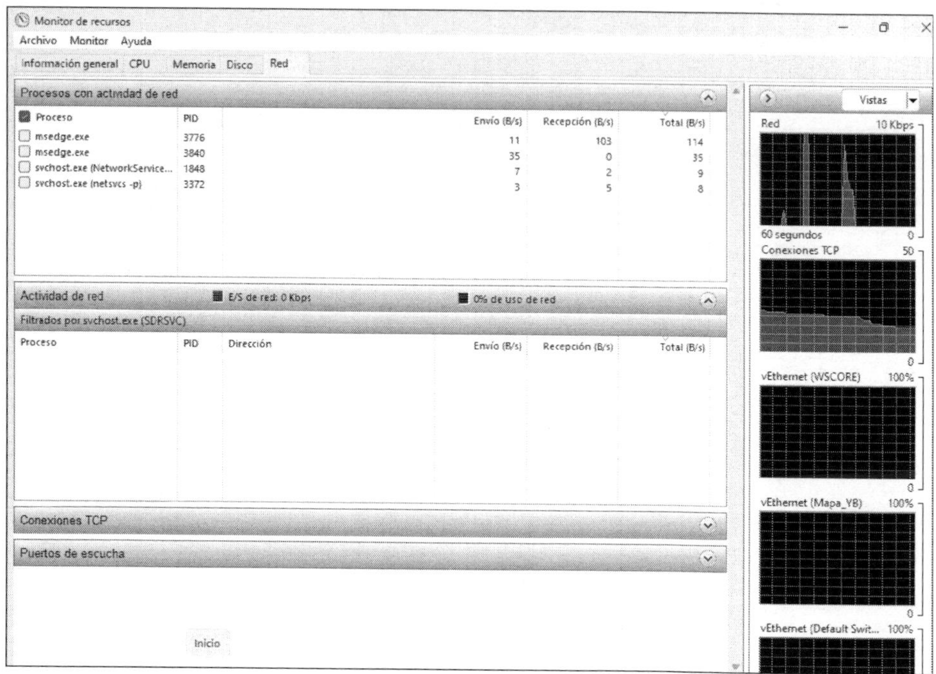

3.2 Monitor de rendimiento

Esta herramienta permite visualizar el rendimiento en tiempo real del sistema, tanto a nivel de hardware como de software, y guardar estos datos para su posterior análisis. El monitor de rendimiento tiene dos recopiladores de datos predeterminados: *System Diagnostics* (Diagnósticos del sistema) y *System Performance* (Rendimiento del sistema).

El monitor de rendimiento usa los contadores de rendimiento de Windows y le permite definir sus propios recopiladores de datos para personalizar el análisis.

- Para iniciar el monitor de rendimiento, escriba Perfmon en el cuadro de búsqueda que aparece a la derecha del menú **Inicio** y haga clic en **Monitor de rendimiento**.
- Seleccione la herramienta Monitor de rendimiento en el nodo **Herramientas de análisis**. El contador **% de tiempo de procesador** es el contador de rendimiento seleccionado de forma predeterminada.

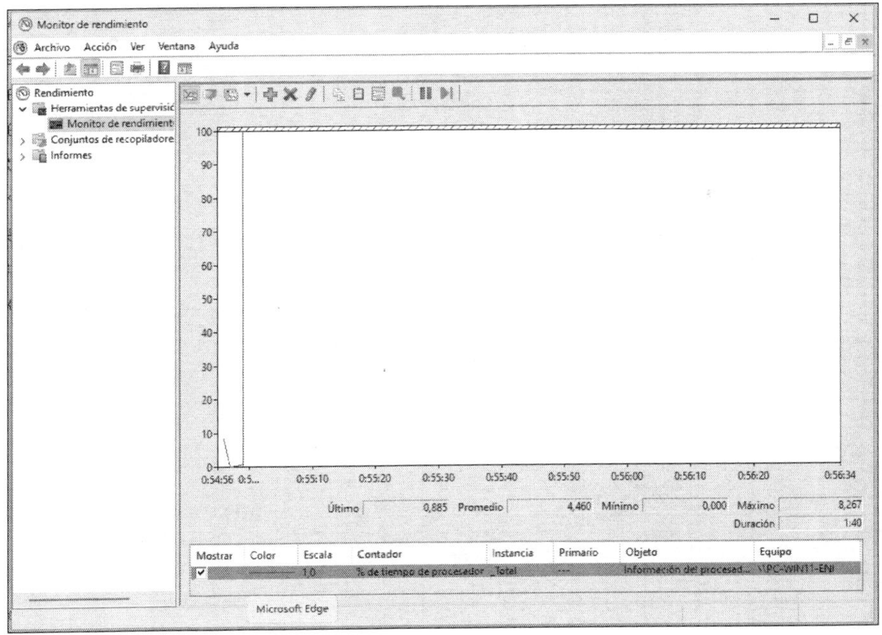

- Puede añadir contadores de rendimiento adicionales haciendo clic con el botón derecho del ratón en el área de visualización del monitor de rendimiento y seleccionando la opción **Agregar contadores** o haciendo clic en el icono verde "+" presente en el menú situado encima del gráfico.
- Seleccione los contadores apropiados y haga clic en el botón **Agregar**. Windows 11 tiene muchos contadores de rendimiento para analizar y recopilar el rendimiento del sistema.
- Marque la opción **Mostrar descripción** (abajo a la izquierda) para obtener una descripción detallada del contador de rendimiento seleccionado.
- También puede conectarse a un sistema remoto haciendo clic en el botón **Examinar**. En este caso, seleccione el equipo remoto de la red en el que desea ver los contadores de rendimiento.
- Para visualizar y distinguir correctamente los datos de los dos contadores de rendimiento seleccionados, personalice el color y la escala. Se puede acceder a estos elementos desde las propiedades de los contadores de rendimiento.

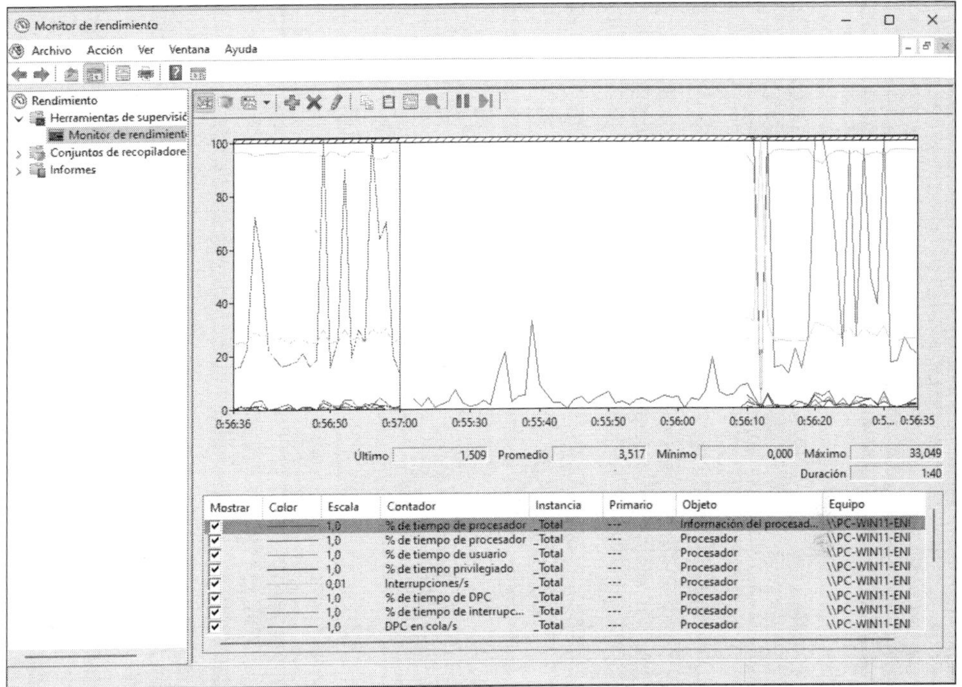

El monitor de rendimiento tiene dos recopiladores de datos predeterminados:

- **System Diagnostics (Diagnóstico del sistema)**
- **System Performance (Rendimiento del sistema)**

▶ Usemos el recopilador de datos **System Diagnostics** para diagnosticar el sistema y obtener información detallada sobre su entorno. Para ello:

▶ En el nodo **Conjunto de recopiladores de datos - Sistema**, seleccione el recopilador de datos **System Diagnostics**.

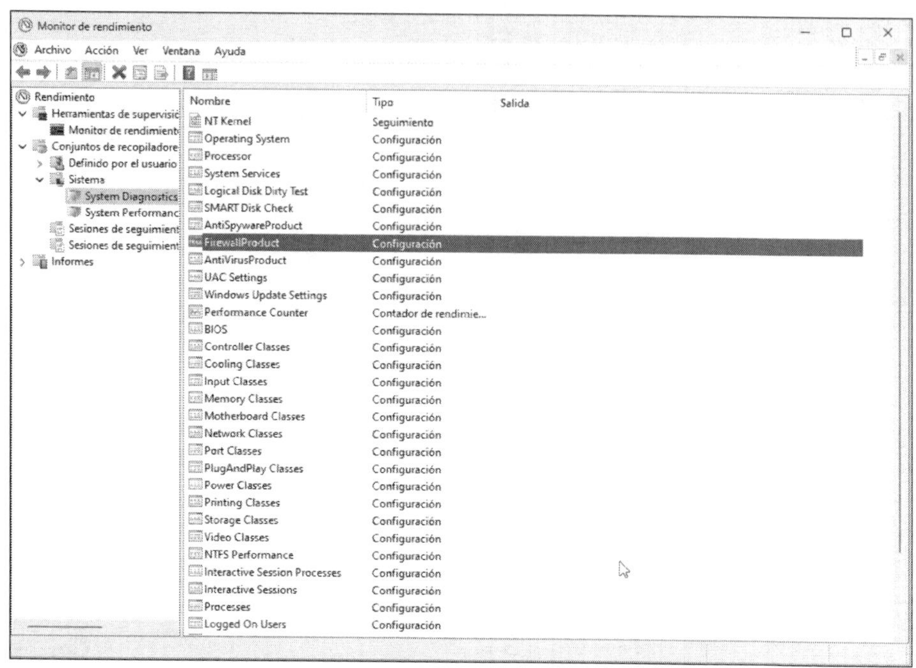

- En el menú **Acción**, seleccione la opción **Iniciar**. El proceso de recopilación de datos tarda 60 segundos. Al final de este proceso, puede acceder al informe de la recopilación de datos.
- Expanda la sección **Informes - Sistema - System Diagnostics**. Se muestra el informe más reciente.

Se puede acceder a los datos del informe en forma de archivos con formato XML, almacenados en la carpeta **C:\Perflogs\System\Diagnostics\<hostname>_<%fecha%>\%Nombre_Informe%**.

Puede crear sus propios recopiladores de datos basados en la plantilla de los que ya existen.

4. Soporte rápido

El soporte rápido es una funcionalidad que permite compartir su ordenador con alguien de confianza para cederle el control del mismo (ratón, pantalla y teclado) y que pueda ayudarlo a resolver un problema. También le permite hacer esto mismo a usted, es decir, tomar el control del equipo de otra persona para ayudarlo a resolver un problema. Esta funcionalidad está disponible desde Windows 10 y se puede encontrar en el menú **Inicio** con el nombre **Asistencia rápida** o usando las teclas [Windows] + [Ctrl] + [Q].

Esta funcionalidad utiliza un servidor de Microsoft (https://remoteassistance.support.services.microsoft.com) para configurar la conexión segura. Utiliza el puerto 443 (HTTPS), con cifrado TLS 1.2 y Protocolo RDP (*Remote Desktop Protocol*). Edge se usa como motor de representación para visualizar páginas web en la aplicación (tecnología Microsoft Edge WebView2). La persona que proporciona asistencia debe iniciar sesión con una cuenta de Microsoft (MSA) o una cuenta de Azure AD.

4.1 Cómo obtener ayuda

Para recibir ayuda, siga estos pasos:

- Haga clic en el menú **Inicio** y abra la aplicación **Asistencia rápida**.
- En la sección **Obtener ayuda**, introduzca el código de seguridad proporcionado por su interlocutor (llamada, mensaje, etc.) y haga clic en el botón **Enviar**. Se establece la conexión.
- Cuando se le solicite, haga clic en el botón **Permitir** para que la persona con la que está hablando pueda tomar el control de su equipo.
- El uso compartido está activado (un rectángulo amarillo rodea la pantalla para informarle), aparece una barra de control en la parte superior de la pantalla. Le permite conversar con la persona con la que está hablando, pausar o terminar de compartir.

4.2 Ayudar a alguien

Para ayudar a otra persona, siga estos pasos:

- Haga clic en el menú **Inicio** y abra la aplicación **Asistencia rápida**.
- En la sección **Ayudar a alguien**, haga clic en el botón **Ayudar a alguien**.
- Su cuenta de Microsoft se reconoce automáticamente. Si no es así, inicie sesión.
- Se mostrará un código de inicio de sesión. Reenvíelo a la persona a la que quiere ayudar, ya sea oralmente o por escrito.

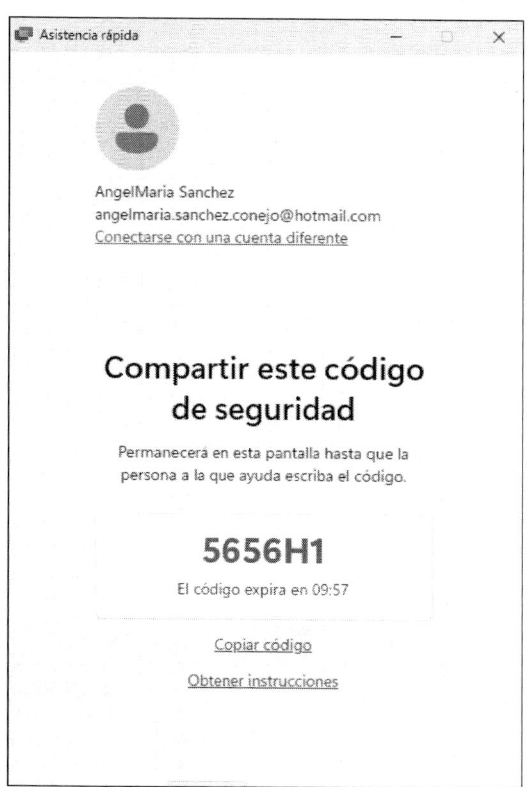

- La conexión queda establecida. Indíquele a la otra persona que necesita que le conceda el acceso a su ordenador, haciendo clic en el botón correspondiente.
- Aparece el escritorio del equipo remoto. Haga clic en el botón **Solicitar control** y deje que la persona con la que está hablando lo autorice.

Podrá manejar el ordenador como si lo tuviera en frente. Tienes varios controles:

- Hacer anotaciones en su pantalla o usar un puntero láser para indicar un área.
- Conversar con su interlocutor.
- Seleccionar una pantalla (en caso de que haya varias pantallas).
- Cambiar al modo de pantalla completa.
- Abrir el administrador de tareas.
- Reconectar.

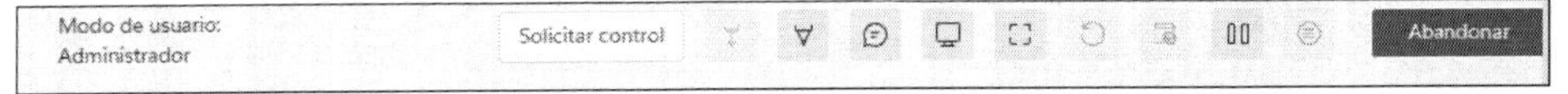

4.3 Funcionamientos incorrectos

Si tiene problemas para instalar o usar el soporte rápido, compruebe lo siguiente:

- Compruebe que la conexión a Internet funciona y que se puede acceder al sitio de soporte: https://remoteassistance.support.services.microsoft.com.
- Si recibe un mensaje de error que dice que Microsoft Edge WebView2 no está instalado, descárguelo de esta página de https://developer.microsoft.com/es-es/microsoft-edge/webview2/consumer/ e instálelo.
- Asegúrese de que no haya directivas de grupo que prohíban este tipo de compatibilidad.

Si ya no tiene instalada la aplicación Ayuda rápida, la encontrará en Microsoft Store.

5. Funcionalidades WinRE

Este modo de arranque, desde un disco de Windows existente o desde un entorno de Windows 11, le da acceso a una variedad de funciones, configuraciones y solución de problemas. Veamos cómo iniciar la consola de recuperación en Windows. Tenga en cuenta que se ha cambiado el nombre de este conjunto de funcionalidades a Windows Recovery Environment (WinRE) o Entorno de recuperación de Windows. Esta tecnología se basa en la de los discos WinPE (*Windows Preinstallation Environment* es una versión básica del sistema operativo que se usa principalmente con fines de diagnóstico y solución de problemas) y ofrece dos tipos de funcionalidades:

- Diagnósticos automáticos para ayudarle a reparar los problemas de arranque más comunes.
- Una plataforma "avanzada" que ofrece herramientas avanzadas de resolución de problemas.

5.1 Iniciar WinRE

WinRE (*WINdows Recovery Environment*) es un entorno de recuperación de Windows. Se puede utilizar para solucionar problemas de arranque o restaurar el sistema operativo. Hay varias formas de iniciar este modo.

Automáticamente

WinRE se inicia automáticamente en los siguientes casos:

- Dos intentos abortados de arranque.
- Dos apagados no programados dentro de los dos minutos posteriores al arranque normal.
- Dos reinicios dentro de los dos minutos posteriores a un arranque normal.
- Un error Secure Boot.
- Un error Bitlocker.

Por lo tanto, es posible hacer que WinRE se inicie provocando deliberadamente los casos antes mencionados.

Cuando la máquina está apagada

- Antes de cerrar la sesión, introduzca lo siguiente en la línea de comandos del sistema: `shutdown /r /o` y pulse [Intro]. El equipo se reinicia.
- O cierre la sesión del usuario, haga clic en el botón de apagado, mantenga pulsada la tecla [Mayús] y haga clic en el menú **Reiniciar**.

  El equipo se reinicia en modo WinRE.

Desde la configuración de Windows

- Abra **Configuración - Sistema - Recuperación** y haga clic en **Reiniciar ahora**.

  El equipo se reinicia en modo WinRE.

Con los medios de instalación de Windows

- Inserte su medio de instalación de Windows 11.
- Opcionalmente, puede acceder a la UEFI de su equipo para configurar la secuencia de arranque.
- Cuando se lo solicite, pulse en cualquier tecla para arrancar desde el disco de Windows. Windows cargará los archivos necesarios para la instalación y, a continuación, aparecerá la ventana que muestra las opciones.
- En la ventana de instalación que solicita el idioma, el formato de hora y el teclado, haga clic en **Siguiente**.

▶En la siguiente ventana, haga clic en **Reparar el equipo**.

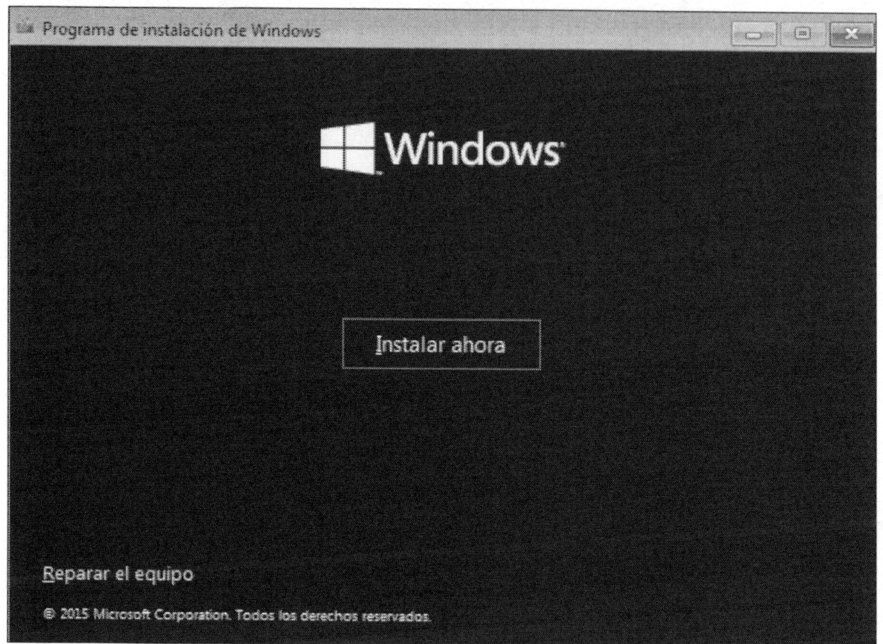

A partir de este momento, independientemente de cómo se inicie WinRE, se muestra la pantalla azul de dicho entorno.

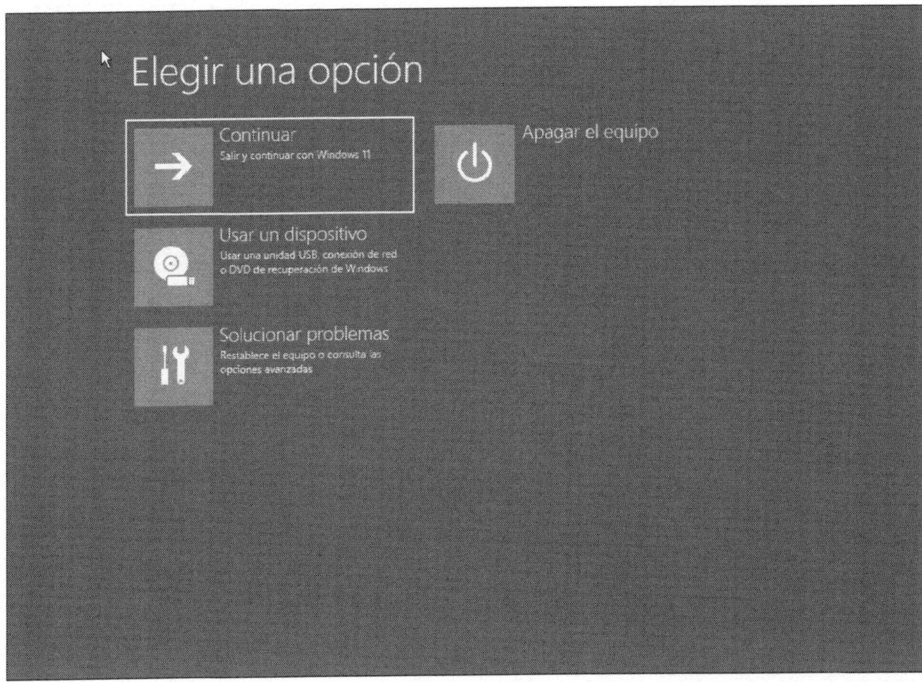

▶ Haga clic en el botón **Solucionar problemas**. WinRE muestra dos opciones posibles:

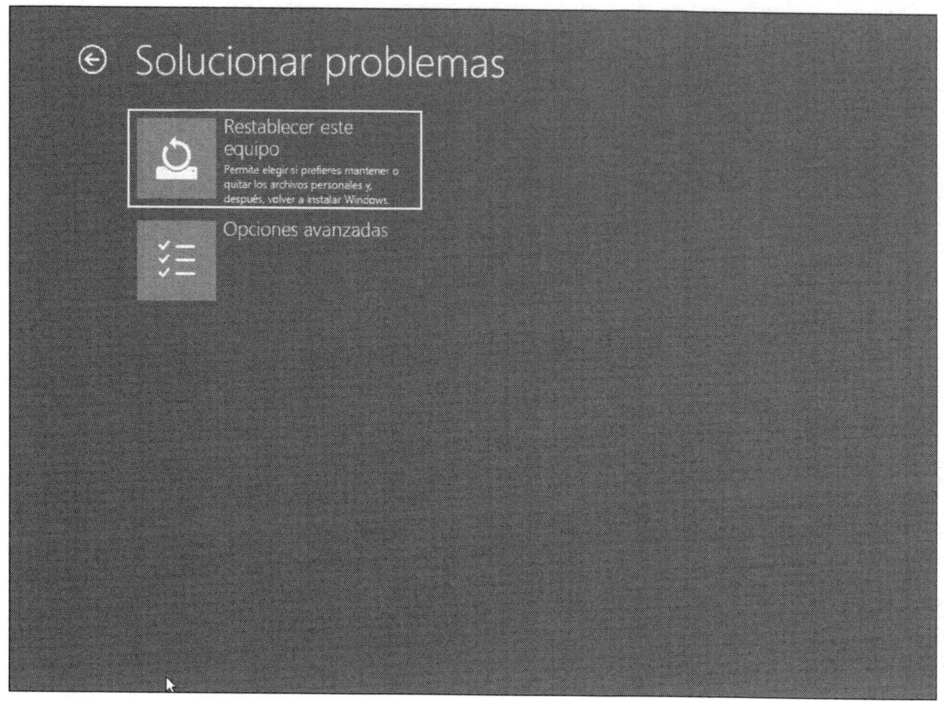

- La primera es la función **Restablecer este equipo**. Restaura los valores predeterminados del sistema operativo tanto para la configuración del ordenador como para la del usuario. Los archivos y configuración de personalización de usuario se eliminan, al igual que todas las aplicaciones instaladas en el equipo.
- La segunda, que es la función **Opciones avanzadas**, proporciona acceso a las herramientas para ayudarlo a solucionar problemas de su instalación de Windows.

Observación

*Si arranca desde el medio de instalación, los menús son algo distintos: el menú **Solucionar problemas** muestra directamente las **Opciones avanzadas**.*

Estas son las subopciones si elige la segunda opción:

– Si el entorno WinRE se carga desde el medio de instalación:

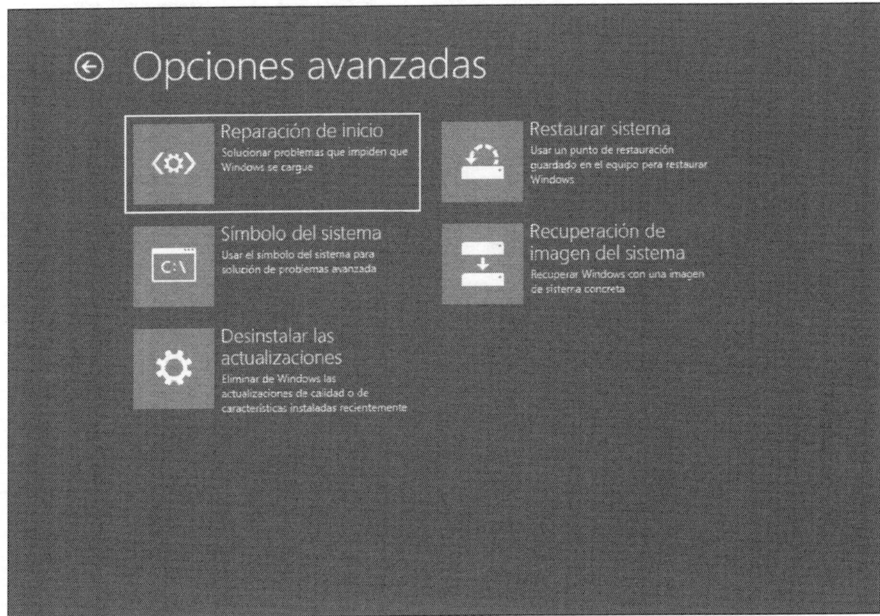

– Si el entorno WinRE se inicia desde Windows:

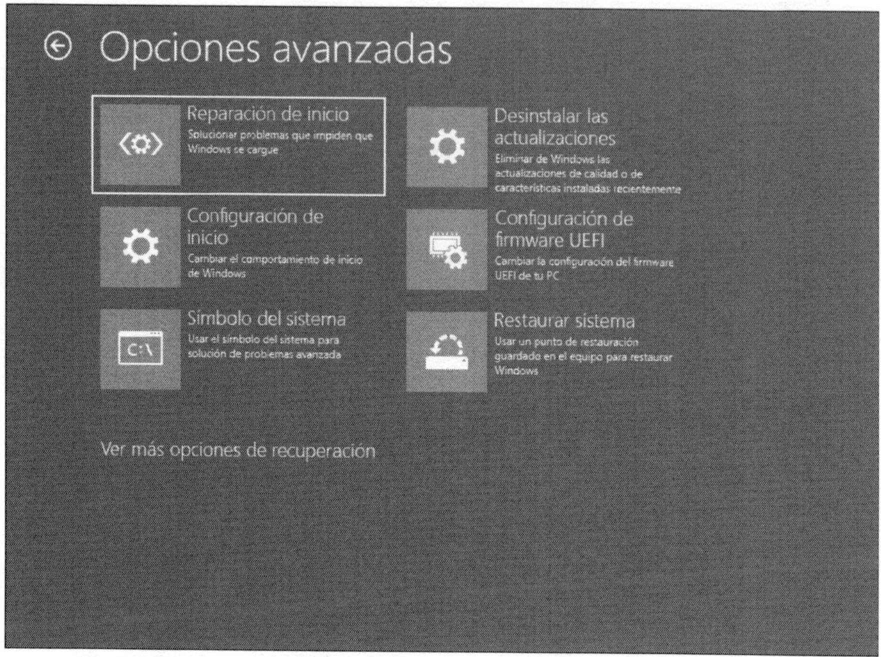

En la captura de pantalla anterior, notará una opción adicional de **Configuración de inicio**, que solo parece estar presente si está accediendo al entorno WinRE desde Windows y no desde el disco de instalación. Una segunda pantalla muestra la séptima opción.

Le explicamos cómo funciona cada una de las herramientas que se pueden utilizar.

5.2 Herramienta de reparación de inicio

Esta opción de WinRE inicia una herramienta automática de diagnóstico y reparación del sistema operativo y comprobará su sistema en busca de posibles problemas. El equipo se reinicia.

- Seleccione su nombre de usuario y escriba su contraseña.
- Deje que la herramienta se ejecute para que se reparen los errores que impiden que Windows se inicie correctamente. WinRE le dice si pudo o no reparar el sistema.

Esta herramienta puede ser eficaz en los siguientes escenarios:

- Una entrada del registro está dañada.
- Un archivo del sistema está dañado o ausente.
- Falta un controlador de dispositivo o está defectuoso.

5.3 Configuración de inicio

Si hace clic en esta opción, accederá a una primera pantalla que describe las opciones de arranque a las que se podrá acceder después de reiniciar el equipo. Corresponde más o menos a las opciones disponibles con la tecla [F8] en versiones anteriores de Windows. También se pueden configurar desde la herramienta del sistema **msconfig**.

Observación

Esta opción no aparece cuando accedemos al entorno WinRE desde el medio de instalación.

Las diversas opciones disponibles le permiten acceder a sus datos y al escritorio de Windows si ya no se puede acceder al modo normal. Además, en estos diferentes modos, se lanza un número mínimo de servicios y no se lanzan aplicaciones instaladas. Finalmente, muchos controladores instalados están deshabilitados y dan paso a controladores de dispositivos genéricos en Windows.

Por lo tanto, es una forma rápida de comprobar que su problema no proviene de:

- un servicio de Microsoft,
- un servicio que no es de Microsoft,
- un controlador de dispositivo dañado o incompatible,
- una aplicación que se ejecuta en segundo plano cada vez que se abre el escritorio de Windows (en modo normal),
- la presencia de un virus o spyware.

▶ Haga clic en el botón **Reiniciar**.

▶ A continuación, accederá al menú de selección del modo de reinicio del sistema operativo. Seleccione la opción deseada usando las teclas [F1] a [F10].

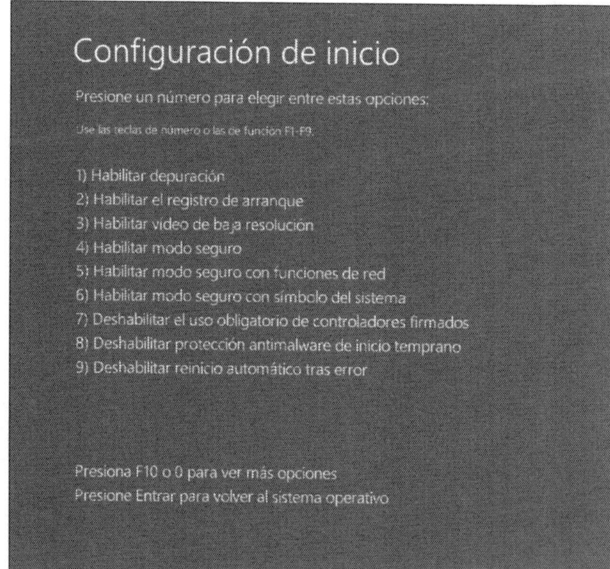

Observación

A veces, las opciones se pueden presentar con el formato de la pantalla heredada de Windows 7 (tecla [F8] durante el arranque).

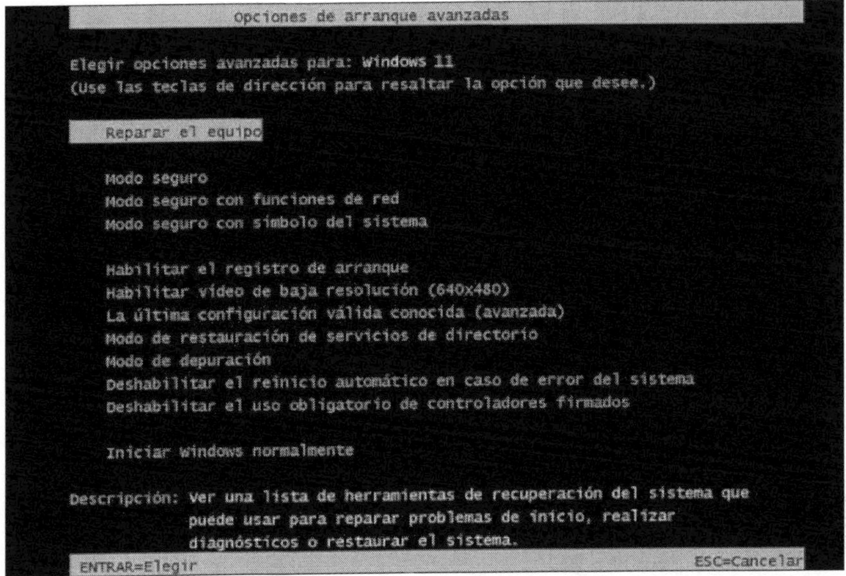

El ordenador se reiniciará automáticamente en el modo seleccionado. Le explicamos cómo funciona cada una de las herramientas disponibles.

5.3.1 Habilitar depuración [F1]

Esta opción habilita el depurador del kernel de Windows.

*Este modo se corresponde con la opción **Arranque a prueba de errores** y **Mínimo** de la utilidad msconfig.*

5.3.2 Habilitar el registro de arranque [F2]

Utilice este modo para crear un archivo de registro denominado **ntbtlog.txt**. Contendrá una lista de todos los controladores y servicios cargados cuando se inicie el sistema. Un dato interesante es que guardará el último archivo cargado antes de un fallo y facilitará la identificación de la causa del problema. Sin embargo, cabe señalar que la información presente es realmente difícil de descifrar.

Si ya no tiene acceso a Windows, puede reiniciar desde la consola de recuperación e introducir este comando: `type ntbtlog.txt`.

Observación

Este modo se corresponde con la opción ***Registro de arranque*** *de la utilidad msconfig.*

5.3.3 Habilitar vídeo de baja resolución [F3]

Este modo permite que el sistema arranque con una resolución diferente, generalmente inferior a la especificada en la configuración del sistema. De esta manera, se puede detectar un fallo en la tarjeta gráfica o un controlador inadecuado.

Observación

Este modo corresponde a la opción ***Vídeo base*** *de la utilidad msconfig.*

5.3.4 Habilitar modo seguro [F4]

El sistema operativo arranca utilizando solo los servicios y controladores necesarios (ratón, monitor, teclado, dispositivos de almacenamiento, tarjeta gráfica estándar, servicios predeterminados del sistema y sin conexión de red). Tenga en cuenta que puede ejecutar una operación de grabación, pero a priori no será posible instalar o desinstalar una aplicación que use un paquete de instalación de Windows Installer. Además, las conexiones de red y el acceso a Internet están desactivados.

Observación

Este modo corresponde a las opciones ***Arranque a prueba de errores*** *y* ***Mínimo*** *de la utilidad msconfig.*

5.3.5 Habilitar el modo seguro con funciones de red [F5]

Esta opción es interesante incluso si su ordenador no está conectado a una red local. Por ejemplo, los usuarios de un rúter de Internet pueden usar este modo si desean acceder a Internet para actualizar su antivirus o un controlador de dispositivo, mientras no sea posible acceder a Windows en modo normal. También es una buena manera de realizar una comprobación del sistema utilizando su antivirus o anti-spyware. Esto se debe a que hay menos posibilidades de que un virus ya esté cargado en la memoria y, por lo tanto, pueda jugar al escondite con su programa antivirus (para permanecer invisible para la misma aplicación).

Sin embargo, tenga en cuenta que el firewall de conexión a Internet no estará habilitado y los paquetes de instalación "Windows Installer" no funcionarán en este modo. Por lo tanto, no es posible eliminar o instalar aplicaciones que utilicen este instalador.

Observación

*Es posible arrancar en este modo con msconfig eligiendo las opciones **Arranque a prueba de errores** y **Red**.*

5.3.6 Habilitar el modo seguro con símbolo del sistema [F6]

En este modo, la única ventana abierta es un símbolo del sistema. En otras palabras, el shell explorer.exe se sustituye por cmd.exe.

Todavía es posible iniciar el explorador de archivos de esta manera:

- Acceda al **Administrador de tareas** con el comando `taskmgr` y haga clic en **Archivo – Ejecutar Nueva tarea**.
- En el cuadro de texto **Abrir**, escriba `explorer` y, a continuación, haga clic en **Aceptar**.

Se encontrará en modo seguro "simple", con una interfaz gráfica.

Observación

*Es posible arrancar en modo seguro con el símbolo del sistema desde msconfig eligiendo las opciones **Arranque a prueba de errores**, **Shell alterno** y **Sin arranque de GUI**.*

5.3.7 Deshabilitar el uso obligatorio de controladores firmados [F7]

Los controladores que no están firmados por Microsoft se autorizan y se cargan. Este modo comprueba que el problema no esté en la función de verificación de firmas.

5.3.8 Deshabilitar protección antimalware de inicio temprano [F8]

El sistema de protección no controlará los controladores cargados. Permite comprobar que el fallo no está provocado por un software de protección demasiado entusiasta.

5.3.9 Deshabilitar el reinicio automático tras error [F9]

Windows no se reiniciará automáticamente si se produce un error en el arranque.

5.3.10 Última configuración correcta conocida

Esta opción, que solo está presente en el modo heredado y es efectiva en las siguientes circunstancias: después de la instalación de un nuevo dispositivo, una actualización del controlador, la instalación de un programa que requiere la creación de uno o más servicios para poder funcionar o cuando el sistema ya no arranca normalmente. Este podría ser el caso de un programa antivirus, un software de geometría de disco o una aplicación de grabación que pueda emular una o más unidades virtuales.

En términos sencillos, esto significa que, como resultado de un cambio realizado en la rama HKEY_LOCAL_MACHINE\SYSTEM\CurrentControlSet, el sistema ya no puede arrancar normalmente. El principio consiste en iniciar Windows utilizando la configuración empleada durante el último intento de arranque con éxito. El sistema operativo restaurará la información contenida en uno de los conjuntos de copia de seguridad del árbol del registro HKEY_LOCAL_MACHINE\SYSTEM (CurrentControlSet002,CurrentControlSet003, etc.).

Se conservarán todos los cambios realizados en las demás claves del registro. Esa es una especie de limitación de esta herramienta porque, lógicamente, debe poder iniciar en modo seguro y realizar una restauración del sistema. Por lo tanto, use esta solución si ya no es posible arrancar en modo seguro.

5.4 Símbolo del sistema

Al hacer clic en esta opción, se abrirá una ventana del símbolo del sistema. El prompt muestra lo siguiente: `X:\windows\system32>`. Como resultado, se ha creado una unidad virtual (X:\).

A partir de ahí, es posible utilizar diferentes comandos y acceder a los datos presentes en el disco del ordenador o en una memoria USB. Una de las utilidades que se pueden lanzar es Regedit.

A continuación, veremos un ejemplo de cómo usarlo:

- Inicie el editor del registro escribiendo el comando regedit y seleccione la clave **HKEY_USERS**.
- Haga clic en **Archivo - Cargar subárbol**.
- Abra **C:\Windows\System32\Config** y seleccione el archivo **Security**. Se supone que C:\ es la partición en la que está instalado Windows.

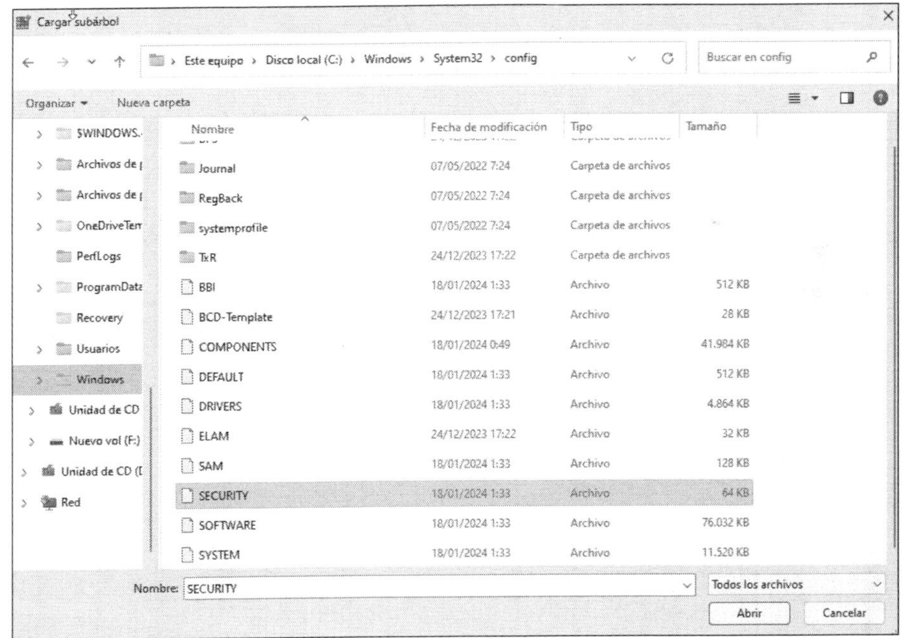

- En el cuadro de texto **Nombre de clave**, escriba el título que desea asignar al archivo de subárbol temporal: Test. Aparecerá una rama llamada "`Test`" debajo de la clave HKEY_USERS.

- Abra este nuevo árbol y edite la entrada que desea editar.

Por ejemplo, puede ser un valor binario presente en la clave **Policy - Accounts - S-1-5-32-544 -Privilg**s para cambiar los privilegios del grupo de administradores.

- Una vez confirmados los cambios, vuelva a seleccionar la clave denominada **Test**.

- Haga clic en **Archivo - Descargar subárbol**.

- Responda **Sí** a la pregunta de si desea descargar la clave actual y todas sus subclaves.

También es posible utilizar estos cuatro comandos para la resolución de problemas desde la partición del sistema C:\:

- `bootrec`: permite recuperar las estructuras de un disco dañado, incluido el sector de arranque.
- `bcdboot`: permite crear o reconfigurar el repositorio BCD.
- `bcdedit`: permite cambiar el almacén de datos de configuración de arranque.
- `diskpart`: permite cambiar el tamaño de las particiones existentes.

Su uso se ha explicado en el capítulo Instalación del sistema operativo, sección Administración de Multi-Boot y en el capítulo Las herramientas del sistema, sección Administración de discos y particiones.

Otros ejecutables (incluido el Bloc de notas de Windows) que se pueden iniciar, se enumeran en X:\Windows\System32. De lo contrario, recibirá un mensaje de error.

5.5 Desinstalar las actualizaciones

Esta opción (anteriormente **Volver a la versión anterior**) permite:

- **Desinstalar la última actualización de calidad**: la última actualización (mensual) que se instaló.
- **Desinstalar la última actualización de funcionalidades** y volver a una versión anterior de Windows.

Será útil en caso de que ocurra un problema después de instalar una actualización y permitirá volver a un sistema estable hasta que se publique un parche.

5.6 Configuración de firmware la UEFI

Esta opción reinicia la máquina y permite acceder a la UEFI para cambiar la configuración.

5.7 Restaurar sistema

Si selecciona esta opción, aparecerá la ventana **Restaurar sistema**.

▶ El equipo se reinicia. A continuación, seleccione su nombre de usuario e introduzca su contraseña.

▶ Haga clic en el botón **Siguiente** y, a continuación, seleccione un punto de restauración.

▶ Haga clic dos veces en el botón **Siguiente** y, a continuación, haga clic en **Finalizar**.

Comenzará el proceso de restauración del sistema.

5.8 Recuperación de imagen del sistema

- Retire el disco de Windows y, opcionalmente, inserte el disco en el que realizó una copia de seguridad completa, haciendo clic en el botón correspondiente (**Copia de seguridad completa del equipo**) en el asistente **Estado y configuración de la copia de seguridad**.
- Haga clic en la opción **Recuperación de imagen del sistema**.
- El equipo se reinicia. A continuación, seleccione su nombre de usuario e introduzca su contraseña. Posteriormente, el sistema analiza los dispositivos de copia de seguridad. Puede optar por restaurar el sistema a partir de la última copia de seguridad del sistema o seleccionar una imagen del sistema desde un disco externo o un medio de copia de seguridad.
- Seleccione la opción **Usar la imagen del sistema más reciente (recomendado)**. Haga clic en el botón **Siguiente**.
- Puede optar por volver a formatear el disco antes de restaurar la imagen del sistema. Haga clic en el botón **Siguiente**.
- Haga clic en el botón **Finalizar**.
- A continuación, seleccione la casilla **Confirmo que quiero quitar todos los datos existentes y hacer la copia de seguridad** y, a continuación, haga clic en **Aceptar**.

Se iniciará el proceso de restauración completa del ordenador con Windows. Una vez finalizada la operación de restauración completa, el equipo se reiniciará.

5.9 Acceso a sus datos utilizando las funcionalidades WinRE

- Una vez haya arrancado desde el medio de instalación de Windows, haga clic en las opciones **Solución de problemas - Opciones avanzadas - Símbolo del sistema**.
- Introduzca el comando `cd /d c:\windows\system32` para acceder a la carpeta windows\system32.

Para iniciar el explorador de Windows, utilice este truco:

- Escriba este comando: notepad.exe.
- A continuación, haga clic en **Archivo - Abrir**.

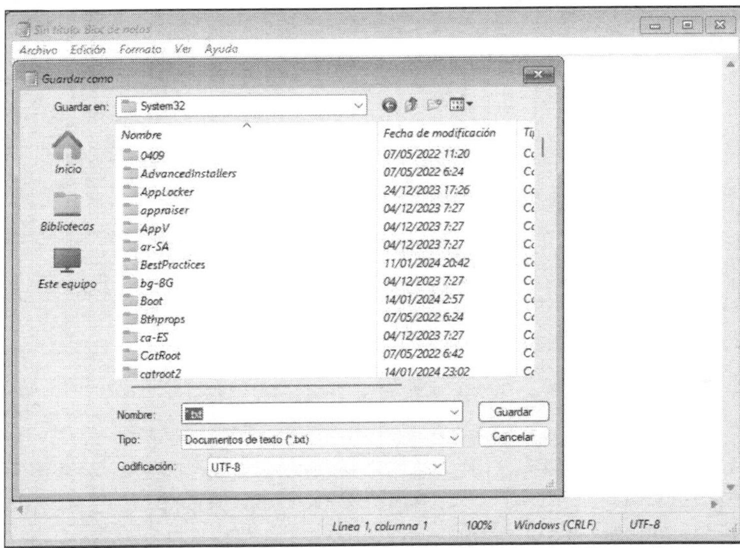

- En la lista desplegable **Tipo de archivo**, seleccione la opción **Todos los archivos**.

A continuación, se mostrará una miniventana del explorador de archivos de Windows.

Utilice los menús contextuales disponibles para guardar sus documentos importantes en, por ejemplo, una memoria USB. Es cierto que no es muy práctico, pero ayuda a limitar el daño.

6. Soluciones específicas

En esta sección, se agrupan diferentes tipos de soluciones que le permitirán resolver problemas aparentemente complicados. Todos tienen una cosa en común: los procedimientos descritos requieren atención y ser metódico. Estas soluciones han sido probadas con éxito cientos de veces, así que todas son efectivas.

6.1 Procedimiento genérico de solución de problemas

Después de instalar un nuevo dispositivo o programa, no puede acceder a Windows: arranque en modo WinRE y, después, use la herramienta **Restaurar sistema**.

Si puede arrancar o trabajar en modo seguro, a priori el problema es un problema de software: un controlador de dispositivo que se debe actualizar, un programa que se debe desinstalar, actualizar o deshabilitar mediante el editor de configuración del sistema, etc.

En otros casos, se trata más bien de un problema de hardware: actualizar la UEFI, configurar la UEFI con las opciones predeterminadas o comprobar todos los componentes del ordenador (tarjetas de memoria, procesador, placa base, tarjetas PCI Express, dispositivos de almacenamiento y lectura).

Los errores STOP pueden ir seguidos de un nombre de archivo. Busque este archivo y navegue hasta sus propiedades. La información de este archivo le permite ver si el archivo forma parte del sistema operativo Windows, está relacionado con un programa o con un controlador de dispositivo. En este último caso, deshabilite o desinstale el programa o, mejor aún, actualícelo.

En el Administrador de dispositivos, deshabilite todos los dispositivos que considere sospechosos, de uno en uno.

Tenga en cuenta el siguiente orden: puertos, tarjetas de red, controladores de audio, vídeo y juegos, controladores de bus USB, dispositivos USB y dispositivos Bluetooth. Una vez identificado el controlador de dispositivo defectuoso, deberá actualizarlo (y eliminar el perfil de hardware que creó).

Si el problema se debe a una actualización de uno de sus dispositivos, vuelva a la versión anterior del controlador.

6.2 Restablecimiento de valores predeterminados de seguridad

Esto puede permitir resolver ciertos errores o problemas para acceder a un recurso compartido en una red local. Antes de nada, por precaución, haga un punto de restauración del sistema. Los modificadores para el comando `Secedit` son los siguientes:

- `/configure`: permite configurar los ajustes de seguridad del sistema desde un archivo.
- `/db Nombre_archivo`: especifica la ruta de acceso de una base de datos que contiene el modelo de seguridad que se va a aplicar. Aunque este argumento es obligatorio, es posible que el archivo de base de datos no exista.
- `/cfg Nombre_archivo`: esta es la ruta del modelo de seguridad que se importará en la base de datos y, a continuación, se aplicará al sistema. Si no especifica este argumento, se aplicará el modelo ya almacenado en la base de datos. Este argumento solo es posible si lo usa con el modificador /db.
- `/overwrite`: especifica si la plantilla de seguridad definida después del modificador `/cfg` sobrescribe la plantilla almacenada en la base de datos, en lugar de añadir los resultados (este es el valor predeterminado). Este argumento solo es posible si lo usa con el modificador `/db`.

- `/areas Zonas_Seguridad`: define las zonas de seguridad que se deben aplicar. Los valores permitidos son los siguientes:
  - **SECURITYPOLICY**: directivas de cuenta y asignaciones de permisos de los usuarios.
  - **GROUP_MGMT**: configura restricciones para los grupos especificados en el modelo de seguridad.
  - **USER_RIGHTS**: permisos de inicio de sesión de usuario y concesiones de privilegios.
  - **REGKEYS**: plantillas de seguridad para claves locales del registro.
  - **FILESTORE**: seguridad para el almacenamiento local de archivos.
  - **SERVICES**: seguridad de todos los servicios definidos.

A continuación, se muestra el resto de modificadores:

- `/log Ruta_Archivo_Log`: permite establecer la ubicación del archivo de registro que realiza una traza del seguimiento de los cambios.
- `/verbose`: permite ver información más detallada.
- `/quiet`: reduce la cantidad de información que se muestra en la pantalla, así como la información que se guardará en el archivo de registro.

Debe ejecutar `Secedit` desde el símbolo del sistema.

Por ejemplo, para configurar directivas de las cuentas de usuarios en la configuración original, escriba este comando:

```
secedit /configure /cfg %windir%\inf\defltbase.inf
/db defltbase.sdb /areas securitypolicy /verbose
```

Se podrá ver la lista de entradas del registro que se han reescrito, editando el archivo Scesrv.log ubicado en **C:\WINDOWS\security\logs**.

Los privilegios de usuario se pueden configurar escribiendo este comando:

```
secedit /configure /cfg %windir%\inf\defltbase.inf /db
defltbase.sdb /areas user_rights /verbose
```

Puede anular los permisos establecidos en el registro escribiendo este comando:

```
secedit /configure /cfg %windir%\inf\defltbase.inf /db
defltbase.sdb /areas regkeys /verbose
```

La configuración de los permisos relacionados con archivos y directorios se fuerza escribiendo este comando:

```
secedit /configure /cfg %windir%\inf\defltbase.inf /db
defltbase.sdb /areas filestore /verbose
```

Aquí hay un ejemplo de cómo usarlo: no puede iniciar una sesión interactiva en un ordenador. Este problema está relacionado con una política de seguridad local dañada. Tiene dos opciones:

- Cree un script de inicio que utilice `Secedit` para permitirle restablecer la configuración de seguridad a los valores predeterminados.
- Use conjuntamente `Psexec` (herramienta Systernal, consulte el capítulo Las herramientas del sistema, sección Herramientas internas del sistema) y `Secedit` para ejecutar este tipo de comando:

```
psExec \\Nombre_Servidor -u Nombre_Administrador -p Contraseña
secedit
/configure /cfg %windir%\inf\defltbase.inf /db defltbase.sdb
/areas user_rights /verbose
```

6.3 Reparación de los permisos NTFS en el registro de Windows

Por ejemplo, puede utilizar esta solución para resolver los siguientes problemas:

- Varios cuadros de diálogo están vacíos.
- Solo hay fallos de funcionamiento en una de las cuentas de usuario.
- Windows Media Player no se puede iniciar.
- No es posible definir un "Player" como programa predeterminado.
- Los archivos EXE ya no se reconocen.
- Los programas que usan Windows Installer ya no se pueden instalar correctamente (código de error 10 o mensaje de tipo "Acceso denegado").

– Algunas configuraciones de la barra de tareas no se memorizan.

– Las asociaciones de archivos ya no funcionan.

Puede solucionar este problema con bastante facilidad mediante el uso de una herramienta obsoleta llamada SubInACL. Es una herramienta del símbolo del sistema que permite manipular el conjunto de permisos NTFS de los archivos, carpetas, claves de registro y servicios. Se puede descargar por separado, desde la dirección https://web.archive.org/web/20200804145038/ https://www.microsoft.com/en-us/download/confirmation.aspx?Código=23510

▶Después de la descarga, instale el archivo subinacl.msi.

▶Cree un nuevo documento llamado **registry.cmd** (el nombre no importa).

El único requisito es que este archivo debe tener la extensión *.cmd* (o *.bat*). Para que le resulte más fácil esta tarea, guarde este archivo en la misma carpeta en la que esté **SubInACL**.

▶A continuación, copie el siguiente contenido en este archivo:

```
subinacl /subkeyreg HKEY_LOCAL_MACHINE /grant=
administrators=f subinacl /subkeyreg HKEY_CURRENT_USER
/grant=administrators=f subinacl /subkeyreg
HKEY_CLASSES_ROOT /grant=administrators=f subinacl
/subdirectories %SystemDrive% /grant=administrators=f
subinacl /subkeyreg HKEY_LOCAL_MACHINE /grant=system=f
subinacl /subkeyreg HKEY_CURRENT_USER /grant=system=f
subinacl /subkeyreg HKEY_CLASSES_ROOT /grant=system=f
subinacl /subdirectories %SystemDrive% /grant=system=f
```

▶Abra una ventana del símbolo del sistema.

▶Con el comando cd, vaya al directorio que contiene su archivo de comando.

▶Introduzca esto: `registry.cmd`.

Tendrá que esperar mucho tiempo antes de poder reiniciar su ordenador.

Capítulo 8
Administración de dispositivos

1. Administrador de dispositivos

Todos los componentes de hardware instalados en el equipo se pueden ver en el administrador de dispositivos.

Para acceder a él, hay varias opciones posibles:

- Pulse a la vez en las teclas [Windows] + [X] para abrir el menú contextual del botón **Inicio** y haga clic en **Administrador de dispositivos**.
- Ejecute el comando `devmgmt.msc`.
- Escriba `Administrador de dispositivos` en la barra de búsqueda o en el menú **Inicio**.
- Acceda a **Panel de control - Hardware y audio - Dispositivos e impresoras**. El administrador de dispositivos aparece en esta sección.

Los dispositivos se agrupan en familias. Por ejemplo, en **Adaptadores de red**, se enumeran todos los componentes de red instalados en su ordenador: tarjeta Ethernet, Wi-Fi, tarjeta de red virtual, etc.

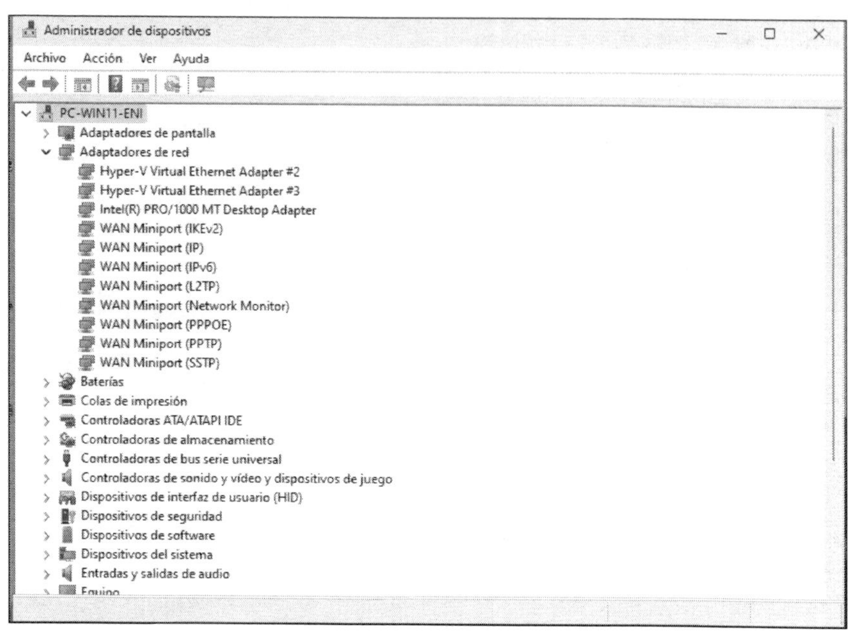

Para forzar la visualización de todos los componentes, haga clic en **Ver -Mostrar dispositivos ocultos**.

Si hace doble clic en uno de estos dispositivos, accederá a su ventana de propiedades.

- Haga clic en la pestaña **Controlador** y, a continuación, en el botón **Detalles del controlador**. Esto mostrará los archivos del sistema que se han instalado con este componente.

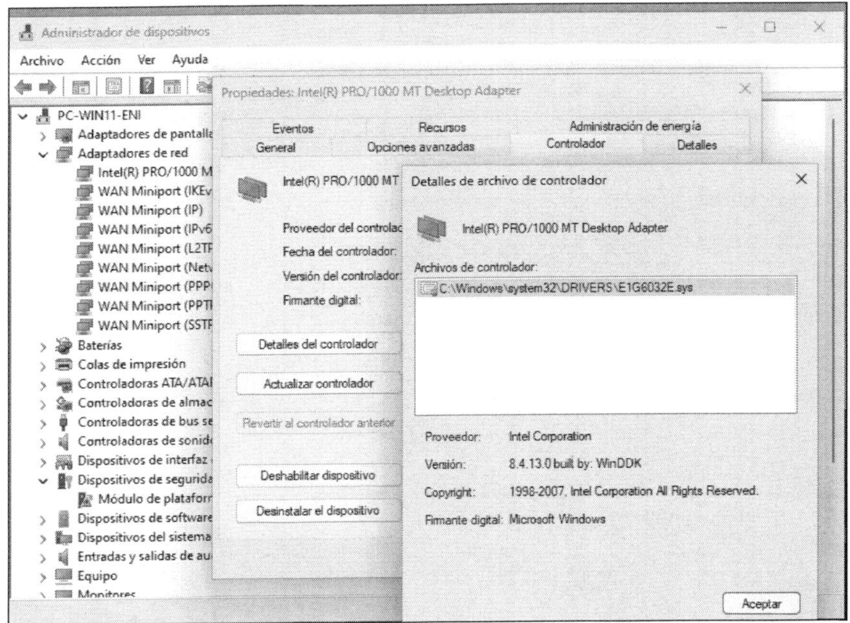

1.1 Controladores de dispositivos

Un controlador de dispositivo es un programa que instala un componente de hardware o un periférico para que su sistema operativo pueda comunicarse con él. Un controlador es específico de un tipo de hardware y varía en función del sistema operativo para el que está destinado. Por ejemplo, hablaremos de un controlador para una determinada tarjeta de red vendida por una empresa en particular y un modelo específico, que puede o no ser compatible con Windows. Un controlador no tiene nada que ver con el posible paquete de aplicaciones que vienen con un dispositivo concreto.

Una impresora 3 en 1 requiere un controlador para funcionar, pero el software que le permite comenzar a imprimir será parte de un programa diferente. La instalación del controlador se inicia a partir de la información contenida en un archivo INF. Todos ellos se almacenan en esta ubicación: **C:\Windows\INF** y llevan una extensión .inf (por *Setup Information file*). Por lo general, un controlador se puede instalar de dos maneras:

- Un archivo INF está disponible y, en el momento de la instalación, el sistema lo detectará automáticamente. Hay ocasiones en las que es necesario especificar manualmente la ubicación de este archivo.
- El controlador tiene un "instalador": haga doble clic en el archivo llamado S**etup.exe** o **Install.exe** para iniciar la instalación del controlador.

1.2 Identificación de un dispositivo

Hay dos conceptos importantes que debe conocer:

- ID del dispositivo
- El GUID de la clase de dispositivo.

Cada fabricante de componentes y dispositivo tiene identificadores (ID) únicos. Para conocerlos:

- Acceda al **Administrador de dispositivos**.
- Haga clic con el botón derecho del ratón en uno de los dispositivos de una de las ramas de dispositivo visibles y haga clic en el submenú **Propiedades**.
- Haga clic en la pestaña **Detalles**.
- En la lista desplegable **Propiedades**, seleccione la opción **Id. de hardware**.

Podrá ver el ID de vendedor (**VEN_xxxx**) y el ID de hardware (**DEV_xxxx**).

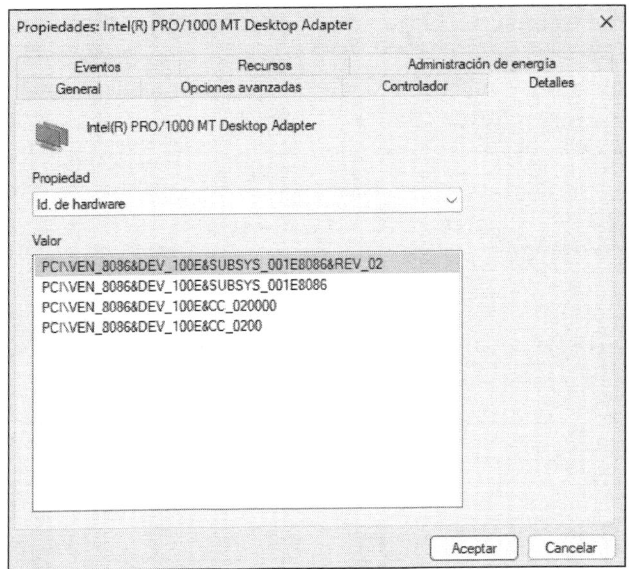

Llegamos a esta segunda noción: el GUID (*Globally Unique Identifier*) de la clase de dispositivo es un identificador en forma de clave CLSID única que define una clase de dispositivo.

- En el registro, abra este árbol: **HKEY_LOCAL_MACHINE - SYSTEM - CurrentControlSet - Enum**. Cada subclave enumera una o varias clases de dispositivo.
- Por ejemplo, expanda la clave **PCI**. Esta contiene subclaves que representan los distintos dispositivos PCI.
- Expanda la clave correspondiente al adaptador Wi-Fi (**VEN_8086&DEV_100&SUBSYS_001E8086&REV_O2** en el ejemplo) y expanda la subclave de la instancia del dispositivo (**3&267a616a&0&18**).

◘ Puede identificar el valor de **ClassGUID** en **{4d36e972-e325-11ce-bfc1-08002be10318}**, que corresponde al GUID de la clase de dispositivo.

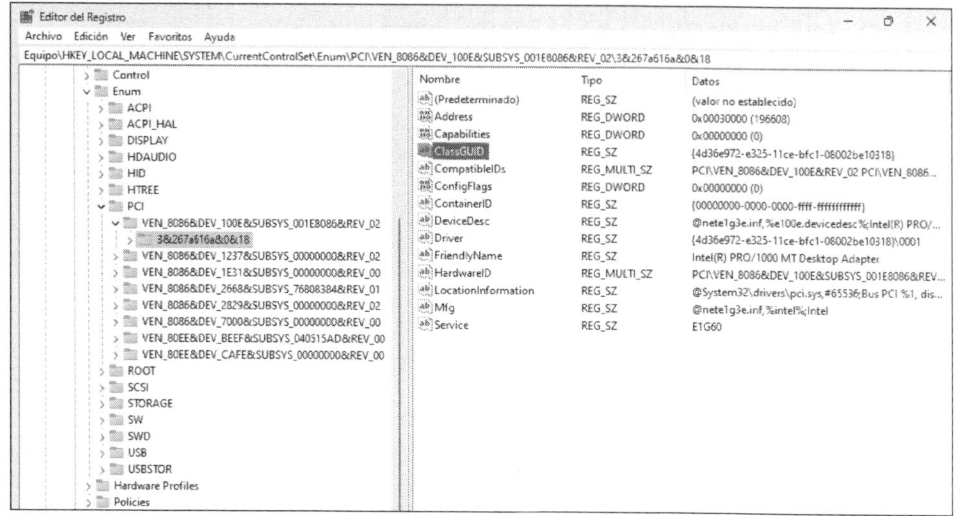

Encontramos la misma información siguiendo este procedimiento:

◘ En el **Administrador de dispositivos**, abra la rama **Adaptadores de red** y haga doble clic en el nombre del adaptador Wi-Fi.

◘ Haga clic en la pestaña **Detalles**.

◘ En la lista desplegable, seleccione las opciones **GUID de clase**, **Clase**, **ID de hardware**, **Descripción de dispositivo**, etc. Tenga en cuenta que muchos fabricantes se confunden y hay cierta confusión en los valores que se muestran.

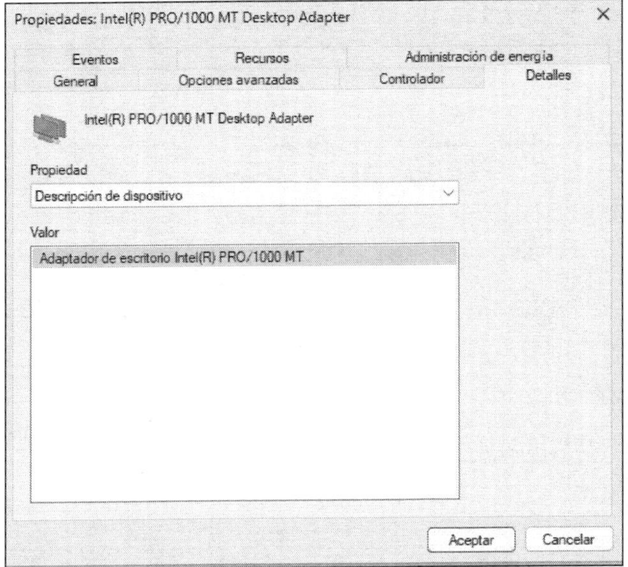

1.3 Dispositivo desconocido en el administrador de dispositivos

Esta es una forma sencilla de identificar un dispositivo desconocido (en nuestro ejemplo, es una tarjeta de sonido):

- Como se explicó anteriormente, abra la pestaña **Detalles** del dispositivo desconocido en el **Administrador de dispositivos**.
- Seleccione la opción **Id. de hardware**.

A continuación, se muestra un ejemplo de la información que se mostrará: **pci\ven_10de&dev_0059**. Este número puede estar formado por números y letras.

- El número de identificación del fabricante es el que aparece después de "ven" (por *vendor*), por lo que en este caso es: 10de.
- El número de identificación del modelo es el que aparece después de "dev" (por *device*), por lo que en este caso es: 0059.

Busque estos números de identificación en el sitio web de PCILookup, al que se puede acceder desde la dirección https://pcilookup.com/

▶En la zona de entrada **Vendor**, introduzca el "Vendor ID": 10de.

▶En la zona de entrada **Device**, introduzca el "Device ID": 0059.

▶Haga clic en el botón **Submit**.

El modelo de la tarjeta de sonido encontrada en este caso es: CK804 AC'97 Audio Controller (Nvidia).

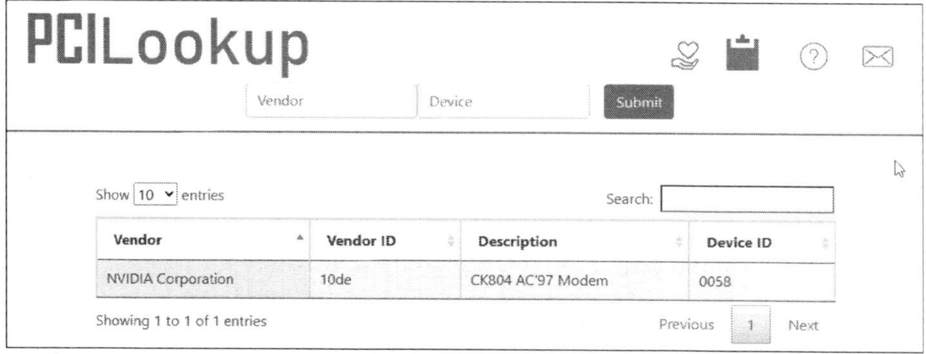

Encontrar el controlador adecuado en Internet no siempre es sencillo. En nuestro caso, necesitamos conocer el modelo exacto y las características del chipset de la placa base para encontrar el controlador de la tarjeta de sonido adecuado.

Una vez descargado el controlador, lo único que tiene que hacer es instalarlo.

Otra forma de obtener información detallada sobre uno o más dispositivos desconocidos consiste en instalar un software para analizar e identificar componentes de hardware, como la solución SiSoftware Sandra, que tiene una versión gratuita, Sandra Lite. Esta solución está disponible en el sitio web del fabricante: https://www.sisoftware.co.uk.

1.4 Actualización del chipset de la placa base

Un controlador de chipset perfectamente actualizado le permitirá resolver muchos problemas relacionados con el funcionamiento de sus periféricos. Hay diferentes fabricantes de chipsets, cada uno con su propio programa de actualización. Estos son los más comunes, con la dirección de su sitio web:

- Para chipsets AMD: https://www.amd.com/es/support
- Para chipsets Intel:
  https://www.intel.es/content/www/es/es/download-center/home.html

Estos son los menos frecuentes, para los modelos más antiguos:

- Para chipsets VIA:
  http://download.viatech.com/en/support/driversSelect.jsp
- Para chipsets Nvidia:
  https://www.nvidia.es/Download/index.aspx?lang=en

Para identificar su chipset antes de actualizarlo, siga estos pasos:

- En el **Administrador de dispositivos**, abra la rama **Dispositivos del sistema**.
- Busque uno que comience con AMD, Intel, Nvidia o Via.

1.5 Instalación de un dispositivo

En Windows, se dice que la detección de dispositivos es *Plug-and-Play*. En resumen, cuando conecta un dispositivo, el sistema le notifica inmediatamente que ha detectado un nuevo hardware. A partir de ahí, el sistema ya tiene un controlador en su base de datos interna, o debe insertar el disco que contiene el controlador del dispositivo o seleccionar la ubicación adecuada para el archivo descargado.

Hay dos posibilidades más: bien el sistema encuentra automáticamente el controlador adecuado y la instalación se realiza sin problemas, bien tendrá que especificar manualmente la ubicación del controlador (la ubicación del archivo INF).

Un mensaje de error le dirá que el controlador no ha sido firmado digitalmente. Puede ignorar esta advertencia y forzar la instalación del controlador "no certificado".

Tenga en cuenta que desde el menú contextual de cada uno de los componentes de hardware que se enumeran en el **Administrador de dispositivos**, en la pestaña **Controlador**, es posible:

- **Actualizar controlador**
- **Revertir al controlador anterior**, es decir, volver a instalar una versión anterior. A veces, este menú aparece atenuado en gris.
- **Desinstalar el dispositivo**.

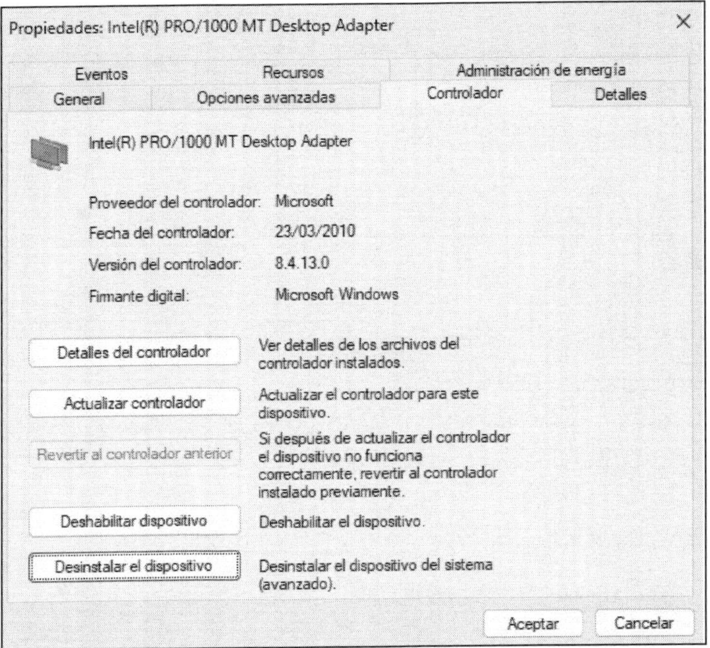

1.6 Solución de problemas de dispositivos

En términos generales, cuando tenga problemas para usar un dispositivo, siga estos pasos:

- Desconecte y vuelva a conectar el dispositivo.
- Elimine el dispositivo del **Administrador de dispositivos** y vuelva a instalar el controlador.
- Compruebe si hay una actualización del controlador disponible en Windows Update. Para ello, vaya a **Configuración - Windows Update - Opciones avanzadas - Actualizaciones opcionales**.

- Expanda **Actualizaciones de controlador**. Si una de las actualizaciones afecta a su dispositivo, selecciónela y haga clic en el botón **Descargar e instalar**.
- Por último, compruebe que no haya una actualización disponible en el sitio web del fabricante.

Estos son algunos ejemplos de soluciones concretas para problemas de dispositivos con Windows 11.

1.6.1 Cámara instalada pero no funcional

Este error puede aparecer después de una actualización a Windows 11. El controlador de la cámara está instalado correctamente, pero las aplicaciones no lo detectan. La búsqueda automática de actualizaciones de controladores no devuelve nada. La solución es cambiar el controlador.

- En el **Administrador de dispositivos**, vaya a la sección **Cámaras**.
- Haga doble clic en la línea correspondiente a su cámara y vaya a la pestaña **Controlador**.
- Haga clic en **Actualizar controlador** y elija **Examinar mi PC en busca de controladores**.
- En la ventana que se abre, haga clic en **Elegir en una lista de controladores disponibles en el equipo**.
- Seleccione **USB Video Device** y haga clic en **Siguiente** y, después, en **Cerrar**.
- La cámara vuelve a funcionar. Puede comprobarlo iniciando la aplicación **Cámara**.

1.6.2 Cámara: Error 0xA00F4271

Otro caso más específico en una plataforma ARM: al utilizar la aplicación **Cámara**, se puede mostrar el error 0xA00F4271. Los dispositivos afectados no son cámaras web ni cámaras USB, sino solo cámaras de tipo aparato de fotos.

- Utilice el solucionador de problemas accesible desde **Configuración - Sistema - Solución de problemas - Otros solucionadores de problemas**.
- En la fila **Cámara**, haga clic en el botón **Ejecutar** y siga las instrucciones.
- Si el problema no se resuelve, abra un símbolo del sistema como administrador y ejecute el siguiente comando:

```
reg add "HKLM\SYSTEM\CurrentControlSet\Control\Qualcomm\Camera" /v
EnableQCOMFD /t REG_DWORD /d 0 /f
```

- Reinicie la aplicación o, si es necesario, reinicie el equipo.

1.6.3 Controlador de audio Intel

Es posible que aparezca una pantalla azul en algunos equipos que ejecutan un procesador Intel de 11ª generación y el controlador de audio Intel SST (*Smart Sound Technology*). Las versiones afectadas son 10.29.0.5152 y 10.30.0.5152.

- Actualice el controlador a una versión más reciente, al menos 10.29.0.5714 o 10.30.0.5714.

1.6.4 Códigos de error del administrador de dispositivos

El administrador de dispositivos genera sus propios códigos de error (Código xx). En términos generales, si no puede resolver el problema, consulte la siguiente página web de Microsoft https://support.microsoft.com/es-es/help/310123/error-codes-in-device-manager-in-windows.

Obtendrá algunas pistas adicionales más que, definitivamente, le permitirán solucionar el problema.

1.6.5 Estado de la batería

Todo usuario de un ordenador portátil suele encontrar útil poder rastrear el estado de la batería de su dispositivo. ¿Cómo se detecta una batería defectuosa o se realiza un seguimiento de su capacidad? Utilice la herramienta integrada de Windows:

- Abra un terminal en modo de administrador.
- Introduzca el comando: `powercfg /energy`. La supervisión de la batería está configurada.
- Para generar el informe, ahora escriba el comando:
  `powercfg /batteryreport`
  El informe se genera en formato html (web), en la carpeta actual, y tiene el nombre **battery-report.html**.
- Abra el archivo con un navegador, como Edge, escribiendo el siguiente comando: `Start-Process msedge "$pwd.\battery-report.html"`.O abra el **Explorador de archivos**, vaya a la carpeta anterior y haga doble clic en el archivo generado.
- Se abre el navegador. Vaya a la sección **Installed batteries**.
  - La **Design capacity** indica la capacidad de carga original de la batería.
  - La línea **Full charge capacity** muestra la capacidad actual. Es normal que una batería de varios años de antigüedad tenga una capacidad de carga inferior a la original.

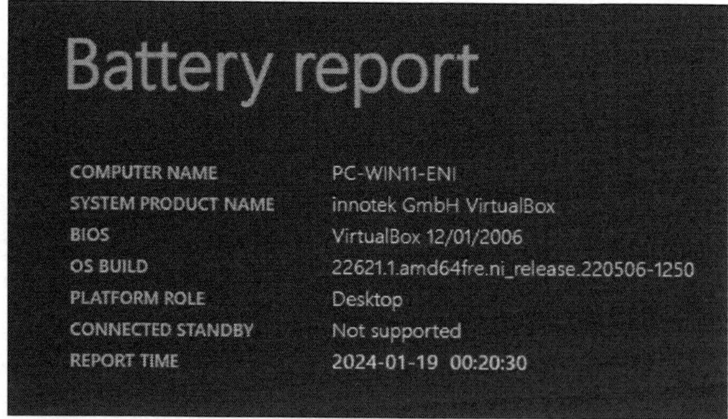

2. Dispositivos USB

Los dispositivos externos más comunes ahora son dispositivos USB (*Universal Serial Bus*): impresoras, cámaras web, discos externos, auriculares, teclados, etc. Instalarlos se puede convertir rápidamente en una carrera de obstáculos si no se tienen algunas nociones esenciales.

2.1 Puertos USB

Como se mencionó en el primer capítulo Configuración de hardware, sección Conectores, existen varios estándares USB. Por lo tanto, los puertos USB se pueden presentar de dos formas:

- USB clásico, conocido como tipo A,
- USB-C.

Por lo tanto, es importante comprobar que la máquina y el dispositivo tengan puertos compatibles. También es importante utilizar un cable adecuado que sea compatible con la velocidad y el estándar deseados.

Puede obtener información sobre la velocidad soportada en los puertos USB de su equipo siguiendo estos pasos:

- En el **Administrador de dispositivos**, despliegue la entrada **Controladores de bus serie universal**.
- Haga doble clic en uno de los controladores de host.
- Haga clic en la pestaña **Controlador** y, a continuación, en el botón **Detalles del controlador**.

Es posible que tenga este tipo de indicación de archivo del sistema: **usbxhci.sys** (para USB 3), **usbehci.sys** (para USB 2).

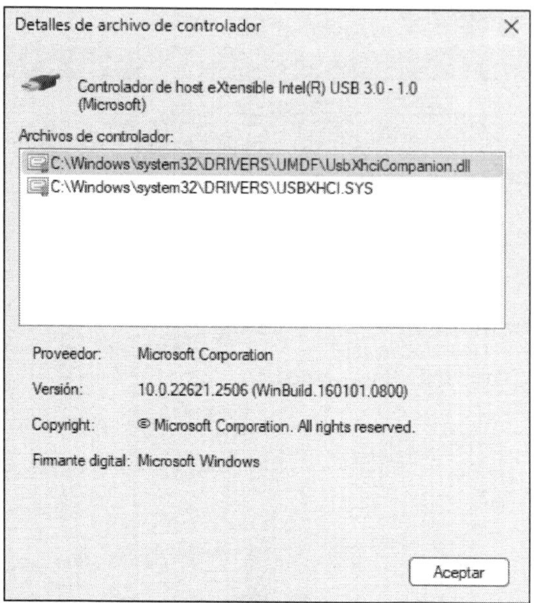

Recuerde que esto también se puede configurar en la UEFI

2.2 Instalación de un dispositivo USB

Hay dos métodos totalmente incompatibles para instalar un dispositivo USB. La documentación del dispositivo le dirá cuál es la correcta:

- No conecte el dispositivo USB hasta que instale el controlador: inserte la unidad multimedia de instalación del software y de los controladores y, cuando haya terminado, reinicie el equipo. La instalación continuará y luego, en algún momento, se le pedirá que conecte su dispositivo USB.
- Conecte el dispositivo USB antes de instalar el controlador: el sistema indicará que se ha detectado un nuevo hardware. Cuando se le solicite, inserte la unidad multimedia que contiene el controlador para su dispositivo y siga las instrucciones.

Antes de instalar un dispositivo USB, se debe asegurar de que el controlador del chipset de la placa base esté actualizado.

2.3 Desconectar un dispositivo de forma segura

En Windows 7, las unidades USB usaban una memoria caché de escritura en el dispositivo o sistema operativo para obtener el mejor rendimiento de lectura y escritura posible. A partir de Windows 8, esta caché está deshabilitada de forma predeterminada. Esta función permite retirar el dispositivo sin necesidad de expulsarlo primero. A continuación, le indicamos cómo comprobar la configuración:

- Abra el **Administrador de dispositivos**:
- Despliegue la sección **Unidades de disco**.
- Haga doble clic en el dispositivo USB deseado.
- Abra la pestaña **Directivas** y asegúrese de que la opción **Extracción rápida (predeterminada)** esté marcada.

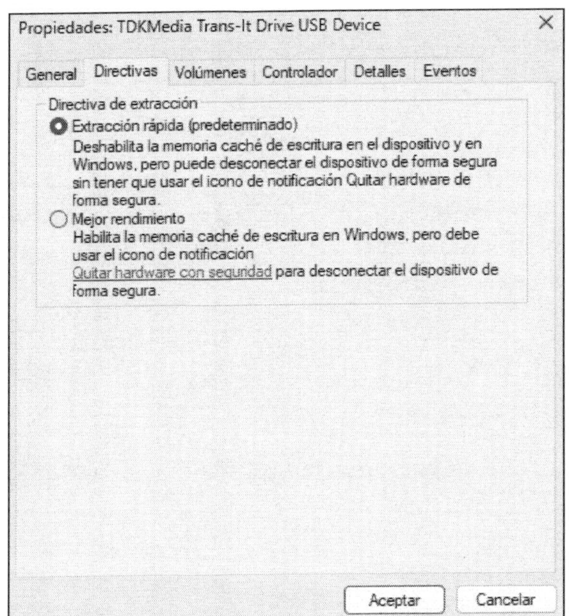

Si no puede encontrar el icono de notificación **Quitar hardware con seguridad** en la barra de tareas, puede abrirlo ejecutando el comando:

```
%SystemRoot%\System32\RUNDLL32.EXE shell32.dll,
Control_RunDLL hotplug.dll
```

2.4 ReadyBoost

Esta tecnología permite acelerar Windows 11 utilizando la memoria flash disponible en una unidad USB o tarjeta de memoria. Solo se puede configurar si aún no ha instalado un SSD. La unidad extraíble debe tener un mínimo de 500 MB de espacio libre y una alta velocidad de transferencia (se recomiendan más de 20 MB/s).

Observación

A pesar de lo que afirman algunos fabricantes, no hay muchas unidades USB de nivel básico o de gama media que estén diseñadas para usar la funcionalidad ReadyBoost. Debe buscar productos que estén claramente indicados como "Compatible ReadyBoost".

- Para habilitar ReadyBoost, abra el **Explorador de archivos** y seleccione la letra de unidad de su clave.
- Haga clic con el botón derecho del ratón en esta unidad y seleccione la opción **Propiedades**.
- En la pestaña **ReadyBoost**, active la opción **Usar este dispositivo**. Windows comprueba que el dispositivo es compatible y determina la cantidad de espacio libre que se va a usar.
- Si es necesario, corrija la sugerencia desplazando el cursor para asignar más memoria a esta función.
- Haga clic en el botón **Aceptar**.

Windows creará un archivo de caché **ReadyBoost.sfcache** en la unidad USB, generalmente en la raíz.

2.5 Problemas con dispositivos USB

En las siguientes secciones, veremos algunos de los principales problemas que pueden surgir al instalar un dispositivo USB. Este tema se aplica a todas las versiones de Windows.

2.5.1 Problema con el puerto USB

Hay dos tipos de cables USB: de alta velocidad y de baja velocidad. La diferencia entre los dos está principalmente en su blindaje. Si conecta un dispositivo de banda ancha a un cable de baja velocidad, la señal se puede distorsionar. Antes de deducir que hay un problema de hardware, no dude en probar otro cable.

2.5.2 Funcionalidad USB4 limitada

Este mensaje puede aparecer si conecta un dispositivo USB4 a su ordenador.

- Asegúrese de que su PC sea compatible con USB4.
- Utilice un cable con certificación USB4.
- Asegúrese de que el dispositivo esté conectado a un puerto USB4 de su ordenador. No todos los puertos USB-C de un equipo están certificados para el mismo estándar o velocidad.

2.5.3 El dispositivo USB 3.0 funciona a velocidades USB 2.0

- Asegúrese de que el dispositivo esté conectado a un puerto USB 3.
- En el **Administrador de dispositivos**, haga clic en el controlador.
- En la pestaña **Controlador**, haga clic en el botón **Detalles del controlador** y compruebe que el controlador utiliza el archivo USBXHCI.SYS.
- Si es necesario, compruebe la configuración de la UEFI: el modo USB se debe establecer en **XHCI**.
- Por último, si no observa ninguna mejoría, intente actualizar la versión UEFI de la placa base.

2.5.4 Dispositivo USB de alta velocidad conectado a un concentrador USB de baja velocidad

Esto puede ser simplemente una señal de que su ordenador no tiene puertos USB 3.0. Normalmente, este problema suele afectar a los modelos más antiguos. Una solución es invertir en una tarjeta PCIe USB 3.0. Además, la compatibilidad con USB 3.0 solo es posible a partir de Windows 8.

Los síntomas son muy variados: sus dispositivos USB dejan de funcionar cuando el ordenador sale del modo de hibernación. No es posible activar o salir de la hibernación. El equipo se reinicia cuando sale de hibernación. Tiene un error STOP 0x000000A relacionado con el archivo *Usbport.sys* o un error STOP 0x0000007E relacionado con el archivo *Usbhub.sys*. Sus dispositivos USB quedan marcados como dispositivos desconocidos.

Si está seguro de que su ordenador tiene puertos USB 3.0, actualice los controladores del chipset.

Tenga en cuenta que es posible que no todos los puertos USB de su placa base acepten este estándar y que, por ejemplo, dos puertos USB en la parte frontal admitirán USB 3.0, mientras que los de la parte posterior solo serán compatibles con el estándar más antiguo. Otra solución es desactivar de manera selectiva dos de los cuatro puertos USB para reservar todos los recursos disponibles en la placa base para ellos.

También podría estar relacionado con un problema de recursos en la placa base. Es necesaria una breve explicación: los dispositivos USB requieren un máximo de 500 miliamperios para cada conexión. Si un dispositivo intenta usar más corriente, el ordenador desactivará este puerto hasta que la energía del ordenador haya vuelto a la normalidad. Si su placa base no entrega suficiente voltaje para hacer funcionar varios dispositivos al mismo tiempo, deberá comprar un hub autoalimentado para conectar sus dispositivos USB.

Si encuentra este problema después de configurar una tarjeta USB 3.0 PCIe, intente cambiar de slot. De lo contrario, cámbielo en la tienda donde lo compró.

2.5.5 Dispositivos USB no reconocidos

También puede notar un error con respecto a la alimentación de los puertos USB. Además, el sistema puede detectar un nuevo dispositivo USB como un dispositivo desconocido.

Tenga en cuenta el código de error que se muestra en el administrador de dispositivos y consulte la página de códigos de error en la dirección https://support.microsoft.com/es-es/help/310123/error-codes-in-device-manager-in-windows

Si es necesario, cambie la configuración de la fuente de alimentación:

- En el cuadro de búsqueda, escriba `Editar plan de energía` y haga clic en el menú proporcionado.
- Haga clic en el enlace **Cambiar la configuración avanzada de energía**.
- Expanda la sección **Configuración de USB - Configuración de suspensión selectiva de USB**.
- Deshabilítelo para las entradas **Con batería** y **Con corriente alterna**.

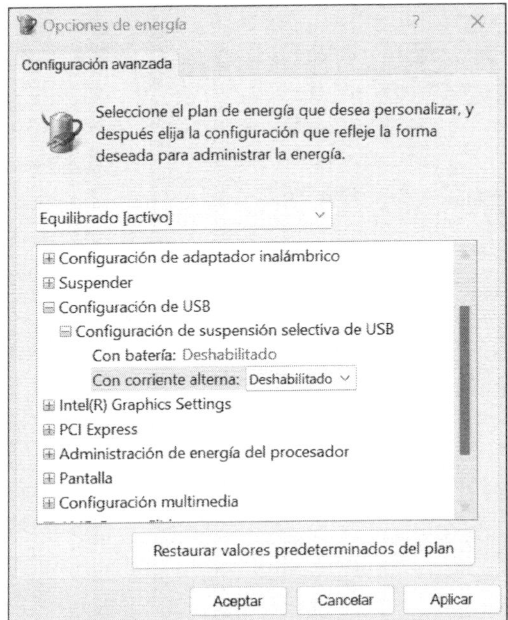

Si el problema persiste, pruebe lo siguiente:

- Acceda a la UEFI de su ordenador y deshabilite todas las funciones USB. El comando estará presente en un menú como **Integrated Peripherals** o **Advanced Chipset Features** y se podrá llamar **Onboard USB Function** o **On Chip USB**.
- Reinicie normalmente y desinstale después todos los programas relacionados con los dispositivos USB, usando el módulo **Agregar o quitar programas** en el **Panel de control**.
- A continuación, vaya al **Administrador de dispositivos**.
- Haga doble clic en la rama **Controladores de bus serie universal**.
- Haga clic con el derecho del ratón en el primer dispositivo de la lista y, a continuación, haga clic en **Desinstalar**.
- Repita la misma operación para cada uno de los demás dispositivos de esta rama.

Lo mejor es empezar por los hubs (concentradores) raíz.

- Opcionalmente, compruebe si hay rastro de sus dispositivos USB en otra rama. En cuyo caso, tendrá que desinstalarlos. Las posibles ramas son: **Cámaras**, **Unidades de disco**, **Controladores de sonido y vídeo y dispositivos de juego**, **Dispositivos de imagen** y **Mouse y otros dispositivos señaladores**. Recuerde habilitar la visualización de dispositivos ocultos haciendo clic en **Ver - Mostrar dispositivos ocultos**.
- Abra el **Explorador de archivos** y, a continuación, active la visualización de archivos y carpetas ocultos.
- A continuación, abra este árbol: **C:\Windows\System32\config**.
- Sustituya la carpeta **Drivers** por la carpeta equivalente del disco de instalación de Windows en modo WinRE. Esta carpeta contiene una base de datos de controladores que ya se han instalado en el equipo. Este es el motivo por el que, si desinstala un controlador, se reinstalará automáticamente con la misma configuración. Esto evita la reinstalación automática del mismo controlador, que puede estar obsoleto o ser incompatible con su sistema operativo.

- Reinicie el ordenador.
- Acceda a UEFI y vuelva a habilitar todas las funciones USB.
- Esta vez, reinicie normalmente y luego proceda a reinstalar sus dispositivos.

2.5.6 Reinstalación de un dispositivo USB declarado como "Dispositivo desconocido" ("Unknown Device")

- Abra el **Administrador de dispositivos**, haga clic con el botón derecho del ratón en el dispositivo identificado como "Dispositivo desconocido" y seleccione la opción **Actualizar controlador**.
- Seleccione la opción **Examinar mi equipo para buscar controladores**.
- En el cuadro de búsqueda de los controladores, indique la carpeta **C:\WINDOWS\System32** y active **Incluir subcarpetas**. Haga clic en el botón **Siguiente**.

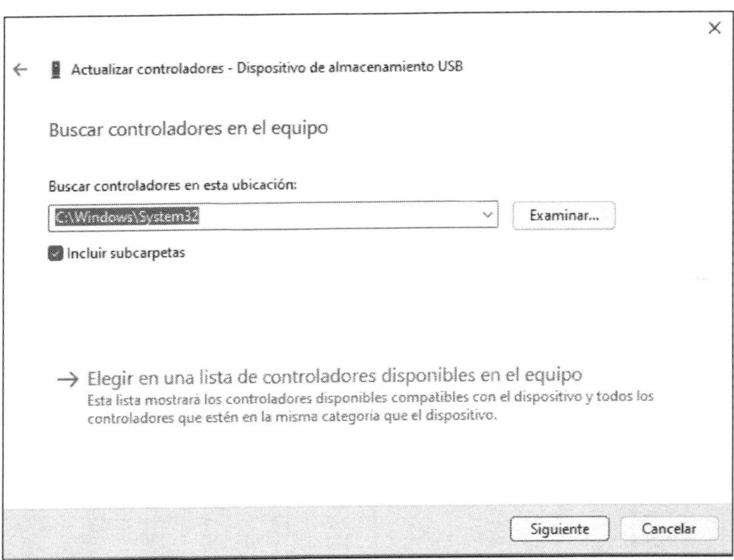

- Haga clic en el botón **Cerrar** al final del proceso de actualización.

2.5.7 En el administrador de dispositivos aparecen varios dispositivos desconocidos

Intente detectar e instalar los controladores para estos dispositivos a través del asistente de actualización de controladores, si este es el motivo del problema.

El problema también puede estar relacionado con los permisos de las claves del registro que almacenan información de configuración del dispositivo.

- Haga clic en **Inicio** y escriba: regedit.
- Abra **HKEY_LOCAL_MACHINE - SYSTEM - CurrentControlSet - Enum**.
- Haga clic con el botón derecho del ratón en la clave **Enum** y seleccione **Autorisations**.
  - Los permisos para el grupo **Sistema** deben ser los siguientes: **Control total** y **Leer**.
  - Los permisos para el grupo **Administradores** deben ser, como mínimo: **Control total** y **Lectura**.
  - El permiso para el grupo **Usuarios** debe ser el siguiente: **Leer**.

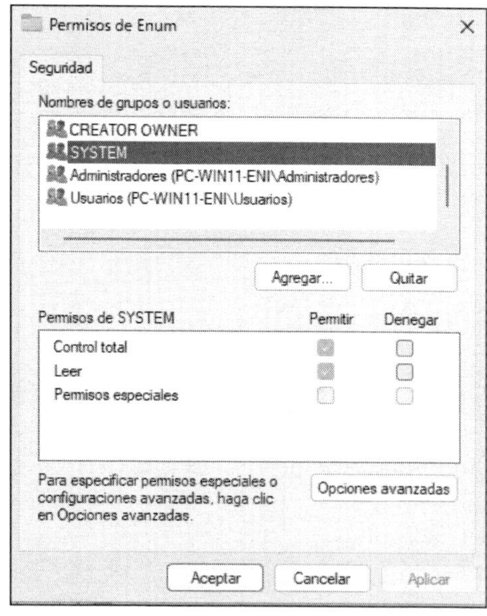

- Si no coincide, haga los cambios necesarios.

Posiblemente, y si esto no es suficiente después de un reinicio:

- Haga clic en el botón **Opciones avanzadas**.
- Seleccione la opción Reemplazar todas las entradas de permisos de los objetos secundarios por entradas de permisos heredables de este objeto.
- Valide el resto.

2.5.8 No se puede desinstalar el dispositivo Es posible que se requiera el dispositivo para iniciar el ordenador

También puede recibir el siguiente mensaje de error: "No se puede desinstalar este dispositivo porque sus dependientes rechazaron la solicitud. Esto puede suceder si se necesitan los dependientes del dispositivo para arrancar el ordenador".

Esta es una forma sencilla de solucionar el problema:

- Acceda a las propiedades del dispositivo y haga clic en la pestaña **Detalles**. Aparecerá este tipo de indicación: USBSTOR\DISK&VEN_LEXAR&PROD_ JUMPDRIVE_SPORT&REV_3000\1069F002005846291005&0.
- En el registro de Windows, abra **HKEY_LOCAL_MACHINE - SYSTEM - CurrentControlSet - Enum - USBSTOR**.
- Abra la clave correspondiente a la primera indicación: **Disk&Ven_LEXAR&Prod_ JUMPDRIVE_SPORT&Rev_3000**.
- En su interior, encontrará una subclave con un nombre similar a: **1069F002005846291005&0**. Ábrala y compruebe el contenido del valor de la cadena **FriendlyName** para asegurarse de que se encuentra en el árbol correspondiente al dispositivo.
- Una vez establecido este último punto, elimine la clave padre: **Disk&Ven_LEXAR&Prod_JUMPDRIVE_SPORT&Rev_3000**

Si aparece un mensaje como este: "Error al eliminar la clave - Disk&Ven_LEXAR&Prod_JUMPDRIVE_SPORT&Rev_3000 eliminación imposible: error al eliminar la clave", haga lo siguiente:

- Haga clic con el botón derecho del ratón en el nombre de la clave y, a continuación, haga clic en **Permisos**.
- Seleccione el grupo **Todos** y, a continuación, active la casilla **Control total** en la columna **Permitir** y valide el resto.
- Ahora elimine la clave que da problemas y luego reinicie el ordenador.

Aunque no lo parezca, este procedimiento es realmente seguro. Puede utilizar tanto las soluciones presentadas en la sección anterior, como esta.

2.5.9 Problema de detección de dispositivos USB

En primer lugar, debe actualizar el controlador del chipset de la placa base y, posiblemente, ejecutar los parches disponibles que permitan una mejor administración de los puertos USB.

Si el problema está relacionado con una unidad USB o un medio de almacenamiento extraíble, pruebe lo siguiente:

- Haga clic con el botón derecho en el botón **Inicio** y, a continuación, en **Administración de discos**.
- También puede escribir el comando `diskmgmt.msc` en el cuadro de búsqueda situado a la derecha del menú **Inicio**.
- Seleccione el disco extraíble que no se detecta.
- Haga clic con el botón derecho de ratón en la unidad con la letra desplazada y, a continuación, haga clic en el botón **Cambiar la letra y rutas de acceso de unidad**.
- Haga clic en el botón **Editar**. Asigne al lector una letra definida de tal manera que siga el orden alfabético.

Esta solución funciona si hay una letra de unidad sin asignar en la secuencia de las unidades. Por ejemplo, si tiene diferentes particiones que ocupan las letras C, D y E y una unidad de DVD o grabadora a la que se le asigna la letra G.

2.5.10 El dispositivo USB interfiere con el apagado de Windows

En cualquier caso, compruebe si hay una actualización del controlador disponible en el sitio web del fabricante. De lo contrario, siga estos pasos:

- En el **Administrador de dispositivos**, haga doble clic en la rama **Dispositivos de almacenamiento USB**.
- En la lista de dispositivos que aparece a continuación, haga doble clic en uno de los hubs listados.
- Haga clic en la pestaña **Administración de energía** y desmarque la casilla de verificación **Permitir que el equipo apague este dispositivo para ahorrar energía**.

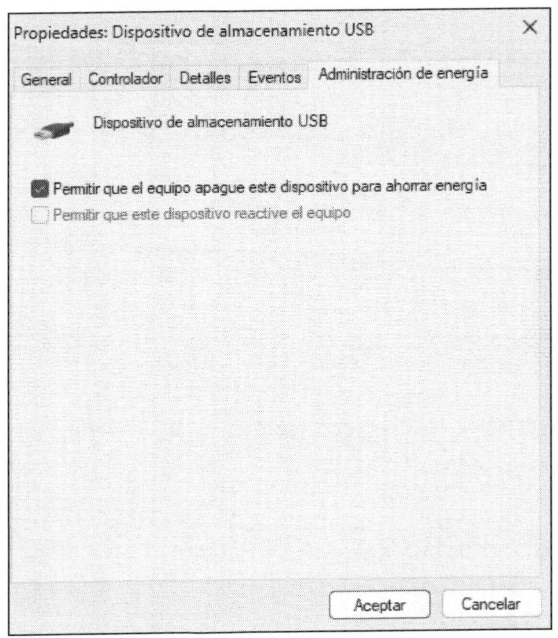

Este truco obliga al sistema a ignorar el estado de los dispositivos USB antes de entrar en modo de hibernación. También funciona si tiene problemas para apagar su máquina cuando hay conectado un dispositivo USB.

2.5.11 Capacidad incorrecta de la unidad USB

Este problema se produce cuando la unidad se ha conectado a un sistema operativo que no sea Windows.

- Inicie un símbolo del sistema en modo de administrador.
- Ejecute el comando `diskpart`.
- Visualice la lista de discos introduciendo el comando `list disk`.
- Una vez haya identificado su disco, complete el comando `select disk <número>` sustituyéndolo por el número de disco correspondiente a la unidad USB.
- Por último, complete el comando `clean`. Este comando elimina todas las particiones del disco y todos los datos.
- A continuación, formatee la unidad para que funcione.

2.5.12 El teléfono o la tableta no se detectan o no se puede acceder a ellos

Al conectar un teléfono o tableta, el dispositivo se carga, pero el sistema no lo detecta.

Después de comprobar las causas más frecuentes discutidas anteriormente, compruebe la calidad del cable y pruebe con otro. Por lo general, el problema se resolverá y se detectará el dispositivo, con una notificación sonora que le informará.

También puede suceder que el dispositivo se detecte, aparezca en el explorador de archivos, pero no se pueda acceder a él. Por lo general, esta es una configuración del teléfono:

- Haga clic en la notificación USB que apareció en el teléfono. **Cargar este dispositivo** está seleccionado. Por lo tanto, el dispositivo no está en el modo que permite el acceso a los datos.

- Pulse en **Transferir archivos** o **Transferir fotos (PTP)**. El explorador abre una ventana que muestra las unidades del dispositivo.

Puede que a pesar de realizar este procedimiento, no se pueda acceder al dispositivo. A continuación, puede ser necesario descargar e instalar los controladores ADB adecuados, desarrollados por el fabricante del teléfono o tableta.

Si el fabricante no ofrece una versión genérica, aquí encontrará una: https://adbdriver.com/downloads/. Instálelo y vuelva a enchufar su dispositivo.

3. Dispositivos Bluetooth

Al igual que los dispositivos USB, los dispositivos Bluetooth son particularmente sensibles a los problemas de conexión. La integración de este tipo de dispositivos requiere un mínimo de conocimientos. El estándar actual es 5.4.

3.1 Instalación de un dispositivo Bluetooth

Antes de conectar un dispositivo Bluetooth a su ordenador, debe comprobar tres cosas:

- Los dispositivos Bluetooth se conectan a través de ondas de radio. Por lo tanto, para ser detectados y poder conectarse a ellos, se deben colocar dentro del alcance del dispositivo que los está buscando. Esta distancia comienza en unos pocos metros hasta unos 60 metros, con el último estándar Bluetooth. Asegúrese de comprobar qué norma y clase se aplica a sus dispositivos y, por lo tanto, hasta qué distancia máxima se pueden detectar.
- Asimismo, debe tener un adaptador Bluetooth. Si tiene un ordenador portátil, la tarjeta Bluetooth generalmente está integrada. De lo contrario, puede utilizar un adaptador Bluetooth externo. Normalmente, este tipo de adaptador se conecta a un puerto USB.

Tenga en cuenta que algunos dispositivos están permanentemente en modo de detección. Por otro lado, en otros dispositivos como, por ejemplo, los teléfonos móviles, el adaptador Bluetooth no está permanentemente en este modo de funcionamiento por razones de seguridad, y también para ahorrar batería. En este tipo de dispositivo, debe activar el modo de detección a través de la opción correspondiente en el menú del dispositivo o mediante una tecla de inicio rápido. La activación de este modo permite que el adaptador transmita una señal que la hace detectable por otros dispositivos u ordenadores. Cuando los dispositivos que se van a emparejar son detectables, se puede iniciar la operación de emparejamiento.

- Para añadir un nuevo dispositivo, desde **Configuración - Bluetooth y dispositivos**, haga clic en el botón **Agregar dispositivo**. Antes de hacerlo, asegúrese de que la funcionalidad de bluetooth de su ordenador esté habilitada.

- Elija el tipo de dispositivo que desea conectar de las siguientes categorías:
  - Bluetooth para auriculares, altavoces, teclados o ratones.
  - Pantalla inalámbrica para conectar un televisor con Miracast u otro.
  - El resto, incluidos los mandos de Xbox o cualquier otro dispositivo compatible con DLNA (*Digital Living Network Alliance*).

- El programa detecta los dispositivos dentro del alcance y le ofrece una lista con ellos. Haga clic en el que desea instalar.

Observación

Algunos dispositivos solicitan un código de emparejamiento o un código secreto cuando inicia sesión por primera vez. Pruebe con 0000 o 1234 o consulte el manual de usuario del dispositivo.

Los dispositivos conectados aparecerán en la página de inicio de la sección Bluetooth y dispositivos.

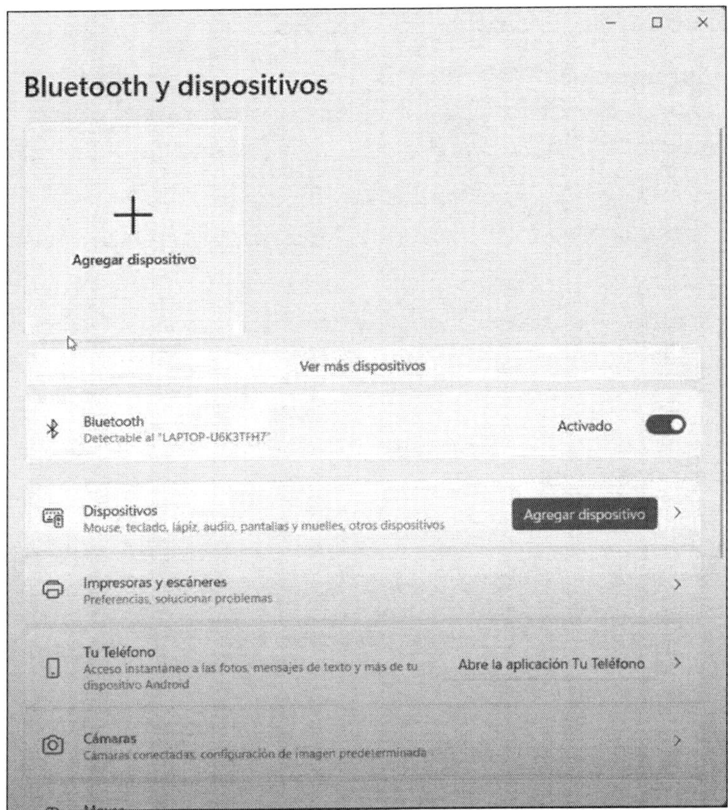

El panel de configuración rápida también ofrece un botón para activar el Bluetooth y buscar dispositivos.

3.2 Problemas con los dispositivos Bluetooth

En términos generales, puede utilizar el solucionador de problemas: **Configuración - Sistema - Solución de problemas - Otros solucionadores de problemas - Bluetooth**. Haga clic en **Ejecutar**.

Los principios explicados anteriormente sobre la actualización de un controlador o la eliminación de un dispositivo, también se aplican al bluetooth.

3.2.1 No se puede reconocer un dispositivo Bluetooth

En primer lugar, compruebe que el dispositivo que se va a conectar esté encendido y que no sea necesario sustituir las pilas. Además, asegúrese de que el adaptador Bluetooth de su ordenador esté conectado y encendido, y de que el dispositivo sea detectable.

A veces, es posible que el ordenador no reconozca un dispositivo que ya está emparejado.

- En tal caso, elimine el dispositivo de la sección **Configuración - Bluetooth y dispositivos**, haciendo clic en el botón ... (tres puntos) y seleccionando **Eliminar**.
- Si es necesario, puede encontrar dispositivos adicionales haciendo clic en el enlace **Ver otros dispositivos**.
- A continuación, vuelva a instalar el dispositivo.

Si el problema persiste, cambie la configuración de detección de Bluetooth:

- Abra **Configuración - Bluetooth y dispositivos - Dispositivo**s.

- En la sección **Configuración del dispositivo**, cambie la opción **Detección de dispositivos Bluetooth**. Seleccione **Avanzado**.

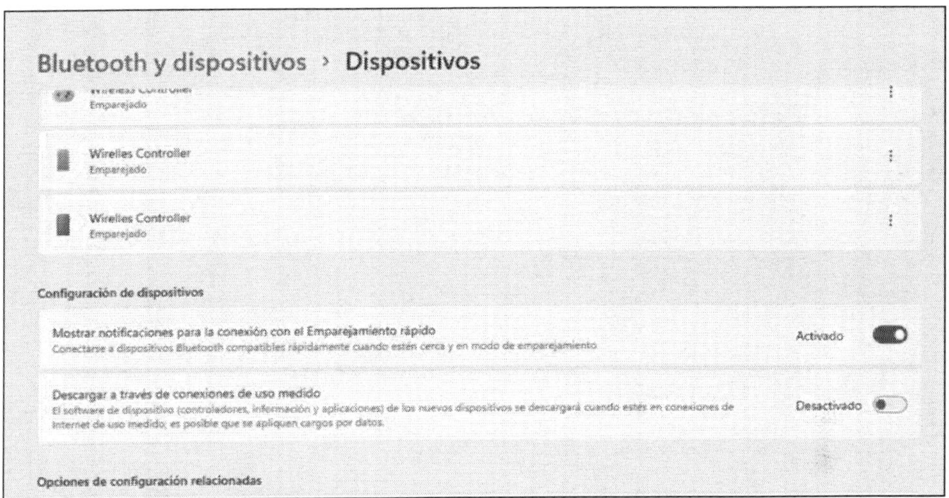

- Intente añadir el dispositivo de nuevo.

3.2.2 Conexión lenta o desconexión del dispositivo

Si experimenta este tipo de problema, primero asegúrese de que su dispositivo no interfiera con un hardware externo. A continuación, compruebe las pilas o el indicador de carga de la batería del dispositivo.

A veces, también es necesario alejar el dispositivo del ordenador. Esto pasa, por ejemplo, con algunos ratones.

Desconecte otros dispositivos Bluetooth para comprobar que no haya problemas de compatibilidad con el receptor.

Si el dispositivo funcionaba correctamente antes y el problema aparece repentinamente, intente desenchufar y volver a enchufar su adaptador o receptor Bluetooth. Si se trata de un adaptador Bluetooth interno, intente apagarlo y volver a encenderlo.

3.2.3 Audio no transmitido por un dispositivo Bluetooth

El dispositivo Bluetooth (auriculares o altavoz) está conectado y emparejado, pero el sonido se reproduce a través de otro medio (altavoz del PC, auriculares conectados a la toma jack, etc.).

- Abra **Configuración - Sistema - Sonido**.
- En la sección **Salida**, expanda **Elegir dónde reproducir el sonido** y seleccione el dispositivo adecuado.

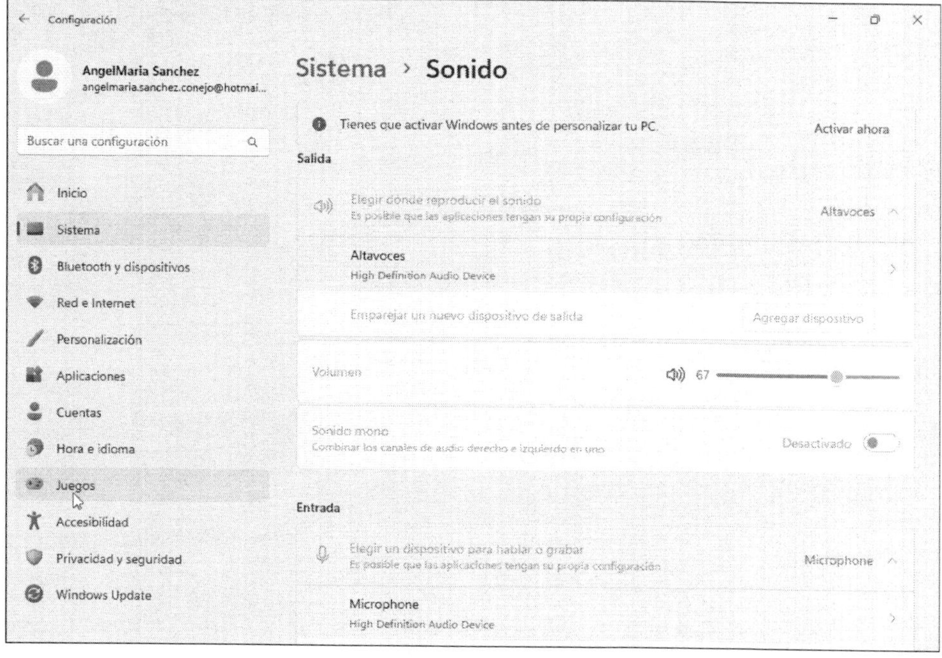

3.2.4 No se puede activar la funcionalidad Bluetooth

Si no se puede activar la funcionalidad Bluetooth, asegúrese de que el servicio vinculado esté activado.

- Ejecute el comando `services.msc`.
- Busque y haga doble clic en el **Servicio de soporte técnico de Bluetooth (bthserv)**.
- En la pestaña **General**, compruebe que el **Tipo de inicio** sea **Manual**.
- Si el servicio no se inicia, haga clic en el botón **Inicio**.

4. Problemas de audio y vídeo

¿Quiere iniciar un vídeo, el sonido funciona, pero la pantalla permanece negra? O, por el contrario, ¿se muestra el vídeo, pero no se reproduce el sonido por los altavoces? Después de comprobar que no se trata de un problema del dispositivo (barra de sonido apagada o no conectada, pantalla no detectada, etc.), compruebe la parte correspondiente al software.

En términos generales, puede usar el solucionador de problemas: **Configuración - Sistema - Solucionador de problemas - Otros solucionadores de problemas - Windows Media Player** o **Reproducción de video**. Haga clic en **Ejecutar**.

4.1 Códec y contenedores

La reproducción de archivos de audio o vídeo (música o películas) es posible gracias al uso de códecs. Veamos primero qué es un códec. Un códec ("COmpression" y "DECompression") es un algoritmo de compresión del audio o vídeo digital para codificar o descodificar una señal en un formato particular. El tamaño del archivo se reduce, lo que facilita la transferencia.

A partir de Windows Vista, Microsoft introdujo la tecnología *Windows Media Foundation* para sustituir a la tecnología *DirectShow*. Sin embargo, esta tecnología todavía está disponible en Windows por razones de compatibilidad con las versiones anteriores. Ambas tecnologías utilizan códecs para leer o escribir archivos de audio y vídeo, o más específicamente, flujo de audio o vídeo.

Estos son los principales códecs actualmente en uso:

- Vídeo: H264/AVC, H265/HEVC, H266/VVC, AV1, VP9. Aquellos que tengan más experiencia también estarán familiarizados con MPEG-1/2/4, Vorbis, DivX.
- Audio: MP3, FLAC y AAC.

Cada flujo de audio o vídeo se codifica y luego se encapsula en un contenedor, como un objeto que colocamos en un frasco. Por lo tanto, un contenedor puede contener varias secuencias o flujos: audio, vídeo, subtítulos, metadatos, etc.

Hay varios formatos de contenedores:

- AVI (*Audio Video Interleave*) desarrollado por Microsoft (extensión .avi),
- MPEG-1/2/4 desarrollado por el *Moving Picture Experts Group* (extensión .mp4, .mpg),
- Matroska desarrollado por CoreCodec (extensión .mkv, .mka, .mks)...

Por lo tanto, los flujos de contenedores pueden usar diferentes códecs. En un mundo ideal, sería posible colocar cualquier códec en cualquier tipo de formato contenedor, pero hay muchas incompatibilidades que se enumeran en esta página web: http://www.videolan.org/streaming-features.html.

El proceso de reproducción se lleva a cabo de la siguiente manera: el software encargado de la reproducción "demultiplexará" la transmisión que se le envíe. Esto consiste en descifrar el formato contenedor y, a continuación, separar la secuencia de audio de la secuencia de vídeo. Cada flujo separado de esta manera se envía a los descodificadores que podrán descomprimirlo después.

4.2 Lista de códecs instalados

Windows contiene algunos códecs predeterminados. Para visualizarlos, tiene dos opciones:

- La primera es escribir el comando `msinfo32` desde un símbolo del sistema.
- A continuación, acceda a la sección **Componentes - Multimedia - Códecs de audio o Códecs de vídeo**.

El segundo método es iniciar Windows Media Player heredado y seguir estos pasos:

- Pulse en la tecla [Alt] para abrir el menú.
- En el icono ?, haga clic en **Acerca del Reproductor de Windows Media**.
- A continuación, haga clic en el enlace **Información de soporte técnico**.
- En el navegador que se abre, puede ver toda la información técnica sobre el reproductor Windows Media, incluidas las secciones **Códecs de audio** y **Códecs de vídeo**, instalados de forma predeterminada.

También puede utilizar el siguiente software de terceros para obtener información más precisa sobre los códecs instalados:

- CodecInstaller (http://www.jockersoft.com/codecinstaller.php)
- Filmerit (http://paul.glagla.free.fr/filmerit_en.htm)

Cabe destacar CodecInstaller, que permite instalar los códecs que faltan. También destaca CodecInstaller, que permite analizar un archivo multimedia y determinar los códecs necesarios para reproducirlo.

Los discos Blu-ray, los archivos FLV o FLAC no son compatibles de forma nativa con Windows 11.

Observación

La reproducción de Blu-ray 4K no es posible con Windows 11 si el equipo tiene un procesador de 11.ª o 12.ª generación (Rocket y Alder Lake).

4.3 El códec utilizado por un archivo multimedia

Si no conoce el códec utilizado por un archivo multimedia, puede utilizar las siguientes utilidades:

- CodeInstaller (http://www.jockersoft.com/codecinstaller.php),
- MediaInfo (https://mediaarea.net/es/MediaInfo).

Estas utilidades no son difíciles de usar.

Obtendrá tanto la indicación del contenedor, los códecs de audio y vídeo que se necesitan, los metadatos incluidos en el mismo, así como multitud de características técnicas sobre el archivo.

Observación

En este contexto, los metadatos son un conjunto de propiedades genéricas que se utilizan para describir un documento (autor, fecha, tamaño del archivo, derechos de autor, ubicación de la grabación, etc.).

Por último, pero no menos importante, los archivos multimedia que se descargan de sitios Peer-to-Peer pueden estar dañados. En este caso, no se trata de un misterioso problema de códec no encontrado, sino de un problema de datos dañados.

4.4 Instalación de un códec

Nuestra primera recomendación es evitar los "paquetes de códecs". Aunque sea una solución milagrosa, al uso, resulta estar mal construida, ser pesada de usar y puede causar mucho daño a su sistema.

4.4.1 Microsoft Store

La primera solución consiste en ir a Microsoft Store y buscar una aplicación que ofrezca soporte para el códec que falta.

- Busque la palabra clave o el nombre del códec.
- Instale la aplicación compatible de la lista proporcionada.

Microsoft ofrece una extensión de vídeo de pago para reproducir vídeos codificados en H265. Es posible obtener esta misma extensión de forma gratuita, siguiendo estos pasos:

- Pegue esta dirección URL en un navegador: ms-windows-store://pdp/?ProductId=9n4wgh0z6vhq
- Cuando una ventana le pida que abra la aplicación Microsoft Store, haga clic en **Abrir**.
- La extensión se mostrará en la tienda en línea. Haga clic en el botón **Instalar**.

4.4.2 VLC

La solución más sencilla es descargar e instalar un reproductor multimedia que sea versátil y que admita multitud de formatos: VLC, por ejemplo: https://www.videolan.org/vlc/. Este software podrá descodificar y reproducir todos sus archivos de vídeo y música, sin tener que instalar los códecs que faltan uno por uno.

4.4.3 CodecInstaller

Puede usar esta aplicación para descargar e instalar el códec que falta.

- Ejecute **CodecInstaller**.
- Haga clic en el botón **Install Codecs**.
- Seleccione el códec que desea instalar y haga clic en el botón **Download**.
- Será redirigido al sitio web del desarrollador. Siga las instrucciones, especialmente las opciones para comprobar durante la instalación, descargue el códec y proceda a instalarlo.

4.4.4 ffdshow

Otra solución consiste en descargar e instalar ffdshow desde esta dirección: http://ffdshow-tryout.sourceforge.net. Cuando se escribió este libro, la última versión era la 1.3.4531 y funcionaba perfectamente con Windows Media Player. Por otro lado, el reproductor multimedia de Windows 11 no utiliza esta tecnología.

Durante el proceso de instalación, marque las casillas necesarias situadas delante de los formatos de vídeo que desea descodificar con ffdshow. Posteriormente, y en caso de problemas, desde la pantalla de inicio de Windows, haga clic en el programa **Configuración del decodificador de vídeo**.

Aquí hay un consejo por si la instalación de ffdshow no resuelve su problema:

- En la ventana de configuración del descodificador de vídeo, seleccione el vínculo **Control DirectShow**.
- Sitúe la regla delante de Merite: siempre hacia la derecha para pasar de **ffdshow predeterminado** a **Muy alto**.

De esta manera, ffdshow tendrá prioridad sobre todos los demás códecs que puedan estar presentes en su sistema.

4.5 Códecs defectuosos

Finalmente, es posible que se enfrente a la imposibilidad de poder reproducir un archivo multimedia porque uno de sus códecs está defectuoso. En este caso, puede instalar una herramienta llamada Codec Tweak Tool, que se pueden descargar desde la dirección
http://www.free-codecs.com/download/codec_tweak_tool.htm

- Haga doble clic en el archivo ejecutable descargado. Se abrirá la aplicación.
- Haga clic en el botón **Fixes**.
- Deje marcadas las opciones seleccionadas como predeterminadas y, a continuación, haga clic en el botón **Apply & Close**.
- Si encuentra algún problema, haga clic en **Sí** para resolverlo.

Capítulo 9
Administración de redes

1. Introducción a la red

En este capítulo, vamos a aclarar los principales conceptos que permiten entender el funcionamiento de una red.

Una red es un conjunto de máquinas o personas conectadas. Por metonimia, también se refiere al conjunto de conexiones que se establecen. Por lo tanto, es un medio que permite a los usuarios o grupos de usuarios compartir datos, información y servicios.

Las redes se clasifican según su tamaño, extensión y arquitectura. Existen tres categorías de redes:

- Una red de área local o LAN (*Local Area Network*) o RLE (*Red local de Empresa*) se corresponde con la de una oficina o una empresa.
- Una red metropolitana o MAN (*Metropolitan Area Network*) se define a escala de un distrito y puede abarcar la extensión de una ciudad.
- Una red de área extendida o WAN (*Wide Area Network*) a menudo se compone de varias LAN interconectadas. Puede pensar en una red corporativa que conecte sus diferentes sucursales o en una red global, que agrupa diferentes ubicaciones en varios países. Sin embargo, el mejor ejemplo de una WAN es Internet.

La categoría de red más utilizada es la LAN (*Local Area Network*) debido a su bajo coste y facilidad de implementación.

2. Topologías

Las redes se pueden estructurar de diferentes maneras.

2.1 Bus

La topología en bus se basa en la tecnología multipunto (punto a punto). Los ordenadores están conectados a la cadena mediante un cable que conforma la red. Esta configuración ya no tiene ningún interés a menos que desee conectar dos puestos a un coste menor.

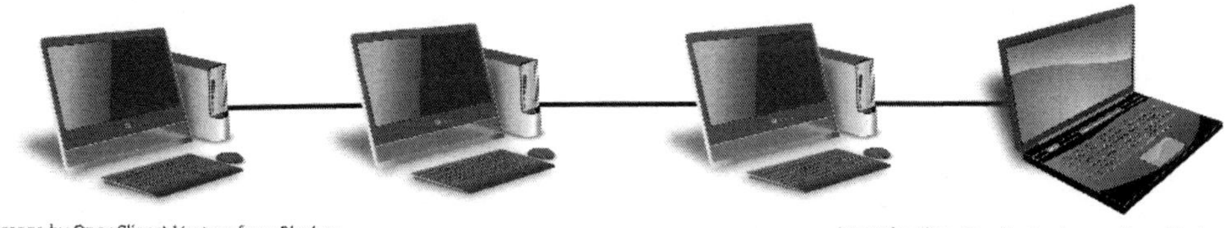

Image by OpenClipart-Vectors from Pixabay Image by Clker-Free-Vector-Images from Pixabay

2.2 Estrella

La topología en estrella se basa en el principio del hardware activo. El hardware activo reformatea las señales y las regenera antes de retransmitirlas. Estos puntos centrales pueden ser concentradores (*hubs*) o conmutadores (*switch*). En la práctica, esta es la configuración que encontrará con más frecuencia.

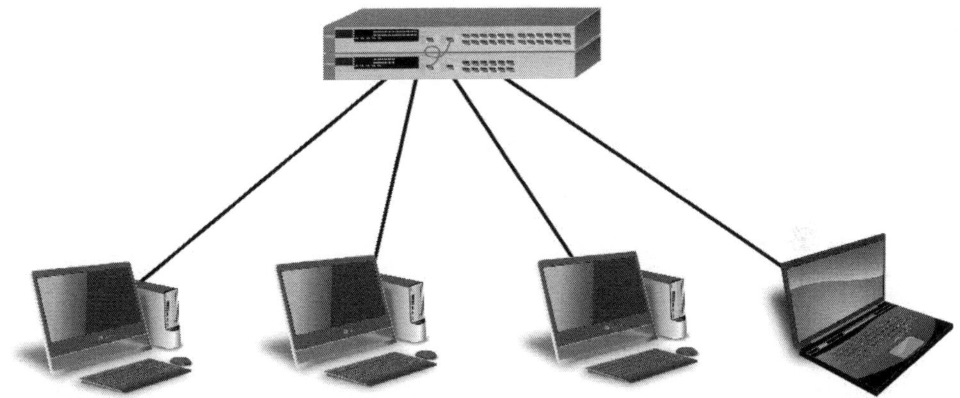

Image by Clker-Free-Vector-Images from Pixabay
Image by OpenClipart-Vectors from Pixabay

2.3 Anillo

Esta topología se basa en un bucle cerrado en forma de anillo formado por enlaces punto a punto, con cada equipo conectado al anterior y al siguiente. Todas las tramas pasan a través de cada nodo, que se comporta como un repetidor. Se recomienda una topología de anillo en los siguientes casos:

- Los tiempos de respuesta no se deben deteriorar.
- Se requiere una red de alta velocidad.

Su desventaja es que no es posible escalarlo de manera importante.

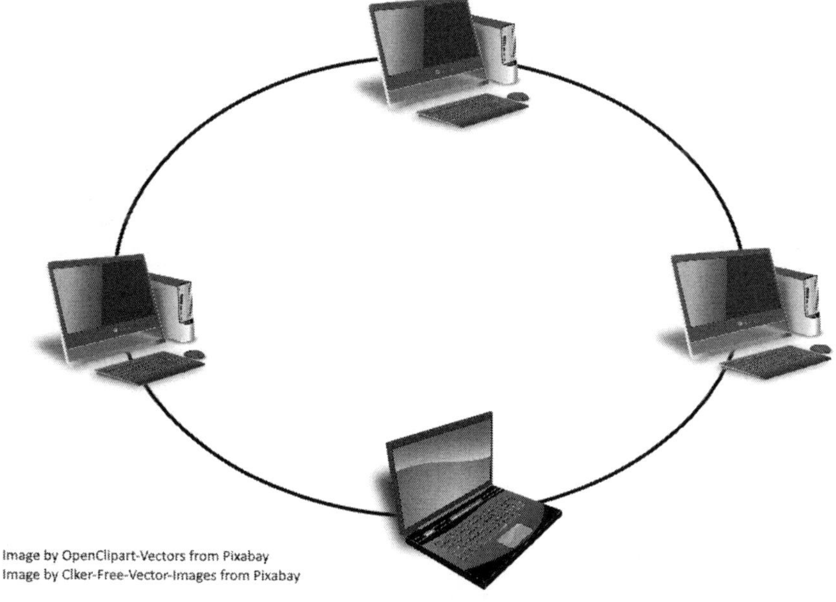

Topologías derivadas

2.4 Estos son algunos ejemplos:

- **Malla**: un ejemplo sencillo es Internet porque esta red está formada por topologías mixtas.
- **Bus en estrella**: en esta configuración, los concentradores, los hubs (o switchs), están conectados entre sí mediante una red troncal de cable coaxial.
- **Anillo en estrella**: son los anillos que se conectarán entre sí.

3. Protocolo TCP/IP

TCP (*Transmission Control Protocol/Internet Protocol*) es el protocolo de comunicación estándar en Internet. Tiene la particularidad de ser enrutable (puede encaminar datos a través de varias redes diferentes) mediante la introducción de identificadores de red adicionales (direcciones IP) y requiere un plan de direccionamiento explícito.

Una dirección IP (*Internet Protocol*) identifica de forma única la máquina, específicamente el adaptador de red de la máquina, así como la red en la que se encuentra. Esta dirección se utiliza para todas las comunicaciones entre los nodos de la red.

Actualmente, hay dos versiones de direcciones IP:

- IPv4 (IP versión 4)
- IPv6 (IP versión 6)

3.1 Direccionamiento IPv4

IPv4 es el protocolo utilizado originalmente para identificar de forma única una máquina en una red. Una dirección IPv4 está codificada en 32 bits (4 bytes de 8 bits cada uno), representados por 4 enteros decimales entre 0 y 255 y separados por puntos.

192.168.0.1 es una dirección IPv4.

Se puede expresar en formato binario o decimal. La calculadora de Windows le facilita la realización de este tipo de conversión.

Por ejemplo, la dirección 192.168.0.1 se escribirá en binario:

1100 0000.1010 1000.0000 0000.0000 0001

Cada dirección se compone de dos partes:

- La serie de bits situados a la izquierda se denomina ID (Identifier ou Identificador) de la red (en inglés, *Net Id*).
- El lado derecho de la dirección se denomina ID de host (o Host Id).

Por ejemplo, en una red denominada 192.0.0.0, los equipos de la red pueden tener direcciones que van desde 192.0.0.1 hasta 192.255.255.254.

Se decidió que el primero, los dos primeros o los tres primeros bytes, se utilizarían como identificador de la red. De hecho, cuanto menor sea el número de bits reservados para el identificador de red, más máquinas podrá contener.

Por ejemplo, una red con una clasificación de 192.168.0.0 puede tener 65.534 combinaciones (256*256-2), mientras que una red con una clasificación de 10.0.0.0 podría tener 16.777.214 equipos (256*256*256*-2).

Para cada clase, se reservan dos direcciones, que no se pueden utilizar:

- La dirección de la red. El número de máquina es completamente cero y permite hacer referencia a la propia red. Por lo tanto, una máquina no puede tener un número en el que todos los bits correspondientes a la máquina estén establecidos en 0.

  Por ejemplo, 192.168.0.0 es una dirección de red, por lo que está reservada.

- La dirección de difusión (*broadcast*). Una dirección en la que todos los bits correspondientes al número de máquina tienen el valor 1 (1111.1111 en binario es 255 en decimal) es una dirección de difusión. Hace referencia a todas las máquinas que forman parte de esta red.

  Por ejemplo, 192.168.255.255 es una dirección de difusión, por lo que está reservada.

Existen otras dos direcciones de un tipo algo especial:

- La dirección 127.0.0.1 se denomina "Dirección de bucle local" (*Loopback* en inglés). Se refiere a la máquina local y permite el funcionamiento de muchos programas. Una forma de comprobar que el adaptador de red está configurado correctamente es hacer un Ping a esta dirección.
- La dirección 0.0.0.0 es utilizada por una máquina host cuando intenta determinar su propia dirección IP.

3.1.1 CIDR

CIDR (*Classless Inter-Domain Routing*) es actualmente el método utilizado para asignar direcciones IP en Internet y especificar el tamaño de una red, es decir, el número de direcciones IP que se pueden asignar. Sustituye al antiguo sistema de clases de direcciones IP A, B, C, D y E. Este método permite un uso más flexible y eficiente de las direcciones IP, al permitir que las redes sean más pequeñas.

El tamaño de la red se indica mediante una máscara de subred, un número entero que aparece después de la dirección IP, separado por una barra diagonal (símbolo "/"). Este entero indica el número de bits utilizados para el identificador de red.

Si tomamos como ejemplo 192.168.23.0/24: esta notación indica que los primeros 24 bits, es decir, los primeros 3 enteros (192.168.23) se utilizan como identificador de red.

Con el antiguo método de clase, las máscaras de subred se escribían de la misma manera que las direcciones IP. Incluido, en binario:

- 1 para la parte que desea conservar (parte de red),
- 0 para la parte de la dirección IP que desea cancelar (parte de la máquina).

Si tomamos el ejemplo de una máquina con una dirección IP de 192.168.23.45, necesitamos asociarle una máscara para averiguar qué parte de esta dirección representa la red de la máquina.

Si se establece una máscara de subred igual a 255.255.255.0 (1111 1111.1111 1111.1111 1111.0000 0000), esto significa que los primeros tres bytes de esta dirección están en 1. Por lo tanto, la parte de red equivale a 192.168.23. La máquina host se identifica con el número 45.

También notará que es la máscara elegida la que determina la cantidad de ordenadores que se pueden direccionar.

El otro propósito de una máscara de subred es permitir detectar si una dirección IP es parte de la red local o si un paquete IP se debe enrutar al exterior (por ejemplo, Internet). Funciona como una especie de panel indicador. Puede utilizar una herramienta online para hacer todo tipo de proyecciones:
http://www.subnetmask.info

3.1.2 Distribución de direcciones IP públicas

Dentro de una empresa, los dispositivos conectados a Internet (rúter) requieren una dirección IP única. Este tipo de dirección pública es administrada por una organización llamada IANA (Internet Assigned Numbers Authority), que garantiza que no se asigne la misma dirección a dos entidades diferentes. Posteriormente, la organización a la que se le asigne un número de red, podrá elegir sus propios números de host.

Por convención, los siguientes rangos de direcciones están reservados para uso privado y, por lo tanto, no se pueden enrutar a través de Internet:

- 10.0.0.1 a 10.255.255.254 (antigua clase A)
- 172.16.0.1 a 172.31.255.254 (antigua clase B)
- 192.168.0.1 a 192.168.255.254 (antigua clase C)

Estos rangos se utilizarán para crear su propia red privada, ya sea profesional o personal.

3.2 Direccionamiento IPv6

IPv6 (*Internet Protocol version 6*) es el sucesor del protocolo IPv4. Fue desarrollado con el fin de anticiparse a la escasez de direcciones debido al tremendo desarrollo de Internet en todas las regiones del mundo. Además, tiene otras ventajas con respecto a su predecesor, como una mayor seguridad y flexibilidad de uso, sin dejar de ser compatible con el direccionamiento IPv4.

IPv6 permite ampliar el espacio de direcciones a 16 bytes o 128 bits (en comparación con los 4 bytes o 32 bits en IPv4). Este tipo de dirección se expresa gracias a la notación hexadecimal en la que los 8 grupos de 16 bits están separados por dos puntos (":"): 2001:0:9d38:953c:347d:da04:4a3b:cbf8. Los primeros 4 grupos (o los primeros 8 bytes) se utilizan normalmente para identificar la dirección de la subred, mientras que los 4 grupos siguientes (o los siguientes 8 bytes) permiten identificar el equipo host. Este es el tipo de notación que se utiliza desde Windows Vista.

Observación

Como su nombre indica, la notación hexadecimal tiene 16 elementos: 0,1,2,3,4,5,6,7,8,9,a,b,c,d,e,f.

Tenga en cuenta que los grupos de bits 0000 están representados por un solo 0 (ejemplo anterior). Además, se puede omitir uno o varios grupos de 16 bits que sean todos nulos, dejando solo el ":" situado a cada lado de la secuencia de bits nulos.

Por ejemplo, 2001:0:9d38:0000:0000:da04:4a3b:cbf8 se puede escribir como 2001:0:9d38::d a04:4a3b:cbf8.

Algunas direcciones IPv6 también están reservadas para uso privado. Todos comienzan con fd00::/8, que se 11111101 en binario.

Al igual que con el direccionamiento IPv4, la notación CIDR se utiliza para expresar la máscara de subred: el número entero que aparece después de la barra oblicua indica el número de bits utilizados para el identificador de red.

Por ejemplo: En la dirección 2001:da6:1::/32, se utilizan 32 bits para identificar la red.

3.3 Cómo funciona la pila TCP/IP

La pila TCP/IP agrupa un conjunto de protocolos de transporte que permiten el intercambio de información entre equipos pertenecientes a entornos heterogéneos. TCP/IP incluye protocolos de aplicación como el correo electrónico (SMTP), la transferencia de archivos (FTP), la gestión de componentes de red (*Simple Network Management Protocol* o SNMP), conexiones remotas o el HTTP en el que se basa la World Wide Web. Los paquetes IP también se denominan datagramas.

Un datagrama está compuesto por:

- un encabezado, que contiene toda la información necesaria para enrutar el paquete (versión, tipo de servicio, longitud del paquete, etc.),
- un área que contenga los datos que se van a transmitir.

En este caso, se utilizan los protocolos de transporte TCP (HTTP, FTP, mail, Telnet...) o UDP (TFTP...). UDP (*User Datagram Protocol*) es un protocolo que permite que los paquetes se transmitan entre dos entidades en una red sin control de errores, a diferencia de TCP.

3.4 Cómo funcionan los servicios DNS

El principio de un servidor DNS (*Domain Name Server*) es hacer coincidir un nombre de host de dominio (totalmente calificado) con una dirección IP. Dado que 185.42.28.201 es más difícil de recordar que el nombre del sitio web de Ediciones ENI, un servidor DNS se encargará de esta transcripción.

También debe saber que tiene una libreta de direcciones DNS en su ordenador. Se trata de un simple archivo en formato de texto: el archivo **Hosts**. Puede encontrarlo abriéndolo en el explorador de archivos **C:\WINDOWS\system32\drivers\etc**. Para cada página, y por lo tanto la dirección URL buscada, se consulta este archivo para comprobar si contiene la dirección IP correspondiente al nombre del sitio.

Si desea prohibir la consulta de un sitio web, solo tiene que escribir su nombre seguido de la dirección IP 127.0.0.1, que es, como ya hemos visto, la dirección local de su ordenador (localhost). Esto se hace automáticamente utilizando algún software de protección (antispyware).

Si la resolución de nombres de host con DNS no funciona, la máquina utilizará los siguientes protocolos en este orden:

- mDNS (*Multicast DNS*): Este nuevo protocolo de resolución de nombres no se basa en un servidor central, sino que envía una solicitud de multicast para encontrar la máquina con la que ponerse en contacto. Está disponible desde Windows 10.
- LLMNR (*Link-Local Multicast Name Resolution*): Un antiguo protocolo de multicast implementado con Windows Vista, compatible con IPv4 e IPv6.
- NBNS (*NetBIOS Name Service*): Un protocolo heredado de versiones anteriores de Windows, compatible solo con IPv4.

Un nombre NetBIOS es el nombre que se le da a una máquina para que pueda ser identificada dentro de una red local. Estos registros se pueden escribir en un archivo llamado **Lmhosts**, que es estructuralmente idéntica a su hermano gemelo, el archivo **Hosts**. Por lo tanto, cada registro vinculará una dirección IP al nombre NetBIOS del ordenador. Desde Windows 2000, el nombre NetBIOS de un ordenador (el nombre del ordenador para la capa de red propia de Microsoft) se deduce de su nombre de host (el nombre del ordenador para el protocolo de Internet).

Tenga en cuenta que los protocolos mDNS, LLMNR o NBNS solo se deben permitir en redes de tipo privadas, para evitar ataques externos.

Observación

*El archivo **Lmhosts** y el protocolo NetBIOS no se han utilizado durante varios años y solo se mencionan por razones de compatibilidad con software y aplicaciones más antiguos. En la misma carpeta que el archivo hosts, también hay presente un archivo lmhosts.sam (sample, ejemplo).*

3.5 ¿Qué hace un servidor DHCP?

Hemos visto que cada ordenador de una red debe tener una dirección IP distinta a la del vecino. Asignar estas direcciones puede resultar un verdadero quebradero de cabeza cuando se trata de una red con un tamaño importante. Además, sabemos que una máquina puede actuar como servidor para facilitar la gestión de la red. Por este motivo, los ordenadores denominados servidores DHCP (*Dynamic Host Configuration Protocol*) son responsables de asignar dinámicamente una dirección IP única a cualquier ordenador que forme parte de una red corporativa o se una a ella. Lo mismo ocurre cuando se conecta a su red local para navegar por Internet. Un servidor DHCP (probablemente el servidor de su enrutador) le asignará automáticamente una dirección IP única a su máquina durante el tiempo que esté conectado.

3.6 Winsock

Winsock (*WINdows SOCKet*) es una librería dinámica de funciones DLL que permite implementar el protocolo TCP/IP (*Transmission Control Protocol/Internet Protocol*). Por lo tanto, todas sus aplicaciones de correo electrónico y navegadores usan Winsock.

Un LSP (*Layered Service Provider*) es un controlador que sirve como interfaz entre los sockets de Windows y la capa de red. Muchos programas (así como muchos malware) instalan este tipo de controlador para poder comunicarse con los servicios de red.

Observación

Recuerde que el malware es un programa no solicitado, como un virus, un caballo de Troya, etc.

A veces, después de desinstalar un proveedor de acceso a Internet o un programa de protección, la pila Winsock queda dañada. Puede restablecer esta pila de forma muy sencilla:

- Ejecute el símbolo del sistema.
- Escriba estos comandos:
  - `netsh winsock show catalog | more` (muestra la lista de LSP).
  - `netsh winsock reset catalog` (elimina todos los LSP externos).
  - `netsh winsock reset` (restablece la pila de Winsock).

4. Conexión a la red

En esta sección, se tratan los requisitos previos para conectar un ordenador a una red y cómo configurarlo.

4.1 Hardware necesario

4.1.1 Tarjeta de red

La tarjeta o adaptador de red es uno de los periféricos que suelen estar integrados en todas las placas base u ordenadores portátiles. Sin embargo, es posible añadirlos usando el slot PCI Express de una máquina fija o el puerto USB.

Como se explica en el capítulo Requisitos de hardware, existen dos categorías principales de adaptadores de red:

- Tarjetas cableadas, conocidas como RJ-45. Permiten que la máquina se conecte solo a una red cableada. Actualmente, estas tarjetas permiten velocidades de transferencia de 1 Gb/s o incluso 40 Gb/s.
- Tarjetas inalámbricas, conocidas como Wi-Fi. Solo permiten la conexión a redes inalámbricas a velocidades teóricas de hasta 9,6 Gbps.

Observación

Una velocidad de transferencia de 1 Gbps equivale a 128 MB/s.

Algunos modelos permiten la conexión a una red de telefonía celular (WAN) a través de un dispositivo adicional y una ranura para tarjeta SIM.

Si añade una tarjeta de red, Windows detectará un cambio en su configuración e instalará automáticamente el controlador utilizando su base de datos personal. Si el sistema operativo no tiene un controlador integrado, deberá instalar el nuevo hardware. Inserte el disco de instalación proporcionado por el distribuidor. Una vez instalado el controlador y la conexión a Internet establecida, puede buscar un controlador más r en el sitio web del fabricante.

¿Qué pasa con los adaptadores USB? Si elige un producto de calidad, probablemente no tendrá problemas y podrá aumentar la conectividad de su máquina. Si su placa base es compatible, elija un adaptador USB3.

4.1.2 Cable Ethernet

Si planea conectarse a una red cableada, necesitará cables Ethernet con conectores RJ-45 para conectar los diferentes componentes de su red o, al menos, su PC a su rúter. Los cables utilizados se denominan pares trenzados, ya que están formados por cuatro pares de hilos trenzados para una mejor propagación de la señal.

Los cables Ethernet se clasifican en categorías que definen el ancho de banda y frecuencia soportados (blindaje de pares):

- Cat 5e: Hasta 1 Gbps (1 gigabit por segundo), para una frecuencia máxima de 100 MHz, a una distancia de 100 m.
- Cat 6: Hasta 10 Gbps (10 gigabits por segundo) para una frecuencia máxima de 250 MHz, a una distancia de 55 m (10 Gbps) a 100 m (1 Gbps).
- Cat 6a: Hasta 10 Gbps para una frecuencia máxima de 500 MHz, a una distancia de 55 m (10 Gbps) a 100 m (1 Gbps).
- Cat 7: hasta 10 Gbps para una frecuencia máxima de 600 MHz a una distancia de 100 m.
- Cat 8: Hasta 40 Gbps para una frecuencia máxima de 8 GHz, a una distancia de 30 m.

Observación

El prefijo multiplicador giga aquí no representa mil millones de unidades, sino 1.073.741.824 unidades (1024 x 1024 x 1024), es decir, 230. En este sentido, la UIT (Unión Internacional de Telecomunicaciones) recomienda utilizar el prefijo binario gibibit (Gib) para indicar un multiplicador de 1024. Para simplificar, usaremos el prefijo gigabit (Gb).

Para una red personal, un cable de categoría 5 o 6 será más que suficiente.

Estos cinco estándares de cable se pueden utilizar para fabricar cables rectos o cruzados. ¿Cómo saber si un cable de red está recto? Es muy sencillo: cuando se comparan los dos conectores de un cable recto, el orden de los colores es el mismo. A diferencia de un cable recto, cuando se comparan los dos conectores de un cable cruzado, el orden de los colores no es exactamente el mismo.

Los cables rectos se utilizan normalmente para conectar dos dispositivos de diferentes tipos como:

- un ordenador a un switch o hub.
- un ordenador a un módem ADSL/fibra al puerto LAN.
- un rúter desde el puerto WAN al puerto LAN de un módem ADSL.
- el puerto LAN de un rúter al puerto "Uplink" de un switch o hub.
- dos switches o hubs cuando uno utiliza el puerto normal y el otro el puerto "Uplink".

Se puede utilizar un cable cruzado para conectar dos dispositivos del mismo tipo:

- dos ordenadores,
- puerto LAN de un rúter al puerto normal de un switch o hub,
- dos switches o hubs que utilizan el puerto normal.

En la práctica, la mayoría de los equipos modernos (tarjetas de red, rúters o switches) tienen una función denominada MDI/MDIX o Auto-MDIX (*Automatic Medium-Dependent Interface Crossover*) que les permite aceptar estos dos tipos de enlaces. En caso de duda, consulte el manual del fabricante.

4.1.3 Fibra óptica

La fibra óptica (vidrio o plástico) se utiliza para transmitir datos a velocidades muy altas a largas distancias. Por lo tanto, se usa ampliamente para crear redes WAN, MAN e incluso LAN. Conectará rúters o switches entre sí en una empresa.

La fibra óptica se menciona aquí con fines informativos, pero generalmente no se utilizará para conexiones a ordenadores.

4.1.4 Rúter

Un rúter es un hardware de comunicación que proporciona la conexión física entre dos redes. La función que realiza se denomina enrutamiento y permite determinar el siguiente nodo de la red al que se debe enviar un paquete de datos.

Este proceso tiene lugar a nivel de la capa 3 (capa de red) del modelo OSI. OSI (*Open Systems Interconnection*) define un conjunto de normas que permiten garantizar el intercambio de datos dentro de una red y entre sistemas heterogéneos. Este modelo incluye siete niveles de compatibilidad: aplicación, presentación, sesión, transporte, red, enlace y físico.

En la práctica, un rúter permite compartir una conexión de Internet entre varios ordenadores. Tenga en cuenta que en algunos rúters se puede beneficiar de las funciones de enrutamiento.

Un rúter orientado al gran público suele tener cuatro puertos Ethernet, así como un puerto WAN para conectarlo a un módem ADSL/fibra. También tiene un firewall incorporado.

4.1.5 Concentrador o hub

Un concentrador (o hub en inglés) permite conectar varios ordenadores a la misma red Ethernet. Un concentrador actúa simplemente como un repetidor de datos sin proporcionar ninguna protección especial.

Dispone de dos tipos de puertos:

- Los puertos (llamados normales) que permiten conectar las diferentes máquinas.
- Los puertos utilizados para extender la red y a los que se conectará otro concentrador.

Un hub transmitirá los datos emitidos por uno de los ordenadores a los demás, convirtiéndolos en un único nodo. Como resultado, cualquier elemento conectado a un concentrador puede acceder a cualquier otro elemento conectado a dicho concentrador. Además, una red de 100 Mbps formada por cinco ordenadores, solo podrá ofrecer 20 Mbps por máquina simultáneamente. Este tipo de equipos está obsoleto.

4.1.6 Conmutador o switch

Se podría definir un *switch* como una especie de concentrador (hub) inteligente. Mientras que este último transmite los datos a todas las máquinas conectadas a él, un conmutador los dirige solo a las máquinas implicadas. De hecho, cada intercambio se puede llevar a cabo sin perder ancho de banda.

4.1.7 Velocidad de transmisión de datos

Para crear una red LAN que permita transferencias a una velocidad determinada, debe comprobar que todos los componentes admitan la misma velocidad de transferencia: rúter, cableado, conmutador, tarjetas de red, etc.

Por lo tanto, es posible crear redes LAN:

- 1000 Mbps (Gigabit Ethernet): 1.000 Megabits por segundo
- 10.000 Mbps (10 Gigabit Ethernet): 10.000 megabits por segundo

4.2 Organización física de su red

4.2.1 Red cableada

Conecte el rúter a la toma de teléfono (en el caso de una conexión ADSL) o a la toma de fibra. A continuación, conecte cada máquina de su red a los puertos LAN del contendor ADSL/fibra o del rúter.

La mayoría de los rúters también ofrece funciones de enrutamiento y DHCP. Por lo tanto, la asignación de una dirección IP se realizará automáticamente. Si necesita volver a configurar el servidor DHCP, utilice por ejemplo el intervalo de direcciones 192.168.1.1 a 192.168.1.254 o 192.168.1.0/24.

En el contexto de una red corporativa, el rúter se conectará a un switch y la funcionalidad DHCP del rúter se desactivará y configurará en un servidor de la empresa. Los ordenadores restantes se conectarán a la red conectándolos a tomas de corriente.

4.2.2 Red Wi-Fi

La mayoría de los rúters también ofrece una conexión Wi-Fi. La organización física de su red será más fácil: no es necesario utilizar cables. Bastará con colocar su máquina dentro del alcance de la antena Wi-Fi.

Al igual que con una red cableada, el servidor DHCP del rúter asignará la dirección IP a su máquina.

Como parte de una red corporativa, las funcionalidades Wi-Fi y DHCP del rúter se desactivarán y se configurarán en un servidor corporativo.

4.3 Parametrización de software

4.3.1 Grupo de trabajo o dominio Active Directory

En primer lugar, es necesario distinguir entre dos conceptos importantes: una red organizada en forma de grupo de trabajo o en un dominio de Active Directory (AD). Estas son diferentes formas de llamar a una red lógica, independientemente de su organización de hardware.

En el primer caso, el grupo de trabajo, todas las máquinas pueden realizar una función de servidor (compartir recursos) y una función de cliente (acceder a esos recursos). En el segundo caso, en el dominio AD, solo ciertas máquinas actúan como servidores. Esto requiere la instalación de un sistema operativo diseñado específicamente para este tipo de tareas. La creación de un dominio suele estar reservada para el mundo corporativo.

Por defecto, el nombre del grupo de trabajo asignado a una máquina con Windows 11 es WORKGROUP. Puede cambiarlo de esta manera:

- Acceda a **Configuración - Sistema - Información del sistema**.
- Haga clic en el enlace **Dominio** o **Grupo de trabajo**.
- En la pestaña **Nombre del equipo**, haga clic en el botón **Editar**....

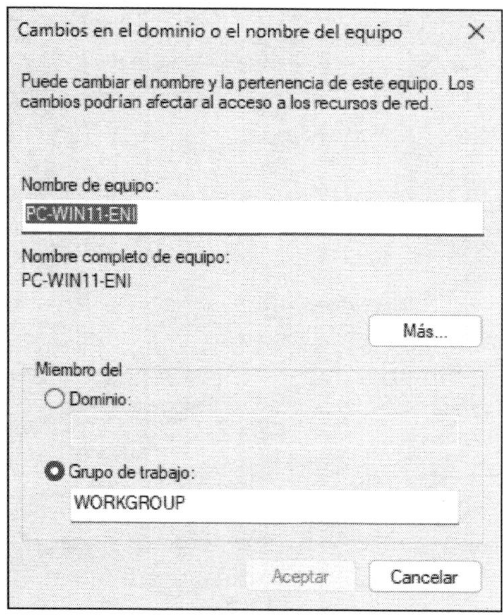

El nombre del grupo de trabajo no debe contener más de quince caracteres ni los siguientes caracteres:

' ~ @ # $ % ^ * & ( ) = + [ ] { } | ; : , ' " . < > \/?

- Una vez modificado el nombre del grupo de trabajo, haga clic en **Aceptar** y, a continuación, reinicie el equipo.

4.3.2 Elegir el tipo de ubicación

Al conectarse por primera vez a una nueva red, ya sea de una empresa, una vivienda, un hotel, etc., el sistema pide al usuario que indique el tipo de ubicación de la red basándose, entre otras cosas, en el grado de confianza que se tenga en ella.

Para cambiar el tipo de ubicación de una conexión a "privada":

- En **Configuración - Red e Internet**, haga clic en la red a la que está conectado (**Wi-Fi** o **Ethernet**).
- A continuación, haga clic en **Propiedades de <nombreDeSuRed>**.
- En la sección **Tipo de perfil de red**, seleccione **Red privada**.

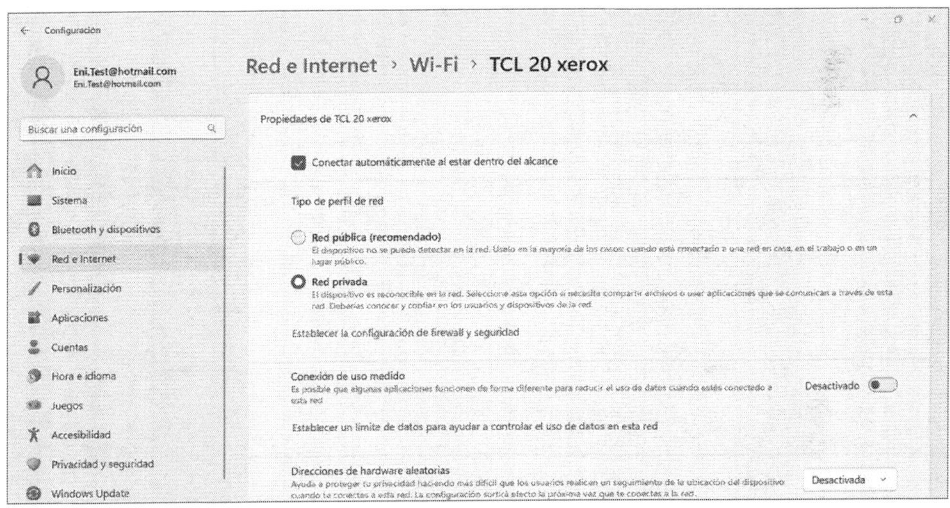

- Para protegerse, esta configuración solo se debe realizar en una red verdaderamente privada, como su hogar. No se recomienda para una red pública, como una biblioteca, una cafetería o un aeropuerto.

Su red puede corresponder a dos tipos diferentes de ubicaciones, que se describen brevemente a continuación:

- **Red pública**: el ordenador forma parte de una red que está conectada directamente a Internet (cafetería, hotel, aeropuerto, etc.). Las funcionalidades de detección de redes, el uso compartido de archivos y otras capacidades de uso compartido de recursos, están deshabilitadas. De esta manera, se reduce el riesgo de ser víctima de un programa malware. El firewall de conexión a Internet (si está habilitado) bloqueará cualquier intento de acceso desde otras máquinas.
- **Red privada**: en esta configuración, el equipo está conectado a una red de confianza (ya sea personal o de trabajo). Se habilitarán las funcionalidades de detección de redes y uso compartido de archivos.

Observación

Si su ordenador está conectado a un dominio en lugar de a un grupo de trabajo, se utilizará el tipo de ubicación ***Dominio****.*

La administración de perfiles de red se realiza en **Configuración - Red e Internet - Configuración avanzada de red - Configuración avanzada de uso compartido** (en **Más configuraciones**). Podrá permitir o denegar la detección de redes y el uso compartido de archivos e impresoras.

4.3.3 Configuración TCP/IP

Como se mencionó anteriormente, la configuración de la dirección IP se realiza automáticamente. Sin embargo, en determinadas circunstancias, puede ser necesario personalizar la dirección IP de su máquina.

- Abra **Configuración - Red e Internet - Wi-Fi** (o **Ethernet**) – **Propiedades de <NombreDeLaRed>**.
- En la sección **Asignación de IP**, haga clic en el botón **Editar**.
- Seleccione el modo **Manual**, habilite **IPv4** e **IPv6** y especifique manualmente una dirección IP, una máscara de subred, una puerta de enlace y unas direcciones DNS determinadas.

▶Haga clic en **Guardar**. Los cambios se aplican al adaptador o tarjeta de red.

También es posible acceder a la configuración de la dirección IP a través del panel de control:

▶Abra el **Panel de control**, haga clic en el enlace **Ver estado y las tareas de red** en la sección **Red e Internet**.

▶A continuación, seleccione el enlace **Cambiar configuración del adaptador**.

▶Haga clic con el botón derecho del ratón en la conexión de red que desea configurar y, a continuación, haga clic en **Propiedades**.

▶Haga clic en la versión del protocolo de Internet que está utilizando (normalmente **Protocolo de Internet Versión 4 (TCP/IPv4)**) y, a continuación, haga clic en el botón **Propiedades**. Puede especificar manualmente una dirección IP, una máscara de subred, una puerta de enlace y direcciones de servidor DNS específicas.

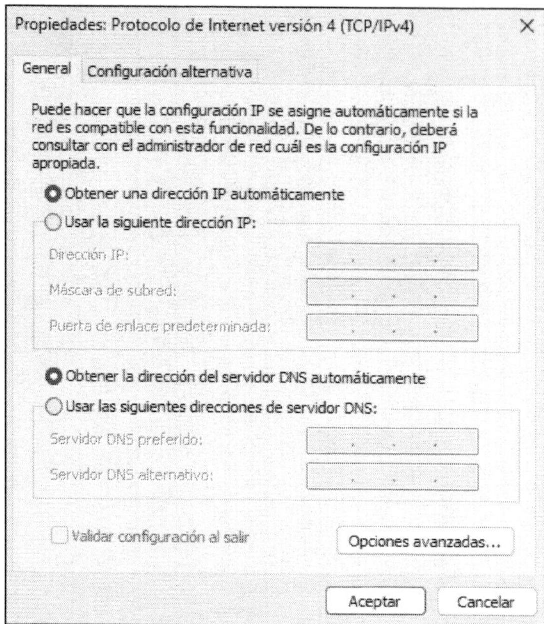

▶ Si tiene un ordenador portátil, es interesante hacer clic en la pestaña **Configuración alternativa**. Podemos imaginar que, cuando utiliza su ordenador en un contexto profesional, la máquina obtiene automáticamente una dirección IP, pero en cuanto llegua a su casa, esta utiliza una dirección IP estática. En este último caso, haga clic en el botón de opción **Configurada por el usuario** e indique los parámetros necesarios.

4.3.4 Componentes de software de red

Además del direccionamiento IP, se requieren otros componentes a los que se puede acceder usando el panel de control antiguo.

- En el **Panel de control**, haga clic en el enlace **Ver el estado y las tareas de red** en la sección **Red e Internet**.
- A continuación, seleccione el enlace **Cambiar configuración del adaptador**.
- Haga clic con el botón derecho del ratón en la conexión de red que desea configurar y, a continuación, haga clic en **Propiedades**.

Se debe instalar lo siguiente:

- **Client para redes Microsoft**
- **Uso compartido de archivos e impresoras para redes Microsoft**
- **Programador de paquetes QoS**
- **Protocolo de Internet versión 4 (TCP/IPv4)**
- **Controlador de protocolo LLDP de Microsoft**
- **Protocolo de Internet versión 6 (TCP/IPv6)**
- **Link-Layer Topology Discovery Responder**
- **Link-Layer Topology Discovery Mapper I/O Driver**

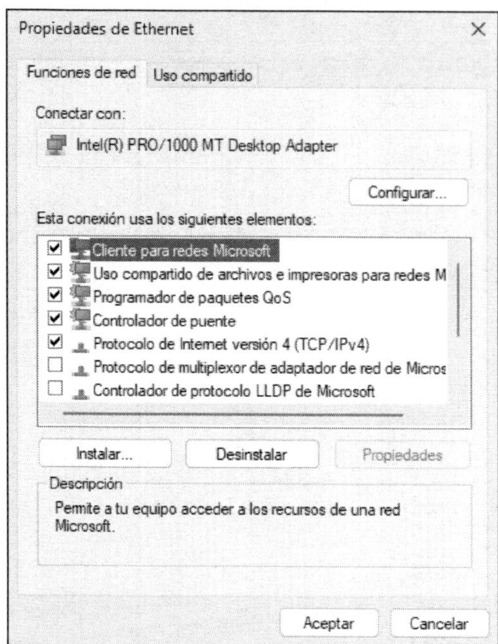

Si falta alguno de los elementos, haga clic en el botón **Instalar** y elija el elemento que falta.

Observación

Ya no se puede acceder a estos elementos a través del panel de configuración y, por lo tanto, Windows 11 los maneja automáticamente. No modifique estos parámetros a menos que sea realmente necesario.

4.4 Conexiones inalámbricas

El estándar IEEE 802.11 es un conjunto de normas que definen las redes inalámbricas Wi-Fi. Tiene dos modos de conexión:

- el modo de infraestructura: los clientes inalámbricos están conectados a un punto de acceso,
- el modo ad hoc: los clientes están conectados entre sí sin ningún punto de acceso.

Hay seis estándares principales de conexión inalámbrica:

- 802.11a (Wi-Fi 1),
- 802.11b (Wi-Fi 2),
- 802.11g (Wi-Fi 3),
- 802.11n (Wi-Fi 4), 600 Mbps,
- 802.11ac (Wi-Fi 5), 1,3 Gbps,
- 802.11ax (Wi-Fi 6), 9,6 Gbps.

Los tres últimos son los más comunes en la actualidad.

Para comunicarse con la red inalámbrica, su ordenador debe tener un adaptador o una tarjeta de red Wi-Fi. Si está utilizando un ordenador portátil, este suele ser el caso. En un ordenador de sobremesa, serán imprescindibles una tarjeta PCIe o un adaptador USB.

Una red inalámbrica se caracteriza por:

- un nombre llamado SSID (*Service Set Identifier*),
- un protocolo de seguridad: WEP (*Wired Equivalent Privacy*) o WPA (*Wi-Fi Protected Access*). Es preferible el tipo de seguridad WPA (2 o 3).

4.4.1 Conexión a una red inalámbrica

Una forma sencilla de configurar una red inalámbrica es utilizar de manera transparente la **Configuración automática de WLAN**. Compruebe que se ha iniciado en Servicios. Las redes inalámbricas disponibles se detectarán automáticamente.

Con WPS (*Wi-Fi Protected Setup*), la conexión es aún más fácil. El emparejamiento se realizará automáticamente sin necesidad de introducir una clave de seguridad:

- Si la opción WPS está disponible en su rúter, pulse el botón WPS de su rúter.

La conexión se realiza automáticamente después de unos momentos. Para comprobarlo:

- En el panel configuración rápida, haga clic en la flecha situada junto al símbolo de Wi-Fi. La red a la que se está intentando conectar mostrará un mensaje que explica que está recibiendo la configuración necesaria.

Observación

WPS solo está disponible para redes Wi-Fi que utilizan protocolos de seguridad WPA/WPA2 o WPA3.

Si la funcionalidad WPS no está disponible o no funciona, pruebe la forma más tradicional:

- En el panel configuración rápida, haga clic en la flecha situada junto al símbolo de Wi-Fi.
- Seleccione la red a la que se desea conectar. Por defecto, la opción **Conectar automáticamente** está marcada. Si planea conectarse a menudo a esta red, no cambie nada.

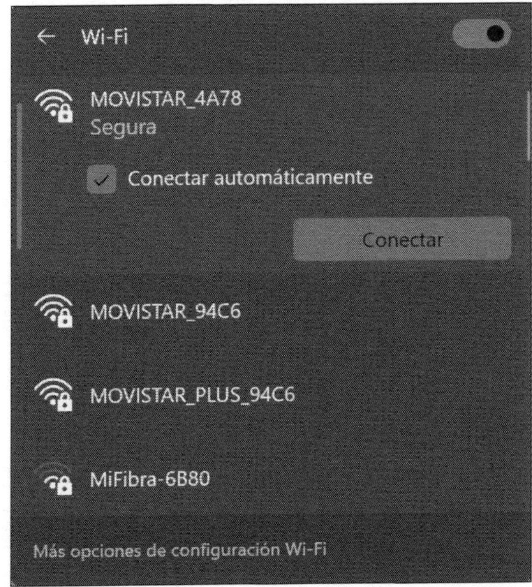

- Haga clic en el botón **Conectar** e indique la clave de seguridad de red (contraseña del Wi-Fi) asociada a su red. Dicha clave ha sido bien configurada por usted mismo, bien por el fabricante del rúter, en cuyo caso aparece precisada en el rúter o en el manual del usuario. También la pueden proporcionar los administradores de sistemas de la empresa. Haga clic en el botón **Siguiente**.

Es posible realizar la misma operación desde la configuración de Windows 11:

- Abra **Configuración - Red e Internet - Wi-Fi**.
- Expanda la sección **Mostrar redes disponibles** y haga clic en la red a la que se desea conectar.
- Por defecto, la opción **Conectar automáticamente** está marcada. Si planea conectarse a menudo a esta red, no cambie nada.
- Haga clic en el botón **Conectar** e indique la clave de seguridad de red (contraseña del Wi-Fi) asociada a su red. Haga clic en el botón **Siguiente**.

4.4.2 Creación manual de una conexión a una red inalámbrica

Utilice este procedimiento para preconfigurar una conexión a una red inalámbrica que no esté disponible en ese momento, pero para la que conozca la configuración esencial.

- Abra **Configuración - Red e Internet - Wi-Fi - Administrar redes conocidas**.
- Haga clic en el botón **Agregar una nueva red**.
- Escriba el **Nombre de red** (su SSID).
- Seleccione el **Tipo de seguridad** previsto e indique la clave de seguridad proporcionada.
- Si es necesario, marque **Conectar automáticamente**.
- Guarde los cambios haciendo clic en el botón **Guardar**. La nueva red aparecerá en la lista de redes conocidas.

4.4.3 Uso compartido de la conexión a Internet

Windows 11 permite compartir la conexión a Internet disponible en su ordenador (Wi-Fi, Ethernet o celular) con otros dispositivos para crear un punto de acceso inalámbrico (*punto de acceso*).

- Abra **Configuración - Red e Internet – Zona con cobertura inalámbrica móvil**.
- Habilite la función haciendo clic en el botón de acción de la línea**Compartir mi conexión a Internet desde**.
- Seleccione el adaptador de red que proporciona la conexión a Internet.
- Seleccione el adaptador de red que servirá como punto de acceso: **Wi-Fi**, **Bluetooth**
- En la sección **Propiedades**, defina las características de su red inalámbrica: **Nombre**, **Contraseña** y, si es necesario, la **Banda** de red utilizada.

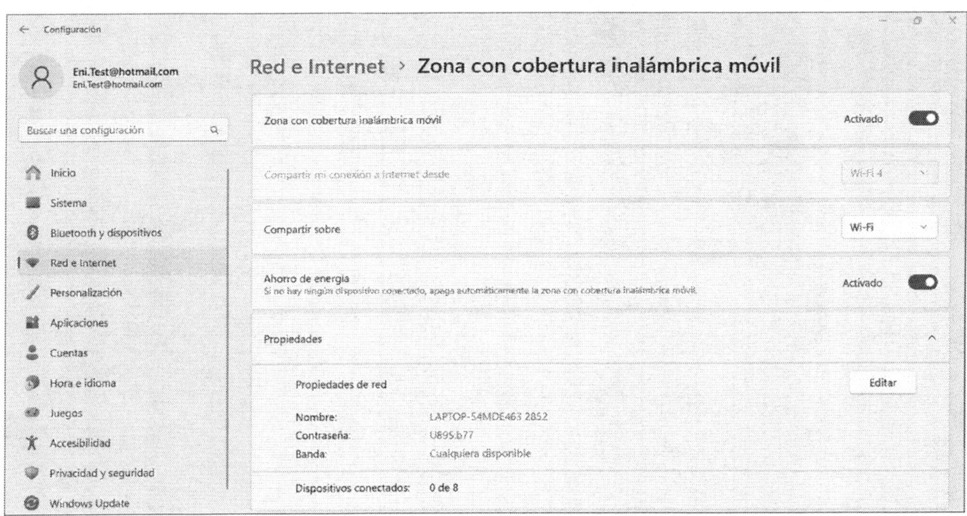

4.4.4 Configuración de una conexión ad-hoc

Este tipo de red se puede utilizar para compartir recursos con otros ordenadores, iniciar un juego en modo multijugador o compartir una conexión a Internet con amigos, sin necesidad de un rúter Wi-Fi.

Suponiendo que necesita administrar una red con tres máquinas, a continuación se explica cómo crear e implementar una red ad hoc inalámbrica en el ordenador host, con la herramienta netsh:

- Ejecute un símbolo del sistema como administrador.
- Escriba este comando: netsh wlan show drivers. Le permite comprobar si su interfaz de red soporta este tipo de configuración de red. Busque la fila **Red hospeda admitida**. Si se muestra un **sí** al final de esta línea, puede continuar con el procedimiento.
- A continuación, escriba este comando, sustituyendo el SSID y la clave (key) por valores personalizados:

```
netsh wlan set hostednetwork mode=allow
ssid=<REDADHOC> key=<CONTRASEÑA>
```

- A continuación, inicie la red con el comando:

```
netsh wlan start hostednetwork
```

Una vez iniciada la red ad hoc, si desea poder navegar por Internet desde esta red, debe compartir su conexión Wi-Fi estándar.

- Si desea detener la red ad hoc, escriba el comando:

```
netsh wlan stop hostednetwork
```

4.4.5 Exportar un perfil de red inalámbrica

- Ejecute el símbolo del sistema como administrador.
- Escriba este comando para mostrar los perfiles de conexión inalámbrica:

```
netsh wlan show profiles
```

- Ahora, supongamos que desea exportar este perfil a un dispositivo USB cuya letra de unidad es H:. Solo necesita escribir este comando:

```
netsh wlan export profile name="<NOMDELARED>"
folder=h:\copiaSeguridad
```

El archivo generado estará en formato XML en la carpeta (que debe haber sido creada previamente) llamada "copiaSeguridad".

- A la inversa, y para importar un perfil inalámbrico, utilice este comando: `netsh wlan add profile filename="h:\copiaSeguridad\<NOMBREARCHIVO.xml>"`

4.4.6 Prohibición de conexión a una red ad hoc

El riesgo subyacente es que su ordenador se podría conectar accidentalmente a una red inalámbrica. Esto representa un peligro porque alguien podría atacar su equipo y entrar en su sistema. A continuación, le mostramos una forma sencilla de impedir inicios de sesión no deseados:

- Ejecute el símbolo del sistema como administrador.
- Escriba este comando para enumerar los filtros que se han aplicado: `netsh wlan show filters.`
- Para bloquear cualquier conexión en modo ad hoc, escriba este comando: `netsh wlan add filter permission=denyall networktype=adhoc`
- Vuelva a escribir el primer comando para comprobar que se ha guardado el filtro: `netsh wlan show filters`

```
Lista permitidos en el sistema (directiva de grupo)
----------------------------------------------------
    <Ninguno>

Lista permitidos en el sistema (usuario)
--------------------------------------------
    <Ninguno>

Lista bloqueados en el sistema (directiva de grupo)
--------------------------------------------------
    <Ninguno>

Lista bloqueados en el sistema (usuario)
------------------------------------------
    SSID: «  », tipo: Ad hoc
```

Para eliminar este mismo filtro, deberá usar este comando:

```
netsh wlan delete filter permission=denyall
networktype=adhoc
```

5. Dispositivos de red

Los dispositivos de red son dispositivos conectados a los que se puede acceder desde una red. Pueden ser de varios tipos:

- impresoras multifunción,
- rúters, hub,
- almacenamiento de medios, etc.

Se excluyen deliberadamente el resto de ordenadores o servidores que no se consideran periféricos en sentido estricto.

Todos estos dispositivos tendrán su propia dirección IP y serán contactados a través de la red.

5.1 Impresoras de red

Además de instalar el controlador y el software de la impresora, entraremos en más detalles sobre la parte de red de la instalación.

- Es posible añadir una impresora desde **Configuración - Bluetooth y dispositivos - Impresoras y escáneres**.
- Haga clic en **Agregar un dispositivo**. El equipo está tratando de detectar una impresora.
- Seleccione la impresora que desea añadir. Si no aparece, haga clic en **Agregar manualmente**.
- Seleccione la opción adecuada en función de la información que tenga: el nombre del recurso compartido de red de la impresora, su dirección IP, etc.

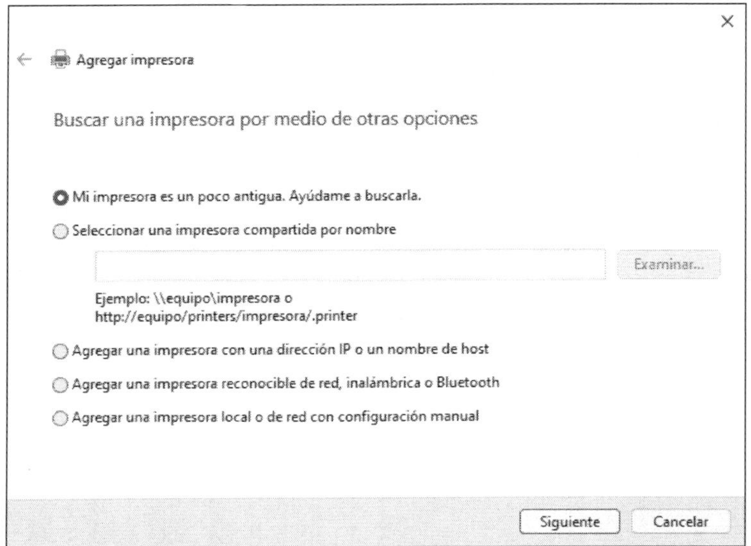

- A continuación, seleccione el fabricante y el modelo de la impresora o el disco de instalación.
- Tenga en cuenta que a veces es posible configurar los ajustes de red de la impresora directamente desde la pantalla de la impresora.

A continuación, es posible comprobar la dirección IP o el puerto de red utilizado por la impresora:

- En la lista de impresoras instaladas en el equipo, haga clic en aquella cuyas propiedades desee conocer.
- Haga clic en **Propiedades de la impresora**.

- Abra la pestaña **Puertos**. Aparece una lista de puertos. El que utiliza la impresora, aparece marcado. Hay varios tipos de puertos:
  - puerto de impresora (LPT), ahora obsoleto,
  - puerto USB,
  - puerto TCP/IP estándar, para instalación en red,
  - puerto WSD,
  - puerto local,
  - y algunos puertos creados por el fabricante durante la instalación (por ejemplo, EpsonNet Print Port).

Algunos de ellos se pueden configurar y permiten gestionar el envío de datos (LPR o RAW).

5.2 Otros equipos de red

Los rúters y hubs no son realmente dispositivos de red, pero se puede conectar a ellos para configurarlos utilizando su dirección IP y una interfaz web. Este es especialmente el caso de un módem rúter proporcionado por su FAI.

En un entorno profesional, es habitual utilizar puntos de acceso Wi-Fi para proporcionar a los empleados una red inalámbrica conectada a la red de la empresa. Estos dispositivos también se pueden configurar a través de la red. Lo mismo ocurre con los repetidores Wi-Fi, que permiten aumentar el alcance de una red inalámbrica captando y repitiendo su señal.

Generalmente, un dispositivo multimedia es un espacio de almacenamiento (disco de red, NAS, etc.) que permite compartir datos a través de la red: películas, música (en el contexto de una instalación familiar) o documentos (en el contexto de una instalación profesional). De esta forma, la información está centralizada y se puede acceder a ella desde cualquier equipo que tenga acceso a la red y permisos sobre el dispositivo.

De la misma manera que un rúter, se puede acceder a un dispositivo multimedia a través de su dirección IP desde un navegador. A continuación, es posible crear recursos compartidos de carpetas y establecer permisos en ellos.

5.3 Detección de redes

Windows 11 permite detectar sus dispositivos de red y otros ordenadores. Utiliza el protocolo WS-Discovery (*Web Service-Dynamic Discovery*) y los servicios de host del proveedor de detección. Con este protocolo, el equipo que intenta localizar los recursos de la red envía una solicitud de tipo multicast y no una difusión a todo el segmento de la red.

Cuando explora la red con un ordenador equipado con Windows 11, puede observar la presencia de dispositivos multimedia, por ejemplo. En este caso, Windows 11 usa el servicio de host de dispositivo UPnP (*Universal Plug and Play*) y el protocolo SSDP (*Simple Service Discovery Protocol* o Servicio Detección SSDP).

La activación de la detección de redes es automática cuando cambia el tipo de perfil de red a Red privada.

- Abra **Configuración - Red e Internet**.
- Haga clic en la red a la que está conectado: **Wi-Fi** si está utilizando una conexión inalámbrica o Ethernet si su ordenador está conectado por cable.
- Haga clic en **Propiedades de la red**.
- En la sección **Tipo del perfil de red**, seleccione **Red privada**.

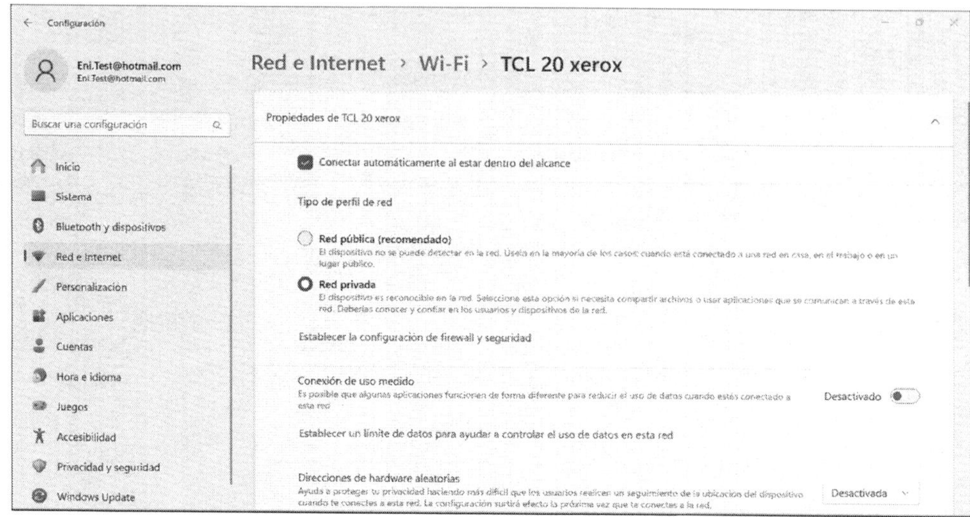

Como medida de protección, esta configuración solo se debe realizar en una red verdaderamente privada, como la de su hogar. No se recomienda para una red pública, como en el trabajo, en una biblioteca o en un aeropuerto.

Al activar la detección de redes, el firewall se configura automáticamente para permitir que los dispositivos se comuniquen a través de la red. WS-Discovery utiliza el SOAP (*Simple Object Access Protocol*) a través del puerto UDP 3702. La dirección Multicast de difusión es 239.255.255.250 para IPv4 y FF2::C para IPv6.

Podrá ver los dispositivos de red desde el **Explorador de archivos**, haciendo clic en el árbol **Red**.

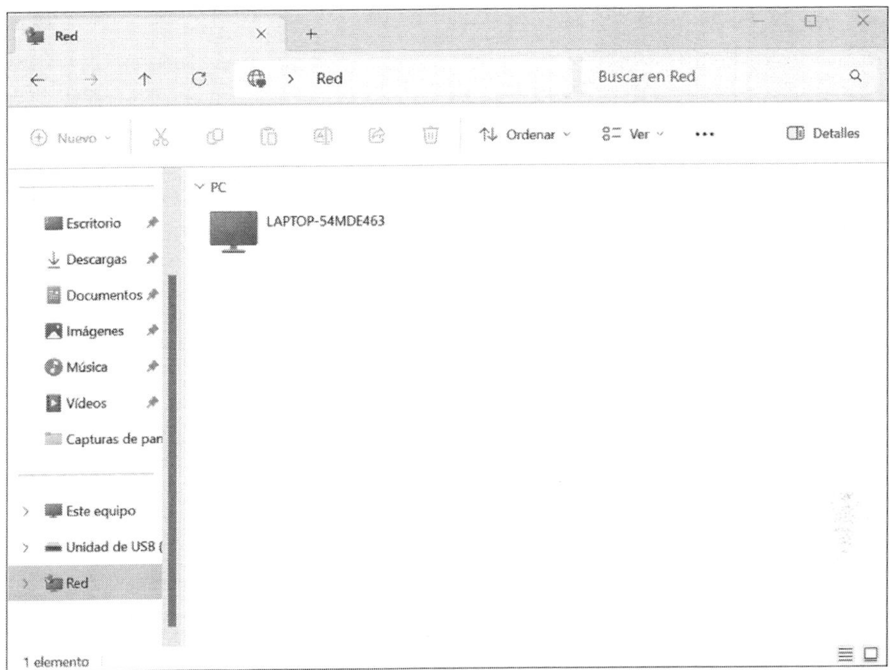

5.4 Recursos compartidos

Windows 11 utiliza el protocolo de uso compartido de archivos e impresoras SMB (*Server Message Block*) en la versión 3. Esta versión fue introducida por Windows 10 para, entre otras cosas, eliminar las vulnerabilidades de seguridad en versiones anteriores de Windows. Utiliza mecanismos de autenticación y cifrado más robustos, aumenta el rendimiento en modos lectura/escritura y mejora la fiabilidad con una recuperación de errores mejorada.

Observación

En algunos casos, se instalará y utilizará la versión 2.

Sin embargo, existe una desventaja al usar esta nueva versión del protocolo: será imposible configurar el uso compartido de archivos con un dispositivo o sistema operativo más antiguo, que no sea compatible con la versión 3. Actualizar este dispositivo es la mejor solución.

5.5 Uso compartido de impresoras

En primer lugar, asegúrese de que el uso compartido está permitido en su perfil de red, es decir, que está activado en las propiedades de su conexión de red.

- Abra **Configuración - Red e Internet - Configuración de red avanzada - Configuración avanzada de uso compartido** (en **Más configuraciones**).
- Expanda el perfil adecuado, normalmente **Redes privadas**.
- Asegúrese de que la opción **Uso compartido de archivos e impresoras** esté activada.

Una vez autorizado el uso compartido para la conexión, debe configurar la impresora que se va a compartir:

- Vaya a **Configuración - Bluetooth y dispositivos - Impresoras y escáneres**.
- Haga clic en la impresora que desea compartir y, a continuación, en **Propiedades de impresora**.
- Se abre una nueva ventana. Haga clic en la pestaña **Compartir** y, a continuación, active la casilla **Compartir esta impresora**. Si está atenuado en gris, primero haga clic en el botón **Cambiar opciones de uso compartido**.
- Si es necesario, cambie el nombre del recurso compartido y confirme después haciendo clic en los botones **Aplicar** y **Aceptar**.

5.6 Uso compartido de archivos

5.6.1 Uso compartido sencillo

El uso compartido de archivos sencillo permite compartir rápidamente documentos con cuentas restringidas y permisos básicos. Sin embargo, no será posible ajustar los permisos de usuario. En primer lugar, asegúrese de que ha activado el uso compartido de archivos e impresoras para su conexión de red.

- Abra **Configuración - Red e Internet - Configuración de red avanzada - Configuración avanzada de uso compartido** (en **Más configuraciones**).
- Despliegue el perfil adecuado, normalmente **Redes privadas**.
- Asegúrese de que la opción **Uso compartido archivos e impresoras** esté activada.

Una vez autorizado el uso compartido de la conexión, desactive la protección de los archivos con contraseña:

- Expanda la sección **Todas las redes**.
- Desactive el uso compartido protegido con contraseña.

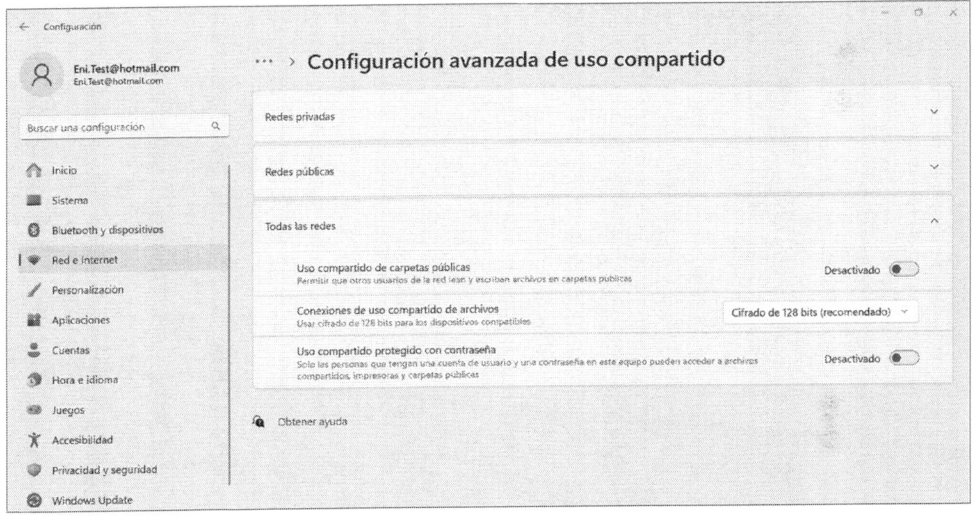

A continuación, comparta sus archivos:

- Abra el **Explorador de archivos**, haga clic con el botón derecho del ratón en la carpeta que desea compartir, después haga clic en **Mostrar más opciones - Otorgar acceso** y, por último, haga clic en **Personas específicas**.

Otra forma de acceder a la misma funcionalidad:

- Haga clic con el botón derecho en la carpeta que desea compartir y, a continuación, haga clic en **Propiedades**.
- Haga clic en la pestaña **Compartir** y, a continuación, en el botón **Compartir**.
- Haga clic en la pequeña flecha situada en el extremo derecho de la lista desplegable, que actualmente está vacía, y, a continuación, seleccione el grupo **Todos**.

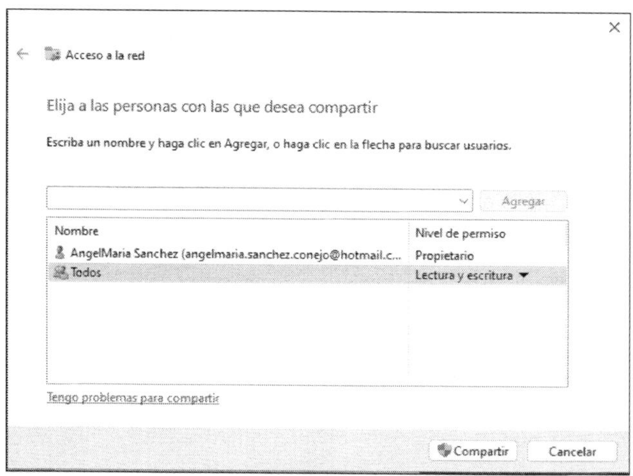

- Haga clic en el botón **Agregar**.
- Seleccione este grupo y, a continuación, establezca el tipo de permiso que tendrá en la carpeta compartida:
  - **Lectura**: el usuario o grupo solo podrá ver y leer los archivos y carpetas de esta carpeta compartida.
  - **Lectura y escritura**: el usuario o grupo podrá leer, modificar, añadir o eliminar archivos y carpetas en esta carpeta compartida.

Observación

Todas las personas conectadas a su red podrán acceder a los archivos que comparta con todas las personas, incluso aunque no tengan una cuenta de usuario ni una contraseña en dicho ordenador.

- Haga clic en el botón **Compartir**. Tome nota del enlace para acceder al recurso compartido. Tiene la opción de enviarlo por correo electrónico o copiarlo para reenviarlo por otro medio.
- Haga clic en el botón **Listo**.

Es posible encontrar la ruta UNC mostrando las propiedades de la carpeta, pestaña **Compartir**, formado por el nombre de la máquina, seguido del nombre de la carpeta compartida.

Por ejemplo: \\YOGAYB\Images

Cuando un usuario remoto intenta conectarse a la carpeta compartida, a veces se abre una ventana de identificación de todos modos. En este caso, basta con escribir este identificador: invitado o anónimo.

Una vez compartido, se puede editar o eliminar.

- En el **Explorador de archivos**, haga clic con el botón derecho del ratón en la carpeta compartida y, a continuación, en el submenú **Propiedades**.
- A continuación, haga clic en la pestaña **Seguridad** para ver el conjunto de permisos NTFS de dicha carpeta.
- Puede cambiar los permisos definidos haciendo clic en el botón **Editar**.
- A continuación, seleccione el usuario, marque los permisos que desea añadir y desmarque los permisos que desea quitar.

Esto le permite realizar ajustes si un grupo de usuarios no tiene acceso a una carpeta (mensaje de error "No se puede acceder a este recurso de red").

5.6.2 Compartir la carpeta Acceso público

La carpeta **Acceso público** es una forma aún más fácil de compartir rápidamente un recurso a través de la red y permitir que cualquier persona pueda añadir archivos en ella.

- Abra **Configuración - Red e Internet - Configuración de red avanzada - Configuración avanzada de uso compartido** (en **Más configuraciones**).
- Expanda el perfil **Todas las redes**.
- Active el uso compartido de carpetas públicas.

El recurso compartido de carpeta Acceso público ahora tiene el grupo de usuarios **Todos** en la lista de permisos de uso compartido de la carpeta **C:\Usuarios\Acceso público**.

5.6.3 Uso compartido avanzado protegido por contraseña

El uso compartido avanzado permite especificar permisos NTFS específicos para las cuentas de usuario tanto locales como de dominio Active Directory (si el equipo está registrado en un dominio). Se puede definir el número de conexiones simultáneas, se pueden aplicar cuotas.

Para evitar dar acceso a los recursos compartidos a todo el mundo, primero debe volver a activar la protección con contraseña:

- Abra **Configuración - Red e Internet - Configuración de red avanzada - Configuración avanzada de uso compartido** (en **Más configuraciones**).
- Expanda el perfil de red **Todas las redes**.
- Habilite el **Uso compartido protegido con contraseña** para que cualquier acceso a las carpetas compartidas de su equipo, esté protegido.
- Expanda el perfil de red **Privada**.
- Asegúrese de que la opción **Compartir archivos e impresoras** esté activada.

A partir de ahí, los usuarios deberán iniciar sesión y proporcionar una contraseña antes de poder acceder a los recursos compartidos. El nombre de usuario y la contraseña solicitados serán los de una cuenta en el equipo compartido o los de un usuario en el dominio.

Configuración del uso compartido avanzado

- En el **Explorador de archivos**, busque la carpeta que desea compartir.
- Haga clic con el botón derecho del ratón en ella para acceder a sus propiedades.
- Haga clic en la pestaña **Compartir** y, después, en el botón **Uso compartido avanzado**.
- Active la casilla **Compartir esta carpeta**.
- Defina un nombre para este recurso compartido.
- Opcionalmente, limite el número de usuarios que se pueden conectar al mismo tiempo.
- Si lo desea, añada comentarios.

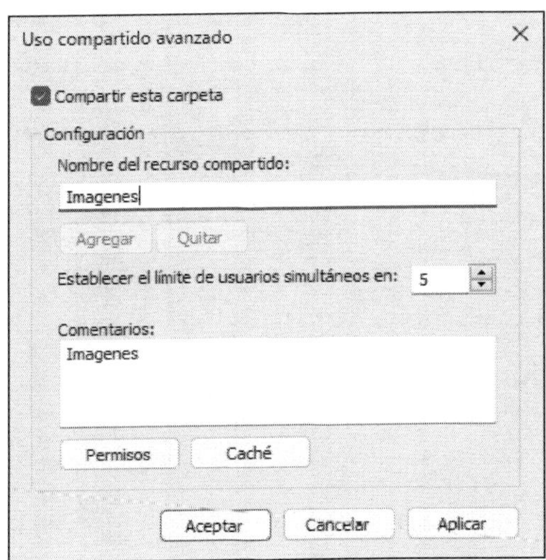

- Haga clic en el botón **Permisos**. Por defecto, el grupo **Todos** tiene permiso de lectura en sus recursos.

- Quite el grupo **Todos**, añada más usuarios y establezca los permisos NTFS para cada uno de los usuarios o grupos de usuarios.

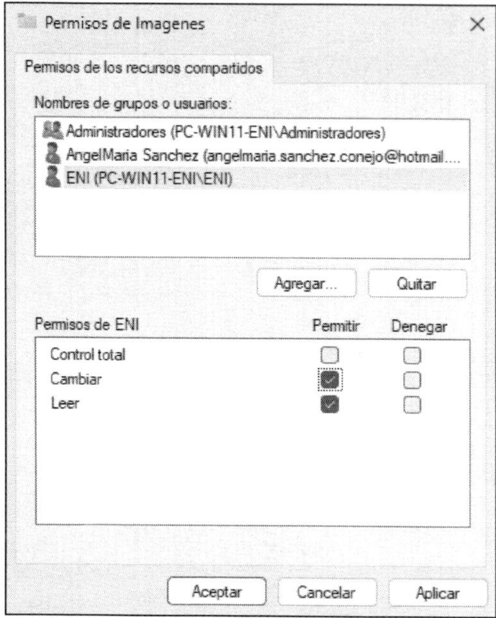

- Haga clic en el botón **Aceptar**.
- A continuación, haga clic en el botón **Caché**.
- Establezca el tipo de disponibilidad del contenido del recurso compartido para los usuarios que no se conectarán. Aquí encontramos la forma en que funcionan los archivos sin conexión.
- Confirme con Aceptar, luego **Aceptar** de nuevo y, finalmente, **Cerrar**.

Si regresa a la ventana **Uso compartido avanzado**, tendrá la posibilidad de añadir más perfiles para compartir haciendo clic en el botón correspondiente.

5.7 Archivos sin conexión

La funcionalidad de archivos sin conexión permite conservar en su ordenador copias de archivos almacenados en la red, que provienen de servidores de archivos, archivos compartidos, dispositivos de almacenamiento en red, etc. Por defecto, podrá trabajar en estos archivos sin conexión, aunque su ordenador o el de la persona que comparte sus archivos no esté conectado a una red. Esta funcionalidad solo se podrá utilizar con dispositivos que admitan archivos sin conexión.

- Abra el **Panel de control**.
- En la zona de búsqueda, escriba sincronización. Aparece la funcionalidad **Centro de sincronización**, haga doble clic en ella. Alternativamente, cambie la visualización de las funcionalidades del panel de control seleccionando **Mostrar por: Iconos pequeños**.
- En el menú de la izquierda, haga clic en **Administrar archivos sin conexión**. Aparece una ventana.

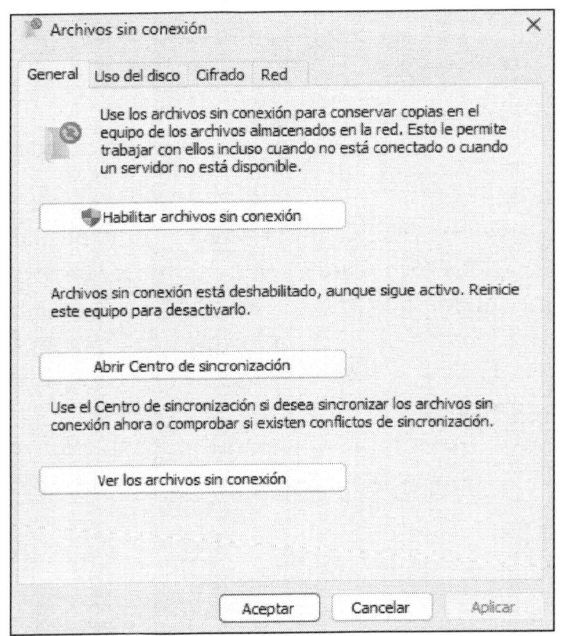

- Habilite la funcionalidad haciendo clic en el botón **Habilitar archivos sin conexión**.

Este panel permite administrar los archivos disponibles sin conexión y monitorizar el espacio en disco que ocupan en su máquina. El **Centro de sincronización** le ayudará a administrar su sincronización y cualquier conflicto (dos versiones modificadas del mismo archivo).

Las copias sin conexión se almacenan en la carpeta **C:\Windows\CSC**. Dado que es una carpeta del sistema, no podrá acceder a ella fácilmente. Use el **Centro de sincronización** para administrarlos.

Observación

*Esta funcionalidad se puede activar desde el registro, accediendo a las claves **HKEY_LOCAL_MACHINE - SYSTEM - CurrentControlSet - Services - CSC** y **CscService**, creando un nuevo valor DWORD 32 bits denominado Start en cada una de las claves y asignándolas el valor 1 (en CSC) y 2 (en CscService).*

*Esta característica también se puede configurar con una directiva de grupo: **Configuración del equipo - Plantillas administrativas - Red - Archivos sin conexión - Permitir o no permitir el uso de la característica Archivos sin conexión**. Marque **Habilitado** para activarlo.*

5.8 Carpetas de trabajo

Las carpetas de trabajo también permiten compartir archivos. Permiten sincronizar archivos entre varios dispositivos a un usuario que desea usar su ordenador personal, independientemente de que los dispositivos pertenezcan a un dominio de Active Directory. Los archivos son controlados, protegidos y masterizados por la empresa. Esta funcionalidad requiere que, al menos, una de las máquinas esté conectada a un dominio de Microsoft y que el servidor soporte los roles AD DS (Active Directory Domain Services), DNS, Servicios de archivos y almacenamiento, y el subárbol Carpetas de trabajo.

Los datos sincronizados se almacenan en el perfil del usuario en la carpeta **Carpeta de trabajo**. Para habilitar la funcionalidad:

- Abra el **Panel de control**.
- En el cuadro de búsqueda, escriba carpetas. Aparece la función **Carpetas de trabajo**, inicie la consola. Como alternativa, cambie la visualización de las características del Panel de control a **Ver por: Iconos pequeños**.
- Haga clic en el enlace **Configurar carpetas de trabajo**.
- Escriba su dirección de correo electrónico profesional (la que está vinculada a su dominio Active Directory) y, a continuación, escriba su identificador y contraseña de Active Directory.
- Escriba la ruta (URL que comienza con http o https) a su carpeta de trabajo. El administrador de su dominio se la proporcionará.
- Si el acceso http es seguro (es decir, https), se requerirá un certificado. Si no tiene uno, solucione este problema modificando el registro: **HKLM - Software - Microsoft - Windows - CurrentVersion**.
- Cree una nueva clave denominada WorkFolders.
- Cree una clave **DWORD 32 bits** denominada **AllowUnsecureConnection**.
- Asígnele el valor 1.
- Cierre el registro y reinicie el equipo.
- Reanude la configuración de las carpetas de trabajo y configure la carpeta local para almacenar los archivos sincronizados. Salga de la ubicación propuesta y haga clic en **Siguiente**.
- Al marcar la opción **Acepto estas directivas en mi equipo**, permite que el administrador de la empresa fuerce la autenticación con contraseña cuando inicie sesión, cifre los datos almacenados en la carpeta **Carpetas de trabajo** o los borre de forma remota si le roban el equipo. Haga clic en los botones **Configurar carpetas de trabajo** y, a continuación, haga clic en **Cerrar** para completar la configuración.

La gestión de archivos se realiza desde **Panel de control - Carpetas de trabajo**. Puede comprobar la última fecha de sincronización, forzar una sincronización en una conexión limitada, ver el espacio en disco ocupado, cambiar credenciales, etc.

6. Protección de enlaces remotos

Es posible que un usuario necesite acceder a sus archivos de trabajo mientras está fuera de su empresa. Por lo tanto, es necesario asegurar la conexión remota de manera transparente utilizando funcionalidades VPN (*Virtual Private Network*). Windows 11 ofrece varias funcionalidades.

6.1 VPN

Windows 11 incluye un cliente VPN que es compatible con las principales soluciones actuales: Check Point, Cisco, Juniper networks, Palo Alto Networks y SonicWall.

La configuración de un cliente VPN es la siguiente:

- Abra **Configuración - Red e Internet - VPN**.
- Haga clic en el botón **Agregar VPN**.
- Seleccione **Proveedor de VPN: Windows (integrado)**.
- Asigne un nombre a la conexión VPN.
- Escriba el nombre o la dirección IP del servidor VPN.
- Seleccione en **Tipo de VPN: IKE2**, por ejemplo.
- Seleccione **Tipo de información de inicio de sesión: Certificado**, por ejemplo. Windows 11 permite la autenticación mediante un nombre de usuario, una tarjeta inteligente, un código de un solo uso o un certificado.
- Asegúrese de que la casilla de verificación **Recordar información de inicio de sesión** esté marcada.

▶ Haga clic en el botón **Guardar**.

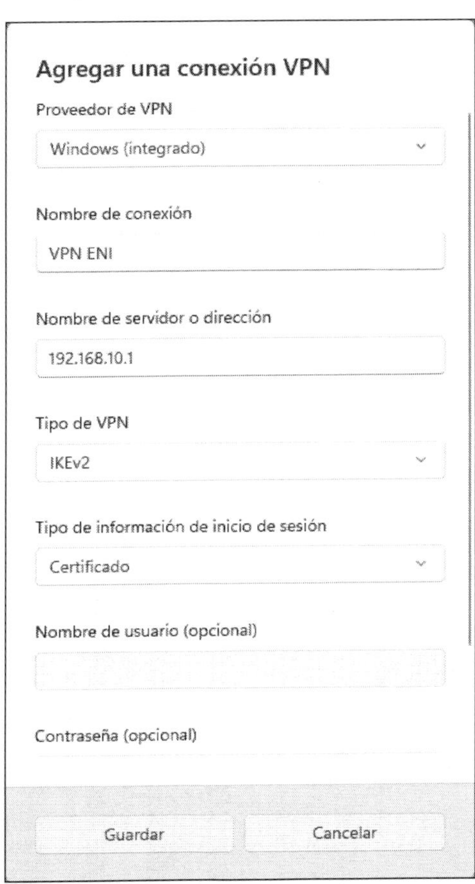

Será su administrador o proveedor de VPN quién le proporcione esta configuración de red.

La conexión se gestiona desde **Configuración rápida**, haciendo clic en el botón **VPN**, seleccionando la VPN (si tiene más de una) y haciendo clic en **Conectar**.

6.2 DirectAccess

Solo está disponible en la edición Enterprise de Windows 11, en el caso de los equipos vinculados a un dominio. DirectAccess forma parte de Windows desde la versión 7. Con él, se podrá conectar de manera transparente a su red corporativa desde cualquier red o punto de acceso, sin tener que configurar e implementar una conexión de tipo VPN (*Virtual Private Network*) en el lado cliente.

DirectAccess utiliza el protocolo de comunicación IPv6 para establecer una conexión segura entre el cliente y el servidor de DirectAccess. Esto significa que ambos extremos del túnel deben operar en IPv6. La compatibilidad con los dispositivos IPv4 actuales queda garantizada por los protocolos TEREDO, 6TO4, NAT-PT (*Network Address Translation-Protocol Translation*) y ISATAP (*Intra-Site Automatic Tunnel Addressing Protocol*). DirectAccess requiere al menos Windows Server 2012 R2 para implementar la infraestructura en el lado del servidor.

Para implementar DirectAccess, debe tener primero una infraestructura operativa (consulte la documentación de Microsoft https://learn.microsoft.com/es-es/windows-server/remote/remote-access/directaccess/directaccess). El servidor de DirectAccess también debe tener un servidor web para determinar la ubicación de los equipos cliente.

La implementación de esta funcionalidad va más allá del alcance de este libro, pero puede ser útil saber que, cuando el equipo está conectado a su infraestructura a través de DirectAccess, la ejecución del comando ipconfig permite comprobar la presencia del túnel 6TO4 y el uso de direcciones de tipo IPv6.

Los clientes se configuran a través de directivas de grupo. Al ejecutar el comando `gpresult /R /scope COMPUTER`, se comprueba que se está aplicando la configuración de directivas necesarias para que DirectAccess funcione.

Observación

Microsoft ahora recomienda utilizar Always On VPN en lugar de DirectAccess para nuevos despliegues.

6.3 Always On VPN

Como se indicó anteriormente, Microsoft aboga por configurar Always On VPN en lugar de DirectAccess. Ofrece prácticamente las mismas funcionalidades que DirectAccess, a la vez que proporciona muchas ventajas:

- Se admiten las direcciones IPv4 e IPv6.
- Es compatible con los dominios de Microsoft Azure.
- No requiere la infraestructura de Microsoft.
- Autoriza a los clientes de grupo de trabajo o de dominio.
- Permite el filtrado del tráfico.
- Es transparente para el usuario.
- Ofrece una interfaz de administración moderna y práctica.

Observación

Tenga en cuenta que Always On VPN solo es compatible con Windows 10 y versiones posteriores.

La configuración del cliente se realizará a través de un cliente VPN.

Observación

*Es posible que la configuración del cliente VPN haga que sea necesario utilizar la **Configuración** y el **Panel de control** para acceder a la configuración avanzada de la conexión VPN.*

7. Herramientas de red

Existe una gran cantidad de herramientas que permiten obtener información sobre su conexión a la red. Por lo general, se pueden usar desde la terminal o el símbolo del sistema, preferiblemente ejecutados como administradores. Si el comando no funciona con el terminal, cambie al símbolo del sistema.

7.1 ping

Acrónimo de *Packet InterNet Groper*. Esta utilidad funciona como un sonar configurando consultas de eco ICMP (*Internet Control Message Protocol*) a una estación de la red. El comando se utiliza para determinar cuánto tiempo necesita para que un paquete llegue a su destinatario, para comprobar si una estación está conectada a la red o si hay un servidor disponible. Se puede hacer referencia a una estación por su nombre o dirección IP. Los modificadores principales son:

- `-t`: las señales se transmiten hasta que el usuario interrumpe el proceso pulsando a la vez en teclas [Ctrl]+[C].
- `-a`: si la resolución de nombres se realiza correctamente, el comando muestra el nombre de host correspondiente.
- `-n <número>`: esta opción permite establecer el número de señales emitidas. El valor predeterminado es 4.
- `-l <longitud>`: esta opción permite establecer la longitud del paquete de datos (de 0 a 65.000 bytes). El valor predeterminado es 32 bytes.
- `-f`: este parámetro evita la fragmentación de los paquetes.
- `-s <valor>`: se utiliza una fecha para definir una evaluación del tiempo de respuesta de un equipo remoto. Los valores posibles oscilan entre 1 y 4. Funciona solo en IPv4.
- `-k <HostList>`: permite definir una ruta de código abierto para la transmisión de paquetes (los valores posibles oscilan entre 1 y 4). Funciona solo en IPv4.
- `-j <HostList>`: permite definir una ruta de "origen estricto". Funciona solo en IPv4.

- `-w <timeout>`: permite establecer el tiempo de espera más allá del cual la estación correspondiente se declara inaccesible. El valor se expresa en milisegundos. El valor predeterminado es 4000.
- `-S <dir_IP>`: permite especificar la dirección de origen que se va a utilizar.
- `-4`: permite forzar el uso del protocolo IPv4.
- `-6`: permite forzar el uso del protocolo IPv6.

Para comprobar la conexión a Internet, consulte el servidor DNS Google con el comando :`ping -t 8.8.8.8`. El mensaje **Request Timed Out** indica un error de direccionamiento o un problema de conexión.

Para comprobar la presencia de la pasarela (rúter, gateway) o del servidor DHCP, utilice :`ping -t 192.168.0.1`, por ejemplo.

7.2 tracert

El comando `tracert` (*trace route*) muestra la ruta recibida por un paquete IP y el tiempo transcurrido entre cada salto para llegar al destino final. Los modificadores son los siguientes:

- `-d`: si no desea que el comando resuelva y muestre los nombres de todos los rúters en la ruta de acceso.
- `-h`: permite limitar el número de saltos para buscar el objetivo. El valor predeterminado es de 30 saltos.
- `-j`: permite definir una ruta de código abierto para identificar el tiempo de reacción de los rúters.
- `-w <time>`: permite establecer un valor en milisegundos más allá del cual el rúter se declara no accesible.
- `-R`: camino seguido. Requiere IPv6.
- `-S <adr_IP>`: permite especificar la dirección de origen que se va a utilizar. Solo funciona con IPv6.
- `-4`: permite forzar el uso del protocolo IPv4.
- `-6`: permite forzar el uso del protocolo IPv6.

Por ejemplo, escriba `tracert microsoft.com`. El comando rastrea la ruta que tomó su solicitud para llegar al sitio del editor y, si es necesario, permite saber dónde está bloqueada la conexión.

7.3 ipconfig

Este comando muestra todos los valores de direccionamiento IP de las diferentes interfaces de red de un sistema, la configuración de la red TCP/IP y permite actualizar la configuración DHCP (Dynamic Host Configuration Protocol), así como la caché DNS (*Domain Name System*). Es útil sobre todo en ordenadores que están configurados para obtener automáticamente una dirección IP. Si se utiliza sin parámetros, ipconfig muestra la dirección IP, la máscara de subred y la pasarela predeterminada de todos los adaptadores. Los interruptores principales son:

- `/all`: muestra toda la información disponible sobre todos los adaptadores de red activos.
- `/renew <adaptador>`: renueva la configuración DHCP de todos los adaptadores (si no se especifica ningún adaptador) o de un adaptador específico si se incluye el valor `<adaptador>`.
- `/renew6 <adaptador>`: renueva la configuración DHCP para el protocolo IPv6.
- `/release <adaptador>`: permite liberar la configuración DHCP actual y anular la configuración de la dirección IP de todos los adaptadores (si no se especifica ningún adaptador) o de un adaptador específico si se incluye el valor `<adaptador>`.
- `/release6 <adaptador>`: libera la configuración DHCP para el protocolo IPv6.
- `/flushdns`: restablece el contenido de la caché de resolución del cliente DNS. Se escribirá el siguiente comentario: "Caché de resolución DNS vaciada".
- `/displaydns`: muestra el contenido de la caché de resolución del cliente DNS.

– `/registerdns`: inicia el registro dinámico manual de los nombres DNS y de las direcciones IP configuradas en un ordenador. Puede usar esta configuración para solucionar un problema de registro de nombre DNS o un problema de actualización dinámica entre un cliente y el servidor DNS sin reiniciar el cliente. En Windows, aparecerá el siguiente comentario: "Se ha iniciado el registro de recursos DNS para todos los adaptadores de este equipo. Cualquier error se notificará en el visor de eventos en un plazo de 15 minutos".

El comando `ipconfig /renew` le permitirá recuperar una dirección IP después de una desconexión, por ejemplo.

7.4 netstat

El comando `netstat` (*NETwork STATistics*) muestra las conexiones TCP activas, los puertos en los que el equipo está escuchando, la tabla de enrutamiento IP y las estadísticas de Ethernet, IPv4 e IPv6. Sin parámetros, el comando muestra las conexiones activas. Los modificadores principales son:

– `-a`: muestra todas las conexiones TCP activas, así como los puertos TCP y UDP utilizados por el equipo para escuchar (puertos cerrados, abiertos y utilizados).

– `-b`: muestra el archivo ejecutable involucrado en las conexiones.

– `-e`: muestra las estadísticas Ethernet, como el número de bytes y paquetes enviados y recibidos.

– `-f`: muestra los nombres de dominio completos para las direcciones externas.

– `-n`: muestra las conexiones TCP activas ordenadas en orden numérico.

– `-o`: muestra las conexiones TCP activas e incluye el ID de proceso (PID) de cada conexión.

– `-p` <protocolo>: muestra las conexiones que utilizan el protocolo especificado (TCP, UDP, TCPv6, etc.).

- `-q`: muestra todas las conexiones, todos los puertos de escucha y todos los puertos vinculados a otros diferentes a los que escuchan.
- `-r`: muestra el contenido de la tabla de enrutamiento IP. También puede utilizar el comando route print.
- `-s`: muestra las estadísticas de conexión de red por protocolo.
- `-t`: muestra el estado de descarga de la conexión.
- `-x`: muestra los agentes de escucha, los puntos de fin compartidos y las conexiones de NetworkDirect.
- `-y`: muestra el patrón de conexión TCP para todas las conexiones.
- `<intervalo>`: muestra periódicamente las estadísticas haciendo una pausa en el número de segundos especificado en el argumento. [Ctrl]+[C] detiene la visualización.

▶ Para ver los puertos de escucha en su máquina, escriba:
`netstat -an | find /i "listening"`

▶ Para mantener el resultado en un archivo de texto usando una redirección, escriba: `netstat -an |find /i "listening" > c:\puertos.txt`

▶ Para listar los puertos que están actualmente en uso, escriba:
`netstat -an |find /i "established"`

Este es el resultado obtenido en mi máquina:

```
Microsoft Windows [version 10.0.22621.1992]
(c) Microsoft Corporation. Todos los derechos reservados.

C:\Users\ENI>netstat -an |find /i "established"
  TCP    192.168.1.38:51143     20.54.37.73:443
ESTABLISHED
  TCP    192.168.1.38:51406     142.250.153.188:443
ESTABLISHED
  TCP    192.168.1.38:52045     20.54.37.73:443
ESTABLISHED
  TCP    192.168.1.38:59554     204.79.197.203:443
ESTABLISHED

C:\Users\ENI>
```

A la izquierda, se muestran las direcciones locales y a la derecha, las direcciones remotas. En este ejemplo, observamos que la dirección IP del ordenador es 192.168.1.38 y las conexiones se realizan a tres ordenadores diferentes. Además, el puerto de escucha es 443 (utilizado para mostrar páginas web), lo que indica que probablemente haya tres pestañas abiertas en un navegador.

Para ver las aplicaciones que se comunican hacia el exterior, escriba este comando: `netstat -b 5 > log.txt`

Después de unos minutos, pulse a la vez en las teclas [Ctrl] **C** para detener la ejecución del comando.

- A continuación, escriba este comando para ver el contenido del archivo generado anteriormente en el bloc de notas de Windows: `notepadlog.txt`.

7.5 nbtstat

Este es el equivalente del comando netstat pero para conexiones NetBIOS over TCP/IP. También es posible utilizar este comando para volver a cargar el archivo **Lmhosts** en la memoria caché de NetBIOS.

- `-a <nombre remoto>`: muestra la tabla de nombres de una estación remota utilizando su nombre NetBIOS.
- `-A <dirección IP>`: igual que la anterior, pero utilizando su dirección IP.
- `-c`: muestra el contenido de la caché de nombres NetBIOS, la tabla de nombres NetBIOS y las direcciones IP correspondientes.
- `-n`: muestra la tabla de nombres NetBIOS del ordenador local.
- `-r`: muestra las estadísticas de resolución de nombres NetBIOS.
- `-R`: Purga y vuelve a cargar el archivo Lmhosts sin tener que reiniciar el ordenador.
- `-RR`: libera y, a continuación, actualiza los nombres NetBIOS para el ordenador local registrado por los servidores WINS.
- `-s`: muestra las sesiones NetBIOS over TCP/IP que intentan convertir la dirección IP de destino en un nombre.

- `-S`: igual que antes, excepto que las direcciones IP no se resuelven en nombres.
- `<intervalo>`: repite la visualización de las estadísticas seleccionadas, siguiendo una pausa igual a tantos segundos como se indica en "Intervalo" entre cada visualización. La combinación de teclas [Ctrl]+[C] interrumpe la visualización de las estadísticas.

7.6 netsh

Netsh (*NETwork SHell*) es una herramienta de red muy potente que permite visualizar o modificar la configuración de red de un ordenador local o remoto: direcciones IP, DNS, cortafuegos, etc. Incluso se puede utilizar en modo script para automatizar muchas tareas de configuración.

Estos son algunos de los comandos más útiles:

- Ver configuración de IP: `netsh interface ip show config`
- Lista de redes inalámbricas disponibles: `netsh wlan show networks`
- Ver reglas de firewall: `netsh advfirewall firewall show rule name=all`
- Desactivar el firewall: `netsh firewall set opmode disable`
- Configuración de una dirección IP fija: netsh interface ip set address "Conexión a la red local" static 192.168.1.20 255.255.255.0 192.168.1.1
- Configuración de la dirección IP del servidor DNS de Google para la misma conexión: `netsh interface ip set dns "Conexión a la red local" static 8.8.8.8`

Puede encontrar información completa sobre las diferentes formas de usar los comandos Netsh en el sitio web de Microsoft, en la dirección https://learn.microsoft.com/en-us/previous-versions/windows/it-pro/windows-server-2008-R2-and-2008/cc754516(v=ws.10)

7.7 Comandos de PowerShell

Los comandos anteriores tienen sus equivalentes en PowerShell, estos son algunos de ellos:

- `Test-NetConnection` sustituye a `ping`.
- `Test-NetConnection -TraceRoute` sustituye a `tracert`.
- `Get-NetIPAddress` sustituye a `ipconfig`.
- `New-NetIPAddress` permite configurar una nueva dirección IP para una interfaz de red.
- `Set-NetIPAddress` permite cambiar la dirección IP de una interfaz de red.
- `Get-NetTCPConnection` sustituye a `netstat`. Por ejemplo, use `Get-NetTCPConnection -State Established` para ver las conexiones de red establecidas.
- `Get-NetAdapter, Disable-NetAdapter, Enable-NetAdapter, Set-NetIPInterface, Set-DNSClientServerAddress...` sustituye a los comandos `Netsh`.

Capítulo 10
Reparación de redes

1. Prácticas recomendadas

En general, compruebe lo siguiente si tiene un problema de red:

- Reinicie el rúter (caja).
- Ejecute el solucionador de problemas **Red e Internet** que se encuentra en **Configuración - Sistema – Solucionar problemas - Otros solucionadores de problemas**.
- Actualice los controladores del adaptador de red.
- Compruebe la configuración del cortafuegos.

Si las soluciones mencionadas en este capítulo no funcionan, como último recurso, puede probar la siguiente solución: un restablecimiento completo de la configuración de red, es decir, eliminar todos los adaptadores de red y luego volver a instalarlos automáticamente. Se restaurará la configuración original. A continuación, explicamos cómo hacerlo:

- Abra **Configuración - Red e Internet - Configuración de red avanzada**.
- En la sección **Más configuraciones**, haga clic en **Restablecimiento de red** y, a continuación, haga clic en el botón **Restablecer ahora**. Confirme con **Sí**.

- Después de que la máquina se reinicie automáticamente, vuelva a probar la conexión de red.

A continuación, encontrará elementos adicionales que se deben configurar o comprobar.

1.1 Comprobar el nombre del grupo de trabajo

El nombre del equipo y del grupo de trabajo se utilizan para identificar un ordenador en una red. Por ello, es importante identificar de forma clara y lógica su equipo y su grupo de trabajo. Un simple error tipográfico puede crear muchos problemas.

- En **Configuración - Sistema - Información del sistema**, haga clic en el enlace **Dominio o Grupo de trabajo**. Se abre una ventana.
- En la pestaña **Nombre del equipo**, compruebe el nombre completo del ordenador y el nombre del grupo de trabajo. Si necesita modificarlos, haga clic en el botón **Cambiar**....
- Reinicie el equipo.

El siguiente puerto debe estar abierto en el firewall si desea aprovechar el uso compartido de los archivos y de las comunicaciones SMB (*Server Message Block*): TCP 445.

Observación

Si usa versiones anteriores de Windows (anteriores a Windows 7), los siguientes tres puertos deben estar abiertos: puerto TCP 139, puerto UDP 137 y 138.

Para configurar el firewall de Windows 11, siga estos pasos:

- En la ventana **Seguridad de Windows**, haga clic en **Firewall y protección de red**.
- Haga clic en **Permitir una aplicación a través del firewall**. Se abre una ventana.

▶ Haga clic en el botón **Cambiar la configuración**. Seleccione la función **Compartir archivos e impresoras**, permita que este programa se ejecute a través del firewall para la ubicación de red de tipo **Privada**, como debería ser el caso para su entorno. Haga clic en el botón **Aceptar**.

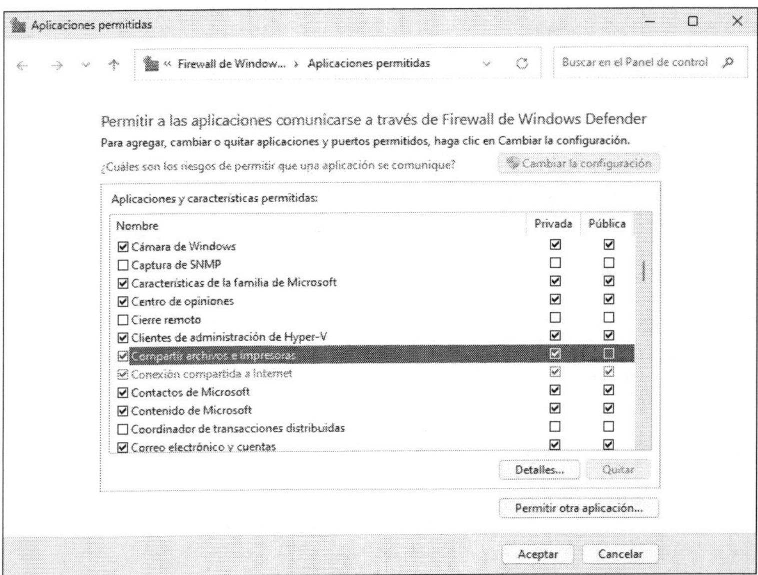

▶ A continuación, compruebe que estos tres servicios se han iniciado correctamente:

- Servicio **Cliente DHCP**,
- Servicio **Servidor**,
- Servicio **Estación de trabajo**.

1.2 Acceso a un ordenador en el que el uso compartido sencillo está deshabilitado y sin contraseña

Si desea acceder a los recursos compartidos sin tener que identificarse siempre, asegúrese de que las siguientes directivas estén configuradas en el equipo remoto de esta manera:

- En el editor de directivas de grupo (gpedit.msc), acceda a **Configuración del equipo - Configuración de Windows - Configuración de seguridad - Directivas locales - Opciones de seguridad**.
- Deshabilite esta directiva: **Cuentas: limitar el uso de cuentas locales con contraseñas en blanco solo para iniciar sesión de la consola**.
- Habilite esta directiva: **Acceso a la red: permitir la aplicación de los permisos Todos a los usuarios anónimos**.

1.3 Activación de NetBIOS a través de TCP/IP

NetBIOS permite asociar un nombre de ordenador y una dirección IP. Esta funcionalidad, heredada de versiones anteriores de Windows, ya no es útil. Sin embargo, si tiene equipos que usan versiones anteriores de Windows en su red o aplicaciones que usan este protocolo, activar esta funcionalidad facilitará la comunicación entre dos equipos en la red.

- Acceda a **Configuración – Red e Internet - Configuración de red avanzada – Más opciones del adaptador**.
- Seleccione el adaptador de red correspondiente, haga clic con el botón derecho del ratón en **Propiedades**.
- Seleccione el **Protocolo de Internet TCP/IPv4** y haga clic en el botón **Propiedades**.
- En la ventana que se abre, una vez en la pestaña **General**, haga clic en el botón **Opciones avanzadas.**

- En la pestaña **WINS**, en la sección **Configuración de NetBIOS**, seleccione la opción **Predeterminada** o la opción **Habitar NetBIOS a través de TCP/IP**.

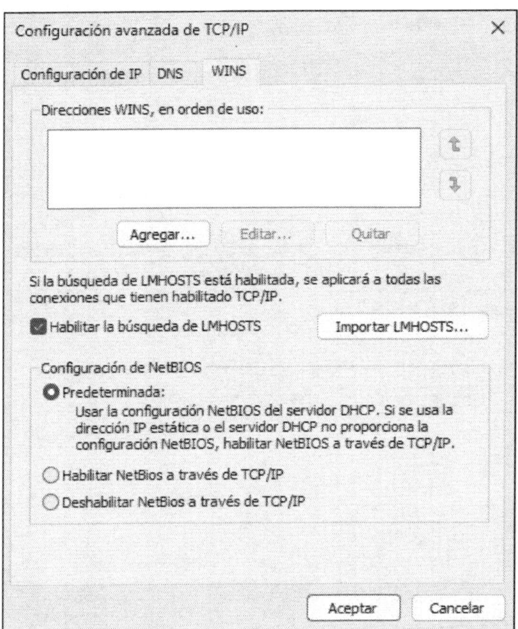

2. Problemas de conectividad

- Asegúrese de que el modo avión no esté activado en **Configuración rápida**.
- Compruebe que el firewall no esté bloqueando los puertos utilizados por el uso compartido de archivos e impresoras.
- Compruebe que puede hacer ping a otras máquinas.

2.1 No se puede conectar a una red Wi-Fi

La tarjeta Wi-Fi está activa, el rúter está encendido, pero no hay forma de conectarse o encontrar una red inalámbrica.

- Asegúrese de estar dentro del alcance de la señal. En esta fase de diagnóstico, debe situarse cerca del rúter.
- Existen varios estándares de red inalámbrica (Wi-Fi 4, 5, 6). Asegúrese de que el rúter y el adaptador de red inalámbrica utilicen el mismo estándar.
- Algunos rúters pueden transmitir en múltiples bandas de frecuencia: 2,4 GHz y 5 GHz, o incluso 6 GHz. Compruebe qué banda de frecuencia se utiliza y si es compatible con su tarjeta Wi-Fi.
- En la lista de redes inalámbricas disponibles, a veces pueden aparecer ambas. Intente conectarse a una de las frecuencias y, después, a la otra.

2.2 Medios desconectados

Hay dos formas de recibir este mensaje:

- El adaptador de red está deshabilitado.
- Su equipo ha perdido la conexión a la red.

Como parte de una red inalámbrica

- Eche un vistazo a los interruptores. Algunos dispositivos portátiles tienen un botón físico o una combinación de teclas que permite desactivar el adaptador inalámbrico por completo (generalmente [Fn]+[F2] para Asus, Dell, [Fn]+[F8] para Lenovo). Este botón se puede identificar fácilmente por el símbolo de Wi-Fi o inalámbrico.
- Asegúrese de que sigue conectado a la red. Haga clic en el icono de Wi-Fi y compruebe que aparece el nombre de una red inalámbrica.
- Compruebe que el adaptador de red no se ha desactivado usando software.
- Compruebe si hay errores del lado del administrador de dispositivos.

- Conecte un adaptador Wi-Fi diferente.

Como parte de una red cableada

- Asegúrese de que el cable de red esté enchufado al PC y a la toma de corriente (o al switch) de pared. Un diodo debe indicar la presencia de una red.
- Compruebe que el adaptador de red no se ha desactivado usando software.
- Conecte otra tarjeta con cable.

2.3 Dirección IP de tipo 169.254.X.X

Esta es una dirección IP APIPA, en caso de que su ordenador no pueda obtener una dirección IP válida del servidor DHCP (y tenga habilitado el direccionamiento automático). APIPA (*Automatic Private Internet Protocol Addressing*) es un servicio de Windows que asigna automáticamente una dirección IP a una máquina. El rango de direcciones IP utilizado es 169-254-0-0/16.

Esto se suele deber a un problema de conectividad (software o hardware) o a que el servicio DHCP no se ha iniciado o no se puede acceder al servidor DHCP.

Si un equipo se ha desconectado de un segmento de red para conectarse a otro segmento y no lo consigue, se trata de un problema de error de registro de nombre DNS.

- En este caso, compruebe las direcciones IP que ha configurado manualmente para los otros ordenadores de la red.
- Además, intente deshabilitar el firewall de conexión a Internet.
- Compruebe que el adaptador de red está instalado correctamente. Si es así, utilice el siguiente comando: `ipconfig /registerdns`.

2.4 Dirección IP de tipo 0.0.0.0

Este problema se produce cuando dos equipos utilizan la misma dirección IP.

Se suele deber a que un servidor DHCP asigna una dirección IP que ya está en uso por un host configurado manualmente.

- Utilice los comandos `ipconfig /release` y `ipconfig /renew` para solicitar una nueva dirección IP.

2.5 No hay dirección IP asignada

A su sistema no se le asigna una dirección y su conexión está marcada como limitada o inexistente.

- Compruebe que en su red hay un servidor DHCP y que su adaptador de red está configurado en direccionamiento IP dinámico.
- Intente reparar la pila de Winsock usando, por ejemplo, desde un símbolo del sistema en modo administrador, el comando `netsh winsock reset` y, a continuación, reiniciando el ordenador.

También es posible que la dirección IP ya esté reservada para otra interfaz de red:

- En el **Administrador de dispositivos**, active la visualización de dispositivos ocultos.
- Desinstale las instancias que aparecerán en la rama Adaptadores de red.

2.6 Conexión limitada

Este mensaje suele indicar que el equipo está conectado a una red, pero no tiene acceso a Internet.

- Compruebe la conexión eléctrica y de red del rúter ADSL/fibra.
- Póngase en contacto con su proveedor de servicios de Internet.

2.7 "Se intentó una operación en algo que no era un socket"

Generalmente, el ordenador es capaz de recibir paquetes IP pero no de transmitirlos. La pila Winsock se ha dañado.

- Restablézcala con el comando `netsh winsock reset` y a continuación, reinicie el ordenador.

2.8 No se puede renovar la dirección IP

- En el símbolo del sistema, escriba:

```
ipconfig /release
ipconfig /renew
```

Si este último comando no funciona, se podría deber a que la clave Winsock2 está dañada. El procedimiento para saberlo es el siguiente:

- Haga clic en el menú **Inicio** y, a continuación, escriba: `msinfo.exe`.
- Abra las ramas **Componentes - Red - Protocolo**. Debería ver dos tipos de componentes:
  - TCP/IP MSAFD (cuatro ramas)
  - Proveedor de servicios RSVP (cuatro ramas)

Si hay otras menciones, excepto Hyper-V, AF_UNIX y MSAFD (Bluetooth), es posible que la pila Winsock haya sido dañada por un programa de terceros. En este caso, debe repararlo como se explicó anteriormente.

2.9 Desconexión con juegos en red

También puede aparecer este tipo de error: "NET_SendPacket ERROR: NO ERROR". Además, las transferencias de datos desde un dispositivo IP son muy lentas.

- En **Configuración - Red e Internet - Configuración de red avanzada**, haga clic en **Opciones adicionales del adaptador de red**.

- Para acceder a las propiedades del adaptador de red, haga clic con el botón derecho del ratón en **Propiedades**.
- Seleccione **QoS Packet Scheduler** y haga clic en el botón **Desinstalar**.

3. Problemas de acceso a la red

Todos estos problemas rara vez son de hardware, sino que se deben a un problema de configuración. Se deben comprobar dos cosas:

- Los parámetros del cortafuegos, para que se permita el uso compartido de archivos e impresoras.
- La conexión del adaptador de red y la dirección IP asignada a su equipo, que no debe ser una dirección APIPA, es decir, diferente del rango de direcciones IP 169.254.0.0/16.

3.1 No se puede detectar la red

Si hay problemas para detectar los dispositivos de red:

- Compruebe que se inician los siguientes servicios en cada equipo de la red:
  - **Detección de SSDP**
  - **Host de dispositivo UPnP**
  - **Host del proveedor de detección de funciones**
  - **Publicación de recursos de detección de funciones**
- Compruebe también la configuración del cortafuegos. Para permitir que la red se busque a través del firewall, en la configuración **Seguridad de Windows**, haga clic en **Firewall y protección de red**.
- Haga clic en la opción **Permitir una aplicación a través del firewall**.
- Haga clic en el botón **Cambiar la configuración**.
- Seleccione el programa **Detección de redes**, permita que este programa se ejecute a través del firewall para la ubicación de red de tipo **Privada**. Haga clic en el botón **Aceptar**.

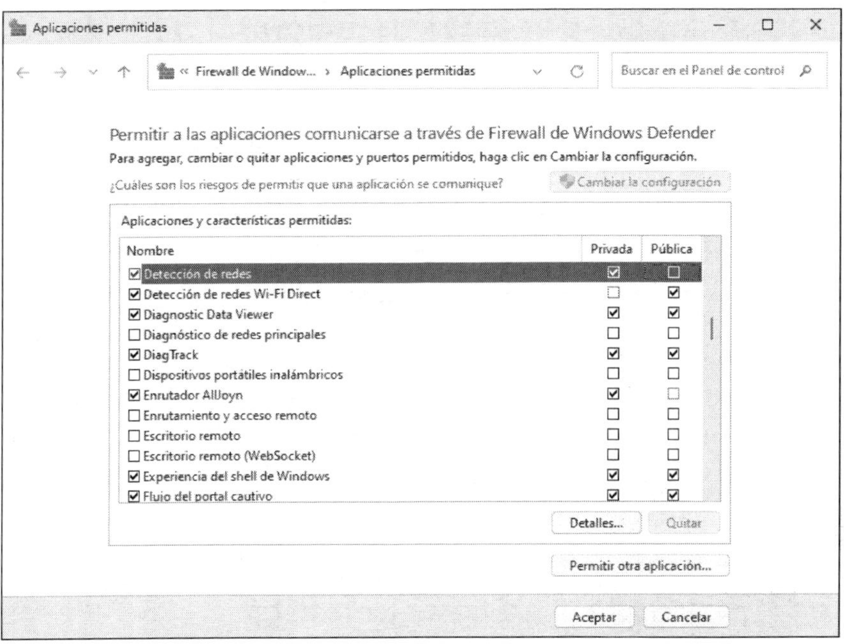

3.2 El acceso a Internet funciona, pero no se puede acceder a una red vecina

Se trata de un problema de configuración del cortafuegos.

3.3 "No se encontró la ruta de acceso de la red"

Como se explicó anteriormente, active NetBIOS a través de TCP/IP para una red de ordenadores con sistemas operativos más antiguos.

3.4 No se pueden ver otros equipos de un grupo de trabajo

"La lista de servidores de este grupo de trabajo no está disponible actualmente" o "Es posible que no tenga los permisos necesarios". El comando net view devuelve un error del sistema 6118. Es posible hacer ping a las máquinas entre ellas, pero no puede acceder a los favoritos de la red. Estos errores se suelen producir en redes de antigua generación, con versiones obsoletas de Windows.

Es posible que el protocolo NetBIOS no esté habilitado:

- Acceda a las propiedades de su conexión de red.
- Seleccione la opción **Protocolo Internet Versión 4 (TCP/IPv4)** y, a continuación, haga clic en el botón **Propiedades** y **Opciones avanzadas**.
- En la pestaña **WINS**, habilite la opción **Habilitar NetBIOS a través de TCP/IP** y, a continuación, haga clic en el botón **Aceptar**.

3.5 "La red es inaccesible o no tiene permisos..."

Por otro lado, no hay ningún problema de uso compartido si mapea una unidad de red utilizando este tipo de sintaxis desde el símbolo del sistema: net use x: \\nombre del equipo\nombre del recurso compartido. x: representa la letra de la unidad que desea asignar al recurso compartido.

En el equipo que se inicia primero, abra el Registro de Windows.

- Abra **HKEY_LOCAL_MACHINE - SYSTEM - CurrentControlSet - Services - Bowser- Parameters**.
- Edite un valor de cadena denominado **MaintainServerList** y, a continuación, escriba como dato el valor Yes.
- Realice a la inversa este mismo procedimiento en el resto de equipos de la red (de `Yes` a `Auto`).

3.6 No se puede conectar una unidad de red

- Si puede hacer ping a una dirección IP o al nombre de un equipo, pero no puede asignar una letra de unidad, utilice el comando:
  `net view \\Ordenador_Remoto.`
- Si aparece el error 5 "Acceso denegado", tiene un problema de permisos.
- A continuación, compruebe:
  - la activación del uso compartido de archivos e impresoras
  - el uso común del mismo nombre de grupo de trabajo,
  - los intentos de acceso con el mismo nombre de usuario y contraseña en todos los equipos de la red.
- Si se realizan todas estas comprobaciones, abra el editor del registro en el árbol:
  HKEY_LOCAL_MACHINE - SYSTEM - CurrentControlSet - Control - Lsa.
- Edite un valor DWORD denominado **RestrictAnonymous**.
- Escriba como dato el valor 0.
- Reinicie el ordenador.

Si, por el contrario, necesita acceder a un equipo que no forma parte del mismo grupo de trabajo, debe activar el uso compartido de archivos:

- En el Explorador de archivos, haga clic en el menú **Opciones**.
- En la pestaña **Ver**, active la casilla **Usar el Asistente para compartir (recomendado)**.

3.7 Puede hacer ping a una dirección IP, pero no al nombre de un equipo

En resumen, en una de las máquinas, no puede acceder a la red vecina.

- En el símbolo del sistema, escriba el comando:
  `net view Nombre_Ordenador.`
- Si aparece un error 53, tiene un problema para resolver los nombres de direcciones IP. Por lo tanto, debe comprobar que el servidor DNS está en funcionamiento o, en una red más antigua, que NetBIOS a través de TCP/IP está activado y que se ha iniciado el servicio explorador de equipos.
- Además, siga también el procedimiento explicado en la sección anterior.

3.8 No se puede renovar una dirección IP

Tampoco puede reparar las conexiones de red haciendo clic con el botón derecho del ratón y seleccionando el comando correspondiente. Vuelva a iniciar el rúter.

3.9 "Se produjo el error del sistema 67: no se encontró el nombre de la red"

- Haga una prueba escribiendo esto en el símbolo del sistema:
  `net use Nombre_Unidad: \\Nombre_Ordenador\Nombre_Recurso_Compartido`

  Por ejemplo: net use `N: \\Ordenador\Carpetas.`

  No se le pedirá una contraseña ni un nombre de cuenta. Solo aparecerá un mensaje em el que se le informará de que "La operación se completó correctamente".

Si, desde **Este equipo**, intenta acceder a la unidad de red, obtendrá este error: "Nombre_Unidad:\ no es accesible - Acceso denegado". Por lo tanto, se trata de un problema de permisos NTFS en carpetas compartidas. Compruebe que los usuarios con los que comparte recursos tienen los permisos necesarios.

3.10 No se puede navegar por la red

No puede navegar por la red, pero puede usar una ruta UNC para mapear un recurso de red.

- Debe activar NetBIOS a través de TCP/IP en las propiedades del adaptador de red o establecer el servicio **Estación de trabajo en modo de arranque** "**Automático**".

3.11 Red muy lenta

Es posible que algunas páginas de Internet no se muestren. Después de un tiempo, verá el mensaje: "Su navegador no puede mostrar esta página web".

- Compruebe las asignaciones de red.
- Compruebe que su rúter funciona correctamente.
- Compruebe si hay virus o spyware.
- Finalmente, el problema puede deberse a la funcionalidad de rendimiento de Windows llamada Auto-Tuning. Ejecute el símbolo del sistema como administrador.
- Ejecute el siguiente comando:
  ```
  netsh int tcp set global autotuninglevel=disabled
  ```
- Reinicie el ordenador.

3.12 Inicio de sesión muy lento

El problema surge cuando, después de regresar a casa, inicia sesión en una cuenta que pertenece a un dominio. En este caso, el explorador de archivos es extremadamente lento. Lo único que tiene que hacer es deshabilitar las conexiones persistentes usando este tipo de comando: `net use /delete`.

3.13 No se puede navegar por Internet

Se puede hacer ping a una dirección de Internet, pero no navegar.

- En el símbolo del sistema, escriba: telnet www.google.com 80.

Si aparece el error "No se puede abrir una conexión con el host, en el puerto 80. Fallo de conexión ", el error podría deberse a un fallo en la configuración del cortafuegos.

Si lo ha desactivado y sigue teniendo problemas de conexión, compruebe que no se deba a una desinstalación incompleta de Norton antivirus. En este caso, desinstale completamente el software con la ayuda de una de las herramientas proporcionadas por su editor. Simplemente ejecute esta búsqueda en Google: `desinstalar Norton site: symantec.com`.

Otra posible solución es volver a instalar el adaptador de red.

3.14 Sin conexión a Internet

Puede hacer ping a una dirección IP o a un nombre de dominio. El comando `ipconfig` devuelve la información correcta. He aquí una posible solución:

- Desconecte el rúter.
- Espere un minuto y luego vuelva a conectarlo.
- En el símbolo del sistema, escriba estos dos comandos:

```
ipconfig /release
ipconfig /renew
```

Ambos comandos le permitirán reconfigurar el DHCP de todas las interfaces de red.

Además, compruebe que el filtro de direcciones MAC que ha configurado en su rúter no esté bloqueando el filtro de direcciones MAC de su ordenador.

3.15 Restablecimiento de la pila TCP/IP

Si hay varios problemas, puede ser útil restablecer completamente la pila TCP/IP. A continuación, le explicamos cómo hacerlo:

- Ejecute el símbolo del sistema como administrador.
- Escriba estos comandos:
  - `ipconfig /flushdns`
  - `nbtstat -R`
  - `nbtstat -RR`
  - `netsh int ip reset`
  - `netsh winsock reset`
- Reinicie el equipo.

3.16 Restablecimiento de caché ARP

El protocolo de resolución de direcciones (*Address Resolution Protocol* o ARP) es un protocolo que permite traducir una dirección de protocolo de la capa de red (una dirección IPv4) en una dirección MAC. En IPv6, ARP ha sido sustituido por "ICMP para IPv6" (*Internet Control Message Protocol Version 6*).

Este procedimiento funciona en todas las versiones de Windows. No poder navegar por Internet se puede deber a un problema de corrupción de la caché ARP. Para saberlo con certeza:

- Ejecute un comando ping a la dirección de bucle local (127.0.0.1) o a la dirección local del equipo.
- A continuación, realice la misma prueba, pero elija la dirección IP de un sitio remoto (microsoft.com o google.com).

Si puede hacer ping a una dirección local pero no a una remota, el problema se debe con toda certeza a la caché ARP. En tal caso, puede aplicar la siguiente solución:

- Abra una ventana del símbolo del sistema en modo de administrador.
- Escriba este comando: `netsh interface ip delete arpcache`
- Reinicie el ordenador.

3.17 Problema con un rúter ADSL/fibra

Las conexiones de red incluyen conexiones a Internet a través de rúters que, a menudo, se comercializan con una oferta de Internet. Este tipo de módem funciona como una pasarela entre su equipo y la web. Esto tiene dos consecuencias:

- No es necesario conectarlo a un ordenador ya que funciona de forma autónoma.
- Tan pronto como se conecta a la toma de teléfono o a la fibra, el rúter ya se está comunicando con Internet, lo que quiere decir, que antes de iniciar incluso el navegador, ya está conectado a Internet.

Por último, hay que tener en cuenta que no se puede probar un rúter en otra línea telefónica o en una línea de fibra que no sea la suya.

El principal problema que se puede encontrar es la falta de sincronización ADSL/fibra. Una de las luces indicadoras visibles en el rúter advierte de este mal funcionamiento. Hay varias causas posibles:

- Su línea aún no está operativa y tendrá que esperar un poco más.
- Para un rúter ADSL:
  - No ha colocado un filtro ADSL en la toma telefónica o este filtro está defectuoso.
  - Su instalación telefónica tiene puntos de interrupción (el cable utilizado no es compatible).
  - Hay un problema con las instalaciones de red del operador (en caso de desagregación total).

– Para un rúter de fibra, generalmente se proporciona un convertidor de fibra/RJ45. Compruebe su fuente de alimentación.

En cualquier caso, consulte el manual que viene con su rúter para entender el significado de los códigos indicados por los LED que parpadean.

Se deben comprobar varias cosas:

– Un sistema de alarma conectado a la instalación telefónica puede interferir en una línea ADSL.
– Desconecte todas las tomas telefónicas excepto el rúter para ver si, en este caso, se está realizando una sincronización ADSL.
– Pruebe su dispositivo ADSL sin ningún cable de extensión (y, por lo tanto, directamente en la toma del teléfono).
– Si es necesario, separe las lamas metálicas que se encuentran en la toma ADSL para que proporcionen un mejor contacto con la toma de pared.
– Haga que su operador revise su línea para confirmar que esta funciona correctamente.
– Reinicie el rúter, ya sea desenchufándolo o pulsando en un pequeño botón que permite "reiniciarlo".

Nuevamente, consulte el manual proporcionado con el rúter, ya que hay diferentes formas de reiniciar. A menudo, esta solución es la que garantiza mejores resultados.

Mi experiencia me lleva a decir que, durante una primera instalación, un problema de sincronización es síntoma de un mal funcionamiento de la línea telefónica o de un defecto del rúter. Siempre puede comprobar si funciona correctamente con un amigo o vecino que tenga una conexión ADSL propia. No podrá conectarse a Internet, pero aún así debería indicar que la señal ADSL se recibe correctamente.

Posteriormente, en la mayoría de los casos se trata de un problema en la red utilizada por su operador. En este caso, exija que se revise su línea: se realizará una “limpieza” de su línea telefónica.

Si hay un problema de conectividad entre el dispositivo ADSL y su equipo, aparecerá un pequeño icono en la zona de notificación. Por este medio:

- Si es posible, cambie el modo de conexión.
- Invierta el sentido del cable Ethernet.
- Pruebe un cable distinto.
- Compruebe el **Administrador de dispositivos** para asegurarse de que el adaptador de red está declarado correctamente.
- Si lo desea, pruebe un adaptador de red diferente.

4. Problemas al usar el comando ping

El comando ping puede revelar muchos de los problemas debidos a una mala configuración de la red.

4.1 No puede hacer ping a su propia dirección IP

Se debe a un problema de configuración del cortafuegos que bloquea el uso del comando `ping` o se trata de un problema de hardware.

4.2 Código de error n.° 5

También hay que tener en cuenta que no es posible navegar por Internet.

Esto se puede deber, por ejemplo, a una desinstalación incompleta de un cortafuegos de conexión a Internet o de una solución antivirus.

- Abra el **Administrador de dispositivos**.
- Haga clic en **Ver - Mostrar dispositivos ocultos**.
- Abra la rama **Dispositivos que no son Plug and Play**.
- Desinstale las ocurrencias relacionadas con el programa que no se ha eliminado por completo.

Si el problema se debe a una desinstalación incompleta de un cortafuegos como Kerio, tendrá que eliminar manualmente este tipo de controlador: **Kerio HIPS Driver**. Puede que no le quede más remedio que deshabilitar estos dispositivos fantasma si no los puede desinstalar.

Si no ve los dispositivos plug-and-play, escriba este comando antes de continuar con las etapas anteriores:

```
set devmgr_show_nonpresent_devices=1
```

4.3 "No se puede acceder al controlador NetBT: es posible que NetBT no esté cargado"

- En el Editor del Registro, abra **HKEY_LOCAL_MACHINE - SYSTEM - CurrentControlSet - Services - netbt**.
- Edite un valor de cadena denominado **Start**.
- Escriba el número 2 como dato del valor.
- Abra **HKEY_LOCAL_MACHINE - SYSTEM - CurrentControlSet - Services - netbt - Parameters**.
- Edite un valor de cadena denominado **TransportBindName**.
- Como datos del valor, escriba `\Device\`.

5. Problemas para acceder a los recursos

Estos errores suelen deberse a problemas de conectividad aleatorios. Compruebe si hay cableado defectuoso o contactos defectuosos.

5.1 No se pueden ver los recursos compartidos

Configure su rúter para que la asignación de direcciones IP se realice de manera manual en lugar de automáticamente. A continuación, asigne una dirección IP fija a cada quipo.

5.2 "Nombre_Ordenador no es accesible - No hay permiso para acceder al recurso"

Sin embargo, puede acceder a cualquier directorio compartido utilizando una ruta de acceso UNC (\\Nombre_Ordenador\Nombre_Recurso_Compartido). Además, la lista de recursos compartidos es claramente visible. Este es un problema común en las redes mixtas.

- En la máquina host, inicie el Editor del Registro.
- Abra:
  HKEY_LOCAL_MACHINE – SYSTEM - CurrentControlSet - Control - Lsa
- Edite un valor DWORD denominado **RestrictAnonymous**.
- Escriba **0** como dato para el valor.
- Reinicie el ordenador.

5.3 "Nombre_Recurso_Compartido no es accesible"

El resto del mensaje de error dice: "Es posible que no tenga permisos para usar este recurso de red: contacte con el administrador de este servidor para averiguar si tiene permisos de acceso" o "Memoria insuficiente en el servidor para procesar este comando".

- En el Editor del Registro, abra **HKEY_LOCAL_MACHINE - System - CurrentControlSet - Services - LanmanServer - Parameters**.
- Edite un valor DWORD denominado **IRPStackSize**. En algunos casos, es necesario crearlo.
- Escriba el número hexadecimal `F` (15 en base decimal) como dato para el valor.

Como regla general, el valor inicial se debe aumentar 3 unidades.

5.4 No se puede acceder a una carpeta compartida

En el caso de las redes compatibles con NetBIOS, asegúrese de que el nombre del recurso compartido de la carpeta tenga menos de 15 caracteres. En el caso de las redes que conectan sistemas Windows más recientes, la ruta de acceso no debe superar los 260 caracteres.

5.5 Error 71

El mensaje de error completo es: "Ya no es posible establecer conexiones con este equipo remoto en este momento porque el equipo no puede aceptar más conexiones". Este problema se produce cuando un equipo ya ha alcanzado el límite permitido de conexiones activas y no puede responder a una solicitud adicional. Puede ver el número de sesiones abiertas escribiendo este comando desde el símbolo del sistema:

```
net session
```

- En el Editor del Registro, abra **HKEY_LOCAL_MACHINE - SYSTEM - CurrentControlSet - Control - LSA**.
- Edite un valor DWORD denominado **RestrictAnonymous**.
- Escriba **2** como dato del valor.

Este valor se utiliza para restringir el número de conexiones de sesión anónimas. La directiva correspondiente se establecerá en "No se permite el acceso sin permiso explícito".

Tenga en cuenta que una sesión también puede ser una conexión anónima desde el recurso compartido de archivos, impresoras o intercambios que utilizan un canal de comunicación con nombre, etc.

5.6 No se puede ejecutar un archivo de script desde una ubicación de red

- En el cuadro de búsqueda, escriba opciones de Internet y haga clic en **Opciones de Internet**.
- Haga clic en la pestaña **Seguridad** y seleccione el icono **Sitios de confianza**.
- Haga clic en el botón **Sitios**.
- En el cuadro de texto **Agregar este sitio web a la zona de**, escriba la dirección IP del equipo. Por ejemplo, 192.168.0.100.
- Confirme pulsando en **Agregar**, cierre las ventanas y reinicie, después, el ordenador.

5.7 No se puede copiar el archivo - Ruta de acceso demasiado larga...

A pesar de las apariencias, se trata de un problema de hardware (normalmente el cable o la tarjeta que están defectuosos.).

5.8 Centro de sincronización fuera de servicio

- Compruebe que se ha iniciado el servicio **Archivos fuera de conexión**.

5.9 Archivos no sincronizados

Esto se puede deber a la configuración de la directiva de grupo.

- Abra el editor de directivas de grupo (gpedit.msc).
- Expanda el árbol **Configuración del equipo - Plantillas administrativas - Red - Archivos sin conexión**.
- Abra la directiva **Archivos no almacenados en caché**.

- Elimine las extensiones guardadas o marque **Deshabilitada**.

6. Problemas con las funcionalidades DHCP

Si ha optado por el modo de direccionamiento automático, puede encontrar una serie de problemas, la mayoría de las veces bastante benignos.

6.1 No se puede obtener una dirección IP de un servidor DHCP

Tampoco puede renovar la concesión DHCP que determina el inicio y el final de la validez de una dirección IP. Asigne una dirección IP estática a la interfaz de red. Si aún no puede hacer ping al servidor DHCP, se trata de un problema de hardware. Si puede hacer ping al servidor DHCP, se trata entonces de un problema de configuración de DHCP.

- Compruebe la configuración del cortafuegos.
- Restablezca el protocolo TCP/IP utilizando el comando `netsh`.
- Vuelva a instalar TCP/IP.
- Si está utilizando un rúter y ha activado las funcionalidades DHCP, actualice el firmware.

Me gustaría añadir que si aparece este tipo de error: "No se puede conectar, renovación de la dirección IP en curso", probablemente se trate de un problema de enlace Ethernet. En este caso, bastará con cambiar el cable.

Si no hay ningún problema de conectividad en cuanto se asigna una dirección IP fija a la máquina, el problema puede deberse a la pila Winsock. En muchos casos, basta con repararla de la siguiente manera:

- Abra un símbolo del sistema en modo de administrador.
- Ejecute el comando `netsh winsock reset`.
- Reinicie el ordenador.

Por ejemplo, el problema puede estar en un rúter: la luz verde de conexión indica que el enlace Ethernet es correcto, pero el icono de conexión de red indica que no se puede encontrar la dirección de red. Recuerde que este es un problema muy común.

6.2 Conflicto de direcciones IP en DHCP

Dos máquinas utilizan la misma dirección IP.

- En una de las máquinas, en el símbolo del sistema, escriba:

```
ipconfig /release
ipconfig /renew
```

6.3 No se puede obtener una concesión DHCP

Cuando escribe el comando`ipconfig /renew`, obtiene este error: "Se produjo un error al renovar su interfaz de inicio de sesión: Acceso denegado". Esto se suele deber a que la dirección IP ya está en uso y, por lo tanto, está reservada. Es suficiente con eliminar la reserva otorgada a un ordenador en función de su dirección MAC. Puede hacerlo desde el módulo DHCP visible en las herramientas administrativas del servidor DHCP.

7. Otros problemas de red

Sin pretender repasar todos los problemas que se pueden encontrar con estos sistemas operativos, vamos a ver los aspectos más delicados.

7.1 "No es posible desconectar en este momento"

El resto del mensaje de error dice: "Esta conexión puede estar utilizando uno o más protocolos que no son compatibles con Plug and Play, o puede haber sido iniciada por otro usuario o por la cuenta del sistema".

Por lo tanto, no puede desactivar su conexión de red y la única solución es deshabilitar su interfaz de red yendo al **Administrador de dispositivos**.

Esto se puede deber a que el servicio **Servicios de cifrado** está deshabilitado:

- En el menú **Inicio**, escriba: `services.msc`.
- Abra el servicio **Servicios de cifrado**.
- En la lista desplegable **Tipo de inicio**, seleccione la opción **Manual** y, a continuación, haga clic en el botón **Iniciar**.

También es posible que este servicio esté dañado. En cuyo caso, puede reparar los servicios de criptografía:

- Reinicie en modo seguro.
- En el símbolo del sistema, escriba estos comandos:
  - `net stop cryptsvc`
  - `ren %systemroot%\System32\Catroot2 oldcatroot2`
  - `net start cryptsvc`

A veces, un programa de terceros monopoliza el adaptador de red. Por ejemplo, una herramienta Intel que controla la velocidad, el modo de transmisión, etc. del adaptador de red. Dado que esta herramienta no está firmada, impide que el sistema libere el dispositivo que se corresponde con la conexión de red. En este caso, solo necesita desinstalarlo o actualizarlo.

7.2 No se puede crear un puente de red

El problema puede surgir si tiene una tarjeta Wi-Fi. Recuerde que un puente de red permite unir dos interfaces de red como parte de la misma red local. En este caso, se crea el puente de red, pero no pasa ningún tráfico. Por lo tanto, no puede hacer ping a su tarjeta inalámbrica.

El problema que surge se debe a que muchas tarjetas Wi-Fi no soportan de forma nativa la "promiscuidad" con una red de tipo "clásico".

- En el símbolo del sistema, escriba: `netsh bridge show adapter`.
- Anote el número de identificación de la interfaz de red que no responde.

- Escriba: `netsh bridge set adapter <X> forcecompatmode=enable` sustituyendo <X> por el número de interfaz de red cuyo modo de compatibilidad va a forzar.
- De nuevo, escriba: `netsh bridge show adaptsr`.
- Esta vez, **ForceCompatibilityMode** se debe marcar como habilitado.
- A continuación, desactive el puente de red y, a continuación, vuelva a activarlo.

7.3 "Se ha producido un error de red al conectarse a WMI"

"Asegúrese de que la conexión de red funcione correctamente". Otros posibles mensajes de error son: "No se pueden ver las propiedades de red. Windows no puede ver las propiedades de esta conexión. La información de WMI podría estar dañada" o "No se puede ver la información del sistema (MSinfo32). No se pudo conectar a ordenador_local debido a un fallo general de WMI".

- En el menú **Inicio**, escriba: `services.msc`.
- Haga doble clic en el nombre del servicio **Infraestructura de administración de Windows**.
- Haga clic en el botón **Detener**.
- En el **Explorador de archivos**, abra **C:\Windows\System32\wbem\Repository**.
- Elimine todos los archivos enumerados y luego reinicie el ordenador.

7.4 Problema de conectividad al conectar un ordenador portátil a un punto de acceso inalámbrico

Los problemas de conectividad aparecen aleatoriamente cuando conecta un ordenador portátil a un punto de acceso inalámbrico. Estos problemas se producen si el equipo funciona con batería y provocan lo siguiente:

- La conexión inalámbrica se interrumpe.
- El enlace funciona mal.

La mayoría de las veces, la causa principal de este tipo de problema son los puntos de acceso inalámbricos que no son compatibles con el protocolo de ahorro de energía 802.11.

- Para resolver este problema, conecte el ordenador portátil a una fuente de alimentación. En este caso, Windows sustituye la configuración de energía de **Ahorro de energía promedio** a **Rendimiento máximo** para el adaptador de red inalámbrica. Esto desactiva el modo de ahorro de energía 802.11.

También puede cambiar el modo de ahorro de energía predeterminado.

- En el **Panel de control**, vaya a la categoría **Hardware y sonido**, luego a **Opciones de energía**.
- Haga clic en el enlace **Cambiar la configuración del plan** para el plan de energía predeterminado.
- Haga clic en el enlace **Cambiar la configuración avanzada de energía**.
- Expanda el árbol **Configuración de adaptador inalámbrico - Modo de ahorro de energía – Con corriente alterna** y, a continuación, seleccione la opción **Rendimiento máximo**.

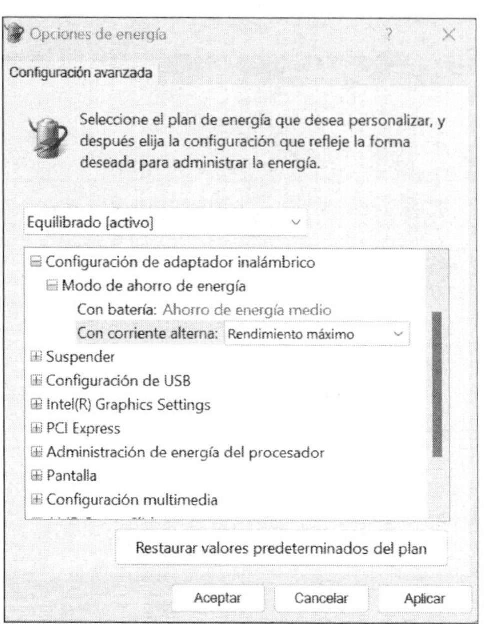

7.5 Pérdida de conexión a Internet después de un corto período de tiempo

Si ejecuta el comando `ipconfig /all`, se indica claramente junto al adaptador de red que el medio está desconectado. La solución es bastante sencilla:

- Acceda al **Administrador de dispositivos**.
- Active la visualización de dispositivos ocultos.
- En **Adaptadores de red**, deshabilite una interfaz de software denominada **6to4 adapter** o **Microsoft Teredo Tunneling Adapter**.

6to4 es un sistema que permite que los paquetes IPv6 se transmitan a través de una red IPv4. 6to4. Es útil cuando dos hosts desean intercambiar información a través de IPv6, pero una parte de la red que les separa solo admite IPv4.

El protocolo TEREDO (*Tunneling IPv6 over UDP through NAT*) consiste en encapsular paquetes IPv6 en paquetes IPv4.

7.6 Problema al copiar archivos

El tiempo de transferencia es extremadamente lento o aparece este tipo de mensaje: "Memoria insuficiente para completar esta operación". Esto se puede apreciar claramente con las unidades de red, pero también puede causar caídas en una red inalámbrica.

- Ejecute el símbolo del sistema como administrador.
- Escriba este comando:
```
netsh int tcp set global autotuninglevel=disabled
```
- Reinicie el equipo.
- Puede probar este otro truco:
- Como regla general, compruebe que tanto NetBIOS como Nombre NetBIOS (entrada y salida) están permitidos y, a continuación, reinicie el equipo.

7.7 Problema de red mixta de Windows XP y Windows 11

El nombre predeterminado del grupo de trabajo en Windows 11 ("WORKGROUP") y en las versiones anteriores a Windows Vista ("MSHOME") no es el mismo. Sin embargo, si actualiza de Windows XP a Windows 7, este último conservará el nombre del grupo de trabajo anterior. Como resultado, los equipos que ejecutan Windows Vista o Windows 7 pueden tener nombres de grupo de trabajo diferentes.

Windows 11 usa una carpeta compartida llamada *Acceso público*, mientras que en Windows XP se llama *Documentos compartidos*. Todas las subcarpetas de *Acceso público* se comparten automáticamente. Para compartir otros recursos, basta con copiarlos en el mismo directorio.

Por defecto, Windows 11 no admite el uso compartido simple de archivos. Cualquier tipo de acceso a los recursos compartidos (incluido el directorio *Acceso público*) requiere un nombre de usuario y una contraseña. Se deben comprobar otras cosas:

- La interfaz de red se debe declarar como una interfaz de confianza (privada) en el firewall de conexión a Internet.
- El uso compartido de archivos e impresoras debe estar habilitado en todas las máquinas.
- Debe abrir los puertos necesarios en su firewall. Para obtener más información, consulte la sección Prácticas recomendadas - Comprobar el nombre del grupo de trabajo, de este capítulo.

7.8 "Acceso denegado"

Es posible que aparezca este mensaje cuando intente instalar una impresora compartida en un equipo con Windows 11 (aunque no haya ningún problema para acceder a otros recursos).

- En primer lugar, asegúrese de que la funcionalidad de uso compartido de archivos e impresoras esté configurada correctamente en el equipo de origen.
- Compruebe el nombre de esta misma máquina (por ejemplo, "Puesto1").
- Compruebe el nombre del recurso compartido de la impresora (por ejemplo, "Impresora1").
- Desde el equipo de destino en Windows 11, inicie el asistente para agregar impresoras.
- Elija instalar una impresora local.
- Seleccione la opción que permite crear un nuevo puerto y créelo.
- Escriba el nombre de este tipo de ruta de acceso: `\\Puesto1\Impresora1`.
- Lo único que tiene que hacer es especificar la ubicación del controlador de la impresora.

- No olvide asignar un nombre diferente a la impresora y configurarla como la impresora predeterminada.

7.9 Conexión de red inalámbrica muy lenta

La siguiente solución funciona con ordenadores portátiles:

- Desde el **Panel de control**, abra la sección **Hardware y sonido - Opciones de energía**.
- Haga clic en el enlace **Cambiar configuración del plan** que aparece debajo de la indicación del plan que se está configurando.
- A continuación, haga clic en el enlace **Cambiar la configuración avanzada de energía**.
- En la lista desplegable que aparece en pantalla, seleccione la opción **Rendimiento máximo**.

Debe configurar este modo cuando su ordenador portátil funcione tanto con batería como con corriente alterna.

- Reinicie el ordenador.

7.10 "Nombre de usuario desconocido o contraseña incorrecta"

El problema surge cuando se accede a los recursos de un dominio Active Directory desde un equipo Windows.

- En este caso, compruebe su nombre de usuario. Asegúrese también de indicar el nombre de usuario, seguido del dominio de pertenencia como, por ejemplo, eni@contoso.com.
- Asegúrese de que está utilizando la contraseña correcta asociada a la cuenta de usuario, respetando el uso de mayúsculas y minúsculas.

7.11 No se pueden sincronizar archivos entre un equipo y una carpeta de red

Esto se suele deber a un programa antivirus. Lo único que tiene que hacer es configurar este programa para que estos archivos se excluyan del análisis. Consulte el archivo de ayuda que viene con su versión del antivirus para obtener información sobre cómo hacerlo.

7.12 No se puede acceder a algunas ubicaciones de red

Este problema se produce cuando el control de cuenta está activado. En este caso, los usuarios que pertenecen al grupo de administradores reciben un token de acceso de usuario estándar. Los recursos compartidos de red que se crean a través de scripts de inicio de sesión, se comparten con un token de acceso estándar y no con un token de administrador. Cuando un administrador que ha recibido un token de acceso de usuario estándar (porque el control de cuenta está activado) realiza una operación que requiere un token de acceso de administrador, aparece una solicitud de elevación de privilegios. En este caso, un programa que utiliza el token de acceso estándar del usuario puede estar activo al mismo tiempo que otro que utiliza un token de acceso de administrador (después de que se confirme la solicitud de la elevación de privilegios).

Cuando se mapean recursos compartidos de red, se enlazan al inicio de sesión actual para el token de acceso concedido al proceso. Esto significa que cuando un usuario abre una ventana del símbolo del sistema con un token de acceso estándar para mapear una unidad de red, el recurso compartido de red no se mapea para los procesos que se ejecutarán con privilegios de administrador.

La solución consiste simplemente en configurar un valor de registro. Este valor le permite a Windows compartir conexiones de red entre un token de acceso filtrado y el concedido para un miembro del grupo de administradores. A continuación, el administrador de seguridad local comprobará si hay otro token de acceso concedido al usuario que inició sesión en el equipo actual.

- En el editor del registro, abra este árbol:
  HKEY_LOCAL_MACHINE - SOFTWARE - Microsoft - Windows - CurrentVersion - Policies - System
- Cree un nuevo valor DWORD denominado EnableLinkedConnections.
- Edite este valor y asigne el valor 1 como dato.

7.13 Reparación de errores de red de Escritorio remoto

Por ejemplo, es posible que descubra que al intentar utilizar las funcionalidades de una máquina Windows en un servidor Windows Server, el rendimiento no sea satisfactorio. Ya hemos abordado este problema. El componente culpable es la propia pila de red de Windows. Esta nueva generación de pila TCP/IP incluye una tecnología llamada "Receive Window Auto-Tuning". En resumen, la ventana de recepción TCP define la suma de datos que puede recibir de un equipo remoto antes de enviar un acuse de recibo. Es una técnica clásica de optimización de su conexión a Internet para acortar este retraso y conseguir que los datos se transmitan más rápido. La técnica utilizada por Windows consiste en monitorizar en tiempo real el ancho de banda consumido y la latencia, para cambiar el tamaño de la ventana TCP sobre la marcha. El único problema que puede surgir es que muchos programas, firewalls, conexiones a Internet o dispositivos no admiten esta función. Si no hay ninguna actualización en el sitio web del fabricante, la única solución es desactivar esta función por completo. A continuación, explicamos cómo hacerlo:

- Ejecute una ventana del símbolo del sistema como administrador.
- Ejecute estos dos comandos:
  - `netsh interface tcp set global autotuninglevel=disabled`
  - `netsh interface tcp set global rss=disabled`

No es necesario reiniciar el equipo.

7.14 Acceso a archivos compartidos en una máquina MacOS X o Linux desde Windows 11

Este problema surge porque, por defecto, en Windows 11 los protocolos de autenticación LM y NTLM están desactivados. También puede tener este tipo de problema: la máquina Windows ve los equipos que forman parte del grupo de trabajo pero no puede acceder a los recursos compartidos. De manera más general, es posible que no pueda acceder a un recurso Unix o unirse a un dominio Samba.

- En el **Panel de control**, abra la sección **Sistema y seguridad - Herramientas de Windows**.
- Abra la directiva de seguridad local.
- Expanda las ramas **Directivas locales - Opciones de seguridad**.
- Abra esta directiva: **Seguridad de red: nivel de autenticación de Lan Manager**. Tenga en cuenta que no hay opciones predeterminadas configuradas.
- En la lista desplegable, seleccione esta opción: **Enviar LM y NTLM: usar la seguridad de sesión NTLM2 si se negocia**.

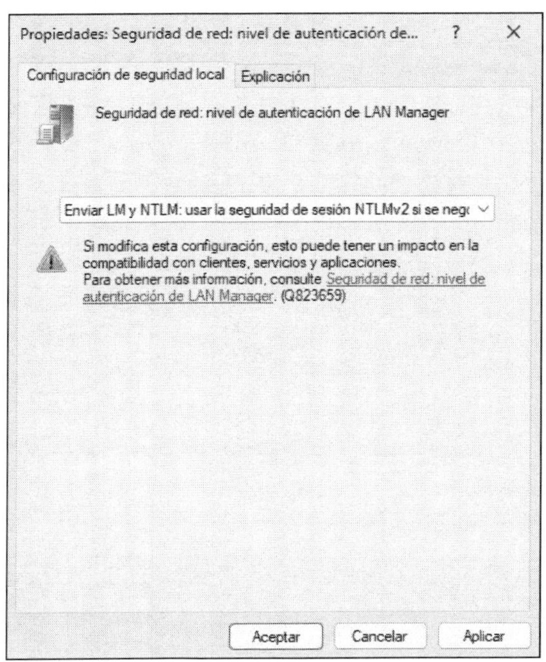

Si no tiene acceso a la política de seguridad local, siga estos pasos:

- En el editor del registro, abra esta rama: **HKEY_LOCAL_MACHINE - SYSTEM - CurrentControlSet - Control - Lsa**.
- Edite o cree un valor DWORD denominado **LmCompatibilityLevel**.
- Escriba el número 1 (en lugar de 3) como dato del valor.

7.15 Desactivar SMBv3

Si tiene problemas con el protocolo SMBv3, puede ser útil desactivarlo. Dado que este protocolo usa la misma pila que el protocolo SMBv2, la desactivación de uno hace que se desactive el otro. Tenga en cuenta que la desactivación de este protocolo puede causar problemas de uso compartido de archivos e impresoras.

Para desactivar el protocolo SMBv3 en un ordenador con Windows 11:

- Inicie un terminal de PowerShell en modo de administrador.
- Escriba el comando:

```
Set-SmbServerConfiguration -EnableSMB2Protocol $false
```

- A continuación, compruebe que el protocolo esté desactivado ejecutando el comando:

```
Get-SmbServerConfiguration|Seleccione EnableSMB1Pro-
tocol, EnableSMB2Protocol
```

7.16 Activar SMBv1

Si tiene problemas para conectarse a un recurso compartido en otra máquina o rúter/NAS, es posible que aparezca el siguiente mensaje: "Windows no puede acceder a \\resource\" con el siguiente código de error: 0x80004005, y cuando se intenta conectar al recurso compartido con el símbolo del sistema, obtiene el error 58 o el error del sistema 64. Probablemente tenga un problema con el protocolo SMB.

La versión 1 de este protocolo se ha eliminado de las versiones más recientes de Windows. Sin embargo, el recurso compartido sigue utilizando este protocolo. La solución ideal es actualizar su dispositivo a la versión 2 o 3 de este protocolo. Si esto no es posible y conoce las posibles vulnerabilidades de seguridad de esta versión obsoleta de SMB, vuelva a instalarla en su equipo.

- Busque características de Windows u optionalfeatures.exe en la barra de búsqueda y abra Activar o desactivar las características de Windows. O vaya a **Configuración - Aplicaciones - Características opcionales - Más características de Windows**.
- SeleccioneSMB **1.0/CIFS File Sharing Media** y haga clic en **Aceptar**.
- Reinicie el equipo e intente conectarse de nuevo al recurso compartido anterior. La operación se debe realizar con éxito.

Si el uso compartido sigue sin funcionar, asegúrese de que la versión 1 esté activada. Para activar SMBv1 en un ordenador con Windows 11:

- Inicie un terminal de PowerShell en modo de administrador.
- Escriba el comando:

```
Set-SmbServerConfiguration -EnableSMB1Protocol $true
```

- A continuación, compruebe que el protocolo esté habilitado ejecutando el comando:

```
Get-SmbServerConfiguration|Select EnableSMB1Protocol
```

La operación se debe realizar con éxito.

A

B

C

D

E

F

G

H

I

K

L

M

N

O

P

R

S

U

V

W